ଶ୍ରୀସୀତାରାମାଭ୍ୟାଂ ନମଃ

ମହର୍ଷି ବାଲ୍ମୀକି ପ୍ରଣୀତ
ଶ୍ରୀମଦ୍

ବାଲ୍ମୀକୀୟ ରାମାୟଣ

ସଚିତ୍ର ଓଡ଼ିଆ ପଦ୍ୟାନୁବାଦ

(ସୁନ୍ଦରକାଣ୍ଡ)

ମହର୍ଷି ବାଲ୍ମୀକି ପ୍ରଣୀତ

ଶ୍ରୀମଦ୍

ବାଲ୍ମୀକୀୟ ରାମାୟଣ

ସଚିତ୍ର ଓଡ଼ିଆ ପଦ୍ୟାନୁବାଦ

(ସୁନ୍ଦରକାଣ୍ଡ)

ଅନୁବାଦକ:-

ଶ୍ରୀ ପୂର୍ଣ୍ଣଚନ୍ଦ୍ର ପଟ୍ଟନାୟକ

ଅବସରପ୍ରାପ୍ତ ଭାଇସ୍ ପ୍ରିନ୍ସିପାଲ୍,
ଆଡଭୋକେଟ୍
ପ୍ଲଟ୍ ନଂ-୪୬୮, ଶହୀଦ ନଗର,
ଭୁବନେଶ୍ୱର-୭୫୧୦୦୭

ବ୍ଲାକ୍ ଈଗଲ୍ ବୁକ୍ସ
ଭୁବନେଶ୍ୱର, ଓଡ଼ିଶା

BLACK EAGLE BOOKS
Dublin, USA

ମହର୍ଷି ବାଲ୍ମୀକି ପ୍ରଣୀତଃ ଶ୍ରୀମଦ୍ ବାଲ୍ମୀକୀୟ-ରାମାୟଣ (ସୁନ୍ଦରକାଣ୍ଡ)
ଅନୁବାଦକ: ଶ୍ରୀ ପୂର୍ଣ୍ଣଚନ୍ଦ୍ର ପଟ୍ଟନାୟକ
ବ୍ଲାକ୍ ଇଗଲ୍ ବୁକ୍ସ : ଭୁବନେଶ୍ୱର, ଓଡ଼ିଶା ● ଡବ୍ଲିନ୍, ଯୁକ୍ତରାଷ୍ଟ୍ର ଆମେରିକା

BLACK EAGLE BOOKS

USA address:
7464 Wisdom Lane
Dublin, OH 43016

India address:
E/312, Trident Galaxy, Kalinga Nagar,
Bhubaneswar-751003, Odisha, India

E-mail: info@blackeaglebooks.org
Website: www.blackeaglebooks.org

First International Edition Published by
BLACK EAGLE BOOKS, 2024

Maharshi Balmiki Pranita Balmikiya Ramayan: Sundarakanda
Translated by **Purna Chandra Patnaik**

Copyright © **Deva Narayan Pattanayak**

All rights reserved. No part of this publication may be reproduced, stored in a retrieval system, or transmitted, in any form or by any means, electronic, mechanical, photocopying, recording or otherwise without the prior permission of the publisher.

Cover & Interior Design: Ezy's Publication

ISBN- 978-1-64560-391-7 (Paperback)

Printed in the United States of America

"ସତ୍ୟ ହିଁ ଈଶ୍ୱର ଲୋକେ, ସତ୍ୟେ ଧର୍ମସ୍ଥିତ,
ସର୍ବ ସତ୍ୟ-ମୂଳ, ସତ୍ୟୁଂ ନାହିଁ ପରାତତ୍ତ୍ୱ।"

ଶ୍ରୀରାମ

Truth is God in the Worlds.
Dharma is entrenched in TRUTH.
The ROOT of ALL, is TRUTH
There is no other Divine Principle than TRUTH.

Sri RAMA

ଓଁ
ତତ୍ ସତ୍

ସ୍ୱର୍ଗତ ବାପା ବୋଉଙ୍କ
ସ୍ମୃତିରେ
ମହର୍ଷି ବାଲ୍ମୀକି କୃତ ଆଦିକାବ୍ୟ
ଶ୍ରୀମଦ୍ ରାମାୟଣର ଓଡ଼ିଆ
ପଦ୍ୟାନୁବାଦ, ଉତ୍ସୃଷ୍ଟ ହେଲା
(ସୁନ୍ଦରକାଣ୍ଡ)

ଶ୍ରୀ ପୂର୍ଣ୍ଣଚନ୍ଦ୍ର

ସୂଚିପତ୍ର

ସର୍ଗ	ବିଷୟ	ପୃଷ୍ଠା
	ମୁଖବନ୍ଧ	୦୧
	ଭକ୍ତି-ଶ୍ରଦ୍ଧାଞ୍ଜଳି	୦୩
	ରାମରାଜ୍ୟ	୧୧
	ଶ୍ରୀମଦ୍ ବାଲ୍ମୀକି ରାମାୟଣ ମଙ୍ଗଳା ଚରଣ	୧୪
	ଜମ୍ବୁଦ୍ୱୀପେ ଭାରତବର୍ଷେ	୧୫
ପ୍ରଥମ ସର୍ଗ	ସାଗର ଲଙ୍ଘନ	୧୭
ଦ୍ୱିତୀୟ ସର୍ଗ	ରାତି ପାଇଁ ଅପେକ୍ଷା	୩୭
ତୃତୀୟ ସର୍ଗ	ଲଙ୍କାଧିଦେବତା - ବିଜୟ	୪୨
ଚତୁର୍ଥ ସର୍ଗ	ଲଙ୍କାପୁରୀ ପ୍ରବେଶ	୪୮
ପଞ୍ଚମ ସର୍ଗ	ଭବନ ଅନ୍ୱେଷଣ	୫୧
ଷଷ୍ଠ ସର୍ଗ	ରାବଣ ଭବନ ଅନ୍ୱେଷଣ	୫୬
ସପ୍ତମ ସର୍ଗ	ପୁଷ୍ପକ - ଦର୍ଶନ	୬୦
ଅଷ୍ଟମ ସର୍ଗ	ପୁଷ୍ପକ - ପ୍ରଶଂସା	୬୩
ନବମ ସର୍ଗ	ସଂକୁଳାନ୍ତପୁର	୬୫
ଦଶମ ସର୍ଗ	ମନ୍ଦୋଦରୀ ଦର୍ଶନ	୭୨
ଏକାଦଶ ସର୍ଗ	ପାନ ଭୂମି ଅନ୍ୱେଷଣ	୭୭
ଦ୍ୱାଦଶ ସର୍ଗ	ହନୁମାନ ବିଷାଦ	୮୨
ତ୍ରୟୋଦଶ ସର୍ଗ	ହନୁମାନଙ୍କର ହତାଶା	୮୫
ଚତୁର୍ଦ୍ଦଶ ସର୍ଗ	ଅଶୋକବନେ ଅନ୍ୱେଷଣ	୯୧
ପଞ୍ଚର୍ଦ୍ଦଶ ସର୍ଗ	ସୀତାଙ୍କ ଦର୍ଶନ	୯୬
ଷୋଡ଼ଶ ସର୍ଗ	ହନୁମାନଙ୍କ ପରିତାପ	୧୦୧
ସପ୍ତଦଶ ସର୍ଗ	ରାକ୍ଷସୀ ପରିବାର	୧୦୫
ଅଷ୍ଟଦଶ ସର୍ଗ	ରାବଣର ଆଗମନ	୧୦୮
ଉନବିଂଶ ସର୍ଗ	ଦୁଃଖିନୀ ସୀତା	୧୧୧
ବିଂଶ ସର୍ଗ	ରାବଣର ପ୍ରଣୟ ପ୍ରାର୍ଥନା	୧୧୩
ଏକବିଂଶ ସର୍ଗ	ରାବଣ ତୃଣୀ କରଣ	୧୧୭
ଦ୍ୱାବିଂଶ ସର୍ଗ	ରାବଣର ଦ୍ୱିମାସ କଣ୍ଟ	୧୨୦
ତ୍ରୟୋବିଂଶ ସର୍ଗ	ରାକ୍ଷସୀଙ୍କ ପ୍ରରୋଚନା	୧୨୪
ଚତୁର୍ବିଂଶ ସର୍ଗ	ରାକ୍ଷସୀମାନଙ୍କର ଭର୍ତ୍ସନା	୧୨୬
ପଞ୍ଚବିଂଶ ସର୍ଗ	ହତାଶା ସୀତା	୧୩୦
ଷଡ଼୍‌ବିଂଶ ସର୍ଗ	ପ୍ରାଣ ତ୍ୟାଗ ସଂକଳ୍ପ	୧୩୨
ସପ୍ତବିଂଶ ସର୍ଗ	ତ୍ରିଜଟା ସ୍ୱପ୍ନ	୧୩୬
ଅଷ୍ଟାବିଂଶ ସର୍ଗ	ସୀତାଙ୍କର ଉଦ୍-ବନ୍ଧନ ଉଦ୍ୟମ	୧୪୧
ଉନତ୍ରିଂଶ ସର୍ଗ	ଶୁଭ ସୂଚକ ଲକ୍ଷଣ	୧୪୫
ତ୍ରିଂଶ ସର୍ଗ	ହନୁମାନଙ୍କର କାର୍ଯ୍ୟାକାର୍ଯ୍ୟ ଚିନ୍ତନ	୧୪୭
ଏକ ତ୍ରିଂଶ ସର୍ଗ	ରାମ-ବୃତ୍ତାନ୍ତ କୀର୍ତ୍ତନ	୧୫୧

ସର୍ଗ	ବିଷୟ	ପୃଷ୍ଠା
ଦ୍ୱାତ୍ରିଂଶ ସର୍ଗ	ସୀତାଙ୍କର ସ୍ୱପ୍ନ କି ?	୧୫୩
ତ୍ରୟତ୍ରିଂଶ ସର୍ଗ	ହନୁ ସୀତାଙ୍କର କଥୋପକଥନ	୧୫୫
ଚତୁର୍ତ୍ରିଂଶ ସର୍ଗ	ରାବଣ ଶଙ୍କା ନିବାରଣ	୧୫୮
ପଞ୍ଚତ୍ରିଂଶ ସର୍ଗ	ବିଶ୍ୱାସ ଉତ୍ପାଦନ	୧୬୧
ଷଡ୍‌ତ୍ରିଂଶ ସର୍ଗ	ଅଙ୍ଗୁରିୟ ପ୍ରଦାନ	୧୭୦
ସପ୍ତତ୍ରିଂଶ ସର୍ଗ	ସୀତା ଫେରାଇବା ଅନୁଚିତ	୧୭୬
ଅଷ୍ଟତ୍ରିଂଶ ସର୍ଗ	ବାୟସ – ବୃତ୍ତାନ୍ତ	୧୮୨
ଉନଚତ୍ୱାରିଂଶ ସର୍ଗ	ସୀତାଙ୍କ ସଂଦେଶ	୧୮୮
ଚତ୍ୱାରିଂଶ ସର୍ଗ	ହନୁମାନ ବିଦାୟ	୧୯୩
ଏକ ଚତ୍ୱାରିଂଶ ସର୍ଗ	ପ୍ରମୋଦ-ବନ ଭଞ୍ଜନ	୧୯୬
ଦ୍ୱି ଚତ୍ୱାରିଂଶ ସର୍ଗ	କିଙ୍କରଗତି ନିଧନ	୧୯୯
ତ୍ରି ଚତ୍ୱାରିଂଶ ସର୍ଗ	ଚୈତ୍ୟ-ପ୍ରାସାଦ ଦହନ	୨୦୩
ଚତୁଷ୍ଚତ୍ୱାରିଂଶ ସର୍ଗ	ଜମ୍ବୁମାଳୀ ବଧ	୨୦୬
ପଂଚ ଚତ୍ୱାରିଂଶ ସର୍ଗ	ଅମାତ୍ୟ ପୁତ୍ର ବଧ	୨୦୮
ଷଟ୍‌ ଚତ୍ୱାରିଂଶ ସର୍ଗ	ପଂଚ ସେନାପତି ବଧ	୨୧୦
ସପ୍ତ-ଚାଳିଶ ସର୍ଗ	ଅକ୍ଷୟ କୁମାର ବଧ	୨୧୪
ଅଠଚାଳିଶ ସର୍ଗ	ଇନ୍ଦ୍ରଜିତର ଆକ୍ରମଣ	୨୨୧
ଅଣଚାଶ ସର୍ଗ	ରାବଣ ପ୍ରଭାବ ଦର୍ଶନ	୨୨୯
ପଚାଶ ସର୍ଗ	ପ୍ରହସ୍ତର ପ୍ରଶ୍ନ	୨୩୧
ଏକାବନ ସର୍ଗ	ହନୁମାନ ଉପଦେଶ	୨୩୪
ବାବନ ସର୍ଗ	ଦୂତବଧ – ନିବାରଣ	୨୩୮
ତେପନ ସର୍ଗ	ଅଗ୍ନିକ ଶୀତଳତା	୨୪୨
ଚଉବନ ସର୍ଗ	ଲଙ୍କା ଦାହ	୨୪୬
ପଞ୍ଚାବନ ସର୍ଗ	ହନୁମାନଙ୍କ ଆଶଙ୍କା	୨୫୩
ଛପନ ସର୍ଗ	ହନୁଙ୍କ ପ୍ରତ୍ୟାବର୍ତ୍ତନ	୨୫୭
ସତାବନ ସର୍ଗ	ହନୁମାନଙ୍କ ପ୍ରତ୍ୟାଗମନ	୨୭୧
ଅଠାବନ ସର୍ଗ	ହନୁମାନ ବୃତ୍ତାନ୍ତ କଥନ	୨୭୭
ଅଣଷଠି ସର୍ଗ	ଅନନ୍ତର କାର୍ଯ୍ୟ-ଆଲୋଚନା	୨୮୦
ଷାଠିଏ ସର୍ଗ	ଅଙ୍ଗଦ – ଜାମ୍ବବାନ ସମ୍ବାଦ	୨୮୩
ଏକଷଠି ସର୍ଗ	ମଧୁବନ ପ୍ରବେଶ	୨୮୫
ବାଷଠି ସର୍ଗ	ଦଧିମୁଖକୁ ବାଧା ଦେବା	୨୮୮
ତେଷଠି ସର୍ଗ	ସୁଗ୍ରୀବ – ହର୍ଷ	୨୯୨
ଚଉଷଠି ସର୍ଗ	ହନୁମାନ ପ୍ରଭୃତିଙ୍କର ଆଗମନ	୨୯୬
ପଞ୍ଚଷଠି ସର୍ଗ	ଚୂଡ଼ାମଣି ପ୍ରଦାନ	୩୦୦
ଛଅଷଠି ସର୍ଗ	ସୀତା ଭକ୍ତି ବିଷୟରେ ରାମଙ୍କ ପ୍ରଶ୍ନ	୩୦୩
ସତଷଠି ସର୍ଗ	ସୀତାଙ୍କ ଭକ୍ତି ବର୍ଣ୍ଣନା	୩୦୫
ଅଠଷଠି ସର୍ଗ	ହନୁମାନଙ୍କର ଆଶ୍ୱାସନା	୩୦୯
	ପରିଶିଷ୍ଟ	୩୧୨

ମୁଖବନ୍ଧ

ମୋ ବାପା ଶ୍ରୀ ପୂର୍ଣ୍ଣଚନ୍ଦ୍ର ପଟ୍ଟନାୟକ ମହର୍ଷୀ ବାଲ୍ମୀକିଙ୍କର ପ୍ରଣୀତ ସାତଖଣ୍ଡ ରାମାୟଣକୁ ଓଡ଼ିଆରେ ପଦ୍ୟାନୁବାଦ କରିଥିଲେ। କେବଳ ବାଳକାଣ୍ଡକୁ ୧୯୮୮ ମସିହାରେ ପ୍ରକାଶ କରିଥିଲେ।

ବହୁ କାରଣ ସକାଶେ ଏ ପର୍ଯ୍ୟନ୍ତ ଅନ୍ୟ ୬ କାଣ୍ଡ ପ୍ରକାଶ ହୋଇପାରିନାହିଁ। ଇତିମଧ୍ୟରେ ଅଯୋଧ୍ୟାରେ ନୂତନ ଭବ୍ୟ ଶ୍ରୀରାମ ମନ୍ଦିର ନିର୍ମାଣ ଓ ପ୍ରାଣ ପ୍ରତିଷ୍ଠା ସମ୍ପୂର୍ଣ୍ଣ ହୋଇଯାଇଛି। ବାପା ଲେଖିଥିବା ସୁନ୍ଦରକାଣ୍ଡ ପାଣ୍ଡୁଲିପି ଏହି ବର୍ଷ ରାମ ନବମୀ ତିଥିରେ ବ୍ଲାକ ଇଗଲ ବୁକ୍ସ ଦ୍ୱାରା ପୁସ୍ତକ ଆକାରରେ ପ୍ରକାଶିତ ହେବାକୁ ଯାଉଅଛି।

ମୋର ମନେପଡ଼େ ବାପା ସପରିବାର ତାଙ୍କର ଗ୍ରାମ ଦାଧିମାଛଗାଡ଼ିଆକୁ ଖରାଛୁଟିରେ ରାମଲୀଳା ଦେଖିବାକୁ ଓଡ଼ିଶାର ବିଭିନ୍ନ ଯାଗାରୁ ଆସୁଥିଲେ। ବାପା ସତ୍ୟମାର୍ଗରେ ଏକ ରାମ ରାଜ୍ୟରେ ପ୍ରଜାମାନେ ଜୀବନଯାପନ କରିବା ବିଶ୍ୱାସ କରୁଥିଲେ। ତାଙ୍କ ଜୀବନ କାଳରେ ସେ ଶ୍ରୀରାମଙ୍କ ଦ୍ୱାରା ବିଶେଷ ଭାବରେ ପ୍ରଭାବିତ ହୋଇଥିଲେ। ସେ ବିଶ୍ୱାସ କରୁଥିଲେ ଯେ ଶ୍ରୀରାମଙ୍କ ସାମ୍ରାଜ୍ୟ ସମଗ୍ର ଭାରତୀୟ ଉପଦ୍ୱୀପରେ ବିସ୍ତାର କରିଥିଲା। ସେ ରାମ ଶାସନ କରିଥିବା ଯାଗାଗୁଡ଼ିକର ଏକ ହାତଟଣା ନମୁନା ମାନଚିତ୍ର ତିଆର କରି ଏକ ସଠିକ ମାନଚିତ୍ର ପାଇଁ ପାଠକମାନଙ୍କୁ ଆମନ୍ତ୍ରଣ କରିଥିଲେ। ବାଳକାଣ୍ଡର ଅଗ୍ରଭାଗରେ ସେ ନିଜ ବିଷୟରେ, ସତ୍ୟ ଆଉ ରାମଭକ୍ତି ଉପରେ ପ୍ରାଞ୍ଜଳ ଭାବେ ନିଜର ମତ ପ୍ରକାଶ କରିଛନ୍ତି। ତାହାକୁ ଏଠାରେ ତଦ୍‌ରୂପ ଉଦ୍ଧୃତ କରିବାକୁ ଉଚିତ ମନେକଲି।

ଆଶାକରେ ଓଡ଼ିଆ ପାଠକବୃନ୍ଦ ସୁନ୍ଦରକାଣ୍ଡ ପୁସ୍ତକକୁ ସାଦରେ ଗ୍ରହଣ କରିବେ। ମୋ ମାତୃଭାଷା ଓଡ଼ିଆ ହୋଇଥିଲେ ମଧ୍ୟ ବିଭିନ୍ନ କାରଣ ଯୋଗୁଁ କେତେକ ତ୍ରୁଟି ପୁସ୍ତକରେ ରହିଯାଇ ଥାଇପାରେ। ସେଗୁଡ଼ିକୁ ପାଠକେ ପ୍ରକାଶକକୁ ଅବଗତ କରିବା ପାଇଁ ଅନୁରୋଧ କରୁଅଛି।

ଯଦି ବାପା ଆଜି ବଞ୍ଚିଥାନ୍ତେ, ତେବେ ସେ ତାଙ୍କର ଅଣନାତୁଣୀ ସୋମା ମହାନ୍ତି ପ୍ରସ୍ତୁତ କରିଥିବା ମଲାଟ ଓ ଅନ୍ୟ ସବୁଚିତ୍ର ଦେଖି ବହୁତ ଖୁସି ହୋଇଥାନ୍ତେ।

ଓଡ଼ିଆ ପଦ୍ୟ ଆକାରରେ ସୁନ୍ଦରକାଣ୍ଡର ସୃଷ୍ଟି ଏବଂ ତା'ର ବହୁଳ ଭାବରେ ଉପଲବ୍ଧ ସମସ୍ତ ଓଡ଼ିଆଙ୍କ ପାଇଁ ଏକ ଆନନ୍ଦଦାୟକ ଘଟଣା ଅଟେ। ବାପା ଲେଖିଥିବା ରାମାୟଣର ଅନ୍ୟ ପାଞ୍ଚ ପାଣ୍ଡୁଲିପି ମୋ ଶାଳକ ପ୍ରଫେସର ସ୍ୱୟମ ପ୍ରକାଶ ରାଉତଙ୍କ ପାଖରେ ତେତିଶ ବର୍ଷ ଧରି ସୁରକ୍ଷିତ ଅଛି ଏବଂ ସେଥିପାଇଁ ତାଙ୍କୁ ମୋର କୃତଜ୍ଞତା ଜଣାଇବାକୁ ଚାହେଁ। ସୁନ୍ଦରକାଣ୍ଡ ପ୍ରକାଶନ ପର୍ଯ୍ୟନ୍ତ ବର୍ଷ ବର୍ଷ ଧରି ମୋ ସହ କାମ କରିଥିବାରୁ ସତ୍ୟ ପଟ୍ଟନାୟକଙ୍କୁ ମୋର ଅଶେଷ ଧନ୍ୟବାଦ।

— ଦେବନାରାୟଣ ପଟ୍ଟନାୟକ

ଭକ୍ତି-ଶ୍ରଦ୍ଧାଞ୍ଜଳି

ଶ୍ରୀ ଗୁରବେ ନମଃ ।
ଅଜ୍ଞାନତିମିରାନ୍ଧସ୍ୟ
ଜ୍ଞାନାଞ୍ଜନଶଳାକୟା ।।
ଚକ୍ଷୁରୁନ୍ମୀଳିତଂ ଯେନ
ତସ୍ମୈ ଶ୍ରୀଗୁରବେ ନମଃ ।।

ଚଳ ଚଞ୍ଚଳ ବାଲ୍ୟରୁ, ଅମୃତମୟ କୈଶୋରରୁ ପ୍ରକୃତିର ଚିର ଆନନ୍ଦମୟ କୋଳରେ ବଢ଼ି ବଢ଼ି ଯୌବନର ଘାତ ପ୍ରତିଘାତ, ଉତ୍ଥାନପତନରେ ନ ନମି ସ୍କୁଲ୍ କଲେଜର ଦେବ ପ୍ରତିମ ଅକୃତିମ ଶ୍ରଦ୍ଧାନ୍ୱିତ ଓଡ଼ିଆ ସଂସ୍କୃତ ଇଂରେଜୀ ସାହିତ୍ୟରେ ଧୁରୀଣ ଶିକ୍ଷକ ଏବଂ ପ୍ରଫେସରମାନଙ୍କର ଅନାବିଳ ସ୍ନେହରେ ଲାଳିତପାଳିତ ହୋଇ, ସୁଧାମୟ ଅନୁରାଗରଂଜିତ ସାରସ୍ୱତ ମୂର୍ଚ୍ଛନାରେ ଉଦ୍‌ବେଳିତ ହୋଇ ଜୀବନ କେନାରରେ ଚାଲିଲି ।

ଧର୍ମକ୍ଷେତ୍ର କର୍ମକ୍ଷେତ୍ରରେ ସୁଦୀର୍ଘ ସମୟ କଟାଇ, ଜୀବନ ଜଞ୍ଜାଳରୁ ଅବସର ନେଉ ନେଉ ସାରସ୍ୱତ ଭଣ୍ଡାରର ଅନ୍ୟ ଏକ ଚିନ୍ମୟ ନ୍ୟାୟାଳୟର ମମତାରେ ଓଟାରି ହୋଇଗଲି ଭୁବନେଶ୍ୱର ବାର୍‌କୁ ।

ସେଠାରେ ଜଣେ ଅଭିଜ୍ଞ ଗୁରୁପ୍ରତିମ ଗୀତାପ୍ରାଣ ସ୍ୱର୍ଗତ କୁଳମଣି ମହାନ୍ତି ଆଇନଜ୍ଞଙ୍କର ଶୁଭେଚ୍ଛାରେ ଓକିଲାତି କରୁକରୁ ତାଙ୍କର ଇଙ୍ଗିତରେ ଖ୍ୟାତନାମା 'ସମାଜର', ଭୂତପୂର୍ବ ସଂପାଦକ ସ୍ୱର୍ଗତ ପଣ୍ଡିତ ନମସ୍ୟ ଲିଙ୍ଗରାଜ ମିଶ୍ରଙ୍କର ମୂଳ ସଂସ୍କୃତ ସହ ମହର୍ଷି ବାଲ୍ମୀକିଙ୍କର ଓଡ଼ିଆରେ ଗଦ୍ୟାନୁବାଦ ସହ ଆଦିକାବ୍ୟ ଶ୍ରୀମଦ୍‌ରାମାୟଣଟି ଆଣିଲି । ନିମିତ୍ତମାତ୍ର ହେଲେ ସୁଦ୍ଧା ସେ ସ୍ଥିତ-ପ୍ରଜ୍ଞଙ୍କ ଯୋଗୁଁ ଏ

ଆର୍ଷ କାବ୍ୟଟି ପଢ଼ିବାର ସୁଯୋଗ ପାଇ, ବଡ଼ କୃତ୍ୟକୃତ୍ୟ ମୁଗ୍ଧ କାଭାଲିଅର ପରି, ଇଂରେଜ କବି କିଟ୍‌ସଙ୍କର 'LA BELLE DAME SANS MERCI' 'ନିର୍ଦ୍ଦୟା ଉର୍ବଶୀ' ପ୍ରତି ନୁହେଁ ଅତି ପରମ ପବିତ୍ର ସଦୟା କାବ୍ୟଶ୍ରୀ, ଶ୍ରୀମଦ୍ ବାଲ୍ମୀକି ରାମାୟଣ ପ୍ରତି ଦୌଡ଼ିଗଲି। ଏ କାବ୍ୟ ଶିରୋମଣି ସତେ କବି କିଟ୍‌ସଙ୍କର ଅଭିଳଷିତ ଚିରନ୍ତନ ସତ୍ୟ-ସୁନ୍ଦର ମୂର୍ତ୍ତି! କାରଣ ତାଙ୍କ ମତରେ,

Beauty is TRUTH, TRUTH Beauty
-that is all
Ye know on earth and all ye
need to know.

"ସୁନ୍ଦର ହିଁ ସତ୍ୟ, ସତ୍ୟ ହିଁ ସୁନ୍ଦର ଭବେ
ସେତିକି ହିଁ ସବୁ, ତାହା ଜାଣନ୍ତୁ ସରବେ।"

ଏ କାକତାଳୀୟ ନ୍ୟାୟରେ, ସେହି ସମୟରେ ମୋର ଗୋଟିଏ କ୍ଷଣସ୍ଥାୟୀ ଚକାଡୋଳା ନଥୀରେ ସେ ଆର୍ଷକାବ୍ୟ ବାଳକାଣ୍ଡରୁ ତ୍ରୟୋଦଶ ସର୍ଗ ପର୍ଯ୍ୟନ୍ତ ଓଡ଼ିଆ ପଦ୍ୟରେ ପ୍ରକାଶ କରୁକରୁ, ଏହାକୁ ମୋ କ୍ଷଣଜୀବୀ ପତ୍ରିକାରେ ପୂରା ପ୍ରକାଶ କରିବାରେ ସନ୍ଦିହାନ ହୋଇ, ଏହି ଆର୍ଷ କାବ୍ୟଟି ଓଡ଼ିଆରେ ପଦ୍ୟାକାରରେ ଲେଖିବାକୁ ଠିକ୍ କରି ଗୀତା ପ୍ରେସ ଗୋରଖପୁର, ଉତ୍ତରପ୍ରଦେଶରୁ ଏ ମହନୀୟ ଆଦି କାବ୍ୟ ବାଲ୍ମୀକୀୟ ରାମାୟଣ, ହିନ୍ଦୀ ଅନୁବାଦ ସହ ଏବଂ ସେହି ପ୍ରେସ୍‌ର ଆରଣ୍ୟକ କାଣ୍ଡ ପର୍ଯ୍ୟନ୍ତ ଇଂରେଜୀ ଅନୁବାଦ ମଧ୍ୟ ସଂଗ୍ରହ କଲି। ସେହି ପ୍ରେସ୍‌ର ଆନୁକୂଲ୍ୟରେ ଦୁଇଟି ଛବି, (୧) ବାଲ୍ମୀକିଙ୍କର ବ୍ୟାଧକୁ ଅଭିଶାପ ଦେବା ଏବଂ (୨) ତାଡ଼କାବଧ, ଦୁଇଟି ଛବି, ମୋ ପଦ୍ୟାନୁବାଦ ପାଇଁ ମଧ୍ୟ ପାଇଲି।

ମୋର ସଂବଳ
ଆର୍ଯ୍ୟ ସଂସ୍କୃତି

ଆମର ଗୋଟିଏ ସମ୍ଭ୍ରାନ୍ତକରଣ ପ୍ରଧାନ ଗାଁ। ପ୍ରାୟ ସମସ୍ତ ଗୁଣାକର୍ମାନୁଯାୟୀ ଲୋକମାନଙ୍କର ବସତିରେ ଗାଁଟି ପରିପୂର୍ଣ୍ଣ। ଅତିବଡ଼ି ଜଗନ୍ନାଥ ଦାସଙ୍କର ଭାଗବତ, ରାମ, କୃଷ୍ଣ, କୃଷ୍ଣ-ଚୈତନ୍ୟ ଗୌରାଙ୍ଗଙ୍କର, ଗାନ କୀର୍ତ୍ତନ ପ୍ରଭୃତିରେ ଗାଁଟି ଭାରତୀୟ ସଂସ୍କୃତିର ଗୋଟିଏ ଲୀଳାସ୍ଥଳୀ ଥିଲା।

ଅତି ପିଲାଦିନେ 'ଅନଙ୍ଗ ନରେନ୍ଦ୍ରଙ୍କର' ରାମଲୀଳା ଆମ ଘରେ ବାହାରେ ଏକ ଆନନ୍ଦ-ଭକ୍ତିର ରସ ବୁହାଇ ଦେଉଥିଲା। ମୋର ଶିଶୁଜୀବନ ରଘୁନାଥ ରାମ

ରସରେ ଏପରି ନିମଜ୍ଜି ଯାଇଥିଲା ସେ ଅତି ବଡ଼ି ଭୋରରୁ ଟିକିଏ ନିଦ ଭାଙ୍ଗିଗଲେ ତନ୍ଦ୍ରାରେ ମହାବୀର ହନୁମାନ ମୋ ମୁଣ୍ଡ ଉପରେ ତାଙ୍କର ଲାଙ୍ଗୁଳ ସିଂହାସନରେ ବସିଥିବା ବିରାଟ ରୂପ ଦେଖି ଚାଉଁକିନା ହୋଇ ମୁଁ ଶୋଇପଡୁଥିଲି। ସେବର ରାମାଭିଷେକର ସ୍ୱପ୍ନ ମନେପଡ଼ିଲେ ଏବେ ବି ଦେହ ଶୀତେଇ ଉଠେ!

କୈଶୋରରେ ଭକ୍ତିରସପୂର୍ଣ୍ଣ ବୈଷ୍ଣବ ସାହିତ୍ୟ ଘରେ ବାହାରେ ଏକ ମହାନନ୍ଦମୟ ସ୍ରୋତସ୍ୱିନୀ ହୋଇଥିଲା। ପରମ ବୈଷ୍ଣବୀ ଉଚ୍ଚକୁଳ ସମ୍ଭୂତ ଅଲିଅଳ ଆମର ବୋଉ ପିଲାଟି ଦିନୁ ତା' କଥାରେ ଏବଂ କାର୍ଯ୍ୟରେ ଜୀବେଦୟା ଏବଂ ଅହିଂସ ହେବାକୁ ଶିଖାଇଥିଲା। ବ୍ରାହ୍ମଣଙ୍କୁ 'ମ' ବୋଲି କହିବ ନାହିଁ। କାହାଠାରେ ଅଜାଣତରେ ଗୋଡ଼ ବାଜିଗଲେ, ଏବେ ବି, ଡାଳଟିରେ ବି, 'ବିଷ୍ଣୁ' କରିବ", 'ସର୍ବ ବ୍ରହ୍ମମୟଂ ଜଗତ୍' ଆର୍ଯ୍ୟ ସଂସ୍କୃତିର ଏହା ଏକ ମଧୁମୟ ଶାଶ୍ୱତ ବିଭବ। ସ୍କୁଲ, କଲେଜ, ପାଠପଢ଼ା ଓଡ଼ିଆରେ ଭକ୍ତକବି ମଧୁସୂଦନ, କବିଗୁରୁ ରାଧାନାଥ, ଔପନ୍ୟାସିକ ଫକୀର ମୋହନ, ବଙ୍ଗଳା ସାହିତ୍ୟ ସମ୍ରାଟ ବଙ୍କିମଚନ୍ଦ୍ର ପରେ ପରେ ରବୀନ୍ଦ୍ରନାଥ ଇତ୍ୟାଦିଙ୍କର ଏ ସବୁ ବିରାଟ ସାହିତ୍ୟ ବିଭବରେ ମନ ପୂରି ଉଠୁଥାଏ। ପରେ ଗୋପବନ୍ଧୁଙ୍କର କାରାକବିତା ଇତ୍ୟାଦିର ଜାତୀୟ-ଚେତନାରେ ମଧ୍ୟ ପ୍ରାଣ ଉଦ୍‌ବୋଧ ହେଉଥାଏ।

ଦେବ ଭାଷା, ସଂସ୍କୃତି

ପ୍ରାକ୍-ବୈଦିକ ଜମ୍ବୁଦ୍ୱୀପ ବିଶାଳ ଭାରତର ସଂହତି-ବାହକ, ସଂସ୍କୃତି ସ୍କୁଲରେ ଚାରିବର୍ଷ ପଢ଼ି କଲେଜରେ ସେ ସମୟରେ ସ୍ୱର୍ଗତ ସଂସ୍କୃତ ପ୍ରଫେସର ତ୍ରିମୂର୍ତ୍ତି ଗୁରୁ- ଗମ୍ଭୀର କାଶୀନାଥ, ଉତ୍କଳ ସାହିତ୍ୟର ଉଦ୍ଧାର କର୍ତ୍ତା ପ୍ରଗଲ୍‌ଭବାକ୍ ଡକ୍ଟର ଆର୍ତ୍ତବଲ୍ଲଭ ଏବଂ କୋମଳ, ସରଳ ଲକ୍ଷ୍ମୀକାନ୍ତ ପୁଣ୍ୟତୋୟା ଗଙ୍ଗାପରି, କୁମାର ସଂଭବ, ସ୍ୱପ୍ନ- ବାସବଦତ୍ତା, ଅଭିଜ୍ଞାନ ଶକୁନ୍ତଳମ୍, ମେଘଦୂତ, ଉତ୍ତରରାମ ଚରିତ, ରଘୁବଂଶରୁ କିଛି କାବ୍ୟ, ନାଟକ, କବିତାମାନଙ୍କର ପଠନ ଭାଷଣ, ବିଶ୍ଲେଷଣ ପ୍ରଭୃତି ଚିତ୍ତବିନୋଦନ, ମୋହନ, ଚାତୁର୍ଯ୍ୟ ମାଧୁରୀର ମୂର୍ଚ୍ଛନା ଏବେ ବି ଦେହରେ କୋକନଦ ସିଂହରଣ ଜାତ କରାଏ।

ଇଂରେଜୀ

ଈଶ୍ୱରୀୟ ପରକୀୟା ପ୍ରୀତିପରି ଇଂରେଜୀ ବାଣୀଶ୍ରୀରେ ମୁଗ୍ଧ ହୋଇଗଲି। ହାଇସ୍କୁଲରୁ ଇଂରେଜୀ ଆମର ମାଧ୍ୟମ ହୋଇଥିଲା। ସେଠାରେ ୪ବର୍ଷ, ରେଭେନ୍‌ସା

କଲେଜରେ ଇଂରେଜୀ ଅନର୍ସରେ ଏବଂ ଏମ୍.ଏ.ରେ ପାଟଣା ୟୁନିଭର୍ସିଟିରେ କ୍ରମାନ୍ୱୟରେ ୩ୟ ଏବଂ ୨ୟ ହୋଇ ଲ, ଡି.ଇଡ୍ ପଢ଼ି, ଇଂରେଜୀ ବାଣୀଶ୍ରୀର ମୁଁ ଜଣେ କିଣା କିଂକର ହୋଇଗଲି। କନିକା ଲାଇବ୍ରେରୀ ତ ମୋର ପାଳିତା ମା' ହୋଇଗଲା। ଏ ଭାଷା ମୋର ଜୀବନର ଜୀବିକା ଏବଂ ପଣ୍ୟ ବି ହୋଇଗଲା।

ଏହିପରି ଇଂରେଜୀ ବାଣୀଶ୍ରୀ ମନ୍ଦାକିନୀରେ ଡୁବ୍‌ଡୁବା ଦେଇ ଜୀବନ-ସଂଗ୍ରାମ ଘନଘଟାରେ ଓଡ଼ିଆ ସଂସ୍କୃତି ଭୁଲିଗଲି; କିନ୍ତୁ ଏହା ଭିତରେ ରାମଲୀଳା ଉତ୍ତରୋତ୍ତର ବୃଦ୍ଧି ପାଇ ଗୋଟିଏ ଆନନ୍ଦମୟ ବାର୍ଷିକ ଉତ୍ସବରେ ପରିଣତ ହୋଇଯାଇଅଛି।

ସୁଦୀର୍ଘ ତେତିଶ ବର୍ଷ ଜୀବନ ସଂଗ୍ରାମର ନିଗଡ଼ ଭିତରେ ବାନ୍ଧି ହୋଇ, ରାମନାମ, ସତ୍ୟ ଅହିଂସାର ଏକ ଅଭୁତ ଅସ୍ତ୍ରରେ, ଭାରତର ମୁକ୍ତି-ସଂଗ୍ରାମର ଡାକ, ବ୍ରିଟିଶ୍ କବଳରୁ ମୁକ୍ତି, ଦେଶର ବିଭାଜନ, ବିଭାଜନର ନାରକୀୟ ତାଣ୍ଡବ ଲୀଳା, ଇତ୍ୟାଦି ମନପ୍ରାଣକୁ ଉଦ୍‌ବେଳିତ କରୁଥିଲେ ସୁଦ୍ଧା ନିମକ୍-ସଚ୍ଚା ଭୃତ୍ୟ ପରି ଗୃହ-ଜୀବନ ସଂଗ୍ରାମର ଅବସାନ ପରେ ଖୋରଧାରୁ ଜନକଂଗ୍ରେସରେ ୧୮ ବା ୧୯ ଦିନ ଭିତରେ ଗାଡ୍-ପ୍ଲାଇ ମଶକ ଦଂଶନ ଦୂର କରି, ଆଗରୁ କହିଥିବା କ୍ଷଣଜୀବୀ ଚକାଡୋଳା ନଥିରେ ମହର୍ଷି ବାଲ୍ମୀକିଙ୍କର ଆଦିକାବ୍ୟ ଶ୍ରୀମଦ୍ ରାମାୟଣର

"ମା ନିଷାଦ ପ୍ରତିଷ୍ଠାଂ ତ୍ୱମଗମଃ
ଶାଶ୍ୱତୀଃ ସମାଃ।
ଯତ୍ କ୍ରୌଂଚ ମିଥୁନାଦେକ
ମବଧୀଃ କାମ ମୋହିତମ୍"

ମୂର୍ଚ୍ଛନାରେ ମୁଗ୍ଧ ହୋଇ ଯେପରି ମୋ ଜୀବନର EL DORA DO, 'ସ୍ୱର୍ଣ୍ଣଭୂମି' ପାଇଗଲି।

ଏ ଆର୍ଷ କାବ୍ୟଟି ପଢୁ ପଢୁ ଏକ ଶାଶ୍ୱତ ଜ୍ୟୋତିର୍ମୟ ସତ୍ୟ-ଶିବ ସୌନ୍ଦର୍ଯ୍ୟର ଆଭା, ଟାଣି ନେଲା, ଅନନ୍ତ ସତ୍ୟ-ଶିବର ମୂର୍ତ୍ତି, GOD IN HUMAN MOULD ଶ୍ରୀଅରବିନ୍ଦଙ୍କର 'ମନୁଷ୍ୟ ଛାଂଚରେ ଭଗବାନ ରାମଚନ୍ଦ୍ର'ଙ୍କର ବାଲ୍ମୀକୀୟ ରାମାୟଣରେ ବିକଶିତ ଅଭୁତ ନର-ନାରାୟଣଙ୍କର ଶାଶ୍ୱତ ସତ୍ୟ-ମୂର୍ତ୍ତି,

ସେ "MIGHTY EFFULGENCE"

ସେ 'ମହୋଜ୍ଜ୍ୱଳ ଆଭା' ଗୀତାର

"ଦିବି ସୂର୍ଯ୍ୟ ସହସ୍ରସ୍ୟ, ଭବେତ୍ ଯୁଗପତ୍ ଉଥିତା।
ଯଦି ଭାଃ ସଦୃଶୀ ସା ସ୍ୟାତ୍ ଭାସଃ ତସ୍ୟ ମହାତ୍ମନଃ।"

– ୧୨ ଶ୍ଳୋକ, ୧୧ ଦଶ ଅଧ୍ୟାୟ ଗୀତା

ଯେବେ ଆକାଶରେ ସହସ୍ର ସୂର୍ଯ୍ୟର ଜ୍ୟୋତି, ଏକାବେଳକେ ଉଦୟ ହେବ ତେବେ ଅବା ସେହି ଜ୍ୟୋତି, ବିଶ୍ୱରୂପ ଜ୍ୟୋତିର ସମାନ ହୋଇପାରେ ।
(ସତ୍ୟମେବ ଜୟତେ ।)

ଗାନ୍ଧୀଜୀଙ୍କ ମତରେ-

GOD IS TRUTH

'ଭଗବାନଇ ସତ୍ୟ'

'ସତ୍ୟଇ ଭଗବାନ ।'

"There is no other God than TRUTH. The only means for the realization of TRUTH is AHINSA."

The little fleeting, glimpses therefore, that I have been able to have of TRUTH. can hardly convey an idea indescribable lusture of TRUTH, a million times more intense than that of the sun we daily see with our eyes. In fact what I have caught is only the faintest glimmer of that mighty effulgence. A perfect vision of TRUTH can only follow complete realization of AHINSA.

ସତ୍ୟଛଡ଼ା। ଅନ୍ୟ କେହି ଭଗବାନ ନାହାଁନ୍ତି । ଏ ଅବର୍ଣ୍ଣନୀୟ ସତ୍ୟର ସାମାନ୍ୟତମ ଜ୍ୟୋତି ତାହା ସବୁଦିନ ଦେଖୁଥିବା ସୂର୍ଯ୍ୟର ସହସ୍ର ସହସ୍ର ଗୁଣରୁ ଅଧିକ ହେବ ।

ପ୍ରକୃତରେ ମୁଁ ଯାହା ପାଇଛି ତାହା କେବଳ ସେ ବିରାଟ-ଜ୍ୟୋତି ପ୍ରବାହର ଏକ ଅତି ଫାକୁଟିଆ ଆଭାସ ମାତ୍ର, ସତ୍ୟର ପୂର୍ଣ୍ଣ ଦର୍ଶନ ଅହିଂସାର ପୂର୍ଣ୍ଣମାତ୍ରା ଉପଲବ୍ଧିରେ ହିଁ ନିହିତ ।

ଗାନ୍ଧିଜୀ ପୁଣି ତାଙ୍କର 'Experiment of TRUTH' 'ସତ୍ୟର ପରୀକ୍ଷା'ରେ ଲେଖିଛନ୍ତି ।

To see the universal and all pervading SPIRIT of TRUTH face to face, one must be able to love the meanest creation, as oneself. And a man who aspires after that cannot afford to keep out of any field of life. That is why my devotion to TRUTH has drawn me into the field of politics and I can say without the slightest hesitation and yet in all humility that those who say, that religion has nothing to do, with politics do no[t] know what religion means.

ଏ ସମଗ୍ର ବିଶ୍ୱବ୍ୟାପୀ ସତ୍ୟର ଦେବତା ମୁହଁକୁ ମୁହଁ ଦେଖିବାକୁ ହେଲେ ସୃଷ୍ଟିର ନିମ୍ନତମ ଜୀବକୁ ନିଜ ପରି ଭଲ ପାଇବାକୁ ହେବ। ଯେଉଁ ମନୁଷ୍ୟର ଏପରି ଆକାଂକ୍ଷା ସେ ଜୀବନର କୌଣସି କ୍ଷେତ୍ରରୁ ନିଜକୁ ଅଲଗା ରଖି ପାରିବ ନାହିଁ। ସେଥି ନିମନ୍ତେ ମୋର ସତ୍ୟର ସାଧନା ମୋତେ ରାଜନୀତି କ୍ଷେତ୍ରକୁ ଟାଣି ନେଇଅଛି।

ସୁତରାଂ ମୁଁ ପୂର୍ଣ୍ଣ ନମ୍ରତାର ସହ କହି ପାରେ ଯେ ଯେଉଁମାନେ କହନ୍ତି "ରାଜନୀତିରେ ଧର୍ମର କିଛି କରିବାର ନାହିଁ, ସେମାନେ ଧର୍ମ କଅଣ ଜାଣନ୍ତି ନାହିଁ।"

ଏହି ସମଗ୍ର ବିଶ୍ୱବ୍ୟାପୀ ସତ୍ୟର ମହୋଜ୍ଜ୍ୱଳ ଶାଶ୍ୱତ ଜ୍ୟୋତିର ଆଭାସ ଇଂରେଜି ବା ପାଶ୍ଚାତ୍ୟ ସାହିତ୍ୟ ବା କାବ୍ୟରେ ପ୍ରାୟ ବିରଳ।

କବି ମିଲ୍‌ଟନଙ୍କର ପାରାଡ଼ାଇଜ୍ ଲଷ୍ଟରେ ଈଶ୍ୱରଙ୍କର ପୁତ୍ର, ସତ୍ୟ ଏବଂ ପୂର୍ଣ୍ଣ ଅହିଂସାର ଜ୍ୟୋତି ମୂର୍ତ୍ତି ଭଗବାନ ଯିଶୁଖ୍ରୀଷ୍ଟଙ୍କର ଯେଉଁ ବିଶ୍ୱକଲ୍ୟାଣ ଚି[...] 'ନିଉଟେଷ୍ଟାମେଣ୍ଟରେ' ଫୁଟି ଉଠିଅଛି କବି ମିଲ୍‌ଟନଙ୍କର କାବ୍ୟ ପାରଡାଇଜ୍ ଲଷ୍ଟରେ ତାହା ନିଉଟେଷ୍ଟାମେଣ୍ଟର ଏକ 'Aside' 'ନେପଥ୍ୟ' ମାତ୍ର। କବି ୱାର୍ଡ୍‌ସୱାର୍ଥଙ୍କର TINTURN ABBEY କବିତାରେ ଫୁଟି ଉଠିଛି, ଏହି ଶାଶ୍ୱତ ବିଶ୍ୱଜ୍ୟୋତିର ଉଷାଭା ପ୍ରକୃତିର ବିମୋହନ କୋଳରେ।

"That blessed mood
that serene and
blessed mood
In which the affections,
quietly lead us on
until the breath of this
corporeal frame
And even the motion of our
corporeal frame
And even the motion of
our human blood
Almost suspended we are lead
asleep
In body and become a
Living soul,
while with an eye made
quiet by the power

Of harmony, and the deep
power of joy
We see into the life of things."

ସେ ଆନନ୍ଦମୟ ମାନସ ସ୍ଫୁରଣ
ସେ ପବିତ୍ର ଶାନ୍ତ ଚିତ୍ତ ବିମୋହନ;
ଯେଉଁଥିରେ ଧୀରେ ନେବ ହୃଦତଡ଼ି
ହେଲା ଯାଏଁ ଜଡ଼ ଦେହ ଶ୍ୱାସ ନାଡ଼ୀ।
ଆଉ ପୁଣି ଦେହ-ଚିତ୍ତ-ବୃତ୍ତି ସ୍ଥିତି
ଆଉ ପୁଣି ଆମ ରକ୍ତ-ସ୍ରୋତ ଗତି;
ନିସ୍ତବଧେ ଶୋଇ ହୁଏ ଆତ୍ମମୂର୍ତ୍ତି;
ଦେଖେ ଆମେ ବିଶ୍ୱଜୀବନର ଜ୍ୟୋତି।
ନୟନରେ ଏକ ସୁଶାନ୍ତ ପ୍ରଶାନ୍ତ
ଏକ ତାନଲୟେ ମହାନନ୍ଦେ ସ୍ନାତ।

କିନ୍ତୁ ଏହା କାବ୍ୟ ନୁହେଁ ଏକ ସତ୍ୟ ଚିତ୍ ଆନନ୍ଦର ମହାନ୍ ଅନୁଭୂତି।

ଗ୍ରୀକ୍ ପେଗାନ୍ ସଭ୍ୟତାର ଜଣେ ପ୍ରସିଦ୍ଧ ସାହିତ୍ୟାଚାର୍ଯ୍ୟ, ଲଙ୍ଗିନସ୍ ଲେଖିଛନ୍ତି, "ସତ୍ୟ ଏବଂ ଶିବର ପୂର୍ଣ୍ଣ ପ୍ରସ୍ଫୁଟନ" ଏପିକ୍ ବା କାବ୍ୟର ପ୍ରାଣ, ଏହା ମଧ୍ୟ ପେଗାନ୍ ସାହିତ୍ୟର କାବ୍ୟ ଶିରୋମଣି, ILLIAD ଇଲିଆଡ୍‌ରେ ପ୍ରସ୍ଫୁଟିତ ହୋଇନାହିଁ।

ଇଂରେଜ ସାହିତ୍ୟରେ କେବଳ ଇଂରେଜ କବି, ଶେଲୀ ତାଙ୍କର ଅମର କବିତା, 'Prometheus unbound' ବା 'ପ୍ରମିଥିୟସ୍ ମୁକ୍ତି' କାବ୍ୟରେ ନୁହେଁ, ଗୀତ ନାଟ୍ୟରେ ଏପରି ଏକ 'ସତ୍ୟ-ଶିବ-ସୁନ୍ଦର'ର ଶାଶ୍ୱତ ଦିବ୍ୟାନନ୍ଦ ରସ ବିଦଗ୍ଧ ମୂର୍ତ୍ତି ଦେଇଛନ୍ତି।

ଗ୍ରୀସ୍‌ର ଜଣେ ପ୍ରସିଦ୍ଧ ନାଟ୍ୟକାର 'ଏସ୍.କିଲାସ୍‌ଙ୍କର' Prometheus Bound 'ପ୍ରମିଥିୟସ୍‌ଙ୍କର ବନ୍ଧନ' ଟ୍ରାଜେଡିରୁ ମୁକ୍ତ କମେଡି, ବା ଗୀତି-ନାଟ୍ୟରେ କିପରି ସତ୍ୟ-ଶିବ-ସୁନ୍ଦର ଜ୍ୟୋତିରେ ଆଭାସିତ ଅହିଂସା ବା କ୍ଷମାରେ, ମାନବ ପାଇଁ ତାଙ୍କର ପେଗାନ୍ ସମ୍ରାଟ୍ ଜୁପିଟରଙ୍କର ବିନାନୁମତିରେ ମନୁଷ୍ୟମାନଙ୍କ ପାଇଁ ଅଗ୍ନିଙ୍କୁ ପୃଥିବୀକୁ ଆଣିଦେବା ଦୋଷରେ ଦୋଷୀ ହୋଇ ବିରାଟ ଭାରତୀୟ କକେସସ୍ ପର୍ବତର ଅତ୍ୟୁଚ୍ଚ ଶିଖରୀରେ କୃଶ-ବିଦ୍ଧ ହୋଇ, ଅତି ନିର୍ମ୍ମମ ଅକଥନୀୟ ମର୍ମନ୍ତୁଦ ଯନ୍ତ୍ରଣାରେ ଅଧୀର ନହୋଇ ନିୟତିକୁ ଅପେକ୍ଷା କରି, ସତ୍ୟ-ପ୍ରେମ-ଅହିଂସା, କ୍ଷମାରେ କିପରି ଦାନବୀୟ ଅଟଳଶକ୍ତିକୁ ହଟାଇ ଦିଆଯାଇ ପାରେ ତାହାର ଏକ ମହାନ୍

ଅମ୍ଳାନ୍ ଅମର ଚିତ୍ର ଦେଇଛନ୍ତି। ତଳେ ଶେଲୀଙ୍କର ସେ କବିତାର, ଉପସଂହାର ଦିଆଗଲା।

To suffer woes which HOPE
thinks infinite
To forgive wrongs, darker
than death or night
To defy power which seemed
omnipotent
To live and fear till HOPE
creates
From its own wreck the thing
it contemplates.
Neither to change nor,
falter nor repent
This like thy glory TITAN
is to be
Good, great, and joyous,
beautiful, and free
This is alone life, Joy
Empire and victory.

ଯନ୍ତ୍ରଣା ସହିବା ଆଶା ଭାବେ ଯା ଅସୀମ
ଅନ୍ୟାୟ କ୍ଷମିବା ମୃତ୍ୟୁ ତମସାରୁ ଘନ।
ନ ମାନିବା କ୍ଷମତା ଯା ଦିଶେ ମହୀୟାନ
ସହି ତା ସ୍ନେହରେ, ଆଶା କରୁଛ ଯେ ନିର୍ମାଣ
ତା ଧ୍ୱଂସ ସ୍ତୁପରୁ ମନ-କାମନା ସୁହର୍ମ୍ୟ॥
ନ ଭୁଲି ନଟଳି, ଅନୁତାପରେ ନଝଳି
ତୋ କୀର୍ତ୍ତି ପରି, ଟାଇ ଟାନ୍ ହେବ ଶକ୍ତିଶାଳୀ
ସଚ୍ଚିଦାନନ୍ଦ ମହାନ, ସୁନ୍ଦର ସ୍ୱାଧୀନ।
ଏହାହିଁ ଜୀବନୋଲ୍ଲାସ ରାଜ୍ୟ ଜୟ ମାନ॥

ଏତିକି ସଂବଳରେ ଆଦିକବି ଶ୍ରୀମଦ୍ ବାଲ୍ମୀକୀୟ ମହାତ୍ମା ଗାନ୍ଧୀଙ୍କ ସତ୍ୟ-ଶିବ-ସୁନ୍ଦରାନ୍ୱିତ, ରାମଚରିତ, ସେ ପରମ-ସତ୍ୟମୂର୍ତ୍ତି ରାମଚନ୍ଦ୍ରଙ୍କ କୃପାରୁ ଲୋକମାନଙ୍କର କଥିତ ଭାଷାରେ, ଗାଢ଼ ଅନ୍ଧକାର ରାତିରେ ବାଡ଼ି ଠକ୍ ଠକ୍ କରି ବାଟ ବାରି ବାରି ମହାକାବ୍ୟ-ମାର୍ଗରେ ଚାଲିଅଛି; ଝୁଣ୍ଟି ପଡ଼ିଲେ ମୋର ସତ୍ୟ ଅହିଂସାର ସେବକ ଭାଇମାନେ ମତେ ଉଠାଇ ଦେଇ ମୋ ବାଟରେ ଫେରେ ଚଳାଇ ନେବେ।

ରାମରାଜ୍ୟ

ଐକ୍ଷ୍ୱାକୁ କୁଳ ବର୍ଦ୍ଧନ ରଘୁଙ୍କର ବିଶ୍ୱଜିତ୍ ଯଜ୍ଞରେ ନୈସର୍ଗିକ ସମଗ୍ର ଭାରତ ବର୍ଷର ଏକ ଏକତ୍ରିକରଣର ବିଜୟମାର୍ଗ ସହ, ରାମବନବାସର ବାସସ୍ଥଳୀମାନ, ଜମ୍ବୁ ଦ୍ୱୀପ ଭାରତ-ବର୍ଷରେ, ରାମ ସ୍ୱର୍ଗାରୋହଣ ପୂର୍ବରୁ, ରାବଣ ଇତ୍ୟାଦି ରାକ୍ଷସମାନଙ୍କୁ ଧ୍ୱଂସକରି, ରାମରାଜ୍ୟ ସ୍ଥାପନ କରିଥିଲେ। ତାହାର ଗୋଟିଏ ରଫ୍ ସ୍କେଚ୍ ମ୍ୟାପ୍ ଦିଆଗଲା। ଐତିହାସିକ ଏବଂ ଭୌଗୋଳିକ ପ୍ରଫେସର ଏବଂ ଗବେଷକମାନଙ୍କୁ ଅନୁରୋଧ ସେମାନେ ଗୋଟିଏ ନିଖୁଣ ଭାରତର "ରାମରାଜ୍ୟ' ମ୍ୟାପ୍‌ଟିଏ ତିଆରି କଲେ ଲେଖକ କୃତ୍ୟ କୃତ୍ୟ ହେବ।

ରାମବାଣୀ ଓ ସତ୍ୟର ପ୍ରଶଂସା

ଚିତ୍ରକୂଟ ପର୍ବତରେ, ପର୍ଣ୍ଣଶାଳାରେ, ରାମଚନ୍ଦ୍ରଙ୍କୁ ଫେରାଇ ଆଣିବା ପାଇଁ ସତ୍ୟବ୍ରତ ଭରତ ଯାଇଥିବା ବେଳେ ରାଜା ଦଶରଥଙ୍କର ପ୍ରଧାନ ମନ୍ତ୍ରୀମଣ୍ଡଳରୁ ଜଣେ ମଧ୍ୟ ଜାବାଳୀ, ନାସ୍ତିକ ପରି ସତ୍ୟ ତ୍ୟାଗ କରି ରାଜଗାଦି ଫେରି ଆସିବା ପାଇଁ ଛଳେଇ, ତାଙ୍କୁ କହିଥିଲେ।

"ସାଧୁ ରାମ, ବୁଦ୍ଧି ତବ, ନୋହୁ ଅର୍ଥହୀନ
ସାଧାରଣ ପରିନୁହଁ, ହେ ଆର୍ଯ୍ୟ ସତ୍ତମ।
କେ କାର ପୁରୁଷ, ବନ୍ଧୁ କା ପାଇଁ କି କାମ
ଏକ ଜନ୍ତୁ ଜନମିଲେ ମରଇ ଯେ ଅନ୍ୟ।
ତେଣୁ ମାତା ପିତା ବୋଲି, ଭାବଇ ଯେ ନର
ପାଗଳ ବୋଲି ସେ ଜାଣ କେ ନୁହେଁ କାହାର। ୪।
ଗ୍ରାମାନ୍ତରେ ଯାଉ ନର, ଏଠି ସେଠି ରହେ
ସେ ବସାକୁ ଛାଡ଼ି, ପରଦିନ କାହିଁ ଯାଏ। ୫।
ଏ ପରି ନରର ପିତାମାତା, ଗୃହ ଧନ
ବସାଘର ମାତ୍ର, ତହିଁ ନ ମୋହେ ସଜ୍ଜନ। ୬।

ପିତୃ ରାଜ୍ୟ ତ୍ୟାଗ ନାହିଁ ଆହେ ନରୋତ୍ତମ
କୁମାର୍ଗେ ଯିବାର ଦୁଃଖ, କଷ୍ଟକେ ବିଷମ। ୭।
ସଂବୃଦ୍ଧ ଅଯୋଧ୍ୟା ପୁରେ, ଅଭିଷେକ ଯାଇଁ
ଏକ ବେଣୀଧରା ପୁରୀ ବସିଛି ଅନାଇ। ୮।
ବଂଚ ରାଜାତ୍ମଜ, ଭୋଗି ମହାରାଜ ଭୋଗ
ଅଯୋଧ୍ୟା ପୁରୀରେ ରହି ଇନ୍ଦ୍ର ଯଥାସ୍ୱର୍ଗ। ୯।

'ଶ୍ଳୋକ ୨ରୁ ୯, ୧୦୮ ସର୍ଗ
ଅଯୋଧ୍ୟା କାଣ୍ଡ, ଜାବାଳୀଙ୍କ ଉକ୍ତି'

ତା'ର ଉତ୍ତରରେ ସତ୍ୟସନ୍ଧ ରାମଚନ୍ଦ୍ର କହିଲେ-

ରାମଉକ୍ତି
ସତ୍ୟ ପ୍ରଶଂସା

"ଆପଣ ମୋ ଭଲପାଇଁ, ଯାହାକଲେ ଗାନ
ଅକାର୍ଯ୍ୟେ କାର୍ଯ୍ୟର, ଅପଥ୍ୟ ପଥ୍ୟ ସମାନ। ।୨।
ମର୍ଯ୍ୟାଦାହୀନ ପୁରୁଷ ପାପାଚାରାନ୍ୱିତ
ମାନ୍ୟ ସେ ନ ଯାଏ କେଭେଁ, ବିରୁଦ୍ଧ ଚରିତ୍ର। ।୩।
କୁଳୀନ ବା ଅକୁଳୀନ ବୀର ମାନ୍ୟ ଗଣ୍ୟ
ଚରିତ୍ର ଦେଖାଏ ଶୁଚି, ଅଶୁଚି କି ଜନ"। ।୪।
ଅନାର୍ଯ୍ୟ କି ଆର୍ଯ୍ୟ, ଅଶୁଚି ଶୌଚ କୁଶଳ
ଅଲକ୍ଷଣ, ସୁଲକ୍ଷଣ, ଦୁଃଶୀଳ, ସୁଶୀଳ। ।୫।
ଧର୍ମ୍ମ ବେଶେ କଲେ ଲୋକ ଅବୈଧ ଅଧର୍ମ୍ମ
ଶୁଭ ପଥ ଛାଡ଼ି, ବହୁ କ୍ରିୟ ବିଧିହୀନ। ।୬।
କେ ସତ୍ ଚିତ୍ତ, ଜନ କାର୍ଯ୍ୟାକାର୍ଯ୍ୟ ବିଚକ୍ଷଣେ
ପୂଜିବେ କି ଲୋକେ, ଭ୍ରଷ୍ଟା ଏ ଲେକ ଦୂଷଣେ। ।୭।
କା ଆଦର୍ଶେ ଚଳି, କିପରି ବା ସ୍ୱର୍ଗ ପାଇ
ଏବେ, ଏ କଥାରେ ମୋର ପ୍ରତିଜ୍ଞା ଭଙ୍ଗେଇ। ୮।
କାମବୃତ୍ତି ହେଲେ ଲୋକେ ସର୍ବେ ବଦଳିବେ
ଯେ ବୃତ୍ତି ରାଜାର ତାହା ପରଜା ପାଳିବେ। ।୯।

ରାଜଧର୍ମ୍ମ ବା ବିଶ୍ୱଧର୍ମ୍ମ

ସତ୍ୟ ଅହିଂସା ଯେ ରାଜଧର୍ମ୍ମ ସନାତନ
ସତ୍ୟାତ୍ମକ ରାଜ୍ୟ, ଜଗତ୍, ସତ୍ୟ ଅଧିଷ୍ଠାନ। ।୧୦।
ଋଷିବର୍ଗ, ଦେବେ ସର୍ବେ ଆଚରନ୍ତି ସତ୍ୟ
ସତ୍ୟବାଦୀ ପାଏ ପଦ ପରମ, ଶାଶ୍ୱତ। ।୧୧।
ମିଥ୍ୟାବାଦୀ ଠୁଁ ପଳାନ୍ତି, ସର୍ପଠାରୁ ଯଥା
ସତ୍ୟ ଶ୍ରେଷ୍ଠ ଧର୍ମ୍ମ ଲୋକେ ସତ୍ୟ ମୂଳକଥା। ।୧୨।
ସତ୍ୟ ଯେ ଈଶ୍ୱର ଲୋକେ, ସତ୍ୟେ ଧର୍ମ୍ମ ସ୍ଥିତ
ସର୍ବ ସତ୍ୟ-ମୂଳ, ସତ୍ୟୁଂ ନାହିଁ ପରାତତ୍ୱ। ।୧୩।
ଦାନ, ଯଜ୍ଞ, ହୋମ, ହୁତି, ଅବା ତପ ସର୍ବ
ବେଦ ସତ୍ୟେ ପ୍ରତିଷ୍ଠିତ, ସତ୍ୟପର ଭବ। ।୧୪।

ଶ୍ଳୋକ ୨ରୁ ୧୪, ୧୦୯ ସର୍ଗ, ଅଯୋଧ୍ୟାକାଣ୍ଡ।

ସତ୍ୟମେବ ଜୟତେ

ଶ୍ରୀମଦ୍ ବାଲ୍ମୀକି ରାମାୟଣ
ମଙ୍ଗଳା ଚରଣ

ଓଁ

ଏ କ୍ଷଣ ଭଙ୍ଗୁର ଦୀପେ କରୁଛି ବନ୍ଦାଣ
ମହାତପୀ ବାଲ୍ମୀଙ୍କର ତପସ୍ୟା ସାଧନ। ।୧।

ସତ୍ୟର ବିକାଶ ଏହି, ରମ୍ୟ ରାମାୟଣ
ପାଦରେ ନମଇଁ; ଗଣଈଶ ହେ ମହାନ। ।୨।

କର ମୋ ମାନସ କାମ, ସୁଖରେ ପୂରଣ।
ଅନନ୍ତବର୍ତ୍ତ ଶୁକ୍ଳ ଚତୁର୍ଦ୍ଦଶୀ ଦିନ। ।୩।

ଊଣିଶ ଅଷ୍ଟସତୁରୀ ଖ୍ରୀଷ୍ଟାବ୍ଦ ମଧ୍ୟାହ୍ନ
ସେପ୍‌ଟେମ୍ବର ନଅ ଯେ ତାରିଖ ଶୁଣ ଜନ। ।୪।

ଅରମ୍ଭିଲି ଗଣନାଥ, ଏହାର ଲିଖନ
ରାମ, ରାମ, ରାମ, ରାମ, ବନ୍ଦେ ସୀତାରାମ। ।୫।

ଜମ୍ବୁଦ୍ୱୀପେ ଭାରତବର୍ଷ

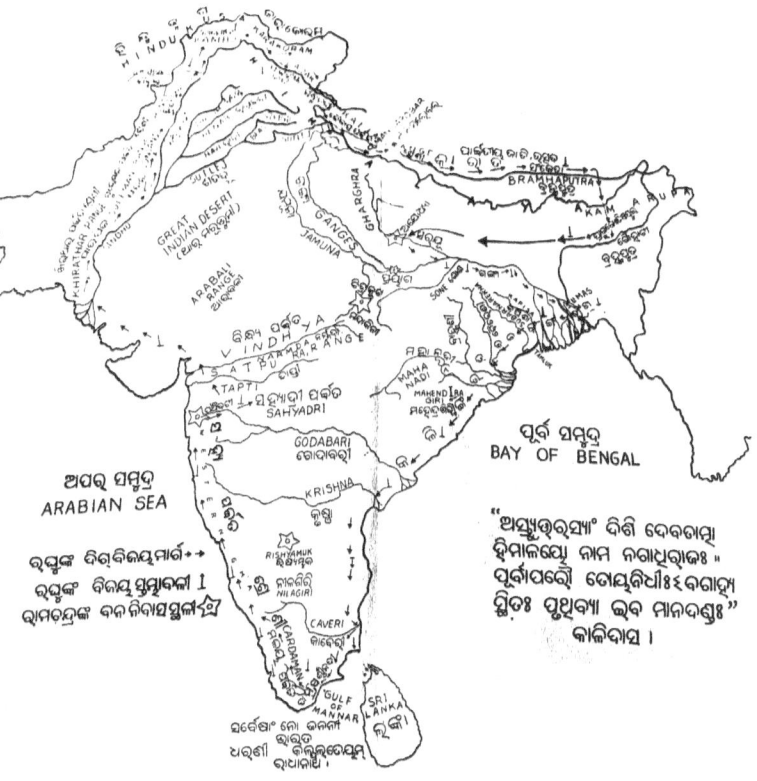

ପ୍ରଥମ ସର୍ଗ

ସାଗର ଲଙ୍ଘନ

ତହୁଁ ରାବଣାପହୃତା ସୀତା ଅନ୍ୱେଷଣେ
ଶତ୍ରୁ-କର୍ଷଣ ଇଛିଲେ, ଚାରଣ ଅଧ୍ୱନେ ।୧।
ଦୁଷ୍କର ଅପ୍ରତିଦ୍ୱନ୍ଦ, ଇଚ୍ଛି କପି କର୍ମ୍ମ
ଉଚ୍ଚେ ଟେକି ଶିର ଗ୍ରୀବା ହେଲେ ଷଣ୍ଢ ସମ ।୨।
ତହୁଁ ବୈଡୁର୍ଯ୍ୟ ବରଣ, ଶାଦ୍‌ବଳେ ସେ ବୀର
ସଲୀଳ-କକ୍ଷେ ବୁଲିଲେ, ଯଥାସୁଖେ ଧୀର ।୩।
ଉରେ ବୃକ୍ଷ ଭାଙ୍ଗି, ଧୀମାନ୍ ପକ୍ଷୀ ଭୀତ କରି
ବହୁ ମୃଗ ମାରି ବଢ଼େ, କି ଅବା କେଶରୀ ।୪।
ନୀଳ, ଲାଲ, ମଞ୍ଜୁଷ୍ଠ ଯେ, ପଦ୍ମ ସୀତାସିତ
ବର୍ଣ୍ଣ ସିଦ୍ଧ, ବିମଳ-ଧାତୁରେ ଅଳଂକୃତ ।୫।
ସବନ୍ଧୁ, ମାୟାବୀ, ଯକ୍ଷ, ଗନ୍ଧର୍ବ କିନ୍ନରେ
ସତତ ସେବିତ, ଦେବ କଳ୍ପ ଯେ ସର୍ପରେ ।୬।
ସେ, ସେ ଗିରିବର ତଳେ, ନାଗବରାୟୁତେ
ରହି କପିବୀର ତହିଁ, ନାଗପରି ପ୍ରତେ ।୭।
ସେ ସୂର୍ଯ୍ୟ, ମହେନ୍ଦ୍ର ବାୟୁ, ସ୍ୱୟଂଭୂବ, ଭୂତେ
କୃତାଞ୍ଜଳ ହୋଇ ମନାସିଲେ ଯିବା ଅର୍ଥେ ।୮।
ଅଞ୍ଜଳି ପୂର୍ବକୁ କରି, ଜନକ ପବନେ
ନମି, ବଢ଼ିଲେ ଯିବାକୁ ଦିଗ ଯେ ଦକ୍ଷିଣେ ।୯।

ପ୍ରଧାନ-ବାନରେ ଆଗେ, ସୁଦୃଢ଼ ଲମ୍ଫନେ
ବଢ଼ିଲେ ରାମାଭିବୃଦ୍ଧ୍ୟେ ସିନ୍ଧୁକି ପର୍ବଣେ । ୧୦ ।
ଅମାପ-ବପୁ ସାଗର-ଲଂଘନ ମନାସି
ବାହୁ ଚରଣେ ପର୍ବତ, ପକାଇଲେ ଧସି । ୧୧ ।
ଅଚଳ ସେ ଚଳୁ ଆଶୁ ମୁହୂର୍ତ୍ତେ ବାନରେ
ପୁଷ୍ପିତାଗ୍ର ପାଦପରୁ, ସବୁ ଫୁଲ ଝଡ଼େ । ୧୨ ।
ପାଦପରୁ ଝଡ଼ି ଫୁଲଓଘ, ସୁରଭିତ
ଛାଇ ଦେଲା କରି ପୁଷ୍ପମୟ ସେ ପର୍ବତ । ୧୩ ।
ସେ ମହାବୀର୍ଯ୍ୟେ ପୀଡ଼ିତ ହୋଇ ସେ ବର୍ବତ
ସଲିଳ ପ୍ରସ୍ତବେ, ମଦମତ୍ତ ହସ୍ତାବତ । ୧୪ ।
ସେ ବଳୀରେ ପୀଡ଼ା ପାଇ ମହେନ୍ଦ୍ର ପର୍ବତ
ବୁହାଇଲା ରୌପ୍ୟ, ସୂର୍ଣ୍ଣ, ବର୍ଣ୍ଣର ଯେ ସ୍ରୋତ । ୧୫ ।
ମୋଚିଲା ବିଶାଳ, ମନଃଶୀଳା, ଶୀଳା ଶୈଳ
ଧୂମ-ରାଜି ପରି, ଅର୍ଦ୍ଧମଧ୍ୟା କି ଅନଳ । ୧୬ ।
କପି ପୀଡ଼ିତ ହେବାରୁ ସବୁଠି ପର୍ବତ
ଗୁହାବାସୀ ପ୍ରାଣୀଗଣେ ଚିତ୍କାରେ ବିକୃତ । ୧୭ ।
ସେ ମହା-ପ୍ରାଣୀଙ୍କ ନାଦେ, ଶୈଳପୀଡ଼ାଦାତ
ଧରା, ଦିଗ, ଉପବନ ହୋଇଲା ଧ୍ୱନିତ । ୧୮ ।
ବ୍ୟକ୍ତି ଚକ୍ର-ଚିହ୍ନିତ ପୃଥୁଳ ଫଣାମାନ
ବମି ଘୋର ଅଗ୍ନି ଦଂଶେ ମହାଶୀଳାମାନ । ୧୯ ।
ମହାକୋପେ, ବିଷ-ଦଂଷ୍ଟ୍ରା, ମହାଶୀଳାମାନ
ଜଳିଲା ଯେ ଦୀପ୍ତ ହୋଇ, ମସ୍ତ, ମସ୍ତ-ଭଗ୍ନ । ୨୦ ।
ଔଷଧ-ଜାଳ ଯେ ସବୁ ନଗେ ହୋଇଥିଲା
ନାଗ-ବିଷଘ୍ନ ହେଲେ ବି ବିଷ ନ ଝାଡ଼ିଲା । ୨୧ ।
ଏଗିରି ଫାଟଇ ଭାବି ଜୀବ, ତପୀମାନେ,
ଉର୍ଦ୍ଧ୍ୱେ ଗଲେ ତ୍ରସ୍ତେ, ସସ୍ତ୍ରୀ-ବିଦ୍ୟାଧର ସନେ । ୨୨ ।

ମଦ-ଖଳାରେ ଛାଡ଼ିଣ ସୁବର୍ଣ୍ଣ ଚଷକ
ମହାମୂଲ୍ୟ ପିଆଲା ହିରଣ୍ମୟ କରକ ।୨୩।
ଲେହ୍ୟ, ଭଲମନ୍ଦ, ଭକ୍ଷ୍ୟ, ମାଂସ ଯେ ବିଶିଷ୍ଟ
ଷଣ୍ଢ-ଚର୍ମ୍ମ ଖଣ୍ଡମାନ, ସୁବର୍ଣ୍ଣର-ବେଷ୍ଟ ।୨୪।
କଣ୍ଟୁ-ହରା ମଣ୍ଡା, ରକ୍ତମାଳା ଅନୁଲିପ୍ତା
ରକ୍ତାକ୍ଷା, ନୀଳପଦ୍ମାକ୍ଷା, ହେଲେ ନଭେସ୍ଥିତା ।୨୫।
ହାର ନୂପୂର କେୟୁର ତାଡ଼ଧାରୀ ସ୍ତ୍ରୀୟେ
ନଭେ ରମଣ-ସ ରହେ, ସୁସ୍ମିତା ବିସ୍ମୟେ ।୨୬।
"ଏ ପର୍ବତାକାର ବାୟୁସୁତ ହନୁମାନ
ମହାବପୁ ଇଚ୍ଛେ ତରିବାକୁ ସିନ୍ଧୁ-ତୂର୍ଣ୍ଣ ।୨୭।
ରାମ ବାନରଙ୍କ ପାଇଁ ଇଚ୍ଛି ଦୁଃଖ କର୍ମ୍ମ
ସିନ୍ଧୁପର ପାରେ ଚାହେଁ, ଦୁଃଖ ପ୍ରବେଶଣ" ।୨୮।
ତପସ୍ୱୀଙ୍କର ଏ ବାକ୍ୟ ଶୁଣି ବିଦ୍ୟାଧରେ
ଅତୁରବାନରର୍ଷଭ ଦେଖେ ବିସ୍ମୟରେ ।୨୯।
ପର୍ବତ ସମାନ ସେ ଝାଡ଼ିଣ ରୋମମାନ
କରିଲା ଘୋର ଗର୍ଜନ, ମହା ମେଘ ସମ ।୩୦।
ଆନୁପୂର୍ବକ ଲୋମଶ ଲାଙ୍ଗୁଳ ଘେରାଇ
ଉର୍ଦ୍ଧ୍ୱେ ଛାଟି ଦେଲା, ସର୍ପ, କିବା ପକ୍ଷୀସାଇଁ ।୩୧।
ଅତିବେଗେ ଲାଙ୍ଗୁଳକୁ ପିଠିରେ ବାନ୍ଧିଲା
ଗରୁଡ଼କି ମହୋରଗ ଶୂନ୍ୟରେ ହରିଲା ।୩୨।
ମହା ପରିଘ ସଂକାଶ ବାହୁକୁସ୍ତମ୍ଭିଲା
କଟିରେ ପାଦ ସଂକୋଚି, କପି ଯେ ରହିଲା ।୩୩।
ଦୁଇ ହାତ ଗ୍ରୀବା, ସଂହିତିଣ ଯେ ଶ୍ରୀମାନ
ତେଜ ପ୍ରାଣ, ବୀର୍ଯ୍ୟ ଦୃଢ଼େ କରିଲେ ଧାରଣ ।୩୪।
ଉର୍ଦ୍ଧ୍ୱେ, ଦୂରେ ମାର୍ଗ ନିରେକ୍ଷିଣ, ଦୃଷ୍ଟିରଖି
ପ୍ରାଣ-ବାୟୁ ନିରୋଧିଲେ, ହୃଦେ, ନଭ ଦେଖି ।୩୫।

ପାଦେ ଦୃଢ଼େ ଠିଆ ହୋଇ, ସେ କପି କୁଞ୍ଜର
କାନ କୁଂଚି ହନୁମାନ ଡିଏଁ ମହାବଳ । ୩୬ ।
"ବାନରେ ଶ୍ରେଷ୍ଠ, ବୀନରେ କହେ ଏ ବଚନ
ରାମମୁକ୍ତ ଶର, ବିକ୍ରମରେ, ନିଶ୍ୱସିଣ" । ୩୭ ।
"ସମ ଯିବି ଲଙ୍କା ପୁରୀ ରାବଣ ପାଳିତା
ଯଦି ନ ଦେଖିବି, ଲଙ୍କାରେ ଜନକ ସୁତା" । ୩୮ ।
ଏହି ପରି ବେଶେ ଯିବି, ଦେବଙ୍କ ଆଳୟ
ଶ୍ରମ କରି ଯେବେ, ସ୍ୱର୍ଗେ, ନ ପାଇବି ଥୟ । ୩୯ ।
ବାନ୍ଧି ରାବଣ ରାଜନ, ଆଣିବି ନିଶ୍ଚୟ
ସଦା, କୃତକାର୍ଯ୍ୟ ମୁଁ ଆସିବି ସୀତା ସହ । ୪୦ ।
ଅବା ଲଙ୍କା ଉପାଡ଼ିଣ, ରାବଣ ସହିତ
ଏହା କହି କପି ଶ୍ରେଷ୍ଠ, ଲକ୍ଷେ, ହନୁମନ୍ତ । ୪୧ ।
ମହାବେଗେ ଡିଏଁ ଊର୍ଦ୍ଧେ, କରିଣ ବିଚାର
ଗରୁଡ଼ ନିଜକୁ ମଣି ସେ କପି କୁଞ୍ଜର । ୪୨ ।
ନଗରୁହେ ଏକାବେଳେ ଉଡ଼େ ସେ ବେଶରେ
ଶାଖା ସବୁ ସଂକୁଚିଣ, ତୂର୍ଣ୍ଣେ ମହାଗୋଳେ । ୪୩ ।
ମତ୍ତ କୋଯଷ୍ଟି-ସଂକୁଳ, ପୁଷ୍ପ-ଶାଳୀ ବୃକ୍ଷେ
ଉରୁବେଗେ ବୋହିନେଲେ, ବିମଳାନ୍ତରୀକ୍ଷେ । ୪୪ ।
ଉରୁବେଗୋଦ୍ଧିତ ବୃକ୍ଷେ କପି ଅନୁସରେ
ଦୀର୍ଘ ପଥେ ଯଥା ବନ୍ଧୁ, ବନ୍ଧୁକୁ ଯେ ଛାଡ଼େ । ୪୫ ।
ଉରୁବେଗୋଦ୍ଧିତ ଶାଳ ଅନ୍ୟ ବୃକ୍ଷୋତ୍ତମେ
ଅନୁସରେ ହନୁମନ୍ତ, ନୃପେ ଯଥା ସୈନ୍ୟେ । ୪୬ ।
ପୁଷ୍ପିତାଗ୍ର ବାହୁ ବୃକ୍ଷେ କପି ଅନୁସୃତ
ନଗାକାର ହନୁମନ୍ତ ଦିଶିଲେ ଅଦ୍‌ଭୁତ । ୪୭ ।
ସାରବନ୍ତ ବୃକ୍ଷେ ବୁଡ଼େ, ଲବଣ ସାଗରେ
ଇନ୍ଦ୍ରଭୟେ ଯଥା ନଗେ, ବରୁଣାଳୟରେ । ୪୮ ।

ନାନାପୁଷ୍ପାକୀର୍ଣ୍ଣ କପି, ସାଙ୍କୁର କୋରକେ
ସେ ମେଘ ସଂକାଶ ନଗ କି ଖଦ୍ୟୋତ ପୋକେ । ୪୯ ।
ତାଙ୍କ ବେଗେ ମୁକ୍ତ ପୁଷ୍ପା ସେହି ଦ୍ରୁମାବଳୀ
ପଡ଼ିଲେ ସମୁଦ୍ରେ, ବାନ୍ଧବେ ନିବୃତ୍ତ ଭଳି । ୫୦ ।
ବହୁ ତରୁ ପୁଷ୍ପେ କପି ବାହୁବେଗେ ଝଡ଼ି
ଲଘୁତ୍ୱେ ବିଚିତ୍ର ସେ ସାଗରେ ଗଲେ ପଡ଼ି । ୫୧ ।
ନାନାବର୍ଣ୍ଣ ସୁଗନ୍ଧ କୁସୁମ ଜାଳେ କପି
ଦିଶେ ନବ ମେଘପରି, ବିଦ୍ୟୁତ୍ କଣେ ବ୍ୟାପୀ । ୫୨ ।
ସେ ବେଗୁ ଉଦ୍‌ଭୁତ ପୁଷ୍ପେ, ଦିଶିଲେ
ରମ୍ୟ ଉଦିତ ତାରାରେ, କିବା ସେ ଅମ୍ବର । ୫୩।
ପ୍ରସାରିତ ଦୁଇବାହୁ ଦିଶଇ ଅମ୍ବରେ
ପଞ୍ଚାସ୍ୟ ସର୍ପ କି ପର୍ବତ ଶିଖୁ ବାହାରେ । ୫୪ ।
ମହାର୍ଣ୍ଣବ ଉର୍ମ୍ମୀଜାଳ ପିଏ କି ବାନର
ପିପାସୁ ପରି ଆକାଶେ ଦିଶେ କପିବୀର । ୫୫ ।
ବାୟୁମାର୍ଗ ଅନୁସରି, ବିଦ୍ୟୁ-ପ୍ରଭାପରି
ଦୁଇନେତ୍ର ଜଳେ, ଦୁଇ ନଗାନଳ ସରି । ୫୬।
ପିଙ୍ଗଳ ନଭ ମଣ୍ଡଳେ, ପିଙ୍ଗାକ୍ଷ ମୁଖରେ
ବୃହତ୍ ବର୍ତ୍ତୁଳ ନେତ୍ରେ କି ଚନ୍ଦ୍ରାର୍କ ବିମ୍ବରେ । ୫୭।
ତାମ୍ରାଭ ନାସିକୀ, ତାମ୍ର ତାହାଙ୍କ ବଦନେ
ଶୋଭେ ସନ୍ଧ୍ୟାକାଳ ସୂର୍ଯ୍ୟ-ମଣ୍ଡଳ ସମାନେ । ୫୮ ।
ଲାଙ୍ଗୁଳବି ସୁଆବଦ୍ଧ, ଶୋଭେ ଡେଇଁ ବାରେ
ଇନ୍ଦ୍ରଧନୁ ପରି ବାୟୁ-ପୁତ୍ରର ଅମ୍ବରେ । ୫୯ ।
ଲାଙ୍ଗୁଳଚକ୍ର ମାରୁତି ଶୁକ୍ଳଦନ୍ତାନ୍ୱୀତ
ମହାପ୍ରାଜ୍ଞ ଶୋଭେ, ସତେ, ସୂର୍ଯ୍ୟ ମଣ୍ଡଳିତ । ୬୦ ।
ସୁଗାଢ଼ ତାମ୍ର ନିତମ୍ବେ ରାଜେ କପୀଶ୍ୱର
ଗୈରିକ ଧାତୁ ସ୍ରୋତରେ, କିବା ଗିରିବର । ୬୧ ।

କପି ସିଂହ ଡେଇଁଥିବା ବେଳେ ସେ ସାଗର
ମେଘ ପରି ଗର୍ଜୁଥିଲା, ସମୀର କକ୍ଷର । ୬୨ ।
ଉତ୍ତର ଦିଗୁ ନିସୃତ, ଉଲ୍‌କାପାତ ତୁଲ୍ୟ
ସାନୁବନ୍ଧା ଦେଖାଯାଏ, ସେ କପି କୁଞ୍ଜର । ୬୩ ।
ଉଦିତ ତପନ ପ୍ରଭ, ସେ କପି ବଢ଼ିଣ
ଶୋଭିଲା କକ୍ଷ ଆବଦ୍ଧ, ମାତଙ୍ଗ ସମାନ । ୬୪ ।
ସମୁଦ୍ରର ଯେଉଁ ବାଟେ ଯାଏ କପିବୀର
ତା ଅଙ୍ଗ ବେଗରେ ତାହା ହୁଏ ଉତ୍ତରଳ । ୬୫ ।
ମହାକପି ଦେହୁଁ ମେଘ ବାୟୁ ବାହାରିଣ
ଭୀମ ଗର୍ଜନରେ ସିନ୍ଧୁ, କଲାକ କମ୍ପନ । ୬୬ ।
ଉତୁଙ୍ଗ ତରଙ୍ଗମାଳା, ସାଗରୁ ଆକର୍ଷି
ଲଘଂନ୍ତି କପି-ଶାର୍ଦ୍ଦୁଳ ଖ, ଉର୍ବୀ ଝଲସି । ୬୭ ।
ମେରୁ ମନ୍ଦର ସଂକାଶ ଉଦ୍‌ଗତ ତରଙ୍ଗେ
ଗଣିକି, ମହାବେଗରେ, ସିନ୍ଧୁ ସେ ଉଲଂଘେ । ୬୮ ।
ତାଙ୍କ ବେଗେ ଉର୍ଦ୍ଧ୍ୱେ ଘୋଟି
ସଜଳ ଜଳଦ ଅଭ୍ରକି ଶାରଦ । ୬୯ ।
ଫୁଙ୍ଗୁଳା ଦିଶନ୍ତି ତିମି, ନକ୍ର କୂର୍ମମୀନ
ନରର ଶରୀର ପରି, ହେଲେ ବସ୍ତ୍ର-ହୀନ । ୭୦ ।
ସିନ୍ଧୁ-ବାସୀ ସର୍ପେ, ତାଙ୍କ କ୍ରମଶଃ ଲଘଂନ
ଦେଖି ବିଚାରିଲେ ସେକି, ମହାଗରୁତ୍‌ମାନ । ୭୧ ।
ଦଶଯୋଜନ ବିସ୍ତାର ତ୍ରିଶତ ସୁଦୀର୍ଘ
କପି ସିଂହ ଛାୟା ଦିଶେ ଜଳେ ଚାରୁତର । ୭୨ ।
ଶ୍ୱେତାଭ୍ର ଘନ ରାଜି କି, ମାରୁତି ପଛରେ
ଶୋଭିଲା ସେ ଛାୟା ପଡ଼ି, ଲବଣ ଜଳରେ । ୭୩ ।
ଶୋଭିଲା ତେଜସ୍ୱୀ, ମହାକାୟ କବିବର
ବାୟୁମାର୍ଗେ ଲମ୍ଫେ ସପକ୍ଷକି ଗିରିବର ! । ୭୪ ।

ଯେ ବାଟରେ ଯାଏ ମହାବଳୀ କପି ବୀର
ସେ ବାଟେ ସହସା ସିନ୍ଧୁ ହୁଏ ଦୁଇଫାଳ ।୭୫।
ପକ୍ଷୀସଂଘେ ପଡ଼ି, ପକ୍ଷୀରାଜ ତାରିଗଲେ
ବାୟୁ ପରି ଛିନ୍ନ କରି, କପି ମେଘମାଳେ ।୭୬।
ଧବଳ ଅରୁଣ, ନୀଳ-ମଞ୍ଜୁଷ୍ଠା-ବରଣ
ଶୋଭିଲେ ମହାଭ୍ରେ କପି, ସେ ଆକୃଷ୍ୟମାଣ ।୭୭।
ଅଭ୍ରଜାଳେ ପଶି, ବାହାରନ୍ତି ପୁନଃ ପୁନଃ
ଲୁଚି ପ୍ରକାଶନ୍ତି, ଚନ୍ଦ୍ରପରି ହନୁମାନ ।୭୮।
ଦ୍ରୁତେ ସିନ୍ଧୁ ଲଂଘିବାର ଦେଖି ପ୍ଲବଙ୍ଗମେ
ବର୍ଷେ ପୁଷ୍ପ ଦେବ, ଦାନବ ଗନ୍ଧର୍ବମାନେ ।୭୯।
ବାନରେଶ୍ୱର ପ୍ଲବନେ, ସୂର୍ଯ୍ୟ ନ ତପନ୍ତି
ରାମକାର୍ଯ୍ୟ ସିଦ୍ଧି ପାଇଁ, ବାୟୁ ଯେ ସେବନ୍ତି ।୮୦।
ଋଷିଏ ସ୍ତୁତି କରନ୍ତି ଆକାଶ ଲଘଂନେ
ପ୍ରଶଂସେ ଦେବ ଗନ୍ଧର୍ବେ, ମହାବୀର୍ଯ୍ୟବାନେ ।୮୧।
ନାଗେ ସ୍ତୁତି କଲେ, ପକ୍ଷେ ବିବିଧ ରାକ୍ଷସେ
ଦେଖି ସର୍ବେ ମାରୁତି, ସହସା ଗତକ୍ଲେଶେ ।୮୨।
ସେ ପ୍ଲବଗ-ବ୍ୟାଘ୍ର ହନୁମନ୍ତଙ୍କ ପ୍ଲବନେ
ଚିନ୍ତିଲେ ସାଗର ଇକ୍ଷ୍ୱାକୁକୁଳ ସମ୍ମାନେ ।୮୩।
କପୀନ୍ଦ୍ର ହନୁରେ ଯେବେ ସାହାଯ୍ୟ ନ ଦେବି
ଭବିଷ୍ୟେ, ସବୁଠି ମୁହିଁ ନିଶ୍ଚେ ଦୋଷୀ ହେବି ।୮୪।
ଇକ୍ଷ୍ୱାକୁ ନାଥ ସଗରେ ମୁହିଁ-ବିବିର୍ଦ୍ଧିତ
ହରିବି ଇକ୍ଷ୍ୱାକୁମନ୍ତ୍ରୀ କ୍ଲେଶ ମୋ ଉଚିତ ।୮୫।
କରିବି ଯଥା ଏ କପି କରିବେ ବିଶ୍ରାମ
ଏଠି ରହି ସୁଖେ ଶେଷେ କରିବେ ଗମନ ।୮୬।
ଏ ସାଧୁ ସଂକଳ୍ପ କରି, ସିନ୍ଧୁଚ୍ଛନ୍ନ-ଜଳ
ହିରଣ୍ୟ-ନାଭ ମୈନାକେ, କହିଲେ ଏ ଗୀର ।୮୭।

"ମହାତ୍ମା ଇନ୍ଦ୍ର ତୁମ୍ଭଙ୍କୁ, ଅସୁର ସଂଘର
ପାତାଳବାସ ଅର୍ଗଳି କରିଛନ୍ତି ଶୂର" ।୮୮।
ପୁନରୁତ୍ଥାନ ଇଛି ଏ ଜ୍ଞାତ ବୀର୍ଯ୍ୟଙ୍କର
ଆବୋରିଛ ଅପ୍ରମେୟ ପାତାଳର ଦ୍ୱାର ।୮୯।
ପାର୍ଶ୍ୱେ, ଉର୍ଦ୍ଧ୍ୱେ, ଅଧଃ ବଢ଼ିବାରେ ତୁମେ ଶକ୍ତ
ତହୁ ତେବେ ଉଠି ଗିରିବର, ହେ ମହତ ।୯୦।
ସେ କପି ଶାର୍ଦ୍ଦୁଳ ଏ ଆସିବେ ହନୁମାନ
ରାମକାର୍ଯ୍ୟେ, ଭୀମକର୍ମ୍ମା, କରି ଖଳଘଂନ ।୯୧।
ସ୍ୱର୍ଣ୍ଣଗର୍ଭ ମୈନାକ ଶୁଣି, ଲବଣାମ୍ବୁରୁ
ମହାଦ୍ରୁମ ଲତାବୃତ୍ତ, ଉଠେ ତୂର୍ଣ୍ଣେ ଜଳୁ ।୯୨।
ସେ ସାଗର ଜଳ ଭେଦି, ଉଠିଲା ଯେ ଉର୍ଦ୍ଧ୍ୱେ
ଯଥା ଦୀପ୍ତ ରବିରଶ୍ମି ଜଳଧର ଭେଦେ ।୯୩।
ମୁହୁର୍ତ୍ତକେ ସେ ମହାତ୍ମା, ଗିରି, ବାରିବୃତ୍ତ
ଦେଖାଏ ଶୃଙ୍ଗେ, ସାଗରେ ହୋଇ ନିୟୋଜିତ ।୯୪।
ଶାତକୁମ୍ଭମୟ ଶୃଙ୍ଗେ ସୋରଗ-କିନ୍ନର
ସୂର୍ଯ୍ୟୋଦୟ ସମ ପ୍ରଭ, ଉଲ୍ଲେଖି ଅମ୍ବର ।୯୫।
ଉତ୍ଥିତ ପର୍ବତ, ଜାମ୍ବୁନନ୍ଦ, ଶୃଙ୍ଗେ ତାର
ନଭଶସ୍ତ୍ରାଭ ହୋଇଲା ସ୍ୱର୍ଣ୍ଣ ପ୍ରଭାପୂର ।୯୬।
ସ୍ୱର୍ଣ୍ଣମୟ ଶୃଙ୍ଗେ, ମହାପ୍ରଭାରେ ବିରାଜେ
ଶତ-ଶୃଙ୍ଗ ସଂକାଶ ସେ, ଗିରିରାଜ ରାଜେ ।୯୭।
ଏକା ସମୁତ୍ଥିତ ହନୁମାନ ଅଗ୍ରେ ସ୍ଥିତ
ଲବଣ ଜଳେ ଏ ବିଘ୍ନ ଭାବିଣ ନିଶ୍ଚିତ ।୯୮।
ମହାକପି, ମହାବେଗ, ମହାବେଗୋତ୍ଥିତ
ଉରୁରେ ଭାଙ୍ଗିଲା ଯଥା, ଅମ୍ବୁଦେ ମାରିତ ।୯୯।
ଏପରି ଖଣ୍ଡିତ ହୋଇ, ପର୍ବତ ଉତ୍ତମ
କବି ବେଗ ଜାଣି ହର୍ଷେ କଲା ମହାସ୍ୱନ ।୧୦୦।

ଆକାଶସ୍ଥ ବୀରେ, ନଭେ ହୋଇ ଉପସ୍ଥିତ
ପ୍ରୀତ, ହୃଷ୍ଟମନ, କପେ, କହିଲା ପର୍ବତ ।୧୦୧।
ମନୁଷ୍ୟରୂପକୁ ଧରି, ନିଜ ଶିଖେ ରହି
କହେ, ଏ ଦୁଷ୍କର କର୍ମ୍ମ କଲ କପି ସାଇଁ ।୧୦୨।
ଏ ଶୃଙ୍ଗେ ଓହ୍ଲାଇ, ରହି ଯାଅ ହୋଇ ସୁସ୍ଥ;
ରାଘବକୁଳ ସମ୍ଭବେ, ସିନ୍ଧୁ ଯେ ବର୍ଦ୍ଧିତ ।୧୦୩।
ରାମହିତେ ଯୁକ୍ତ ସିନ୍ଧୁ, କରେ ପ୍ରତ୍ୟାର୍ଚ୍ଚନ
କୃତ୍ୟେ ପ୍ରତିକୃତ୍ୟ ଏହା, ଧର୍ମ୍ମ ସନାତନ ।୧୦୪।
ପ୍ରତ୍ୟୁପକାରୀ ସେ ତବ ମାନାର୍ହ ଅଟନ୍ତି
ତୁମ୍ଭ ପାଇଁ ବହୁମାନ୍ୟେ, ମୋତେ ପ୍ରଚୋଦନ୍ତି ।୧୦୫।
"ଶହେ ଯୋଜନ ଏ, କପି ଆକାଶ ଲଙ୍ଘିବେ
ତବ ଶିଖରେ ବିଶ୍ରାମି ଶ୍ଳେଷ ପ୍ରଶମିବେ" ।୧୦୬।
ବିଶ୍ରାମି ମୋ ଠାରେ ହରିବ୍ୟାଘ୍ର ତୁମେ ଯାଅ
ଏଠି ସୁଗନ୍ଧ, ମଧୁର, ଫଳମୂଳ ଖାଅ ।୧୦୭।
ତାହା ଚାଖି ହରିଶ୍ରେଷ୍ଠ, ବିଶ୍ରାମିଣ ଯାଅ
ଆମ୍ଭର ମଧ୍ୟ ସମ୍ବନ୍ଧ ଅଛି, ତୁମ୍ଭ ସହ
ଖ୍ୟାତ ତିନି ଲୋକେ, ମହାଗୁଣ ପରିଗ୍ରହ ।୧୦୮।
ମହାବେଗେ ଡିଅଁନ୍ତି ସେ ପ୍ଲବଗେ, ମାରୁତି
ତାଙ୍କ ମୁଖ୍ୟତମ ତୁମ୍ଭେ କପିସେନାପତି ।୧୦୯।
ପୂଜ୍ୟାତିଥି ସଦା, ହୋଇଲେ ବି ସାଧାରଣ
ଧର୍ମ୍ମ-ଜିଜ୍ଞାସୁ କି କଥା, ଅବା ତବ ସମ! ।୧୧୦।
ତୁମ୍ଭେ ଦେବ ଶ୍ରେଷ୍ଠ ମହାତ୍ମନ ମାରୁତର
ପୁତ୍ର, ତାଙ୍କ ସମ ବେଗ, ହେ କପି-କୁଞ୍ଜର ।୧୧୧।
ଧର୍ମ୍ମଜ୍ଞ ତୁମ୍ଭ ପୂଜନେ ପୂଜିତ ପବନ
ତେଣୁ ମୋର ପୂଜନୀୟ ଶୁଣ ତା କାରଣ ।୧୧୨।

ପୂର୍ବେ କୃତଯୁଗେ ଥିଲେ ପକ୍ଷଯୁକ୍ତ ନଗେ
ଯାଉଥିଲେ ଖଗ ସମ ଉଡ଼ି ସର୍ବ ଦିଶେ । ୧୧୩ ।
ମହର୍ଷେ ଦେବଗଣେ ଅନ୍ୟଜୀବମାନେ
ଭୟକଲେ ସର୍ବେ, ସେମାନଙ୍କ ରୂପତଳେ । ୧୧୪ ।
ପର୍ବତମାନଙ୍କୁ ତହୁଁ, କ୍ରୋଧେ ସହସ୍ରାକ୍ଷ
ବଜ୍ରରେ ଛେଦିଲେ ଶତସହସ୍ରସଃ ପକ୍ଷ । ୧୧୫ ।
ମୋ ପାଖେ ପହଁଚି କ୍ରୋଧେ, ବଜ୍ର ଉର୍ହୁଚାଉଁ
ଇନ୍ଦ୍ର ମୋତେ ନେଲେ କ୍ଷିପ୍ରେ ମହାତ୍ମନ ବାୟୁ । ୧୧୬ ।
ଏହି ଲବଣ ଜଳରେ ଛାଟିଲେ ପ୍ଲବଗ
ଗୁପ୍ତ ପକ୍ଷ ସହ, ତବ ପିତା ମହାଭାଗ । ୧୧୭ ।
ତହୁଁ ମାନନୀୟ, ତୁମ୍ଭେ ମାନ୍ୟ ମୋ ମାରୁତି
ତୁମ୍ଭ ମୋର ଏ ସଂବଂଧ, ମହା କପିପତି । ୧୧୮ ।
ତବ ଏ କାର୍ଯ୍ୟରେ ପ୍ରୀତ ମୁହିଁ ବି ସାଗର
ମହାମତି ଆତ୍ମମନ ପ୍ରୀତି-ପୂର୍ଣ୍ଣ କର । ୧୧୯ ।
ଶ୍ରମ କର ଦୂର୍ ପୂଜା ନେଇ ହରିଶ୍ୱର
ତୋ ଦର୍ଶନେ ପ୍ରୀତ, ପ୍ରୀତି ନିଅ, ମାନ୍ୟ ମୋର" । ୧୨୦ ।
ଏ ବାକ୍ୟେ ବାନର ଶ୍ରେଷ୍ଠ, କହେ ନରୋତ୍ତମେ
"ପ୍ରୀତ ମୁଁ କୃତ ଆତିଥ୍ୟ, କ୍ଷୁବ୍ଧ ନୁହେ ମନେ " । ୧୨୧ ।
ତୁରନ୍ତ ମୋ କାର୍ଯ୍ୟକାଳ, ଯାଏ ଗଡ଼ି ଦିନ
ପ୍ରତିଜ୍ଞା ମୋ ଏହି, 'ମଧ୍ୟେ ନୁହେଁ ମୋ ବିଶ୍ରାମ' । ୧୨୨ ।
ଏହା କହି, କରେ ଶୈଳ ଛୁଇଁ ମହୋତ୍ତମ
ଗଲେ ଆକାଶେ ପଶିଣ, ହସି, ବୀର୍ଯ୍ୟବାନ । ୧୨୩ ।
ପର୍ବତ, ସମୁଦ୍ରେ, ବହୁମାନ୍ୟେ ନିରେକ୍ଷିତ
ପୂଜିତ ଔଚିତ୍ୟେ, ଆଶୀରେ ଅଭିନନ୍ଦିତ । ୧୨୪ ।
ଅତି ଉର୍ଦ୍ଧ୍ୱେ ଡେଇଁ ଛାଡ଼ି, ଶୈଳ ମହାର୍ଣ୍ଣବେ
ପିତାପଥ ପାଇ ଗଲେ ସୁ ବିମଳ ନଭେ । ୧୨୫ ।

ପୁନେ ଉର୍ଦ୍ଧ୍ୱେ ଗତି କରି, ଗିରି ଚାହିଁ ଚାହିଁ
ନିରାଲମ୍ବେ ବାୟୁ ସୁନୁ, ଗଲେ କପି ସାଇଁ ।୧୨୬।
ସେ ଦ୍ୱିତୀୟ କର୍ମ୍ମ, ହନୁମନ୍ତଙ୍କ ଦୁଷ୍କରେ
ଦେଖି ସୁରେ, ସିଦ୍ଧେ, ମହର୍ଷିଏ ପ୍ରଶଂସିଲେ ।୧୨୭।
ଦେବତାଏ ହେଲେ ହୃଷ୍ଟ, ତହିଁ ସେ କର୍ମ୍ମରେ
ସ୍ୱର୍ଣ୍ଣ-ସୁନାଭ ମୈନାକେ, ଇନ୍ଦ୍ର ଯେ କହିଲେ ।୧୨୮।
ବଚନ ଧୀମାନ, ପରିତୋଷୁଁ, ଗଦଗଦ
ସୁନାଭ ପର୍ବତ ଶ୍ରେଷ୍ଠେ, ସ୍ୱୟଂ ଶଚୀଧବ ।୧୨୯।
"ବହୁ ପରିତୁଷ୍ଟ ହେଲି ସୁନାଭ, ଶୈଳେନ୍ଦ୍ର
ଅଭୟ ଦେଉଛି ଯାଅ, ସୌମ୍ୟ ଯଥା ଭଦ୍ର ।୧୩୦।
ମହାସାହାଯ୍ୟ କରିଛ ହନୁଙ୍କୁ ବିକ୍ରମେ
କ୍ରମେ ଶତ ଯୁଗ, ନିର୍ଭୟେ ସେ ଯିବ ଶୂନ୍ୟେ ।୧୩୧।
ଦାଶରଥି ରାମ ହିତେ କପି ଯେ ଲଙ୍ଘନ୍ତି
ତବ ସୁକ୍ରିୟା ଶକ୍ତିରେ ତୁଷ୍ଟ, ମୁଁ ଯେ ଅତି ।୧୩୨।
ବିପୁଳ ହର୍ଷେ ପାଇଲେ ସେ ପର୍ବୋତ୍ତମ
ଦେବତା ପତିଙ୍କୁ ଦେଖି, ତୋଷ ଯେ ମହାନ ।୧୩୩।
ଦତ୍ତବର ଶୈଳହେଲେ ଯଥାସ୍ଥାନେ ସ୍ଥିତ
ମାରୁତି ମୁହୂର୍ତ୍ତେ କଲେ, ସିନ୍ଧୁ ଅତିକ୍ରାନ୍ତ ।୧୩୪।
ତହୁଁ ଦେବେ, ସିଦ୍ଧେ, ଗନ୍ଧର୍ବ ଯେ ମହର୍ଷିୟେ
କହିଲେ ସୂର୍ଯ୍ୟାଭ ନାଗମାତା ସୁରସାୟେ ।୧୩୫।
"ବାତାତ୍ମଜ ଯାଏ ଡେଇଁ ସାଗର ଉପରେ
ହନୁମାନ ଏ ମୁହୂର୍ତ୍ତେ, ବିଘ୍ନକର ତାରେ ।୧୩୬।
ସୁଘୋର ରାକ୍ଷସ, ରୂପ ଧରି, ନ ଗୋପମ
କରାଳ ଦଂଷ୍ଟ୍ର, ପିଙ୍ଗାକ୍ଷ, ବକ୍ର ଖସ୍ପର୍ଶିଣ ।୧୩୭।
ତାଙ୍କ ବଳ ଜାଣିବାକୁ, ତାଙ୍କ ପରାକ୍ରମ
ଜଣେ ତୋତେ ଉପାୟେ ବା ହେବେ ଦୁଃଖ-ମଗ୍ନ ।୧୩୮।

ଦେବେ ସତ୍‌କୃତା ସେ ଦେବୀ ଶୁଣି ସେହି ଗୀର
ସିନ୍ଧୁ ମଧ୍ୟରେ ଧରିଲେ ରାକ୍ଷସୀ ଶରୀର ।୧୩୯।
ବିକଟାଳ, ବିରୂପରେ ସର୍ବେ ଭୟଙ୍କରୀ
ହନୁମନ୍ତେ କହିଲେ ସେ ବାଟକୁ ଓଗାଳି ।୧୪୦।
"ଈଶ୍ୱର ଆଦିଷ୍ଟ ମୋର ଭକ୍ଷ କପିମୁଖ୍ୟ
ଖାଇବି ତୁମ୍ଭଙ୍କୁ ପଶ ଶୀଘ୍ର ଏ ମୋ ମୁଖ ।୧୪୧।
ପୂରାମୋତେ ଦେଇଛନ୍ତି ବିଧାତା ଏବର
ବିପୁଳ ବଦନ ବୋଲି, ରହେ କପି ଅଗ୍ର ।୧୪୨।
ଏହା ଶୁଣି, ହନୁ କହେ, ପ୍ରହୃଷ୍ଟ ବଦନ
ଦଣ୍ଡକାବନେ ପଶିଲେ ଦାଶରଥିରାମ
ବୈଦେହୀ ଭାର୍ଯ୍ୟା ସହିତ ଭାଇ ଶ୍ରୀ ଲକ୍ଷ୍ମଣ ।୧୪୩।
ଅନ୍ୟ କାର୍ଯ୍ୟ ବ୍ୟସ୍ତ, ରାକ୍ଷସଙ୍କ ବଦ୍ଧ ବୈରୀ
ହରିଲା, ତାଙ୍କର ଭାର୍ଯ୍ୟା, ବୈଦେହୀ ଯଶଶ୍ରୀ ।୧୪୪।
ତାଙ୍କ ପାଇଁ ଦୂତ ମୁହିଁ ଯାଏ ରାମାଜ୍ଞାରେ
ତାଙ୍କ ଦେଶ-ବାସିନୀ ହେ, ସାହାହୁଅ ମୋରେ ।୧୪୫।
ଦେଖିଣ ମୈଥିଳୀ ଅବା, ସଦୋଦ୍ୟମୀ ରାମ
ଆସିବି ତୁମ୍ଭ ମୁଖକୁ ସତ୍ୟ ମୋ ବଚନ ।୧୪୬।
ଏ ବାକ୍ୟେ ସୁରସା କହେ ସେ କାମରୂପିଣୀ
"ବର ମୋ, କେ ମୋତେ ନ ପାରିବେ ଅତିକ୍ରମି" ।୧୪୭।
କହିଲା ସୁରସା ତାଙ୍କୁ ଦେଖିଣ ଯିବାର
ଜାଣିବାକୁ ଅଭିଳାଷୀ ହନୁମାନ ବଳ ।୧୪୮।
ଆଜି ମୋ ବଦନେ ପଶି, ଯାଅ ହେ ସତ୍ୱର
ବ୍ରହ୍ମାରେ ମୁଁ ଦତ୍ତବରା, ପୁରା କପି ବର ।୧୪୯।
ମେଲାଇ ବିପୁଳ ବକ୍ତ୍ର, ମାରୁତି ଆଗର
ରହନ୍ତେ, କ୍ରୋଧ ହୋଇଣ କପି ମହାବୀର ।୧୫୦।

କହେ "ମେଲା ମୁଖ, ମୁହିଁ ଧରିବି ଯେପରି"
ଶୁଣି ତା ସୁରମା ରହେ ଦଶଯୁଣ ମେଲି । ୧୫୧ ।
ଦଶ ଯୋଜନ ବିସ୍ତାର, ହେଲେ ହନୁମାନ
କଲା ସୁରମା ତା ମୁଖ ବିଂଶଯେ ଯୋଜନ । ୧୫୨ ।
ଦେଖି ବୁଦ୍ଧିମାନ, ବାୟୁସୁତ ସେ ବ୍ୟାଦାନ
ଦୀର୍ଘ ଜିହ୍ୱ ସୁରସାର ଭୀମ ନର୍କୋପମ । ୧୫୩ ।
ସଂକୋଚି ତା କାୟ, ମେଘପରି ସେ ମାରୁତି
ସେ ମୁହୂର୍ତ୍ତେ କଲା, ଅଙ୍ଗୁଷ୍ଠି ପରିକୀମୂର୍ତ୍ତି । ୧୫୪ ।
ପଶି ତା ମୁଖରେ, ବାହାରିଲା ମହାବଳ
ଅନ୍ତରୀକ୍ଷେ ଡେଇଁ କହିଲା ଯେ ଏହି ଗୀର । ୧୫୫ ।
"ପ୍ରବେଶିଲି ତୁମ ବକ୍ତ୍ରେ, ଦୀକ୍ଷାୟଣୀ ନମ
ଯାଏ ଯହିଁ ସୀତା, ତବ ବର ନୁହେ ବିଘ୍ନ" । ୧୫୬ ।
ଦେଖି ତାଙ୍କୁ ବକ୍ର ମୁକ୍ତ ରାହୁଠୁଁ କି ଚନ୍ଦ୍ର
କହିଲା ସୁରମା, ନିଜ ରୂପେ, "ହେ କପୀନ୍ଦ୍ର" । ୧୫୭ ।
ଅର୍ଥ ସିଦ୍ଧ ହୁଅ, ଯଥା ସୁଖେ ସୌମ୍ୟ ଯାଅ
ମିଳାଅ ବୈଦେହୀ ବୀର, ଶ୍ରୀରାମଙ୍କ ସହ । ୧୫୮ ।
ହନୁଙ୍କର ତୃତୀୟ, ସୁଦୁଷ୍କର ଦେଖି କର୍ମ୍ମ
"ସାଧୁ, ସାଧୁ", ବୋଲି ପ୍ରଶଂସିଲେ ଭୂତଗଣ । ୧୫୯ ।
ବରୁଣାଳୟ ଅଦେୟ ଡେଇଁଣ ସାଗର
ଆକାଶେ ପଶି ଗମିଲେ, ଗରୁଡ଼ ପ୍ରକାର । ୧୬୦ ।
ବାରଧାରାସ୍ନାତ, ବିହଙ୍ଗମେ, ନିଷେବିତ
ନାଟକ ଆଚାର୍ଯ୍ୟ, ଐରାବତରେ ସେବିତ । ୧୬୧ ।
ସିଂହ, ହସ୍ତୀ ବ୍ୟାଘ୍ର ପକ୍ଷୀ ଭରଗ ବାହନେ
ସମଲଙ୍କୃତ ଉଡ଼ନ୍ତା ବିମଳ ବିମାନେ । ୧୬୨ ।
ସ୍ୱର୍ଗେ ବଜ୍ରାଶନୀ ସମ ବୋଇତେ ଶୋଭିତ
କୃତ୍ୟପୁଣ୍ୟ ମହାଭାଗେ, ସ୍ୱର୍ଜିତାଧିଷ୍ଠିତ । ୧୬୩ ।

୩୨ | ପ୍ରଥମ ସର୍ଗ : ସାଗର ଲଙ୍ଘନ

ବହି ଅତ୍ୟନ୍ତ ଯେ ହବି, ଅନଳ ସେବିତ
ଗ୍ରହ ଚନ୍ଦ୍ରାର୍କ ନକ୍ଷତ୍ର ତାରାରେ ଭୂଷିତ । ୧୬୪ ।
ମହର୍ଷିଗଣ, ଗନ୍ଧର୍ବ ନାଗ ପକ୍ଷୀକୁଳ
ବିଶ୍ୱାବସୁ ସେବ୍ୟ, ବିଶ୍ୱେ ବିବିକ୍ତ ବିମଳ । ୧୬୫ ।
ଇନ୍ଦ୍ରଗଜାକ୍ରାନ୍ତ, ଚନ୍ଦ୍ର ସୂର୍ଯ୍ୟ ଶିବ ପଥେ
ବିମଳ-ବ୍ରହ୍ମା ନିର୍ମିତ, ଜୀବଲୋକ ବୃତ୍ତେ । ୧୬୬ ।
ବହୁରେ ସେବିତ ବୀର, ବିଦ୍ୟାଧରା ବୃତ୍ତ
ଗଲେ ବାୟୁ ମାର୍ଗେ ଗରୁଡ଼ କି ବାୟୁ ସୁତ । ୧୬୭ ।
ମେଘେ ଆକର୍ଷଣ ହନୁମାନ ବାୟୁ ପରି
କଳୀଗୁରୁ ବର୍ଣ୍ଣ ରକ୍ତ ପୀତ ଶ୍ୱେତ ଶିରୀ । ୧୬୮ ।
ବାନରେ ଆକୃଷ୍ଟ ମହାଅଭ୍ର ପ୍ରକାଶିଲେ
ପ୍ରବେଶି, ଉଠିଣ, ପୁନଃ ପୁନଃ ଅଭ୍ରଜାଳେ । ୧୬୯ ।
ପ୍ରାକୁଟ ଚନ୍ଦ୍ର କି ଭାତେ, ମେଘେ ପଶି ଉଠି
ହନୁମାନ ବାୟୁ ସୁତ, ଏଠି ଅବା ସେଠି । ୧୭୦ ।
ଭେଦେ ଏକାକୀ, ସପକ୍ଷ କି ନଗରାଜନ
ରାକ୍ଷସୀ ସିଂହିକା ତାଙ୍କୁ ଦେଖି ପ୍ଲବମାନ । ୧୭୧ ।
ବଢିଶ କାମରୂପିଣୀ, ଭାବିଲା ମନରେ
ଆଜି ଭକ୍ଷଣ କରିବି, ବହୁ କାଳ ପରେ । ୧୭୨ ।
ଏ ମୋ ମହାପ୍ରାଣୀ, ବହୁକାଳେ ବଶଗତ
ମନେ ଭାବି କଲା ତାଙ୍କ ଛାୟା ଆକର୍ଷିତ । ୧୭୩ ।
ଛାୟା ଆକର୍ଷନ୍ତେ, ଚିନ୍ତା କଲା ଯେ ବାନର
"ଆକୃଷ୍ଟ ସହସା, ପଙ୍ଗୁ ହେଲା କି ମୋ ବଳ" । ୧୭୪ ।
ପ୍ରତି ବାତେ, ମହା ନୌକା ପରି କି ସାଗରେ
ଏ ପାଖେ, ସେ ପାଖେ, ଉଚ୍ଚେ ନିରେକ୍ଷିଣ ତଳେ । ୧୭୫ ।
ଦେଖେ କପି ମହାଜନ୍ତୁ, ଉଠେ ଲୁଣି-ଜଳେ
ଦେଖି ମାରୁତି ବିକୃତ-ମୁଖୀ, ମନେ ଭାଳେ । ୧୭୬ ।

ସୁଗ୍ରୀବ ଯା କହିଥିଲେ ଅଦ୍ଭୁତ-ଦର୍ଶନା
ଛାୟାଗ୍ରାହୀ ମହାବୀର୍ଯ୍ୟା, ଏ ସେ ମହାପ୍ରାଣା ।୧୭୭।
ମତିମାନା ବୁଝି ତାକୁ ସିହିଂକା, ବାନର
ବର୍ଷା ମେଘ ପରି ହେଲେ ମହାକଳେବର ।୧୭୮।
ଦେଖି ସେ ମହାକପିର କାୟା ବଢ଼ିବାର
ମେଲିଲା ତା ମୁଖ ସତେ ପାତାଳ ଗହ୍ୱର ।୧୭୯।
ଘନରାବି ପରି ଗର୍ଜି ଘୋଟେ କପିବର
ତହୁଁ ସେ ଦେଖି ତା ମୁଖ, ବିଶାଳ କରାଳ ।୧୮୦।
ମହାକାୟ ବକ୍ଷ, ସେ ମେଧାବୀ କପୀଶ୍ୱର
ବ୍ୟାବୃତ୍ତ ବଦନେ, ବଜ୍ର-ସୁଦୃଢ଼ ଶରୀର ।୧୮୧।
ମୁହୂର୍ତ୍ତେ ସଂକୋଚି ବପୁ, ପଡ଼େ କପିରାଣ
ତା ଆସ୍ୟେ ବୁଡ଼ିବା ସିଦ୍ଧ ଯେ ଚାରଣ ।୧୮୨।
ପୂର୍ଣ୍ଣିମାରେ ଚନ୍ଦ୍ର ପରି ରାହୁ ଗ୍ରାସମାନ
ତହୁଁ ତାଙ୍କ ତୀକ୍ଷ୍ଣ ଲଖେ, ହୃଦ ବିଦାରିଣ ।୧୮୩।
ଉଲଂଘିଲେ ତୂର୍ଣ୍ଣେ ମନ ବିକ୍ରମ-ଶାଳୀନ
ତାକୁ ମହାଧୈର୍ଯ୍ୟେ, ଦାକ୍ଷିଣ୍ୟରେ ନିପାତିଣ
କପି ବୀର ବେଗେ ପୁଣି ବଢାଏ ଆତ୍ମନ ।୧୮୪।
ହନୁମାନ ହୃତ-ହୃଦୀ, ପଡ଼ିଲା ସାଗରେ
ହନୁମାନ ବ୍ରହ୍ମାସୃଷ୍ଟ କି ତା ନିପାତରେ ! ।୧୮୫।
ବାନରେ ଆଶୁ ପତିତା ଦେଖି ସିଂହିକାରେ
ବ୍ୟୋମଚାରୀ ପ୍ରାଣୀମାନେ କହିଲେ ବାନରେ ।୧୮୬।
"ଭୀତ କର୍ମ୍ମ କୃତ ଅଦ୍ୟ, ମହାଜନ୍ତୁ ହତ
ସାଧୁ ଅଭିପ୍ରେତ, ଅବିଘ୍ନରେ ବାୟୁସୁତ" ।୧୮୭।
ପାର ଅଛି ଚାରି, ଯଥା ତବ ବାନରେନ୍ଦ୍ର
ଧୃତି, ଦୃଷ୍ଟି ମତି, ଦାକ୍ଷ୍ୟ ସେ କର୍ମ୍ମେ ଦୁର୍ବାର ।୧୮୮।

ପୂଜ୍ୟ ସେ ପୂଜିତ ହୋଇ, ଦକ୍ଷ ପ୍ରୟୋଜନେ
ଗଲେ ପଶି ନଭେ କିବା, ସେ ଗରୁତ୍ମାନେ ! ।୧୮୯।
ପାଇ ପ୍ରାୟ, ଆର ପାରେ, ସର୍ବତ୍ର ଚାହିଁଣ
ଶହେ ଯୁଗ ପରେ ଦେଖେ ବନରାଜି ମାନ ।୧୯୦।
ଦେଖେ ନଭୁଁ ଖସୁ ଖସୁ, ବହୁ ଦ୍ରୁମା କୀର୍ଣ୍ଣ
ଦ୍ୱୀପ ବାନର ଶ୍ରେଷ୍ଠ ସେ, ମଳୟୋପବନ ।୧୯୧।
ଦେଖେ ସିନ୍ଧୁ ଉପକୂଳ ସିନ୍ଧୁଜ ପାଦପେ
ସିନ୍ଧୁ-ନଦୀ ପତ୍ନୀଙ୍କର ଆନନ୍ଦ ସ୍ୱରୂପେ ।୧୯୨।
ସେ ମହାମେଘର ରୂପ ନିଜର ଦେଖିଣ
ଛାଇଦେଲା ପରି ନଭ, ଭାବେ ମତିମାନ ।୧୯୩।
"କାୟ ବୃଦ୍ଧି, ବେଗ ମୋର, ଦେଖିଣ ରାକ୍ଷସେ
ମୋଠି କୁତୁହଳ ହେବେ", ମଣିଲେ ମାନସେ ।୧୯୪।
ମହୀଧର ନିଭ ତହୁଁ ସଂକୋଚି ଶରୀର
ହେଲେ ସ୍ୱାଭାବିକ, ବୀତମୋହ ଯୋଗୀବର ।୧୯୫।
ତ୍ରିକ୍ରମେ ବିକ୍ରମି, ବଳିବୀର୍ଯ୍ୟ ହରି, ହରି
ହେଲାପରି, ହନୁ ହେଲେ, ନିଜରୂପ ଧରି ।୧୯୬।
ଚାରୁ ନାନା ବିଧ, ସେ ରୂପ ଧାରାଣ
ସିନ୍ଧୁ-ତୀରେ କଲେ ସେ ଅବତରଣ
ଶତ୍ରୁ ନ ଜାଣିଲା ପରି ରୂପ ଭିନ୍ନ
ଧରି ଚିନ୍ତେ ମନେ 'କି କରିବେ ପୁଣ' ।୧୯୭।
ତହୁଁ ଲମ୍ବ-ନାମ, ସମୃଦ୍ଧ ଗିରିର
ବିଚିତ୍ର କୂଟରେ ଡିଏଁ କୂଟେ ବୀର
କେତୋ କୋଦାଳକ, ନାରିକେଳ ମେଳେ
ମହାକୁଞ୍ଜତାଡ୍ରୁ ସେ ମହାତ୍ମା ଧୀରେ ।୧୯୮।

ତହୁଁ ସେ ପାଇଣ ମହାସିନ୍ଧୁ ତୀରେ
ଦେଖିଲେ ଯେ ଲଙ୍କା ଗିରିବର ଶିରେ
କପି ତହୁଁ ଡେଇଁ ପଡ଼ିଲେ ସେ ନଗେ
ସଂକେଚିଣ ରୂପ ପୀଡ଼ି, ପକ୍ଷୀ ମୃଗେ ।୧୯୯।
ସେ ସାଗର ଦାନବ-ପନ୍ନଗାକୀର୍ଣ୍ଣ
ବନେ ବିକ୍ରମିଣ ମହୋର୍ମ୍ମି-ମାଳିନ;
ଓହ୍ଲାଇଣ ମହୋଦଧି ତୀରବର୍ତ୍ତୀ
ଦେଖିଲେ ସେ ଲଂକା, କି ଅମରାବତୀ ।୨୦୦।

ପ୍ରଥମ ସର୍ଗ ସମାପ୍ତ

ଦ୍ୱିତୀୟ ସର୍ଗ

ରାତି ପାଇଁ ଅପେକ୍ଷା

ଅପାର ସାଗର ପାରି ହୋଇ, ମହାବଳ
ଦେଖେ ତ୍ରିକୂଟ ପାଖରେ ସୁସ୍ପଷ୍ଟ ଲଙ୍କାପୁର ।୧।
ସେଠି ବୃକ୍ଷୁଁ ଝଡ଼ା ପୁଷ୍ପ-ବର୍ଷାରେ ବାନର
ପୁଷ୍ପାବୃତ ହୋଇ ଦିଶେ ପୁଷ୍ପିଳ ଶରୀର ।୨।
ଶହେ ଯୁଗ ଡେଇଁ କି, ଶ୍ରୀମାନ ସୁବିକ୍ରମ
ନ ପକାନ୍ତି ଦୀର୍ଘ-ଶ୍ୱାସ, ଅବସାଦ-ଶୂନ୍ୟ ।୩।
"ଶତ ଯୁଗ କ୍ରମେ, ଡେଇଁପାରେ ବହୁ ଯୁଗ
କି ଅବା ସାଗର ଅନ୍ତ, ଶତ ଯେ ଯୋଜନା" ।୪।
ସେ ବୀର୍ଯ୍ୟବାନରେ ଶ୍ରେଷ୍ଠ, ପ୍ଲବଙ୍ଗେ ଉତ୍ତମ
ଲଙ୍ଘି ସିନ୍ଧୁ, ବେଗେ କଲେ ଲଙ୍କା ଆଗମନ ।୫।
ହରିତ ଶାଦ୍‌ବଳ, ନୀଳ, ସୁଗନ୍ଧବନାନି
ମଧୁକ୍ଷରା ତରୁ, ନଗମାନ ସୁପର୍ଣ୍ଣାନି ।୬।
ବୃକ୍ଷାଚ୍ଛନ ଶୈଳ, ବନରାଜି ପୁଷ୍ପମୟ
ଡେଇଁଲେ ତେଜସ୍ୱୀ ହନୁମାନ ପ୍ଲବଙ୍ଗେୟ ।୭।
ସେ ପର୍ବତେ ରହି, ସେ ବନାନି ଉପବନ
ନଗଶୀର୍ଷେ ସ୍ଥିତ ଲଙ୍କା ଦେଖେ ହନୁମାନ ।୮।
ସରଳ କର୍ଣ୍ଣିକାର, ସୁପୁଷ୍ପିତ ଖର୍ଜ୍ଜୁର
ମୁଚୁକୁନ୍ଦ କୁଟଜ ଯେ, କେତକୀ ପ୍ରିୟାଳ ।୯।

ନୀପ, ସପ୍ତଚ୍ଛଦା, ପ୍ରିୟଙ୍ଗୁ ଯେ ଗନ୍ଧପୂର୍ଣ୍ଣ
କୋବିଦାର କରବୀର ପୁଷ୍ପିତ ଅସନା ।୧୦।
ପୁଷ୍ପଭାର ନିବନ୍ଧ ଯେ, ମୁକୁଳିତ ତଥା
ବିହଙ୍ଗ-କୀର୍ଣ୍ଣ ପାଦପେ, ଶିର ବାୟୁଧୂପ ।୧୧।
ପଦ୍ମୋତ୍‌ପଳା ବାପୀ ହଂସକାରଣ୍ଡବ କୀର୍ଣ୍ଣ
ବହୁବିଧ, ସରସୀଏ, ଆକ୍ରୀଡ଼ା ସୁରମ୍ୟା ।୧୨।
ସତତ ବିବିଧ-ବୃକ୍ଷେ ସଦା ଫଳ ପୂର୍ଣ୍ଣ
ଦେଖିଲା କପି କୁଞ୍ଜର ଉପବନେ ରମ୍ୟ ।୧୩।
ପାଇ ରାବଣ ପାଳିତ, ଲକ୍ଷ୍ମୀବତୀ ଲଙ୍କା
ପଦ୍ମୋତ୍‌ପଳେ ଅଳଂକୃତ, ଆବୃତାପରିଖା ।୧୪।
ସୀତାପହରଣୁ, ରାବଣରେ ସୁରକ୍ଷିତା
ସମପତ୍ ବିଚରେ ରାକ୍ଷସେ ଉଗ୍ର-ଧ୍ୱନିତା ।୧୫।
ସ୍ୱର୍ଣ୍ଣବୃତା ରମ୍ୟ ପ୍ରାକାରରେ ମହାପୁରୀ
ଗିରିସମ ଗୃହେ, ଶାରଦ ଅମ୍ବୁଦ ସରି ।୧୬।
ପାଣ୍ଡୁର ଉଚ୍ଚ ପ୍ରତୋଳୀ ମାନକେ ସଂକୃତା
ଶତଶଃ ଅଟ୍ଟାଳି-କୀର୍ଣ୍ଣା ଧ୍ୱଜ ପତାକୀତା ।୧୭।
ଦିବ୍ୟ କାଂଚନ ତୋରଣେ, ଲତାପଂକ୍ତି ଯୁଗ
ଦେଖିଲେ ମାରିତି ଲଙ୍କା, ଦେବପୁରୀ କି ତା ।୧୮।
ଗିରିଶିଖେ ସ୍ଥିତା ଲଙ୍କା ଶୁଭ-ଶ୍ୱେତ-ହର୍ମ୍ମବା
ଦେଖିଲେ କପି, ଶ୍ରୀମାନ, ପୁରୀ ନଭଗମ୍ୟ ।୧୯।
ରକ୍ଷେନ୍ଦ୍ରେ ପାଳିତା, ବିଶ୍ୱକର୍ମ୍ମାରେ ନିର୍ମିତା
ଭାସେ କି ଆକାଶେ, ଦେଖେ, ମାରୁତି ମହାତ୍ମା ।୨୦।
ଦୁର୍ଗ-ପ୍ରାଚୀର ଦଂଘା ମହାମ୍ବୁବନବାସା
ଶତଘ୍ନୀଶୂଳ-କେଶାନ୍ତା ଅଟ୍ଟାଲ୍ୟବତଂସା ।୨୧।
ଲଙ୍କା ଗତିରେ ମାନସେ, ବିଶ୍ୱକର୍ମ୍ମାଶୂର
ଉତ୍ତର ଦ୍ୱାରେ ପହଁଚି, ଭାବେ କପିବୀର ।୨୨।

"କୈଳାସ-ନିଳୟ ସମ ଆଲିଖ୍ୟ ଅମ୍ବରେ
ମହୋଚ୍ଚ ଉତ୍ତମ-ହର୍ମ୍ମ୍ୟ ଆକାଶ କି ଧରେ" । ୨୩ ।
ତାହାର ମହାନ ରକ୍ଷୀ, ନିରେକ୍ଷି ସାଗର
ରାବଣ ଯେ ଘୋର ଶତ୍ରୁ, ଭାବେ, କପିବର । ୨୪ ।
ବୃଥା ହେବ କପିଙ୍କର ଏଠି ଆଗମନ
ସୁରେ କି ଅକ୍ଷମ, ଲଙ୍କା ନେବା କରି ରଣ । ୨୫ ।
ରାବଣ ପାଳିତା ଲଙ୍କା, ବିଷମ ଦୁର୍ଗମ
ପାଇମହାବାହୁ ଏଠି, କି କରିବେ ରାମ । ୨୬ ।
ସାମ୍ୟେ ଅବକାଶ ନାହିଁ, ରକ୍ଷେ ଅଭିଗମେ
ନ ଦିଶେ ଯୁଦ୍ଧେ, ଭେଦେ ବା ନେବାକୁ ବା ଦାନେ । ୨୭ ।
ଚାରି ବେଗବାନ କପି ମଧ୍ୟେ, ଅଛି ଗତି
ବାଳିପୁତ୍ର, ନୀଳ, ମୋର, ରାଜାଙ୍କର କୃତି । ୨୮ ।
ଆଗେ ଜାଣେ ମୁଁ ବୈଦେହୀ, ଜୀବିତ କି ନୁହଁ
ତାପରେ ଭାବିବି, ଦେଖି ଗୋସାମଣୀ ମୁହଁ । ୨୯ ।
ତହୁଁ ଚିନ୍ତିଲା ମୁହୂର୍ତ୍ତେ, ସେ କପି କୁଞ୍ଜର
ଗିରିଶୃଙ୍ଗେ ରହି ତହିଁ, ଇଷ୍ଟ ରାମଙ୍କର । ୩୦ ।
ଏ ରୂପରେ ଶକ୍ୟ ନୁହେ, ଏ ରାକ୍ଷସ-ପୁରୀ
ପଶିବାକୁ ରକ୍ଷେ ଗୁପ୍ତା, କ୍ରୂରେ, ମହାବଳୀ । ୩୧ ।
ମହୋଜ ରାକ୍ଷସେ, ମହାବୀର୍ଯ୍ୟ, ବଳବନ୍ତ
ସୀତାନ୍ୱେଷଣେ ବଂଚନା କରିବା ଉଚିତ । ୩୨ ।
ଲକ୍ଷ୍ୟାଲକ୍ଷ୍ୟେ ରୂପେ, ରାତ୍ରେ ଏ ଯେ ଲଙ୍କାପୁର
ମହତ୍ କାର୍ଯ୍ୟ ସାଧିବାରେ ଉପଯୁକ୍ତ କାଳ । ୩୩ ।
ସୁର ଅସୁର ଅଜେୟ । ଦେଖି ସେହି ପୁର
ମାରୁତି ଚିନ୍ତିଲେ ନିଶ୍ୱସିଣ ବାରଂବାର । ୩୪ ।
କି ଉପାୟେ, ଦେଖିବି ମୁଁ ଜନକ ଦୁହିତା
ଅଦୃଷ୍ଟ ହୋଇ ରକ୍ଷେନ୍ଦ୍ର ରାବଣେ, ଦୁରାତ୍ମା । ୩୫ ।

ଆମ୍ଭଙ୍କ ରାମର କାର୍ଯ୍ୟ ନ ହେବ ବିନଷ୍ଟ
ଏକା ଦେଖିବି ନିଭୃତେ ସୀତା, ଏ ମୋ ଇଷ୍ଟ ।୩୬।
ଦେଶ କାଳର ବିରୋଧ, ସିଦ୍ଧ ପ୍ରାୟ କାମ
ନଷ୍ଟ ହୁଏ, କ୍ଳୀବ ଦୂତେ, ସୂର୍ଯ୍ୟେ ଯଥା ତମ ।୩୭।
ଇଷ୍ଟାନିଷ୍ଟେ ବୁଦ୍ଧି, ନିଶ୍ଚିତ ବି ନ ଶୋଭଇ
ପଣ୍ଡିତାଭିମାନୀଦୂତ କାର୍ଯ୍ୟ ବିନାଶଇ ।୩୮।
କିପରି ନ ହେବ କାର୍ଯ୍ୟ ନଷ୍ଟ ବା ନିଷ୍ଫଳ
ସମୁଦ୍ର ଲଙ୍ଘନ ବୃଥା, ନ ହେବ ମୋହର ।୩୯।
ମୋତେ ଦେଖିଲେ ରାକ୍ଷସେ, ଆମ୍ଭଙ୍କ ରାମର
ରାବଣ ଅନିଷ୍ଟ କାର୍ଯ୍ୟ ହେବ କି ସଫଳ ।୪୦।
ରାକ୍ଷସ ନ ଜାଣି, କି ମୁଁ ରହି ଯେ ପାରିବି ?
ରକ୍ଷରୂପେ ମଧ୍ୟ, କି ବା ଅନ୍ୟରୂପ ହେବି ? ।୪୧।
ମନେ ହୁଏ ବାୟୁ ଏଠି ଅଜ୍ଞାତେ ନ ବହେ
ଭୀମକର୍ମା ରକ୍ଷେ କିଛି ଅବିଦିତ ନୁହେ ।୪୨।
ଏଠି ମୁଁ ଯଦି ରହିବି, ନିଜ ରୂପ ଧରି
ବିନାଶ ହେବି । ମୁଁ ଭର୍ତ୍ତା କାର୍ଯ୍ୟ ନଷ୍ଟ କରି ।୪୩।
ତହୁଁ ସଂକୋଚି ମୋ ବପୁ ପଶିବି ଯେ ଯାଇଁ
ରାତିରେ ଲଙ୍କାରେ, ରାମ-କାର୍ଯ୍ୟ-ସିଦ୍ଧି ପାଇଁ ।୪୪।
ରାବଣ ପୁରୀରେ ପଶି ରାତ୍ରେ ସୁଦୁର୍ଗମେ
ଜନକ ସୁତା ଖୋଜିବି, ସବୁରି, ଭବନେ ।୪୫।
ଏହା ଚିନ୍ତା କରି କପି, ସୂର୍ଯ୍ୟାସ୍ତେ ଅନାଇ
ଅପେକ୍ଷିଲେ ବୀର ଦେଖିବାକୁ ବଇଦେହୀ ।୪୬।
ସୂର୍ଯ୍ୟ ଅସ୍ତଗଲେ, ରାତ୍ରେ, ବପୁ ସଂକେଚିତ
ଡାଉଁଶ ମାତ୍ରକ ହେଲେ, ଅଦ୍ଭୁତ-ଦର୍ଶନ ।୪୭।
ସନ୍ଧ୍ୟାକାଳେ ହନୁମାନ, ଭଜି ବୀର୍ଯ୍ୟବାନ
ପ୍ରବେଶିଲେ ରମ୍ୟପୁରୀ, ସୁବିଭକ୍ତାଧ୍ୱନ ।୪୮।

ପ୍ରାସାଦମାଳା ବିସ୍ତୃତା, ସ୍ୱର୍ଣ୍ଣାଭ ସ୍ତମ୍ଭରେ
ଗନ୍ଧର୍ବ ନଗରୋପମ, ସ୍ୱର୍ଣ୍ଣନିଭ ଜାଲେ । ୪୯ ।
ସ୍ଫଟିକ ଖଚିତ, ସପ୍ତତଳ, ଅଷ୍ଟତଳ
ସୁବର୍ଣ୍ଣରେ ବିଭୂଷିତ ଦେଖେ ମହାପୁର
ସେଠି ସେଠି ଶୋଭେ, ରାକ୍ଷସଙ୍କ ଘରଦ୍ୱାର । ୫୦ ।
ରାକ୍ଷସମାନଙ୍କ ସ୍ୱର୍ଣ୍ଣ ବିଚିତ୍ର ତୋରଣ
ଅଳଂକୃତ ସର୍ବସ୍ଥାନେ ଲଙ୍କା ବିଦ୍ୟମାନ । ୫୧ ।
ଅଚିନ୍ତ୍ୟ ଅଦ୍ଭୁତ ଲଙ୍କା ଦେଖିଣ ବାନର
ହର୍ଷାମର୍ଷ ହେଲେ, ସୀତାଦର୍ଶନେ ଆତୁର । ୫୨ ।
ସେ ପାଣ୍ଡୁରାବଦ୍ଧ ବିମାନ-ମାଳିନୀ
ମହାର୍ହ ସୁବର୍ଣ୍ଣ ଝାଲର-ତୋରଣୀ
ପୁରୀ ଯଶସ୍ୱନୀ ରାବଣ ପାଳିତା
ଭୀମବଳ ନିଶାଚରେ ସୁରକ୍ଷିତା । ୫୩ ।
ଚନ୍ଦ୍ର କି ସାହାଯ୍ୟ କରଣେ ଉଦ୍ୟତ
ତାରାଗଣ ମଧ୍ୟେ ହୋଇ ବିରାଜିତ
ଜ୍ୟୋସ୍ନା-ଚାନ୍ଦୁଆରେ, ଘୋଡ଼ାଇ ସଂସାର
ବହୁ ରଶ୍ମି-ଜାଳେ, ମଣ୍ଡିଲେ ସେ ପୁର । ୫୪ ।
ଶଙ୍ଖ-ସଂକାଶ, କ୍ଷୀର ମୃଣାଳ ବର୍ଣ୍ଣ
ଉଦ୍‌ଗତ ହୋଇ ସେ ହେଲେ ଭାସମାନ
ଦେଖିଲେ ସେ ଚନ୍ଦ୍ର ବାନର ପ୍ରଧାନ
ସରେ ହଂସ କରୁଛିକି ସନ୍ତରଣ । ୫୫ ।

ଦ୍ୱିତୀୟ ସର୍ଗ ସମାପ୍ତ

ତୃତୀୟ ସର୍ଗ

ଲଙ୍କାଧିଦେବତା - ବିଜୟ

ସେ ଲମ୍ୱ-ଶିଖରେ ଲମ୍ଫି, ଲମ୍ୱ ମେଘ ନିଭ
ସତ୍ତ୍ୱସ୍ଥ ମେଧାବୀ, ମାରୁତି, ବାୟୁ ସଂଭବ ।୧।
ପଶିଲେ ଲଙ୍କାରେ ରାତ୍ରେ ମହାପ୍ରାଣ ହରି
ରାବଣ-ପାଳିତା ବନତୋୟା ଆଢ୍ୟା ପୁରୀ ।୨।
ଶାରଦାମ୍ବୁଧର-ନିଭ ଭୁବନେ ରୂପଶ୍ରୀ
ସାଗରାନିଳ ଶୋଭିତା, ସିନ୍ଧୁ-ଘୋଷେ ଭରି ।୩।
ବିଶାଳ-ରକ୍ଷ ରକ୍ଷିତା ବିଟପୀରେ ଘେରା
ଚାରୁ-ଗଜ-ତୋରଣା, ତୋରଣା ଶ୍ୱେତ-ଦ୍ୱାରା ।୪।
ଶୁଭା ଭୋଗବତୀ ପରି, ଭୁଜଙ୍ଗ ରକ୍ଷିତା
ବିଦ୍ୟୁତ୍ ଘନାକୀର୍ଣ୍ଣା ଜ୍ୟୋତିଷ୍କେ-ସୁ ନିଷେବିତା ।୫।
ଅମରାବତୀ କି ଚଣ୍ଡ ମାରୁତ ଧ୍ୱନିତା
ବିରାଟ ସୁବର୍ଣ୍ଣ ପ୍ରାଚୀରରେ ସମାବୃତ୍ତା ।୬।
କିଂକିଣୀ-ଜାଳେ, ନିକ୍ୱଣି ପତାକାମାଳିନୀ
ସହସା ପାଇ ପ୍ରାଚୀରେ ଉଠେ କପିମଣି ।୭।
ବିସ୍ମୟଚିତ୍ତେ ଦେଖିଲେ ପୁରୀ ଯେ ସର୍ବତଃ
ବୈଡୁର୍ଯ୍ୟ-ବେଦୀ, ଭୂଷିତା, ସ୍ୱର୍ଣ୍ଣ-ଦ୍ୱାରାନ୍ୱୀତା ।୮।
ମଣିସ୍ଫଟିକ ମୁକ୍ତାରେ ଚଟାଣ ଶାଣିତା
ତଣ୍ଡ ସ୍ୱର୍ଣ୍ଣଗଜ ଚନ୍ଦ୍ରଶାଳା ରୌପ୍ୟାୟିତା ।୯।

ନିରଜ-ସ୍ଫଟିକାନ୍ତର ବୈଦୁର୍ଯ୍ୟ-ସୋପାନା
ନଭଶ୍ଚୁମ୍ବୀ ଚାରୁ ଚତୁଃଶାଳା ଶ୍ରୀଶାଳୀନା ।୧୦।
କୌଞ୍ଚ ବହୀ-ସଂଘୁଷ୍ଟିମା ରାଜହଂସାନ୍ୱୀପ
ତୂରୀ ଆଭରଣ-ଘୋଷେ ସର୍ବତ୍ର ନାଦିତା ।୧୧।
ଅମରାବତୀ ସଂକାଶା, ଦେଖି ସେହି ପୁରୀ
ଖସ୍ପର୍ଶା ଶ୍ରୀ ଲଙ୍କା ଦେଖି, ହନୁ, ହର୍ଷେ ପୂରି ।୧୨।
ରକ୍ଷେଶର ଶୁଭ ଲଙ୍କା ପୁରୀକୁ ଦେଖିଣ
ମହାରକ୍ଷିମତୀ, ଚିନ୍ତାକଲେ, ବୀର୍ଯ୍ୟବାନ ।୧୩।
ରାବଣ ଉଦ୍ୟତାୟୁଧ ବଳରେ ରକ୍ଷିତା
କାହାବଳେ ହେବ ନାହିଁ, ଏ ପୁରୀ ଧର୍ଷିତା ।୧୪।
କୁମୁଦାଙ୍ଗଦ ସୁଷେଣ ଅବା ମହାକପି
ଏ ଭୂମି ଆସିପାରନ୍ତି, ମନ୍ଦ୍ର, ଦ୍ୱିବିଜାଣି ।୧୫।
ସୂର୍ଯ୍ୟପୁତ୍ର ଅନୁଜ ବା କୁଶ-ପର୍ବ ହରି
କପି ମୁଖ୍ୟ ରକ୍ଷ ଗତି ହେବ ବା ମୋହରି ।୧୬।
ବିଚାରି ରାଘବ, ମହାବାହୁ ପରାକ୍ରମ
ଲକ୍ଷ୍ମଣ ବିକ୍ରମ, କପି ହେଲେ ପ୍ରୀତିମନ ।୧୭।
ରତ୍ନ-ବସ୍ତ୍ରା, ଲଙ୍କା, ଗୋଷ୍ଠାଗାର ଅବତଂସା
ଯନ୍ତ୍ରାଗାର-ସ୍ତନା ରମଣୀବ ଋଦ୍ଧାଳସା ।୧୮।
ଭାସ୍ୱର ଦୀପେ, ତିମିରନଷ୍ଟା ମହାଗୃହା
ରକ୍ଷେନ୍ଦ୍ର ନଗରୀ ଦେଖେ, ମହାହନୁନାହା ।୧୯।
ପଶିବାରୁ ମହାକପି, ସେ ହରି ଶାର୍ଦ୍ଦୁଳ
ନଗରୀ ସ୍ୱରୂପେ ଦେଖେ, ସେ ବାୟୁ କୁମର ।୨୦।
ଦେଖି କପିବର ଲଙ୍କା ରାବଣ-ପାଳିତା
ବିକୃତାନନୀ ଦର୍ଶନା ସ୍ୱୟଂ ଉତ୍ଥିଥିତା ।୨୧।
ବୀର ବାୟୁ ସୁତ ଆଗେ, ଉଭାହେଲା ଦେବୀ
ଘୋର ନାଦେ, ଗର୍ଜ୍ଜି କହେ, ହୋଇ ମହାକ୍ରୋଧୀ ।୨୨।

"କିଏ ତୁମ୍ଭେ, କି କାର୍ଯ୍ୟରେ, ଏଠି ଅଛ ଆସି
ପ୍ରାଣଥିଲା ଯାଏଁ ସତ କହ, ବନବାସୀ" ।୨୩।
କଦାପି ଲଙ୍କାରେ ପଶି ନ ପାରୁ ବାନର
ରାବଣ ବଳେ ରକ୍ଷିତ ସର୍ବତ୍ର ଏପୁର" ।୨୪।
ଆଗେ ଉଭା ହନୁମାନ, କହେ ତେବେ ଶୁଣ
ପଚାରୁଛ ଯେବେ ତତ୍ତ୍ୱ, କରୁଛି ବଖାଣ ।୨୫।
କେ ବିରୂପ ନେତ୍ରୀ ତୁମ୍ଭେ ଠିଆ ପୁର-ଦ୍ୱାରେ ?
କାହିଁକି କ୍ରୋଧରେ ଭର୍ତ୍ସ, ମୋତେ ହେ ନିଷ୍ଠୁରେ ।୨୬।
ହନୁମାନ ବାକ୍ୟଶୁଣି, ଲଙ୍କା ମାୟାବିନୀ
କ୍ରୋଧେ କହିଲା ମାରୁତେ, ପଉରୁଷ ବାଣୀ ।୨୭।
"ମହାତ୍ମା ରାକ୍ଷସ ରାଜ, ରାବଣର ମୁହିଁ
ଆଜ୍ଞାବର୍ତ୍ତିନୀ, ଦୁର୍ଧର୍ଷା, ନଗର ରଖଇ ।୨୮।
ମୋତେ ନ ମାନି ନଗରେ, ପଶି ଯେ ନପାର
ମାରି ଶୁଆଇବି ଆଜି, ତୋତେ ଏହିଠାର ।୨୯।
ମୁଁ ନିଜେ ନଗରୀ ଲଙ୍କା, ଆସେ ପ୍ଲବଙ୍ଗମ
ସର୍ବତୋଭାବେ ରଖଇ, କହେ ଏ ବଚନ ।୩୦।
ଲଙ୍କାବାକ୍ୟ ଶୁଣି, ହନୁମାନ ବାୟୁ ସୁତ
ଅନ୍ୟ ଶୈଳପରି ଯତ୍ନେ ହେଲେ ତହିଁ ସ୍ଥିତ ।୩୧।
ବିକୃତା ସ୍ତ୍ରୀରୂପ ତାକୁ ଦେଖି ବର ବୀର
କରିଲେ ମେଧାବୀ ସତ୍ତ୍ୱବାନ, ଏ ଉତ୍ତର ।୩୨।
"ଦେଖିବି ଲଙ୍କା ମୁଁ, ଅଟ୍ଟ-ପ୍ରାକାର ତୋରଣା
ତହୁଁ ଏଠି ଆସିଅଛି, କୌତୁହଳ ମନା ।୩୩।
ବନ ଉପବନ ଏଠି, ଲଙ୍କାର କାନନ
ଗୃହାଦି ଦେଖିବା ପାଇଁ ବଳାଇଛି ମନ ।୩୪।
ତାଙ୍କର ସେ ବାକ୍ୟ ଶୁଣି, ଲଙ୍କା ମାୟାବିନୀ
କହିଲା ପୌରୁଷ ବାକ୍ୟ, ପୁଣି ଗୋସାମଣି ।୩୫।

ମୋତେ ନ ଜିଣି, ରାକ୍ଷସ ଈଶ୍ୱରେ ପାଳିତା
ଯାଇ ନ ପାରିବୁ, ଦେଖିବାକୁ ସେ ଦୁର୍ବୃତ୍ତା ।୩୬।
ତହୁଁ ହରିବ୍ୟାଘ୍ର କହେ, ତାକୁ ନିଶାଚରୀ
"ଯଥାଗତ, ଭଦ୍ରେ, ଯିବି ଦେଖି ଏହି ପୁରୀ ।୩୭।
ତହୁଁ ମହାନାଦ କରି ଲଙ୍କା ଭୟଙ୍କରୀ
ଚାପଡ଼େ ମାରେ ବେଗରେ, କପିରେ ହୁଁକାରି ।୩୮।
ତହୁଁ ହରିବ୍ୟାଘ୍ର ହୋଇ ଅତୀବ ତାଡ଼ିତ
କଲେ ମହାନାଦ ବୀର୍ଯ୍ୟବାନ ବାୟୁ ସୁତ ।୩୯।
ତହୁଁ ମୁଠା କରି ବାମ ହାତରେ ଆଙ୍ଗଠି
ମାରିଲେ କ୍ରୋଧ-ମୂର୍ଚ୍ଛିତ ଲଙ୍କାରେ ସେ ମୁଷ୍ଟି ।୪୦।
ସ୍ତ୍ରୀ ବୋଲି ମାନ୍ୟରେ, ବେଶୀ କ୍ରୋଧ ସେ ନ କରି
ସେ ପ୍ରହାରେ ବିହ୍ୱଳାଙ୍ଗୀ, ହୋଇ ନିଶାଚରୀ
ପଡ଼ିଲା ବିକୃତାନନା, ତଳେ ମୁହଁ ମାଡ଼ି ।୪୧।
ତଳେ ତାକୁ ଲୋଟିବାର ଦେଖି ହନୁମାନ
କୃପାକଲେ ତେଜସ୍ୱୀ ସେ, ସ୍ତ୍ରୀ ଥିବାରୁ ଜାଣ ।୪୨।
ତହୁଁ ଅତି ଉଦ୍‌ବିଗ୍ନା ସେ ଲଙ୍କା ଗଦଗଦେ
ଗର୍ବଶୂନ୍ୟା କହିଲା ସେ ବାକ୍ୟ ହୃତ ମଦେ ।୪୩।
"ପ୍ରସିଦ ହେ ମହାବାହୁ, ତାର ହରିବୀର
ସୌମ୍ୟ, ନୀତି-ପୂର୍ଣ୍ଣ ସତ୍ତ୍ୱବାନ ମହାବଳ ।୪୪।
ମୁଁ ନଗରୀ ଲଙ୍କା ସ୍ୱୟଂ ଆହ ପ୍ଲବଙ୍ଗମ
ନିର୍ଜ୍ଜିତା ତୁମ୍ଭ ବିକ୍ରମେ ହେ ବୀର ସତ୍ତମ ।୪୫।
ତଥ୍ୟ ମୁଁ କରୁଛି ଶୁଣ, ଆହେ ହରୀଶ୍ୱର
ସ୍ୱୟଂ ବ୍ରହ୍ମା ଦେଇଛନ୍ତି, ମୋତେ ଯେଉଁ ବର ।୪୬।
'ଯଦି କେହି କପି ତୋତେ ବଳେ ବଶ କଲା
ତହୁଁ ତୁ ଜାଣିବୁ, ରକ୍ଷ ଭୟ ଆସିଗଲା" ।୪୭।

ତବ ଦର୍ଶନରେ, ସୌମ୍ୟ, ହେଲା ସେ ସମୟ
ସ୍ୱୟମ୍ଭୁ-ବିହିତ ସତ୍ୟ ଅନକ୍ରମଣୀୟ ।୪୮।
ସୀତା ପାଇଁ, ଦୁଷ୍ଟ, ଦୁରାତ୍ମନ ରାବଣର
ଆସିଗଲା ବିନାଶ ଯେ, ସବୁ ରକ୍ଷଙ୍କର ।୪୯।
ତହୁଁ ପଶ ହରି ଶ୍ରେଷ୍ଠ, ରାବଣର ପୁର
କର ସବୁ କର୍ମ୍ମ ଯାହା ପାଂଚିଛ ମନର ।୫୦।
ପଶ ହରୀଶ୍ୱର ଶାପ ଉପହତ୍ୟ
ଏ ଶୁଭ ନଗରୀ, ରାକ୍ଷସ-ପାଳିତା
ଯଦୃଚ୍ଛାରେ ତୁମ୍ଭେ ସତୀ ଜନକଦା
ଖୋଜ ଯଥା ସୁଖେ, କପି ମହାଚେଦା ।୫୧।

ତୃତୀୟ ସର୍ଗ ସମାପ୍ତ

ଚତୁର୍ଥ ସର୍ଗ

ଲଙ୍କାପୁରୀ ପ୍ରବେଶ

ଜିଣି ସେ ନଗରୀ ଲଙ୍କା ଶ୍ରେଷ୍ଠା ମାୟାବିନୀ
ବିକ୍ରମରେ ମହାତେଜା, ସେ ବାନରମଣି ।୧।
ଅଦୁଆରେ ମହାବୀର ପାଚିରୀ ଡେଇଁ ଲେଣ
ପଶିଲେ କପି କୁଞ୍ଜର ରାତ୍ରେ ମହାପ୍ରାଣ ।୨।
ପ୍ରବେଶି ଲଙ୍କାରେ କପିରାଜ, ହିତକାରୀ
ଶତ୍ରୁମସ୍ତକେ ଥୋଇଲେ ବାମପାଦ ହରି ।୩।
ପୂର୍ଣ୍ଣ-ପ୍ରାଣ ନିଶାରେ ପ୍ରବେଶି, ବାୟୁସୁତ
ଝଡ଼ାପୁଲ୍ଲୋଚ୍ଛନ୍ନ ଆଦରିଲେ, ମହାପଥ ।୪।
ତହୁଁ ରମ୍ୟ ଲଙ୍କା ପୁରେ, ଚାଲିଲେ ବାନର
ହାସ୍ୟରୋଳ ନାଦେ, ଭୂର୍ଯ୍ୟ-ଘୋଷ ପୁରଃ ସର ।୫।
ହୀରାଙ୍କୁଶ ସମ, ହୀରକୁନ୍ଦିରେ ଭାସ୍କର
ଖେ, କି, ମେଘ, ଗୃହମୁଖ୍ୟେ, ରାଜେ ରମ୍ୟପୁର ।୬।
ଜାଜ୍ୱଲ୍ୟ ହୁଏ ଯେ ଲଙ୍କା, ଶୁଭ ରକ୍ଷ ଗେହେ
ଶ୍ୱେତାଭ୍ରାଭ ଚିତ୍ରେ ପଦ୍ମ ସ୍ୱସ୍ତିକ ସମୂହେ ।୭।
ବର୍ଧମାନ ଗୃହେ, ସବୁଠାରେ ସୁରୂକ୍ଷଣା
ସୁଗ୍ରୀବଙ୍କ ହିତାକାଙ୍କ୍ଷୀ, ଚିତ୍ରମାଳା ଭରଣା ।୮।
ରାମ ପାଇଁ ବୁଲି ଲଙ୍କା ହେଲେ ପ୍ରହର୍ଷଣ
ଭବନୁ ଭବନେ ଯାଇ, କପି ମହୋତ୍ତମ ।୯।

ବିଭିନ୍ନାକୃତି ରୂପରେ, ଗୃହେ ତତଃ ତତଃ
ଶୁଣିଲେ ରୁଚିର ଗୀତ, ତ୍ରିସ୍ୱର-ସ୍ୱନିତ ।୧୦।
କାମମତ୍ତ ସ୍ତିରୀଙ୍କର ସ୍ୱର୍ଗାପ୍ସର ସମ
ଶୁଣିଲେ କାଞ୍ଚି-ନିଦାନ, ନୂପୁର ନିକ୍ୱଣ ।୧୧।
ସୋପାନ ନିଦାନ ମଧ୍ୟ, ମହାତ୍ମା ଭବନେ
ଆସ୍ଫୋଟ ନିନାଦ, କ୍ଷ୍ୱେଡ଼-ତାନ ଏଣେ ତେଣେ ।୧୨।
ଶୁଣିଲେ ଜପୀର ଜପ ମନ୍ତ୍ର ରକ୍ଷ ଗୃହେ
ସ୍ୱାଧ୍ୟାୟ-ନିରତ ରକ୍ଷେ, ଦେଖେ କେତେ ଗେହେ ।୧୩।
ରାବଣସ୍ତବେ ନିଯୁକ୍ତି ଗର୍ଜନ୍ତ ରାକ୍ଷସେ
ରାଜମାର୍ଗେ ପୂରିସ୍ଥିତ ରକ୍ଷ ସଙ୍ଘେ, ସଙ୍ଘେ ।୧୪।
ଦେଖିଲେ ମଧ୍ୟମ ଦୁର୍ଗେ, ବହୁ ରକ୍ଷ ଚରେ
ଦିକ୍ଷିତ ଜଟିଳ ମୁଣ୍ଡ ଗୋଅଜିନାମ୍ବରେ ।୧୫।
ଅସ୍ତ୍ର, କୁଶ ମୁଷ୍ଟି, ଆୟୁଧ ଯେ, ଅଗ୍ନିକୁଣ୍ଡ
କୂଟ, ମୁଦ୍‌ଗର ଧରନ୍ତି, ଧରନ୍ତି ଯେ ଦଣ୍ଡ ।୧୬।
ଏକାକ୍ଷ, ଏକ କର୍ଣ୍ଣ ଯେ, ଏକ ଲମ୍ବ-ସ୍ତନ
କରାଳ ବକ୍ର-ବକ୍ର ଯେ, ବିକଟ ବାମନ ।୧୭।
ଧନ୍ୱୀ, ଖଡ଼୍‌ଗୀ, ମୁଷଳିଣ, ଶତ୍ରୁଘ୍ନ-ଆୟୁଧା
ଉତ୍ତମ-ପରିଘ ହସ୍ତା, କବଚ-ବିବିଧା ।୧୮।
ନାତିସ୍ଥୂଳ, ନାତି-କୃଶ ନାତିଦୀର୍ଘ, ଖର୍ବ
ନାତି ଗୌର, ନାତିକୃଷ୍ଣ, ନାତି କୁବ୍‌ଜା ସର୍ବ ।୧୯।
ବିରୂପା, ବହୁରୂପା ଯେ, ସୁରୂପ, ତେଜସ୍ୱୀ
ପତାକା-ଧ୍ୱଜ-ଧାରୀଙ୍କୁ ଦେଖିଲେ ମନସ୍ୱୀ ।୨୦।
ଶକ୍ତି ବୃକ୍ଷାୟୁଧା, ପଟ୍ଟିଶାଶନି ଧାରୀଣେ
ଦେଖେ ମହାକପି, ପାଶହସ୍ତା ଯେ କ୍ଷେପିଣେ ।୨୧।
ମାଳାଧାରୀ, ଅନୁଲିପ୍ତା, ବର-ଆଭରଣ
ନାନାବେଶଧାରୀ, ବହୁ, ସ୍ୱେଚ୍ଛାଚାରୀଗଣ ।୨୨।

ତୀକ୍ଷ୍ଣ-ଶୂଳଧାରୀ, ବଜ୍ରଧର ମହାବଳ
ଶତ ସସ୍ର ଧୀର ଜଗେ ମଧ୍ୟମ, ବାନର ।୨୩।
ଆଗରେ ଦେଖିଲା ରକ୍ଷପତି ଅନ୍ତଃପୁର
ମହା-ହାଟକ-ତୋରଣ ସେ ରକ୍ଷ-ଇନ୍ଦ୍ରର ।୨୪।
ବିଖ୍ୟାତ ଭବନ, ନଖଶିରେ ପ୍ରତିଷ୍ଠିତ
ପୁଣ୍ଡରୀକାବତଂସା ପରିଖା, ସମାବୃତ୍ତ ।୨୫।
ମହା-ପ୍ରାକୀର ଆବୃତ୍ତ ଦେଖିଲା ବାନର
ସ୍ୱର୍ଗ-ନିଭ, ଦିବ୍ୟ ଦିବ୍ୟ, ନାଦରେ ମୁଖର ।୨୬।
ବୀଦି ହ୍ରେଷାରେ ଧ୍ୱନିତ, ଅଦ୍ଭୁତ ହୟରେ
ଶୁଭ ହୟ, ଗଜ ରଥ, ଯାନ ବିମାନରେ ।୨୭।
ଚତୁର୍ଦନ୍ତ ଗଜେ, ଶ୍ୱେତାଭ୍ରଚୟ ଉପମେ
ଚାତୁଦ୍ଵାରନ୍ୱୀତ, ମତ୍ତମୃତା ପକ୍ଷୀ ଗଣେ ।୨୮।
ଶତ ଶତ ମହାବୀର୍ଯ୍ୟ ରାକ୍ଷସେ ରକ୍ଷିତ
ପଶିଲା ସେ ଗୃହେ କପି, ରକ୍ଷରାଜେ ଗୁପ୍ତ ।୨୯।
ସକାଞ୍ଚନ, ଜାମ୍ବୁନବ ଚକ୍ରବାଳେ
ମହାମୂଲ୍ୟ ମୁକ୍ତାମଣି ଅନ୍ତରାଳେ;
ଅତ୍ୟୁତ୍କୃଷ୍ଟ କାଳାଗୁରୁ ଚନ୍ଦନାକ୍ତ
ପଶିଲେ ରାବଣାନ୍ତପୁରେ ହନୁମନ୍ତ ।୩୦।

ଚତୁର୍ଥ ସର୍ଗ ସମାପ୍ତ

ପଞ୍ଚମ ସର୍ଗ

ଭବନ ଅନ୍ୱେଷଣ

ତହୁଁ ନଭ ମଧ୍ୟ ଗତ ଅଂଶୁମାନ
ମୁହୁଃ ଉଦଘାଟିଣ ଯୋଚ୍ଛନା ବିତାନ
ଭୂମି ପରେ, ଧୀର ଦେଖେ ଭାନୁସମ
ଗୋଷ୍ଠେ ମତ୍ତବୃଷ କରେ କି ଭ୍ରମଣ ।୧।
ଲୋକପାପ ରାଶି, ବିନାଶ କରିଣ
ମହୋଦଧ୍ୱ କରି ପରିବର୍ଦ୍ଧମାନ
ସର୍ବଭୂତେ କରି, ବିଭ୍ରାଜୟମାନ
ଦେଖିଲେ ଶୀତାଂଶୁଙ୍କର ଅଭିଯାନ ।୨।
ଯେଉଁ ଲକ୍ଷ୍ମୀ ମନ୍ଦରରେ ପ୍ରତିଭାତି
ପ୍ରଦୋଷରେ ଯଥା ସାଗରରେ ଭାତି
ସେହିପରି ତୋୟେ ପଦ୍ମେ ବିରାଜିତ
ଭାବିଲେ ସେ ଚାରୁ ନିଶାକରେ ସ୍ଥିତ ।୩।
ହଂସ ଯଥା ରାଜେ, ରୌପ୍ୟପଂଜରସ୍ଥ
କେଶରୀ ଯଥା, ମନ୍ଦର-କନ୍ଦରସ୍ଥ;
ବୀର ଯଥା ରାଜେ, ମତ୍ତକୁଞ୍ଜରସ୍ଥ
ଚନ୍ଦ୍ର ରାଜେ ତଥା, ରହି ଅମ୍ବରସ୍ଥ ।୪।
କକୁଦ୍‌ମାନ ବୃଷସମ ଦୀକ୍ଷ୍ଣଶୃଙ୍ଗ
ଶ୍ୱେତ ମହାଚଳ, ପରି ଉର୍ଦ୍ଧ୍ୱ ଶୃଙ୍ଗ

ହସ୍ତୀପରି ଜାମ୍ବୁନଦ ବଦ୍ଧ ଶୃଙ୍ଗ
ବିଭାତି ଚନ୍ଦ୍ରମା, ପରିପୂର୍ଣ୍ଣ ଶୃଙ୍ଗ । ୫ ।
ବିନଷ୍ଟ ଶୀତାମ୍ବୁ, ତୁଷାରିତ ପଙ୍କ
ରାହୁ ଗ୍ରସ୍ତ ମୁକ୍ତ ବିନଷ୍ଟଯେପଙ୍କ
ଲକ୍ଷ୍ମ୍ୟାଶ୍ରୟେ ପ୍ରକାଶିତ ନିର୍ମଳାଙ୍କ
ରରାଦେ ଚନ୍ଦ୍ର ଭଗବାନ୍ ଶଶାଙ୍କ । ୬ ।
ଶୀଳାତଳ ସ୍ଥିତ ଯେପରି ମୃଗେନ୍ଦ୍ର
ମହାରଣେ ସ୍ଥିତ ଯେପରି ଗଜେନ୍ଦ୍ର;
ରାଜ୍ୟ ଲାଭ କରି, ଯେପରି ନରେନ୍ଦ୍ର
ତଥା ପ୍ରକାଶିଣ ବିରରାଜେ ଚନ୍ଦ୍ର । ୭ ।
ଭାତେ ଚନ୍ଦ୍ରୋଦୟ, ନଷ୍ଟ ତମ ଦୋଷ
ବର୍ଦ୍ଧିତ ରକ୍ଷକ ମାଂସାଶନ ଦୋଷ
ବର୍ଦ୍ଧିତ ରାମାନୁରାଗ ଚିତ୍ତଦୋଷ
ସର୍ବ ପ୍ରକାଶେ ଭଗବାନ ପ୍ରଦୋଷ । ୮ ।
କର୍ଣ୍ଣସୁଖ, ତନ୍ତ୍ରୀ-ସ୍ୱର ଯେ ପ୍ରବୃତ୍ତ
ନାରୀ ସୁପ୍ତ ଗାଢ଼େ ପତି ଆଲିଙ୍ଗିତ
ନକ୍ତଚରେ ମଧ୍ୟ, ସେପରି ପ୍ରବୃତ୍ତ
ବିହରେ ମହାଅଦ୍ଭୁତ ରୌଦ୍ର-ବୃତ୍ତ । ୯ ।
ମତ୍ତ-ପ୍ରମତ୍ତରେ ହୋଇ ସମାକୁଳ
ରଥ ଅଶ୍ୱ ସିଂହାସନରେ ସଂକୁଳ,
ବୀର ଶ୍ରୀୟା ରକ୍ଷେ, ହୋଇ ସମାକୁଳ
ଦେଖିଲେ ଧୀମାନ କପି ଗୃହସ୍ଥଳ । ୧୦ ।
ପରସ୍ପରେ ଅତ୍ୟଧିକ ଆକ୍ଷେପନ୍ତି
ପୀନ ଭୁଜେ ଇତସ୍ତତ ବିକ୍ଷେପନ୍ତି
ମତ୍ତ-ପ୍ରଳାପ ବାକ୍ୟ ପ୍ରୟୋଗନ୍ତି
ମହୋନ୍ମତ୍ତ ପରସ୍ପରରେ ନିନ୍ଦନ୍ତି । ୧୧ ।

ରକ୍ଷକେତେ ବକ୍ଷସ୍ଥଳ ବିକ୍ଷେପନ୍ତି
ଗାତ୍ରସବୁ କାନ୍ତାପରେ ଯେ କ୍ଷେପନ୍ତି
ବିଚିତ୍ର ରୂପରେ କାନ୍ତାଙ୍କୁ ଧର୍ଷନ୍ତି
କିଏ ବା ଦୃଢ଼ରେ ଚାପ ଆକର୍ଷନ୍ତି । ୧୨ ।
ଦେଖିଲେ କାନ୍ତାକେ କାନ୍ତ ଆଲିଙ୍ଗନ୍ତି
ତଥା ଅନ୍ୟମାନେ ପୁଣି ଯେ ଶୁଣନ୍ତି
ସୁନ୍ଦର ବକ୍ତାରେ କେତେ ଯେ ହସନ୍ତି
ଅପରେ ରାଗରେ ନିଶ୍ୱାସ ମାରନ୍ତି । ୧୩ ।
ମତ୍ତଗଜମାନେ ମହାନାଦ କରେ
ହୋଇ ସୁପୂଜିତ, ସୁସାଧୁ-ବୃନ୍ଦରେ;
ରାଜନ୍ତି ନିଶ୍ୱାସ ପକାଇ ଯେ ବୀରେ
ହ୍ରଦ କି ସେ ନିଶ୍ୱସିତ ଭୁଜଙ୍ଗରେ । ୧୪ ।
ମହାବୁଦ୍ଧିମାନ, ଧରି ଚାରୁ ନାମ
ମହାଶ୍ରଦ୍ଧଧାନ ଜଗତ-ପ୍ରଧାନ
ନାନାବିଧ ରୁଚି କର ଅଭିଧାନ
ଦେଖେ ଯେ ପୁରୀରେ ବହୁ ଯାତୁଧାନ । ୧୫ ।
ଆନନ୍ଦିତ ହେଲେ, ଦେଖି ସ୍ୱରୂପରେ
ନାନାଗୁଣେ ଆତ୍ମଗୁଣ, ଅରୂପରେ
ବିଦ୍ୟୋତମାନ, ସେ ସବୁ ସୁରୂପରେ
ଦେଖିଲେ ପୁଣି ସେ କେତେ ବିରୂପରେ । ୧୬ ।
ତହୁଁ ବରାହା ଯେ ସବିଶୁଦ୍ଧ ଭାବେ
ତାଙ୍କ ନାରୀ ସହ, ମହାଅନୁଭାବେ;
ପ୍ରିୟା-ପାନୀୟରେ ଯେ ଆସକ୍ତ ଭାବେ
ଦେଖେ ପରା ପରି ଅତି ସୁପ୍ରଭାବେ । ୧୭ ।
ଶ୍ରୀରେ ପ୍ରଜ୍ୱଳିତ ତ୍ରପା-ଉପରୂପ,
ନିଶୀଥ କାଳରେ ରମଣାପଗୂଢ଼ା

ଦେଖିଲେ କେତେ ପ୍ରମୋଦୋପଗୂଢ଼ା
ଯଥା ବିହଙ୍ଗୀ ଯେ ବିହଙ୍ଗୋପଗୂଢ଼ା ।୧୮।
ଅନ୍ୟେପୁଣି ହର୍ମ୍ମ୍ୟତଳେ ଉପବିଷ୍ଟ
ତହିଁ ପ୍ରିୟାଙ୍କର ସୁଖେଉପବିଷ୍ଟ
ଭର୍ତ୍ତାପରା, ଧର୍ମ୍ମପରା, ସେ ବିନିଷ୍ଟା
ଦେଖିଲେ ଧୀମାନ ମଦନୋପବିଷ୍ଟା ।୧୯।
ନିରାବରଣାକେ କାଞ୍ଚନ ରାଜି ବର୍ଣ୍ଣା
କେ ଅମଙ୍ଗା ତପନୀୟ-ବର୍ଣ୍ଣା
ପୁଣି ଯେ କିଏ ଶଶ-ଲକ୍ଷ୍ମୀବର୍ଣ୍ଣା
କାନ୍ତ-ବିଚ୍ଛେଦା ରୁଚିର ଅଙ୍ଗବର୍ଣ୍ଣ ।୨୦।
ତହୁଁ ପ୍ରିୟେ ପାଇ ମନ-ଅଭିରାମା
ସୁପିରତିଯୁକ୍ତା ସୁମନୋଭିରାମା;
ଗୃହେ ଗୃହେ ଦୃଷ୍ଟ ପରମାଭିରାମା
ହରି ପ୍ରବୀର ଦେଖିଲେ ବହୁ ରାମା ।୨୧।
ଚନ୍ଦ୍ରମା-ସନ୍ନିଭ ବହୁବକ୍ତ୍ର-ମାଳା
କଟାକ୍ଷୀ ସୁପକ୍ଷ୍ମା, ସୁନୟନମାଳା
ଦେଖିଲେ ଭୂଷଣ-ମାନଙ୍କର ମାଳା
ବିଦ୍ୟୁତ୍‌ବଲ୍ଲୀ ସରି, ଅତିଚାରୁମାଳା ।୨୨।
ଦେବେ ବି ନ ସୀତା ପରମାଉିଜାତା
ସତ୍‌ପଥ-ବର୍ତ୍ତିନୀ ରାଜକୁଳେ ଜାତା
ପ୍ରଫୁଲିତ ଲତା ପରି, ସାଧୁଜାତା
ଦେଖିଲେ ନିତମ୍ବୀ କଛପନାଭିଜାତା ।୨୩।
ସନାତନ ଧର୍ମ୍ମ-ପଥେ ସନ୍ନିବିଷ୍ଟା
ରାମଶତପ୍ରାଣା, ମଦନାଭିବିଷ୍ଟା
ଶ୍ରୀମତ୍ ଭର୍ତ୍ତାମାନସେ ଅନୁପ୍ରବିଷ୍ଟା
ପରା ସ୍ତ୍ରୀ ମଧ୍ୟରେ ସର୍ବଦା ବିଶିଷ୍ଟା ।୨୪।

ସୁରତି-କ୍ଲିଷ୍ଟା ସାନୁସ୍ତତାଶ୍ରୁକଣ୍ଠୀ
ପୁରାବରାର୍ହ ଉତ୍ତମ-ନିଷ୍କ-କଣ୍ଠୀ
ସୁଜାତ-ପକ୍ଷ୍ମା ଅଭିରକ୍ତ କଣ୍ଠୀ
ବନେ ପ୍ରବୃତ୍ତମାନ କି ନୀଳକଣ୍ଠୀ । ୨୫ ।
ଅସ୍ଫୁଟ ରେଖା ପରି କି ଚନ୍ଦ୍ରଲେଖା
ରଜ ପ୍ରଦିଗ୍ଧା ପରି କି ହେମଲେଖା
କ୍ଷତ-ଉତପନ୍ନ ଅବା ବର୍ଣ୍ଣ ରେଖା
ବାୟୁ-ବିତାଡ଼ିତ ଅବା ହେମ ରେଖା । ୨୬ ।
ସୀତା ନ ଦେଖିଲେ ମନୁଜେଶ୍ୱରର
ରାମ ପତ୍ନୀ-ଆହା ବାଗ୍ମୀବରଙ୍କର
ହୋଇଲେ ବିଷର୍ଣ୍ଣ, ଉପହତ ଚିର
ସ୍ୱଚ୍ଛ-କାଳ କପି, ହୋଇଲେ ଶିଥିଳ । ୨୭ ।

ପଞ୍ଚମ ସର୍ଗ ସମାପ୍ତ

ଷଷ୍ଠ ସର୍ଗ

ରାବଣ ଭବନ ଅନ୍ୱେଷଣ

କାମ ରୂପ ଧରି ବହୁ ଗୃହେ ବୁଲି ବୁଲି
ଅତି ଶୀଘ୍ର କପି, ଲଙ୍କା ବିଚରଣ କରି ।୧।
ଆସିଲେ ଯେ ଲକ୍ଷ୍ମୀବାନ ରକ୍ଷେଶ ନିବାସେ
ସୂର୍ଯ୍ୟବର୍ଣ୍ଣ ପ୍ରାକାର-ଘେରରେ ସେ ଝଲସେ ।୨।
ଭୀମ ରକ୍ଷେ ଗୁପ୍ତ, ସିଂହେ ମହାରଣ୍ୟ ସମ
କପିଗଜ ଦେଖି, ଦେଖି ହର୍ଷେ ସେ ଭବନ ।୩।
ରୌପ୍ୟ-ଚିତ୍ର ତୋରଣରେ ସୁବର୍ଣ୍ଣାଳଂକୃତ
ବିଚିତ୍ର କକ୍ଷେ, ରୁଚିର ଦ୍ୱାରରେ ଆବୃତ୍ତ ।୪।
ଗଜାରୂଢ଼ ମହାମାତ୍ରେ, ନିରଳସ ଶୂରେ
ଅସହାର୍ଯ୍ୟେ ରଥବାହୀ, ହୟେ ଏହିଁ ଥିଲେ ।୫।
ସିଂହ-ବ୍ୟାଘ୍ର-ତ୍ରାଣା ବଲ୍‌ଗୁ କାଂଚନ ରଜତେ
ଘୋଷ-ବନ୍ତ ବିଚରନ୍ତି, ସୁବିଚିତ୍ର ରଥେ ।୬।
ବହୁ ରତ୍ନାନ୍ୱୀତ, ବହୁ ଆସନେ ଭୂଷିତ
ମହାରଥାକୁଳ, ମହାରଥୀ ସମାନ୍ୱୀତ ।୭।
ମହୋଦାର ଦୃଶ୍ୟେ ବହୁବିଧ ପକ୍ଷୀ ମୃଗେ
ବିବିଧ ବହୁ ସହସ୍ରେ ପୂର୍ଣ୍ଣ ଚତୁର୍ଦ୍ଦିଗେ ।୮।
ବିନୀତାନ୍ତରକ୍ଷୀ ରକ୍ଷଗଣେ ସୁରକ୍ଷିତ
ମୁଖ୍ୟବର ସ୍ତ୍ରୀରେ ପରିପୂର୍ଣ୍ଣ ସମନ୍ତତଃ ।୯।

ପ୍ରମଦାରତ୍ନେ ମୋଦିତ ରକ୍ଷେନ୍ଦ୍ର ନିକେତ୍
ବରାଭରଣେ, ସଂଶବ୍ଦେ, ସିନ୍ଧୁକ୍ୟ ସ୍ୱରିତ । ୧୦ ।
ରାଜଚିହ୍ନାପନ୍ନ ମୁଖ୍ୟେ, ବରଚନ୍ଦନାକ୍ତ
ସିଂହାକୀର୍ଣ୍ଣବନ ପରି, ମହାବନାନ୍ୱୀତ । ୧୧ ।
ଭେରୀ, ମୃଦଙ୍ଗ, ଧ୍ୱନିତ, ଶଙ୍ଖଘୋଷଯୁତ
ସଦାର୍ଚ୍ଚିତ, ପର୍ବେ ହୁତ, ରାକ୍ଷସେ ପୂଜିତ । ୧୨ ।
ସମୁଦ୍ର ପରି ଗମ୍ଭୀର ସିନ୍ଧିସମ ରୁତ
ରାବଣର ମହତ୍‌ଗୃହ, ମହାରତ୍ନଯୁତ । ୧୩ ।
ମହାରତ୍ନ ସମାକୀର୍ଣ୍ଣ ଦେଖେ କପିବୀର
ବିରାଜେ ବପୁଷ୍ମାନ୍ ଗଜାଶ୍ୱରଥରପୁର । ୧୪ ।
ଲଙ୍କା ଆଭରଣ ଏ ଯେ, ମଣି କପିବୀର
ବୁଲିଲେ ମାରୁତି ତହିଁ ରାବଣ ପାଖର । ୧୫ ।
ରାକ୍ଷସଙ୍କ ଗୃହୁ ଗୃହ, ଉଦାନ ସର୍ବତଃ
ଦେଖିଲେ ସଭୟେ ବୁଲି ପ୍ରସାଦ ମହତ । ୧୬ ।
ମହାବେଗେ ଡେଇଁ ପ୍ରହସ୍ତର ନିକେତନେ
ତହୁଁ ଅନ୍ୟେ ଡିଏଁ, ମହାପାର୍ଶ୍ୱ ନିବେଶନେ । ୧୭ ।
ତହୁଁ ମେଘସମ କୁମ୍ଭକର୍ଣ୍ଣ ନିବେଶନ
ବିଭୀଷଣ ଗୃହ ତଥା, ଡିଏଁ ହନୁମାନ । ୧୮ ।
ମହୋଦରର ବି ତଥା ବିରୁପାକ୍ଷ ଘର
ବିଦ୍ୟୁ ବିହ୍ୱ ନିକେତନ ବିଦ୍ୟୁତ-ନାଳର । ୧୯ ।
ବଜ୍ରଦଂଷ୍ଟ୍ରର ଭବନେ, ଡେଇଁଲେ ବାନର
ଶୁକର ଯେ ମହାବେଗେ, ସାରଣର ଧୀର । ୨୦ ।
ତଥା ଇନ୍ଦ୍ରବିତ ବେଶ୍ମ ଗଲେ ଯୁଥପତି
ଜମ୍ବୁମାଳୀ, ସୁମାଳୀର, କେତନେ ମାରୁତି । ୨୧ ।
ରଶ୍ମିକେତୁ ଘର, ସୂର୍ଯ୍ୟ-ଶତ୍ରୁର ଯେ ତଥା
ବଜ୍ରକାୟ ଗୃହେ ଡିଏଁ କପି ସାମରଥା । ୨୨ ।

ଧୂମ୍ରାକ୍ଷ ସଂପାତି ବାମ ଗଲେ ବାୟୁସୁତ
ବିଦ୍ୟୁତ୍‌ରୂପ, ଭୀମ, ଘନ ବିଘନ ନିକେତ । ୨୩।
ଶୁକନାଶ, ବକ୍ରଶଠ, କପଟର ଘର
ହ୍ରସ୍ୱ-କର୍ଣ୍ଣ ଦଂଷ୍ଟ୍ର, ଲୋମଶ-ରାକ୍ଷସପୁର । ୨୪।
ଯୁଦ୍ଧୋନ୍‌ମତ୍ତ ମତ୍ତ ଧ୍ୱଜଗ୍ରୀବ ଯେ ସାଦୀର
ବିଦ୍ୟୁବିହ୍ୱ ଦ୍ୱିଜିହ୍ୱର ହସ୍ତୀମୁଖ ଘର । ୨୫।
କରାଳ ବିଶାଳ ଘର ଶୋଣିତାକ୍ଷରର
ଡେଇଁଲେ ସେ କ୍ରମାନ୍ୱୟେ, ହନୁ ମହାବୀର । ୨୬।
ସେହି ସେହି ମହାର୍ହଯେ, ଘରେ ମହାଯଶ
ସେ ଋଷି-ମାନଙ୍କ ଋଦ୍ଧି, ଦେଖି ହରି-ଶୀର୍ଷ । ୨୭।
ସମସ୍ତଙ୍କ ଘର, ଚାରିଆଡ଼େ, ଅନ୍ୱେଷିଣ
ପହଁଚିଲେ ତହୁଁ, ଶ୍ରୀମାନ୍ ରକ୍ଷେନ୍ଦ୍ର ଭବନ । ୨୮।
ରାବଣ ଜଗି ଶୋଇବା, ଦେଖେ ହନୁମାନ
ବୁଲି ବିକୃତଇକ୍ଷଣା, ବୀର, ରକ୍ଷୀଗଣ । ୨୯।
ଶୂଳମୁଦ୍‌ଗର ହସ୍ତା ଶକ୍ତି ତୁ ମୁର-ଧାରିଣୀ
ଦେଖିଲେ ରକ୍ଷେନ୍ଦ୍ର ଘରେ ବିବିଧ ସେନାନୀ । ୩୦।
ମହାକାୟ ରାକ୍ଷସଯେ, ନାନାସ୍ତ୍ର-ଧାରୀଣ
ରକ୍ତ, ଶ୍ୱେତ, କୃଷ୍ଣ ଅଶ୍ୱ ମହାବେଗବାନ । ୩୧।
କୁଳୀନ ଶତୃଗଜଘ୍ନ ଗଜ ରୂପବନ୍ତ
ଶିକ୍ଷିତ ଗଜବିଦ୍ୟାରେ, ରଣେ ଐରାବତ । ୩୨।
ପର-ସେନାନୀ-ନିହନ୍ତା ଦେଖିଲେ ସେ ଗୃହେ
ମଦସ୍ରାବୀ ମେଘ ଗିରି ପରି ମହାକାୟେ । ୩୩।
ମେଘ-ଗର୍ଜ୍ଜନ-ନିର୍ଘୋଷା ଦୁର୍ଦ୍ଧର୍ଷା ସମରେ
ସହସ୍ର-ବାହିନୀ ତହିଁ ସୁବର୍ଣ୍ଣ-ଭୂଷାରେ । ୩୪।
ହେମଜାଳେ ସମାଛିନ୍ନ ନବରବି ପ୍ରଭ
ଦେଖେ ରକ୍ଷେନ୍ଦ୍ର ରାବଣ-ଘରେ, କପିର୍ଷଭ । ୩୫।

ବିବିଧାକାରା ଶିବିକା, କପି ହନୁମନ୍ତ
ଚିତ୍ର ଲତା-ଗୃହ, ଚିତ୍ରମାଳା ପୁଞ୍ଜୀଭୂତ ।୩୬।
ଅନ୍ୟ କ୍ରୀଡ଼ା ଗୃହ, କ୍ରୀଡ଼ା କାଷ୍ଠ-ନଗାବଳୀ
ରମଣୀୟ ରତିଗୃହ, ଦିବାଗୃହ-ସ୍ଥଳୀ ।୩୭।
ଦେଖିଲେ ରକ୍ଷେନ୍ଦ୍ର ରାବଣର ନିବେଶନ
କେକୀକୁଳାକୁଳ ମନ୍ଦର ପର୍ବତ ସମାନ ।୩୮।
ଧ୍ୱଜଯଷ୍ଟି ସମାକୀର୍ଣ୍ଣ ଦେଖେ ଗୃହୋତ୍ତମ
ଅନନ୍ତ ରତ୍ନ ନିଚୟ ବିଧି ପରିପୂର୍ଣ୍ଣା
ଧୀର ଧ୍ରୁବ କର୍ମ୍ମାଗୁପ୍ତ ଶିବଗୃହ ସମା ।୩୯।
ରତ୍ନ-ରାଜିର କିରଣ-ତେଜେ, ରାବଣର
ରଶ୍ମିରେ ତପନ ସମ ବିରାଜେ ସେ ଘର ।୪୦।
ଜମ୍ବୁନଦ-ପଲଙ୍କ ଯେ ଆସନ ସମୂହ
ଶୁଭ୍ରବର୍ଣ୍ଣ, ପାତ୍ରମାନ ଦେଖେ ବାୟୁ ପୁଅ ।୪୧।
ମଧୁମଦ ସିକ୍ତ ମଣିମୟ-ପାତ୍ରକୀର୍ଣ୍ଣ
ମନୋରମ-ସୁମୁକ୍ତ କି କୁବେର ସମାନ ।୪୨।
ନୁପୂର-ରାଜି ନିକ୍ୱଣେ କାଞ୍ଚୀର ନିସ୍ୱନେ
ମୃଦଙ୍ଗ ତାଳ ନିର୍ଘୋଷେ ସଦା ନଦ୍ୟମାନେ ।୪୩।
ପ୍ରସାଦ-ସଂଘାତ ଶର ସ୍ତ୍ରୀରତ୍ନ ସଂକୁଳ
ସୁବ୍ୟୁଢ଼ କକ୍ଷ୍ୟା ଗୃହରେ ପଶ ହନୁବୀର ।୪୪।

ଷଷ୍ଠ ସର୍ଗ ସମାପ୍ତ

ସପ୍ତମ ସର୍ଗ

ପୁଷ୍ପକ - ଦର୍ଶନ

ଦେଖେ କପିବୀର ତହିଁ ବେଶ୍ମ-ମାଳ
ପିନଦ୍ଧ ବୈଡୁର୍ଯ୍ୟ ତପ୍ତ ସ୍ୱର୍ଣ୍ଣଜାଳ;
ଯଥା ମହାବର୍ଷା କାଳେ ମେଘଜାଳ
ବିଦ୍ୟୁରେ ଜଡ଼ିତ ସ-ବିହଙ୍ଗ ଜାଳ ।୧।
ନିବେଶମାନଙ୍କ ବିବିଧ ଯେ ଶାଳା
ମହୋତ୍‌କୃଷ୍ଟ ଶଙ୍ଖାୟୁଧ, ଚାପଶାଳା;
ସୁମନୋହର ଯେ, ପୁଣି ଯେ ବିଶାଳା
ଦେଖିଲେ ବେଶ୍ମାଦ୍ରିରେ ଯେ ଚନ୍ଦ୍ରଶାଳା ।୨।
ଗୃହସବୁ ନାନାବସ୍ତରେ ରାଜନ୍ତି
ଦେବ ଅସୁରରେ ପୂଜିତ ହୁଅନ୍ତି ।
ସମସ୍ତ-ଦୋଷରେ ଯେ ପରିବର୍ଜ୍ଜିତ
ମାରୁତି ଦେଖିଲେ ସ୍ୱବଳେ ଅର୍ଜ୍ଜିତ ।୩।
ମହାପ୍ରଯତ୍ନରେ ସବୁ ସମାହିତ
ମୟେସାକ୍ଷାତେ କି ହୋଇଛି ନିର୍ମିତ
ମହୀତଳେ ସର୍ବଗୁଣର ଉତ୍ତର
ଦେଖେ ଲଙ୍କାଅଧିପତିଙ୍କର ଘର ।୪।
ଦେଖେ ତହୁଁ ଉର୍ଚ୍ଛିତ ମେଘରୂପ
ମନୋହର ସ୍ୱର୍ଣ୍ଣମୟ ଚାରୁରୂପ,

ରକ୍ଷାଧିପତିର ବଳ ଅନୁରୂପ
ଗୃହୋତ୍ତମ, ଅପ୍ରତିମ-ରୂପ, ରୂପ । ୫ ।
ଭୂତଳରେ, ସ୍ୱର୍ଗପରି, ସୁପ୍ରକୀର୍ଣ୍ଣ
ଶ୍ରୀରେ ପ୍ରଜ୍ୱଳିତ ବହୁରତ୍ନ-ପୂର୍ଣ୍ଣ
ନାନା ତରୁଙ୍କର କୁସୁମାବକୀର୍ଣ୍ଣ
ଗିରି ଅଗ୍ରପରି ପୁଷ୍ପରଦାକୀର୍ଣ୍ଣ । ୬ ।
ଅତି ସୁନ୍ଦରୀ ସ୍ତ୍ରୀ ପରି ଦିପ୍ୟମାନ
ତଡ଼ିତେକି ଅମ୍ବୁଧର ଅର୍ଚ୍ଚ୍ୟମାନ;
ଚାରୁହଂସାବଳୀରେ କି ବାହ୍ୟମାନ
ଶ୍ରୀୟାପୁତ କି ଖେ, ସୁକୃତ-ବିମାନ । ୭ ।
ଯଥା ନଗାଗ୍ର ବହୁ ଧାତୁ-ଚିତ୍ର
ଯଥା ନଭ ଗ୍ରହ ଚନ୍ଦ୍ରରେ ବିଚିତ୍ର
ଦେଖିଲେ ମିଳିତ ଘନେ କି ବିଚିତ୍ର
ବହୁ ରତ୍ନ-ଶୋଭିତ ବିମାନ ରତ୍ନ । ୮ ।
ମହୀତଳ ଗଢ଼ା ନଗରାଜି-ପୂର୍ଣ୍ଣ
ଶୈଳେ ଯେ ସୃଷ୍ଟ, ବୃକ୍ଷ-ବିତାନେ ପୂର୍ଣ୍ଣ;
ପାଦପେ ଗଢ଼ା ପୁଷ୍ପ-ବିତାନେ ପୂର୍ଣ୍ଣ
କୁସୁମ ଗଢ଼ା-କେଶର ପତ୍ର ପୂର୍ଣ୍ଣ । ୯ ।
ଘର ସବୁ ଗଢ଼ା ସୁପାଣ୍ଡୁର-ବର୍ଣ୍ଣ
ସେପରି ସୁପୁଷ୍ପିତା ପୁଷ୍କରିଣୀ ରମ୍ୟ ।
ପୁଣି ଗଢ଼ା ପଦ୍ମେ ସହିତ କେଶରେ
ବିଚିତ୍ରବନ ଯେ ମହାସରୋବରେ । ୧୦ ।
ପୁଷ୍ପନାମଧେୟ ସେ ମହାବିମାନ
ରତ୍ନ-ପ୍ରଭୋଜ୍ଜ୍ୱଳ, ହୁଏ ଘୂର୍ଣ୍ଣ୍ୟମାନ;
ଉତ୍ତମ ଘର-ମାନରୁ ଉଚ୍ଚତମ
ଦେଖେ କପି ତହିଁ ସେ ବିରାଜମାନ । ୧୧ ।

ଗଡ଼ା ହୋଇଛନ୍ତି ବୈଡୁର୍ଯ୍ୟ-ବିହଙ୍ଗେ
ରୌପ୍ୟ ପ୍ରବାଳେ କି ସତରେ ବିହଙ୍ଗେ
ଜାତି ନାନା ରତ୍ନ-ବସ୍ତୁରେ ଭୁଜଙ୍ଗେ
ଜାତି ଅନୁରୂପେ ଶୁଭାଙ୍ଗ ତୁରଙ୍ଗେ ।୧୨।
ପ୍ରବାଳ ଜାମ୍ବୁନଦ କୁସୁମ-ପକ୍ଷ
ସଲୀଳ କୁଟୀଳ ବିବର୍ତ୍ତନ ପକ୍ଷ;
କାମର ସତେକି ବିରାଜଇ ପକ୍ଷ
ଗଡ଼ା-ବିହଙ୍ଗମେ ସୁମୁଖ ସୁପକ୍ଷ ।୧୩।
ନିୟୋଜିତମାନା ବରଣେ-ସୁହସ୍ତ
ଗଡ଼ାସକେଶର ଉତପଳହସ୍ତ;
ହୋଇଛନ୍ତି ଗଡ଼ା ଦେବୀ ଯେ ସୁହସ୍ତା
ପଦ୍ମାଳୟା ଯେ ପଦ୍ମିନୀ ପଦ୍ମହସ୍ତା ।୧୪।
ଏପରି ସେ ଗୃହେ ପଶିଣ ଶୋଭନ
ସବିସ୍ମୟେ, ଚାରି ନଗ-ଗୁହା ସମ;
ପୁଣି ଯେ ସୁନ୍ଦର ସୁଗନ୍ଧି ପରମ
ହୀମ ପରେ, ନଖ ଚାରୁ ଗୁହାସମ ।୧୫।
ଖୋଜି ତାହା, ଇୟେଷଣା ସୁ ପୂଜିତା
ଅନ୍ୱେର୍ଷଣ ପୁରୀ ରାବଣ-ପାଳିତା
ନ ଦେଖି ଜନକ ସୁତା ସୁପୂଜିତା
ପତିଗୁଣ-ସ୍ମରି ଦୁଃଖରେ ନିର୍ବିତା ।୧୬।
ତହୁଁ ସେଠି, ବହୁ-ବିଧ ଚିନ୍ତିତାତ୍ମା
ସୀତା ଅନ୍ୱେଷଣେ, ହୋଇଲେ ଦୃତାତ୍ମା ।
ନ ଦେଖି ସୀତାଙ୍କୁ, ହେଲେ ଦୁଃଖିତାତ୍ମା
ଅନ୍ତର୍ଚକ୍ଷୁ, ପ୍ରବିଚରିତ ମହାତ୍ମା ।୧୭।

ସପ୍ତମ ସର୍ଗ ସମାପ୍ତ

ଅଷ୍ଟମ ସର୍ଗ

ପୁଷ୍ପକ - ପ୍ରଶଂସା

ସେହି ଭବନ ମଧ୍ୟରେ ସୁସଂସ୍ଥିତ
ମହାବିମାନ, ମଣିରତ୍ନ ଖଚିତ;
ତପ୍ତ ଜାମ୍ବୁନଦ ଜାଲିରେ ଶୋଭିତ
ଦେଖିଲେ ଧୀମାନ କପି ବାୟୁସୁତ ।୧।
ସେହି ନିରୁପମ, କୃତ୍ରିମ-ପ୍ରତିମ
ଗଢ଼ିଥିଲେ ସ୍ୱୟଂ ସାଧୁ ବିଶ୍ୱକର୍ମ୍ମନ୍;
ଆକାଶରେ, ବାୟୁପଥେ, ପ୍ରତିଷ୍ଠିତ
ଶୋଭୁଥିଲା ସୂର୍ଯ୍ୟରଥେ, ଲକ୍ଷ୍ମୀବତୀ ।୨।
ନାହିଁ ତହିଁ କିଛି, ହୋଇଛି ଅଯତ୍ନେ
ନାହିଁ ତହିଁ କିଛି, ନୁହେ ମହାରତ୍ନେ ।
ସୁରଙ୍କର ବିଶେଷତଃ ନାହିଁ କିଛି
ନ ମହା-ବିଶିଷ୍ଟ, ନାହିଁ କିଛି ଅଛି । ।୩।
ତପସମାଧାନେ ପରାକ୍ରମେ ପ୍ରାପ୍ତ
ମନସାଧାନରେ ବିଚାର ଗଳିତ ।
ଅନେକ ସ୍ଥାନ ଯେ ବିଶେଷେ ନିର୍ମିତ
ତାହା, ତାହାପରି ବିଶେଷେ ଗଠିତ ।୪।
ମନ ଅନୁଯାୟୀ, ସେ ଶୀଘ୍ର-ଗମୀନ

ଗମେ ସେ ଦୁର୍ଜ୍ଜୟ ମାରୁତର ସମ ।
ସମୃଦ୍ଧ ମହାତ୍ମ ପୁଣ୍ୟ-ଶୀଳଙ୍କର
ଯଶସ୍ୱୀ-ଶ୍ରେଷ୍ଠଙ୍କ କି ପ୍ରମୋଦ ଘର ।୫।
ଶ୍ରେଷ୍ଠ ଆଲମ୍ବନ। ବିଶେଷେ ସଂସ୍ଥିତ
ବିଚିତ୍ର ସେ କୂଟ ବହୁକୂଟାନ୍ୱୀତ;
ମନାଭିରାମ ଶରବିନ୍ଦୁ-ବିମଳ
ସୁବିଚିତ୍ର-କୂଟୀ, କିଗିରି ଶିଖର ।୬।
ବହେ ତାହା କୁଣ୍ଡଳ-ଆଭିତାନନ
ନିଶାରରେ ବ୍ୟୋମଚର ମହାଶନ;
ବିଘୁର୍ଣ୍ଣିତ, ଧ୍ୱାନ୍ତ, ବିଶାଳ ଲୋଚନ
ସହସ୍ରଶଃ ମହାବେଗ ଭୂତଗଣ ।୭।
ବସନ୍ତ-ପୁଷ୍ପ-କୀର୍ଣ୍ଣ ଚାରୁ ଦର୍ଶନ
ବସନ୍ତ ମାସରୁ ବି ଚାରୁଦର୍ଶନ
ସେ ପୁଷ୍ପକ ତହିଁ । ବିମାନ ଉତ୍ତମ
ଦେଖିଲେ ସେ, ବାନର-ବୀର ସତ୍ତମ ।୮।

ଅଷ୍ଟମ ସର୍ଗ ସମାପ୍ତ

ନବମ ସର୍ଗ

ସଂକୁଳାନ୍ତପୁର

ସେ ବରିଷ୍ଠାଳୟ ମଧ୍ୟେ, ବିମଳାୟତନ
ଦେଖିଲେ ମାରୁତି, ହନୁଶ୍ରେଷ୍ଠ ଯେ ଭବନ ।୧।
ଅର୍ଦ୍ଧଯୋଜନ ବିସ୍ତାର ଦୀର୍ଘେକ ଯୋଜନ
ମହାଗୃହ ରକ୍ଷେନ୍ଦ୍ରର ବହୁହର୍ମ୍ୟାକୀର୍ଣ୍ଣ ।୨।
ଅନ୍ୱେଷିଣ ବଇଦେହୀ, ସୀତା ହନୁମାନ
ସବୁଠି ବୁଲିଲେ ବୀର ସେ ଅରିସୂଦନ ।୩।
ଉତ୍ତମ ରାକ୍ଷସାବାସ, ଦେଖେ ହନୁମାନ
ପାଇ ଲକ୍ଷ୍ମୀବାନ ରାକ୍ଷସେନ୍ଦ୍ର ନିବେଶନ ।୪।
ତ୍ରିଚତୁର୍ଦ୍ଦନ୍ତ-ବାରଣେ ପରିବ୍ୟାପ୍ତ ପୁଣ
ଉର୍ଦ୍ଧାୟୁଧ ରକ୍ଷେ, ଅସଂବାଧେ ରକ୍ଷ୍ୟମାଣ ।୫।
ରାକ୍ଷସୀ ପତ୍ନୀରେ ରାବଣର ନିବେଶନ
ବିକ୍ରମୋ ଆଦୃତା ରାଜକନ୍ୟା ପରିପୂର୍ଣ୍ଣ ।୬।
ନକ୍ର ମକରଯେତି ମିଙ୍ଗିଳି ଝସାକୁଳ
ବାୟୁବେଗେ ବ୍ୟାଧିତ କି ସମତା-ସାଗର ।୭।
ବୈଶ୍ରବଣ ଲକ୍ଷ୍ମୀ, ସିଂହ-ବାହନ ଇନ୍ଦ୍ରର
ସେ ରାବଣ ଗୃହେ ରମ୍ୟା, ସ୍ଥିର ସଦାକାଳ ।୮।
ଯାହା ରାଜା କୁବେରର ଯମ ବରୁଣର
ସେପରି ବା ତାଠୁ ବେଶୀ, ବୃଦ୍ଧି ରାବଣର ।୯।

ସେ ହର୍ମ୍ମ୍ୟ-ମଧ୍ୟସ୍ଥ ବେଶ୍ମ ଅନ୍ୟେ ବା ନିର୍ମିତ
ବହୁ ଯୁଥ ଯୁକ୍ତ ଦେଖେ ପବନର ସୁତ । ୧୦ ।
ବ୍ରହ୍ମା ପାଇଁ ସୃଷ୍ଟ ଦିବ୍ୟ ଯା ବିଶ୍ୱକର୍ମ୍ମାରେ
ସ୍ୱର୍ଗେ ସେ ରଥ ପୁଷ୍ପକ ଭୂଷିତ ରତ୍ନରେ । ୧୧ ।
ପରେ ତପ-ପ୍ରାପ୍ତ ପିତାମହୁ ଯା କୁବେର
ଓଜେ ଦିଶିଣ କୁବେର, ପାଏ ରକ୍ଷେଶ୍ୱର । ୧୨ ।
ଜମ୍ବୁନଦ ହିରଣ୍ମୟ ହେଟା-ବାଘ ଯୁକ୍ତ
ସୁଗଠିତ ସ୍ତମ୍ଭ-ଶ୍ରେଣୀ ଶ୍ରୀରେ କି ପ୍ରଦୀପ୍ତ । ୧୩ ।
ମେରୁ ମନ୍ଦର ସଦୃଶ ନଭ ସ୍ପର୍ଶ କରି
କୂଟ ଗୃହେ । ଶୁଭ ଗୃହେ, ଅଳଂକୃତ କରି । ୧୪ ।
ଅଗ୍ନି ଅର୍କ ପ୍ରଭାଶାଳୀ ବିଶ୍ୱକର୍ମାକୃତ
ଚାରୁଦେବୀ ଯୁକ୍ତ, ସ୍ୱର୍ଣ୍ଣ ସୋପାନ ଶୋଭିତ । ୧୫ ।
କାଞ୍ଚନ ସ୍ଫଟିକ ଜାଲ ବାତାୟନାନ୍ୱୀତ
ଇନ୍ଦ୍ରନୀଳ, ମହାନୀଳମଣି ଦେବୀଯୁକ୍ତ; । ୧୬ ।
ବିଚିତ୍ର ବିଦ୍ରୁମ ବହୁ ମୂଲ୍ୟ ମଣିଯୁତ
ବର୍ତ୍ତୁଳ-ମୁକ୍ତାରେ ଚଟାଣ ଯେ ସୁଶୋଭିତ; । ୧୭ ।
ରକ୍ତ ଚନ୍ଦନେ ପର୍ଚ୍ଚିତ, ଜମ୍ବନଦ ପ୍ରଭ
ସୁପୁଣ୍ୟଗନ୍ଧା ମୋଦିତ ବାଳ ସୂର୍ଯ୍ୟ ଆଭ । ୧୮ ।
ଦିବ୍ୟପୁଷ୍ପ ବିମାନ, ଚଢ଼େ କପିବର
ପାନ, ଭକ୍ଷ୍ୟାନ୍ନ ପୂରିତ, ଦିବ୍ୟଗନ୍ଧପୂର । ୧୯ ।
ଆଘ୍ରାଣେ ସେ ସତେବାୟୁ ହେଲା ରୂପବନ୍ତ
ସେ ଗନ୍ଧ ସେ ମହାପ୍ରାଣେ, ବନ୍ଧୁ, ବତା । ୨୦ ।
କହେକି ଆସନ୍ତୁ ଯହିଁ ଅଛନ୍ତି ରାବଣ
ତହୁଁ ସେ ଦେଖିଲେ ଶିବ-ଶାଳା ମହୋତ୍ତମ । ୨୧ ।
ରାବଣର ମହାକାନ୍ତା ବର ସ୍ତିରୀ ସମ
ମଣି-ସୋପାନେ ଚିତ୍ରିତା, ସ୍ୱର୍ଣ୍ଣଜାଲାଚ୍ଛନ । ୨୨ ।

ସ୍ଫଟିକାବୃତ ଚଟାଣ ଦନ୍ତାନ୍ତରୂପିତା
ମୁକ୍ତା-ହୀରା-ସ୍ୱର୍ଣ୍ଣ-ରୂପା ପ୍ରବାଳେ ଗୁମ୍ଫିତା । ୨୩ ।
ବହୁଳ ମଣି-ସ୍ତମ୍ଭରେ ଶାଳା ବିଭୂଷିତା
ସମ, ସରଳ ଅତ୍ୟୁଚ୍ଚ ସମନ୍ତାତ୍ ଭୂଷିତା । ୨୪ ।
ସପକ୍ଷ ସ୍ତମ୍ଭେ, ଅତ୍ୟୁଚ୍ଚ ସ୍ୱର୍ଗେ କି ଉତ୍‌ଥିତା !
ମହା-କସ୍ତୁରାବୃତା ଧରାଲକ୍ଷ୍ମଣ ଚିତ୍ରିତା । ୨୫ ।
ଧରୈବ ବିସ୍ତୀର୍ଣ୍ଣା ସ୍ୱରାଷ୍ଟ୍ର ଗୃହଶାଳିନୀ
ମତ୍ତଦ୍ୱିଦରେତ୍ୟ ଦିବ୍ୟ-ଗନ୍ଧାଧିବାସିନୀ । ୨୬ ।
ଅମୂଲ୍ୟାସ୍ତରଣା, ରକ୍ଷରାଜ ନିବେଷିତା
ଧୂମ୍ରାଗୁରୁଧୂପିତା – ସ୍ୱଚ୍ଛ – ହଂସପାଣ୍ଡୁରିତା । ୨୭ ।
ପତ୍ର ପୁଷ୍ପ-ହାରା ସୁପ୍ରଭା କଳ୍ମଷୀ ପରି
ଦେହକାନ୍ତି ପ୍ରସାଧନ ମନମୋଦକାରୀ । ୨୮ ।
ସେ ଶୋକ-ନାଶିନୀ, ଦିବ୍ୟା ଶ୍ରୀୟା ମାତୃସମ
ତୃପ୍ତେ, ପଞ୍ଚେନ୍ଦ୍ରିୟେ ପଂଚ ଭୋଗେ ଯେ ଉତ୍ତମ । ୨୯ ।
ସ୍ୱର୍ଗ ଏ, ଦେବଲୋକ ଏ, ଇନ୍ଦ୍ରପୁରୀ ତଥା
ପରାସିଦ୍ଧି ଭାବେ ହନୁମନ୍ତ, ନ ଅନ୍ୟଥା । ୩୦ ।
ଧ୍ୟାନଯୁକ୍ତ ପରି ଦେଖେ, କାଞ୍ଚନ-ପ୍ରଦୀପେ
ଧୂର୍ତ୍ତପରି, ମହାଧୂର୍ତ୍ତେ, ଦିଓ ପ୍ରଭାତାପେ; । ୩୧ ।
ଦୀପମାନଙ୍କ ଜ୍ୟୋତିରେ, ରାବଣର ତେଜେ
ଭୂଷଣ ଅର୍ଚ୍ଚିରେ ପ୍ରଦୀପେ ଯେ ମ୍ଳାନଭଜେ । ୩୨ ।
ତହୁଁ ଦେଖେ, କସ୍ତାସୀନା, ବର୍ଣ୍ଣାଢ଼୍ୟାମ୍ବର ହାରା
ସହସ୍ର ବର-ରମଣୀ, ନାନା ବେଶ-ପାରା । ୩୩ ।
ଅଧରାତି ପରେ ମଦନିଶା-ବଶ ହୋଇ
ରତି-କ୍ରୀଡ଼ା ସାରି ଧନୀ, ଛନ୍ତି ଗାତେ ଶୋଇ । ୩୪ ।
ଶୋଇପଡ଼ିବାରୁ ଶୋଭେ ନିସ୍ତବ୍ଧ ସୌନ୍ଦର୍ଯ୍ୟ
ହଂସ ଅଳି-ସ୍ତବେ ଯଥା ପଦ୍ମିନୀ-ମାଧୁର୍ଯ୍ୟ । ୩୫ ।

ସଂକୃତ-ଦନ୍ତୀ ନିମୀଳିତାକ୍ଷୀ, ମାରିତି
ଦେଖିଲା - ପଦ୍ମଗନ୍ଧିନୀ, ବଦନା ଯୋଷାସ୍ତ୍ରୀ ।୩୬।
ପ୍ରସ୍ଫୁଟିତ ପଦ୍ମ-ପରି, ଫୁଟି ନିଶାକ୍ଷୟେ
ପୁନଃ ମୁଦିତ ଯେପରି ହୋନ୍ତି ତ୍ରପାକ୍ଷୟେ ।୩୭।
ତାଙ୍କ ମୁଖ ପଦ୍ମ-ସଦା ମତ୍ତ-ଅଳିକୁଳ
ପ୍ରସ୍ଫୁଟ ଅମ୍ବୁଜ ପରି, ମାଗେ ବାରଂବାର ! ।୩୮।
ଏହା ବିଚାରି ଶ୍ରୀମାନ ପାଖେ ଯାଇ କପି
ସେମାନଙ୍କ ଗୁଣ-ଗ୍ରାମ, ପଦ୍ମ ସହ ମାପି । ।୩୯।
ସେ ଶାଳା ଶୋହଇ, ସେହି ରମଣୀ ରାଜିରେ
ଶରତ୍ ସ୍ୱଚ୍ଛ ନଭ ଶୋଭେ କି ତାର ତାରାରେ ।୪୦।
ଯେ ସବୁ ଅମ୍ବରୁ ପଡ଼େ, ପୁଣ୍ୟ ମେଷେ ପରା
ମଣେ କପି, ସତେ ସେ ମଳିଓ ଏଠି ପରା ।୪୧।
ମହତ ତାରାଙ୍କ ପରି, ବ୍ୟକ୍ତି ଦୀପ୍ତାର୍ଚ୍ଚିଷା
ପ୍ରଭାବର୍ଣ୍ଣ ପ୍ରଭାବରୁ, ରାଜନ୍ତି ଯେ ଯୋଷା ।୪୨।
ମତ୍ତ ରତି କ୍ରୀଡ଼ା – ମୁକ୍ତ କେଶା, ପୀନ ମାଳା
ବରଭୂଷାଚ୍ଛିନ୍ନ ନିଦ୍ରୋପହତା ବିହ୍ୱଳା ।୪୩।
ବ୍ୟାକୃତ୍ତ ତିଳକା କିଏ, ନୂପୁର ଭଦ୍ରଭ୍ରାନ୍ତା
ପାର୍ଶ୍ୱ-ସ୍ରସ୍ତ-ହାରା କିଏ ପରମ ଯୋଷିତା ।୪୪।
ମୁକ୍ତାହାର (ଜୀର୍ଣ୍ଣ) ଅନ୍ୟା, କିଏ ବାସ ସ୍ରସ୍ତା
ଛିନ୍ନ-ରସନା ଦାମାନେ, ଶିଶ୍ୱାସ୍ୱ-ବାହିତା ।୪୫।
ଅକୁଣ୍ଡଳ ଧରା କେ ମର୍ଦ୍ଦିତ ପୁଷ୍ପହାରା
ବନେ ଗଜେନ୍ଦ୍ର-ଧର୍ଷିତା, ଲତା, ପୁଷ୍ପଭରା । ।୪୬।
ଛିଣ୍ଡି ଶୁଭ୍ର ଚନ୍ଦ୍ରାଂଶୁ କିରଣ ଆଭା ହାର
ହିଂସପରି ସୁପ୍ତ ସ୍ତନ ମଧ୍ୟେ, ବା କାହାର । ।୪୭।
କାର ଯେ, ବୈଦୁର୍ଯ୍ୟ ମାଳ, କ୍ଷୁଦ୍ର ହଂସ ସମ
ଚକୋଇ ପରି ଅନ୍ୟାର ସୂତ୍ରେ ଯେ ସୁବର୍ଣ୍ଣ ।୪୮।

ହଂସ କାରଣ୍ଡବ ଚକ୍ରବାକ ପରିପୂର୍ଣ୍ଣ
ନଜା ପରି ବିରାଜନ୍ତି ଜଘନ-ପୁଳିନା । ୪୯ ।
କିଂକିଣୀ ନିକ୍ୱଣ, କଳ, କାଞ୍ଚନ କମଳ
ସୁପ୍ତା-ନଦୀ କି ସେ, ଭାବ ଗ୍ରାହ ଯଶ କୂଳ । ୫୦ ।
କୋମଳାଙ୍ଗେକାହାରବା, କୁଚାଗ୍ରେ ସଂସ୍ଥିତ
ହେଲା ସୁଭା ଭୂଷା; ଭୂଷା ପରି ଆଭାନ୍ୱିତ । ୫୧ ।
ଅଂଶୁକାଗ୍ର ହଲି କାହାର ମୁଖ ନିଶ୍ୱାସେ
ପୁନଃ ପୁନଃ ଉଡୁଅଛି, ଆନନ-ଉଲ୍ଲାସେ । ୫୨ ।
ପତାକା ପରି କଂପଇ ପତ୍ନୀରୁଚିରାଭା
ନାନା ବର୍ଣ୍ଣ ସ୍ୱର୍ଣ୍ଣ ଭୂଷା କଣ୍ଠେ ପାଏ ଶୋଭା । ୫୩ ।
କେତେ କାନ୍ତିମତୀ-କାମିନୀଙ୍କର କୁଣ୍ଡଳ
ମୁଖ ଶ୍ୱାସେ ମନ୍ଦ ମନ୍ଦ ହୁଏ ଢଳ ଢଳ । ୫୪ ।
ମଧୁମଦଗନ୍ଧ, ପ୍ରକୃତ୍ୟା ସୁରଭି ମୁଖ
ଶ୍ୱାସେ ତାଙ୍କର ଜନ୍ମାଏ ରାବଣର ସୁଖ । ୫୫ ।
କେ ରାବଣ-ଯୋଷା, ଭାବି ରାବଣ ଆନନ
ସପତ୍ନୀ-ମୁଖ ଆଘ୍ରାଣ କରେ ପୁନଃ ପୁନଃ । ୫୬ ।
ଅତ୍ୟାସକ୍ତ ମନା, ରାବଣର ବର ସ୍ତ୍ରୀୟ
ସପତ୍ନୀ ଅଭେଦେ, କରୁଥିଲେ ତାଙ୍କ ପ୍ରିୟ । ୫୭ ।
ବାହୁ ଉପାଧାନ କରି, ଭୂଷା ପରିହାରି
ରମ୍ୟ ପଣତେ ପୋଷାଏ ଶୁଏ ସଂଜ୍ଞା ହାରି । ୫୮ ।
ଅନ୍ୟ ଅନ୍ୟର ବକ୍ଷରେ, କେବା ଭୂଜ ମଂଚେ
କିଏ ଅବା କ୍ରୋଡ଼େ ଶୁଏ, କିଏ ବା ତା କୁଚେ । ୫୯ ।
ଉରୁ, କଟୀ, ପାର୍ଶ୍ୱ, ପୃଷ୍ଠ ଅନ୍ୟୋନ୍ୟେ ଆଶ୍ରୟି
ପରସ୍ପରେ ଶୁଏ, ମଦ-କାମେ ମତ୍ତହୋଇ । ୬୦ ।
ଅନ୍ୟୋନ୍ୟ ଅଙ୍ଗ ସଂସ୍ପର୍ଶେ ଚାରୁ ସୁମଧ୍ୟମେ
ଛନ୍ଦାଛନ୍ଦିଭୂଜା, ଶୋଇଛନ୍ତି ଯୋଷାମାନେ । ୬୧ ।

ଅନ୍ୟୋନ୍ୟ ଭୁଜ ସୂତ୍ରରେ ଗୁମ୍ଫିତ-ସ୍ତ୍ରୀମାଳା
ଅଳିକୁଳ ସଂକୁଳା କି, ସୂତ୍ରେ ଗୁମ୍ଫା ମାଳା । ୬୨ ।
ବାୟୁପାଇ ଲତାମାନେ, ବସନ୍ତେ ପୁଷ୍ପିତା
କୁସୁମ ସ୍ତବକେ ମାଳା, ପରସ୍ପରେ ଗୁମ୍ଫା । ୬୩ ।
କଳି-ସଂକୁଳ, ସୁସ୍କନ୍ଧ ଦ୍ରୁମରେ ବେଷ୍ଟିତ
ବନ ରାଜି ପରି ରାବଣସ୍ତ୍ରୀବନ ସ୍ଥିତ । ୬୪ ।
ଯଥା ସ୍ଥାନେ ସୁସ୍ପଷ୍ଟବି, ଯୋଷାମାନଙ୍କର
ବିବେକ ନ କଲେ, ଭୂଷଣାଙ୍ଗାମ୍ବର-ହାର । ୬୫ ।
ସୁଖ ସୁପ୍ତ ରାବଣର ସ୍ତ୍ରୀଏ ଶୋଭାରାସ
ଜ୍ୱଳନ୍ତ ସ୍ୱର୍ଣ୍ଣ-ଦୀପେ କି, ଦେଖେ ନିର୍ନିମେଷ । ୬୬ ।
ରାଜର୍ଷି, ବିପ୍ର, ଦୈତ୍ୟର ଗନ୍ଧର୍ବ ରାକ୍ଷସ
କନ୍ୟାଏ ବି ହେଲେ ତାର, ଯୋଷା କାମବଶ । ୬୭ ।
ଯୁଦ୍ଧେ, କାମେ, କେତେ ସ୍ତ୍ରୀୟେ, ହୃତରାବଣରେ
କେବା କାମେ ମୋହି ଆସେ ମୁଗ୍ଧା ତା ପାଖରେ । ୬୮ ।
ନଥିଲେ ପ୍ରମଦା, କେ ବା ବଳାତ୍କାରେ
ବୀର୍ଯ୍ୟ ବଳେ ଲବ୍ଧା, ବା ଚେଷ୍ଟା ବଳରେ; । ୬୯ ।
ନୁହେ ଅନ୍ୟପୂର୍ବା, ନ ବା ଅନ୍ୟ-କାମା
ବରାର୍ହା, ଜନକ-ନନ୍ଦିନୀର ବିନା
ନ, କେ ଅକୁଳୀନା, ନ ବା ରୂପହୀନା
ନ ବା ଅଦକ୍ଷିଣା, ଅନୁପଚରୀଣା । ୭୦ ।
ଭାର୍ଯ୍ୟାହେଲା ତାର, ଅବା ହୀନ ପ୍ରାଣା
କାନ୍ତର ବି ନୁହେ, ନବା କାମ-ରମ୍ୟା । ୭୧ ।
ସ୍ଫୁରିଲା ବୁଦ୍ଧି ଯେ ବାନରେଶ୍ୱରର
ଏପରିକି ଧର୍ମ୍ମପତ୍ନୀ ରାଘବର;
ଏ ମହା-ରାକ୍ଷସ-ରାଜ ଭାର୍ଯ୍ୟେସମ !
ଜନ୍ମତା ସଫଳ ଭାବେ ହନୁମାନ । ୭୨ ।

ଆର୍ତ୍ତରୂପ, ସିଏ ଭାବିଲା ଯେ ପୁଣି
ଧ୍ରୁବ ବିଶିଷ୍ଟା, ଯେ ଗୁଣେ ରାମରାଣୀ ।
ତାଙ୍କ ପ୍ରତି, କଷ୍ଟ କୁ କ୍ରୀୟା ମହାତ୍ମା
କରିଛି ଲଙ୍କେଶ ଅନାର୍ଯ୍ୟ – ସେବିତା ।୭୩।

ନବମ ସର୍ଗ ସମାପ୍ତ

ଦଶମ ସର୍ଗ

ମନ୍ଦୋଦରୀ ଦର୍ଶନ

ତହିଁ ଦିବ୍ୟ ମୁଖ୍ୟ ରତ ସ୍ଫଟିକ ଭୂଷିତ
ଚାହୁଁ, ଚାହୁଁ ଦେଖେ ଶଯ୍ୟାସନ ହନୁମନ୍ତ ।୧।
ହାତୀଦାନ୍ତ, ସ୍ୱର୍ଣ୍ଣ ବୈଦୁର୍ଯ୍ୟାଙ୍ଗ ବରାସନ
ମହାମୂଲ୍ୟ ଆସ୍ତରଣ ମାନଙ୍କେ ଶୋଭନ ।୨।
ତାର ଏକ ଅଂଶେ ଦିବ୍ୟମାଳାରେ ଶୋଭିତ
ତାରାପତି ନିଭ ଦେଖେ, ଶ୍ୱେତବର୍ଣ୍ଣ ଛତ୍ର ।୩।
ଦେଖେ ସ୍ୱର୍ଣ୍ଣ-ଆଚ୍ଛାଦିତ ସୂର୍ଯ୍ୟ-ପ୍ରଭା ସମ
ଦିବ୍ୟ-ପଲଙ୍କ ଅଶୋକ ମାଳେ ସୁମଣ୍ଡନ ।୪।
ବାଳ-ବ୍ୟଜନ ନାରୀଏ, କରନ୍ତି ଚାଳନ
ନାନା ବିଧ ଗନ୍ଧ, ବରଧୂପେ, ଆମୋଦନ ।୫।
ଦିବ୍ୟ ଆସ୍ତରଣ ମେଷାଦିନେ ସୁସଂବୃତ୍ତ
ଚାରିଆଡ଼େ ଦିବ୍ୟ ପୁଷ୍ପ-ମାଳରେ ଶୋଭିତ ।୬।
ତହିଁ ଜୀମୂତ ସଂକାଶ ଦୀପ୍ତ-କୁଣ୍ଡଳିତ
ଲୋହିତାକ୍ଷ, ମହାବାହୁ ସ୍ୱର୍ଣ୍ଣ ବସ୍ତ୍ରାନ୍ୱୀତ ।୭।
ସୁଗନ୍ଧିତ ଲୋହିତ ଚନ୍ଦନେ ଅଙ୍ଗଲିପ୍ତ
ରକ୍ତ ସନ୍ଧ୍ୟା ଅମ୍ବୁଦକି ବିଦ୍ୟୁଟ୍ ଲକିତ ।୮।
ସବୃକ୍ଷଗୁଲ୍ମାତ୍ୟବନ ମନ୍ଦର ସମାନ
ସୁପ୍ତ ସଭୂଷୀ ରାବଣ, ମୂର୍ତ୍ତ କି ମଦନ; ।୯।

ରତି-କ୍ରୀଡ଼ାପରେ ରାତ୍ରେ, ଦିବ୍ୟ-ଭୂଷାନ୍ୱୀତ
ଶୋଇଛି ରାବଣ, ରକ୍ଷ, ରକ୍ଷକନ୍ୟାକାନ୍ତ ।୧୦।
ମଦ୍ୟପାନୁ ଉପରତ, ଦେଖେ କପିବୀର
ଭାସ୍ୱର ଶଯ୍ୟାରେ ସୁପ୍ତ ଲଙ୍କା ଅଧୀଶ୍ୱର ।୧୧।
ହସ୍ତୀ ପରି ଶ୍ୱସେ, ରାବଣ, ପବନ ସୁତ
ପାଇ ମହୋଦ୍‌ବେଗେ ଉପସରେ ଭୀତ ଭୀତ ।୧୨।
ତହୁଁ ସୋପାନେ ଚଢ଼ିଣ, ବେଦୀ ଆଢୁଆଳେ
ରହି ଦେକେ କପି, ମତ୍ତ ରାକ୍ଷସ ଶାର୍ଦ୍ଦୁଳେ ।୧୩।
ଶୋଭଇ ଶୋଭା-ପଲଙ୍କ, ରକ୍ଷେଣ ଶୟନେ
ମଦସ୍ରାବୀ ବାରଣ କି ଅଛି ପ୍ରସ୍ରବଣେ ।୧୪।
ସ୍ୱର୍ଣ୍ଣ ଅଙ୍ଗଦ ଭୂଷିତ, ଦେଖିଲେ ସେ ବୀର
ଇନ୍ଦ୍ରଧନୁ ସମ ଦୁଇ ଭୂଜ ରକ୍ଷେନ୍ଦ୍ରର ।୧୫।
ଐରାବତ ଦନ୍ତ-ଚିହ୍ନ ଅଛି, ବର ଭୁଜେ
ପାନକନ୍ଧେ ବଜ୍ର ବିଷ୍ଣୁକ୍ଷତ ଯେ ବିରାଜେ ।୧୬।
ସମ, ସୁଜାତ, ସୁବାହୁ, ପୀନ ବଳଯୁକ୍ତ
ସୁଲକ୍ଷଣ, ନଖାଙ୍ଗୁଷ୍ଠ, ମୁଦ୍ରିକା ଅନ୍ୱୀତା ।୧୭।
ପରିଘାକାର, ସୁବୃତ୍ତ, କରୀକରୋପମ
ଶ୍ରୀଶଯ୍ୟା-ବିକ୍ଷିପ୍ତ ପଞ୍ଚଶୀର୍ଷୋରଣ ସମ ।୧୮।
ଶଶରୁଧିର ଆରକ୍ତ, ଶୀତ, ସୁଗନ୍ଧିତ
ମହାର୍ଘ ଚନ୍ଦନ ଲିପ୍ତ, ସୁଷ୍ଟୁ ଅଳଂକୃତ ।୧୯।
ଉତ୍ତମାସ୍ତ୍ରୀ ବିଶର୍ଦ୍ଧିତ, ସୁଗନ୍ଧ ଚର୍ଚ୍ଚିତ
ଭୟ, ଦେବ ଗନ୍ଧର୍ବର ଦେବ, ସର୍ପ, ଦୈତ୍ୟ ।୨୦।
ଦେଖିଲେ ସେ କପି, ତାର ବାହୁ ଶର୍ଯ୍ୟାସ୍ଥିତ
ମନ୍ଦରାନ୍ତେ ସୁପ୍ତ କି ଦ୍ୱି, ଅହୀ ରୋଷନ୍ୱୀତ ।୨୧।
ତହିଁ ସୁପରିପୂରିତ, ରାକ୍ଷସ-ଈଶ୍ୱର
ଶୋଭେ ନାଗ ପରି ଦୁଇ ଶୃଙ୍ଗୀ କି ମନ୍ଦର ।୨୨।

ଚୂତ ପୁନାଗ ସୁରଭିସୁବକୁଳ ଯୁତ
ମଦଗନ୍ଧ ପୁରଃସର ପକ୍ୱାନ୍ନ ସଂପୃକ୍ତ ।୨୩।
ରକ୍ଷରାଜ, ମହାମୁଖ୍ୟ ହୋଇ ନିଷକ୍ତ ମଣେ
ଶୟନ ନିଶ୍ୱାସ ଗୃହ । କରେ ପରିପୂର୍ଣ୍ଣ ।୨୪।
ମୁକ୍ତାମଣି ଚିତ୍ର କାଂଚନରେ ବିରାଜିତ
ମୁକୁଟାପ ବୃତ୍ତେ ମୁଖ କୁଣ୍ଡଳେ-ଜ୍ୱଳିତ; ।୨୫।
ରକ୍ତ ଚନ୍ଦନ-ପ୍ରଲିପ୍ତ ହାରେ ସୁଶୋଭିତ
ବିଶାଳ ପୀନ ଆୟତ ବକ୍ଷ ବିରାଜିତ ।୨୬।
ନିଖୁଣ ଧବଳ ପଟ୍ଟବସ୍ତ୍ର, ରକ୍ତନେତ୍ର
ମହାମୂଲ୍ୟ ପୀତ ଉତ୍ତରୀୟେ ସମାବୃତ୍ତ ।୨୭।
ବିରହି-ଗଦା ପ୍ରଭ, ସର୍ପପରି ନିଶ୍ୱସିତ
ମହାତୋୟା ଗଙ୍ଗାରେ କି କୁଞ୍ଜର ପ୍ରସୁପ୍ତ ।୨୮।
ଚାରିସ୍ୱର୍ଣ୍ଣଦୀପେ ଚତୁର୍ଦ୍ଦିଶ ସୁଦୀପିତ
ବିଦ୍ୟୁତ୍‌ଗଣେ ମେଘପରି, ସର୍ବାଙ୍ଗ ସ୍ଫୁରିତ ।୨୯।
ପାଦମୂଳେ ସୁପ୍ତ, ଦେଖେ, ସେହି ସୁମହାତ୍ମା
ପ୍ରିୟ ପତ୍ନୀ-ବର୍ଗ ରକ୍ଷ-ଭବନେ, ଉଷିତା ।୩୦।
ଶଶୀ-ସୁନ୍ଦର ବଦନା ବରକୁଣ୍ଡଳିନୀ
ଦେଖେ ହରିବୀର ଅମ୍ଳାନ-ମାଳାଧାରିଣୀ ।୩୧।
ନୃତ୍ୟବାଦ୍ୟବିଦା ରାକ୍ଷସେନ୍ଦ୍ର ଭୁଜାଙ୍କଗା
ଦେଖେ କପି ଆଭଦନି ଚାରୁବର ଅଙ୍ଗ ।୩୨।
ହୀରା-ବୈଦୁର୍ଯ୍ୟ ଖଚିତ ସୁବର୍ଣ୍ଣ-କୁଣ୍ଡଳ
ଯୋଷାଗଣ-କର୍ଣ୍ଣ-ପ୍ରାନ୍ତେ, ଝଳେ, ଦେଖେ ବୀର ।୩୩।
ତାଙ୍କ ଚାରୁ ଚନ୍ଦ୍ରା ମୁଖେ ଲଳିତ କୁଣ୍ଡଳ
ବିରଦୁଛନ୍ତି କି ତାରାଗଣ ନଭସ୍ଥଳ ।୩୪।
ମଦ-ରତି-କ୍ରୀଡ଼ା-ଖିନ୍ନ, ରକ୍ଷେନ୍ଦ୍ର ଯୋଷିତେ
ବିଭିନ୍ନାବକାଶେ ସୁପ୍ତ ସୁମଧ୍ୟମା-ବ୍ରାତେ ।୩୫।

ତଥା ଅଙ୍ଗହାରେ ମୃଦୁ-ନୃତ୍ୟମୟୀ ଅନ୍ୟା
ବିନସ୍ତ୍ୟା ଚାରୁ ସର୍ବାଙ୍ଗୀ, ସୁପ୍ତ-ବରାଙ୍ଗନା । ୩୬ ।
କେବା ବୀଣା ଆଲିଙ୍ଗିଣ, ଶୋଇଛି ବନିତା
ମହାନଦୀ-କୀର୍ଣ୍ଣା ପଦ୍ମ, ପୋତେ କି ଆଶ୍ରିତା । ୩୭ ।
କାଖେ ଡମ୍ବରୁଧାରିଣୀ କେ କୃଷ୍ଣ-ନୟନୀ
ବାଳପୁତ୍ରେ ବତ୍ସଳାକି, ଶୋଇ ଶୋଭେ ଧନୀ । ୩୮ ।
କେ ଶୁଭାଙ୍ଗୀ ଧରି, ପଟହ ଶୁଏ ସୁ-ସ୍ତନୀ
ଚିରେ ପ୍ରିୟେ ପାଇ, ଆଲିଙ୍ଗିଛି କି କାମିନୀ । ୩୯ ।
ବୀଣା କେ କୋଢ଼ାଇ ଶୁଏ କମଳଲୋଚନୀ
ବର ପ୍ରିୟତମେ, କାମେ, ଯାକି କେ କାମିନୀ । ୪୦ ।
ବୀଣାଧରି, କେବା ଅନ୍ୟା, ସଦା ନୃତ୍ୟରତା
ନିଦ୍ରାବଶେ ସହବାସେ, କାନ୍ତ କି ବନିତା ! । ୪୧ ।
ଅନ୍ୟା କେ ସ୍ୱର୍ଣ୍ଣାଭା, ମୃଦୁ, ପୀନ, ମନୋରମା
ମୃଦଙ୍ଗ ଧୃତାଙ୍ଗୀ, ଶୋଇଛି ମତ୍ତଲୋଚନା । ୪୨ ।
ଭୁଜ ମଧ୍ୟେ, କକ୍ଷେ ଧରି, କେଉଁ କୃଶୋଦରୀ
ସପଣବ, ସୁପ୍ତାନିଦ୍ର୍ୟା, ରତି ଶ୍ରମେ ଘାରି । ୪୩ ।
ଡିଣ୍ଡିମ ଧରି ଯେ ତଥା ଡିଣ୍ଡିମ-ପ୍ରିୟାଣୀ
ଶୋଇଛି ବାଳବତ୍ସାକୁ, ଧରି କି ଭାମିନୀ । ୪୪ ।
ଆଡ଼ମ୍ବର କେ ନାରୀ ସଂଭୋଗ-ଭୁଜେ ପୀଡ଼ି
ଶୋଇଛି କମଳ ନେତ୍ରୀ ମଦ-ମୋହେ ଜଡ଼ି ! । ୪୫ ।
କଳସୀ ଧରି କେ ସୁପ୍ତା, ଶୋଭଇ ଭାମିନୀ
ବସନ୍ତେ ପୁଷ୍ପମାଳାକି ଅମ୍ବୁ-ବିନ୍ଦୁ ଆଣୀ । ୪୬ ।
ଦି ହାତେ କେ କୁଚେ, ସ୍ୱର୍ଣ୍ଣ କଳସୀ ଉପମ
ଘୋଡ଼ାଇ ଶୋଇଛି ବାଳା, ନିଦ୍ରାରେ ମଗନ । ୪୭ ।
ଅନ୍ୟା କମଳ-ପତ୍ରାକ୍ଷୀ, ପୂର୍ଣ୍ଣେନ୍ଦୁ-ଆନନା
ଅନ୍ୟା ସୁଉରୁ ଆଲିଙ୍ଗ୍ୟ, ନିଦ୍ରା ନିଗମନା । ୪୮ ।

ବିଚିତ୍ର-ବୀଣା ଆଲିଙ୍ଗି, କେତେ ବସ ନାରୀ
କାମୁକ ପରି କୁଚକୁ ମର୍ଦ୍ଦି, ସୁପ୍ତ-ଗୋରୀ ।୪୯।
ତହୁଁ ଏକାନ୍ତେ ବିନ୍ୟସ୍ତ ଚାରଣଯ୍ୟୋପରି
ଦେଖିଲେ ରୂପ ସମ୍ପନ୍ନା, କପି ଅନ୍ୟ ନାରୀ ।୫୦।
ମୁକ୍ତାମଣି ସୁଖଚିତ ଭୂଷିତା ଭୂଷଣେ
ବିଭୂଷିକି, ସ୍ୱ-ରୂପରେ, ଭବନ ଉତ୍ତମେ; ।୫୧।
ଗୌରୀ, କନକବର୍ଣ୍ଣାଭା, ଅନ୍ତଃପୁରେଶ୍ୱରୀ
ଦେଖେ କପି ସୁପ୍ତା, ମନୋହାରୀ ମନ୍ଦୋଦରୀ ।୫୨।
ତାଙ୍କୁ ଦେଖି ହନୁ, ମହାବାହୁ ସୁଭୂଷିତା
ଭାବି "ସୀତା ଇତି" ରୂପ-ଯୌବନ-ଗର୍ବିତା
ହୋଇ ମହାହର୍ଷ, ନନ୍ଦେ, ସେ ହରି-ମହାତ୍ମା ।୫୩।
ବାହୁ ଆସ୍ଫୋଟିଣ, ପୁଚ୍ଛ ଚୁଚୁମ୍ବିନୀ
ଆନନ୍ଦରେ ଗାଇ କଲେ ଯେ ନର୍ତ୍ତନା
ସ୍ତମ୍ଭ ଆରୋହିଣ ଡେଇଁଲେ ଭୂତଳେ
ଦେଖାଇ ବାନର ପ୍ରକୃତି ଅଧୀରେ ।୫୪।

ଦଶମ ସର୍ଗ ସମାପ୍ତ

ଏକାଦଶ ସର୍ଗ

ପାନ ଭୂମି ଅନ୍ୱେଷଣ

ସେ ବୁଦ୍ଧିକୁ ଛାଡ଼ି ଦେଇ ହେଲେ ସ୍ଥିର ମତି
ଅନ୍ୟ ଚିନ୍ତାକଲେ, ମହାକପି, ସୀତା-ପ୍ରତି ।୧।
'ରାମ ବିରହେ, ଭାମିନୀ, ନିଦ୍ରା କଣ ଯିବେ!
ଅଳଂକାର, ଭୋଜନ ବା ମଦ କି ସେବିବେ! ।୨।
ନାହିଁ ଅନ୍ୟ ନର, ଦେବେଶ ବି, ବିଦ୍ୟମାନ
ସ୍ୱର୍ଗରେ ବି, ରାମ ସମ ହୋଇବେ ସମାନ । ।୩।
'ଅନ୍ୟ, ଏକେ' ଇତି ଭାବି, ତହିଁ ଚାଲେ ପୁଣ
ମନମଂଚେ ଖୋଜେ ସୀତା ହୋଇଣ ଉଛନ୍ନ ।୪।
କ୍ରୀଡ଼ାରେ ଅନ୍ୟା କେ କ୍ଳାନ୍ତ, ଗୀତରେ ବା ଅନ୍ୟ
ନୃତ୍ୟ କରି ଅନ୍ୟ କ୍ଳାନ୍ତ, ପାନେ ମୁହ୍ୟମାନ ।୫।
ମୁରାଦ, ମୃଦଙ୍ଗ, ଚେଲ କେ ଅବା, ଆଶ୍ରିଛି
କେ ବା ଉତ୍କୃଷ୍ଟ ବିଛଣା-ଚଦରେ ଲୋଟୁଛି ।୬।
ବିଭୂଷିତ, ବିଭୂଷିତେ ସହସ୍ର ଯେ ଗୋରୀ
ରୂପବର୍ଣ୍ଣନା-ପୂର୍ବକ, ସଙ୍ଗିତାର୍ଥ କରି ।୭।
ଦେଶ କାଳ ନେଇ ଯୁକ୍ତ ବାକ୍ୟାଳାପେ ମାତି
ରତି ପରେ ସୁପ୍ତ କେତେ ଦେଖଇ ମାରୁତି ।୮।
ଅନ୍ୟତ୍ର ବି ବର ସ୍ତ୍ରୀୟେ ରୂପାଳାପେ ଶୁଏ,
ସହସ୍ର ଅଙ୍ଗନା ଦେଖେ, ତହିଁ କପିରାୟେ ।୯।

ଦେଶକାଳ ଲକ୍ଷି, ଯୁକ୍ତ ବାକ୍ୟେ, ସଂଲାପିଣ
ରତି ବିରତା ସୁସୁପ୍ତ, ଦେଖେ କପିରାଣ ।୧୦।
ତାଙ୍କ ମଧ୍ୟେ ଶୋଭେ ମହାବାହୁ ରକ୍ଷେଶ୍ୱର
ମହୋତ୍‌କୃଷ୍ଟ ଗୋରୁ ଗୋଷ୍ଠେ ଯଥା ବୃଷବର ।୧୧।
ରାକ୍ଷସେନ୍ଦ୍ର ଶୋଭେ, ସ୍ୱୟଂ ନାରୀ ପରିବୃତ୍ତ
ବନେ କରୀଣୀ-ଯୂଥେ କି, ମହାଦ୍ୱିପ ସ୍ଥିତ ।୧୨।
ସବୁ କାମ୍ୟ ବସ୍ତୁ ପୂର୍ଣ୍ଣ ଦେଖେ ପାନ ମଂଚ
ମହାକପି ରକ୍ଷବ୍ୟାଘ୍ର ଗୃହେ, ମହାଘଂଚ ।୧୩।
ମୃଗ, ମଇଁଷୀ, ବରାହ ମାଂସ ଭାଗ ହୋଇ
ଥୁଆ ହୋଇଛି ପାତ୍ରରେ, ଦେଖେ କପି ସାଇଁ ।୧୪।
ବିଶାଳ ସୁବର୍ଣ୍ଣ ପାତ୍ରେ ଅଭକ୍ଷିତ ହୋଇ
କୁକୁଡ଼ା, ମୟୂର ମାଂସ, ଦେଖେ କପି ସାଇଁ ।୧୫।
ବାରାହ ଗଣ୍ଡାମାଂସ, ଦଧିଲବଣାଦି ଯୁକ୍ତ
ଶଲ୍ୟ-ପାକ, ମୃଗ, କେକୀ ମାଂସ ବାୟୁସୁତ ।୧୬।
ଦେଖେ ଛାଗ, ଶଶ, କୃକଳମାଂସାର୍ଦ୍ଧ ଭୁକ୍ତ
ସୁପକ୍ୱ ମହୀଷ ମାଂସ ଶଲ୍ୟରେ ଗୁମ୍ଫିତ ।୧୭।
ଭଲମନ୍ଦ ଲେହ୍ୟ ପେୟ, ଭୋଜ୍ୟାଦି ଗଚ୍ଛିତ
ତଥାମ୍ଳ ଲବଣ ସିଦ୍ଧ, ରାଗ ଖଣ୍ଡାନ୍ୱୀତ ।୧୮।
ମହାର୍ଘେ, ନୂପୂର କେୟୁରାଦି ଯେ ସ୍ଖଳିତ
ମଦ୍ୟପାତ୍ର ବହୁବିଧ, ଫଳ ଯେ ବିକ୍ଷିପ୍ତ ।୧୯।
ପୁଷ୍ପ-ଉପହାରେ ଧରା ଅଧିକ ଶୋଭିତ
ଏଠି ସେଠି ସୁସଜ୍ଜିତ ଶଯ୍ୟାରେ ବିନ୍ୟସ୍ତ ।୨୦।
ପାନ ଭୂମି ବିନା ବହ୍ନି, ସତେ ବା ପ୍ରଦୀପ୍ତ !
ବହୁ-ବିଧ, ଦ୍ରବ୍ୟେ, ବର-ପାକେ, ସୁସଂସ୍କୃତ ।୨୧।
ସୁ-କୁଶଳ ମାଂସ, ପାନ, ମଂଚେ ସୁସଜ୍ଜିତ
ଦିବ୍ୟ ସ୍ୱଚ୍ଛ ସୁରା, କୃତ୍ରିମାସବ ଅନ୍ୱୀତ ।୨୨।

ଶର୍କରା ମଧୁ, ମାଧ୍ୱୀକ ପୁଷ୍ପ-ଫଳାସବ
ବିବିଧ-ସୁବାସ ଚୂର୍ଣ୍ଣ ରାଜେ ସେଠି, ସର୍ବ । ୨୩ ।
ସତତ ଶୋଭଇ ପାନଶାଳା ସୁସଜ୍ଜିତା
ମାଳେ, ସ୍ୱର୍ଣ୍ଣକୁମ୍ଭ ପାତ୍ରେ ସ୍ଫଟିକ ନର୍ମିତା । ୨୪ ।
ଜାମ୍ବୁନନ୍ଦମୟ ଅନ୍ୟ କଡ଼ାରେ ସଂବୃତା
ସୁରା-ପୂର୍ଣ୍ଣ ରୂପା, ସୁନା କୁମ୍ଭରେ ଶୋଭିତା । ୨୫ ।
ଶ୍ରେଷ୍ଠ ମଦ ମଂଚ କପି ତହିଁ ଯେ ଦେଖିଲେ
ସୁରା-ପୂର୍ଣ୍ଣ, ସ୍ୱର୍ଣ୍ଣ ମଣି, କୁମ୍ଭମାନଙ୍କରେ । ୨୬ ।
ପୂର୍ଣ୍ଣମାତ୍ର ଦେଖେ ସବୁ, କପି, ସେହି, ସେହି
କାହିଁ ଅଧା ପାତ୍ର ଶେଷ ମଦ୍ୟ ପାତ୍ର କାହିଁ । ୨୭ ।
କ୍ୱଚିତ୍ କେଉଁଠି ଯେ ମଦ ପିଆ ହୋଇ ନାହିଁ
କ୍ୱଚିତ୍ ବହୁବିଧ ଭୋଜ୍ୟ ଥୁଆ ଭାଗ ହୋଇ । ୨୮ ।
କ୍ୱଚିତ୍ ଅର୍ଦ୍ଧ ଅବଶେଷ, ଦେଖି ସେ ବୁଲିଲେ
କେଉଁଠି ନାରୀ ପଲଙ୍କ ଶୂନ୍ୟ ସେ ଦେଖିଲେ
ପରସ୍ପର ଆଲିଙ୍ଗିଣ, କେତେ ସୁପ୍ତ ଭଲେ । ୨୯ ।
କିଏ ବା ଅନ୍ୟର ବସ୍ତ୍ର, ଭିଡ଼ି ପିନ୍ଧି କରି
ତା ଶେଯରେ ଯାଇ ସୁପ୍ତ ନିଦ୍ରାବଶେ ଘାରି । ୩୦ ।
ତାଙ୍କ ନିଶ୍ୱାସ ପବନେ, ଗାତ୍ର-ମାଳ ବସ୍ତ୍ର
ବିଚିତ୍ର ସ୍ୱଚ୍ଛ-ସ୍ପନ୍ଦିତ ପାଇ ମନ୍ଦବାତ । ୩୧ ।
ଶୀତଳ ଚନ୍ଦନ, ମଦ-ମଧୁର ରସର
ବିବିଧ-ପୁଷ୍ପେ ଗୁମ୍ଫିତ, ବିବିଧ ମାଳାର; । ୩୨ ।
ବହୁଧା ମାରୁତ ଗନ୍ଧ ବିବିଧ ବୋହିଣ
ଚନ୍ଦନସ୍ନାତା ରମଣୀ, ଗନ୍ଧ ଧୂପାକୀର୍ଣ୍ଣ । ୩୩ ।
ବୋହିଲା ସୁରଭିଗନ୍ଧ, ପୁଷ୍ପକ ବିମାନେ
ଚାରୁ ଶ୍ୟାମା, ଅନ୍ୟ କେତେ, କୃଷ୍ଣା ବରାଙ୍ଗନେ । ୩୪ ।

କେତେ ସ୍ୱର୍ଣ୍ଣବର୍ଣ୍ଣା, ପ୍ରମଦା ରାକ୍ଷସାଳୟେ
ମଦନେ ମୂର୍ଚ୍ଛିର୍ତା ନିଦ୍ରାବଶରୁ ସଭିଏ । ୩୫ ।
ପ୍ରସୁପ୍ତା-ପଦ୍ମିନୀ-ବ୍ରଜଙ୍କର ରୂପ ବହି
ସର୍ବ ନିର୍ବିଶେଷେ ରାବଣାନ୍ତପୁରେ ରହି
ଦେଖିଲା ସେ ମହାତେଜା, ନ ଦେଖି ବୈଦେହୀ । ୩୬ ।
ନିରେକ୍ଷି, ନିରେକ୍ଷି, ସ୍ତ୍ରୀୟେ, ସେ ମହାବାନର
ପାଏ ମହାଶଂକା, ଧର୍ମ୍ମ-ସାଧ୍ୱସ ଶରୀର । ୩୭ ।
ଅନ୍ତଃପୁରେ ସୁପ୍ତ ପରଦାରା ନିରୀକ୍ଷଣ
ଅତି ଧର୍ମ୍ମ-ଲୋପ ମୋର କରିବ ସାଧନ । ୩୮ ।
ମୋ ଦୃଷ୍ଟି-ବିଷୟ କେବେ ନୁହେ ପରବାର
ପରିଗ୍ରହ ପରଦାର ଦେଖିଲି ଏଠାର । ୩୯ ।
ପୁଣି ଉପୁଜିଲା, ଅନ୍ୟ ଚିନ୍ତା ମନସ୍ୱୀର
ଏକାନ୍ତ ଚିତ୍ତେ, ନିଶ୍ଚିତ-ଦର୍ଶନ କର୍ମ୍ମର । ୪୦ ।
'କାର୍ଯ୍ୟ ମୋର ବିଶ୍ୱସ୍ତେ ଦେଖିବା ରକ୍ଷସ୍ତ୍ରୀରେ
କିଛି ତ ବିକୃତ ନାହିଁ ମୋର ମାନସରେ ! । ୪୧ ।
ସର୍ବେନ୍ଦ୍ରିୟ ପ୍ରବର୍ତ୍ତନେ, ମନ ଯେ ପ୍ରମାଣ
ଶୁଭାଶୁଭ ଅବସ୍ଥାରେ ସ୍ଥିର ମୋର ମନ । ୪୨ ।
ଅନ୍ୟଠି ହେବ ନି ବୈଦେହୀଙ୍କ ଅନ୍ୱେର୍ଷଣ
ସ୍ତ୍ରୀଙ୍କୁ ସ୍ତ୍ରୀମଧ୍ୟେ ଖୋଜନ୍ତି, ସଦା ଅନ୍ୱେଷିଣ । ୪୩ ।
ଯେ ପ୍ରାଣୀର ଯେଉଁ ଲିଙ୍ଗ, ଖୋଜିବ ସେଠାରେ
ନଷ୍ଟ-ପ୍ରମଦାକୁ କଣ ଖୋଜିବ ମୃଗୀରେ । ୪୪ ।
ତହୁଁ ଏ ମାର୍ଗଣ ସିଦ୍ଧ, ମୋ ଶୁଦ୍ଧ ମାନସେ
ସର୍ବରାବଣାନ୍ତପୁରେ ଜାନକୀ ନ ଦିଶେ । ୪୫ ।
ଦେବ ଗନ୍ଧର୍ବ ନାଗଙ୍କ କନ୍ୟା ବିର୍ଯ୍ୟବାନ
ଖୋଜି, ନ ଦେଖେ ଜାନକୀ ତହିଁ ହନୁମାନ । ୪୬ ।

ତାଙ୍କୁ ନ ଦେଖି ସେ ଦେଖେ ବରନାରୀ ଅନ୍ୟ
ଆସିବାକୁ ତହୁଁ ବୀର କଲା ଉପକ୍ରମ ।୪୭।
ସେ ପୁଣି, ସବୁଠି ଶ୍ରୀମାନ୍ ଅତି ସୁଯତନେ
ପାନଭୂମି ଛାଡ଼ି ଗଲେ ସୀତା ଅନ୍ୱେଷଣେ ।୪୮।

ଏକାଦଶ ସର୍ଗ ସମାପ୍ତ

ଦ୍ୱାଦଶ ସର୍ଗ

ହନୁମାନ ବିଷାଦ

ସେ ସେହି ଭବନ ମଧ୍ୟେ ଅବସ୍ଥିତ
ଲତା, ଚିତ୍ର, ନୈଶ୍ୟଗୃହାଦି ସମସ୍ତ;
କଲେ ଉତ୍‌ଛୁକରେ, ସୀତା ଅନ୍ୱେଷଣେ
ନ ଦେଖିଲେ ଆହା, ସେ ଚାରୁଦର୍ଶନେ ।୧।
ଚିନ୍ତାକଲେ ତହୁଁ ସେ ମହାବାନର
ନ ଦେଖି ପ୍ରେୟସୀ ରଘୁନନ୍ଦନର
ଭାବନ୍ତି ଜାନକୀ, ନ ଥିବାରୁ କାହିଁ,
ଖୋଜି, ଖୋଜି ତାଙ୍କୁ ଦେଖି ପାରୁ ନାହିଁ ।୨।
ସେ ମହାରକ୍ଷରେ, ଆହା ସୀତା ସତୀ
ସ୍ୱଚରିତ୍ର ସଂରକ୍ଷଣେ ହୋଇ ବ୍ରତୀ;
ଧ୍ରୁବ ଏହି ଅତି ନୃଶଂସ କର୍ମାରେ
ହତ ନିଶ୍ଚେ, ଆର୍ଯ୍ୟପଥେ ରହିବାରେ ।୩।
ବିକଟ, ବିକୃତା, ବିବର୍ଚସା ଧୂର୍ତ୍ତା
ମହାନନା ଦୀର୍ଘ ବିରୂପାଇକ୍ଷିତା;
ଦେଖି ରକ୍ଷରାଜ ଯୋକ୍ଷାଙ୍କୁ ସେ ଆହା
ଭୟେ ନଷ୍ଟ ହେଲେ, ସୀତା ବରାରୋହା ।୪।
ସୀତାଙ୍କୁ ନ ଦେଖି, ପୌରୁଷ ନ ପାଇ
ବାନରଙ୍କ ସହ ସମୟ କଟାଇ,

ମୋର ନାହିଁ ସୁଗ୍ରୀବଙ୍କ, ପାଶେ ଗତି
ସୁତୀକ୍ଷ୍ଣ ଦଣ୍ଡ ଯେ, ଦିଏ କପି-ପତି । ୫ ।
ଦେଖି ଅଛି ଅନ୍ତଃପୁର, ରାବଣ-ବନିତା
ସୀତା, ସାଧ୍ୱୀ ନ ଦେଖିଲି, ଶ୍ରମ ହେଲା ବୃଥା । ୬ ।
ସେଠାରେ ଗଲେ କପିଏ କି କହିବେ ମୋତେ
'କହ, ବୀର, କି କଲ ହେ, ତହିଁ ଯାଇ ସତେ ! । ୭ ।
ବୈଦେହୀଙ୍କି ନ ଦେଖିଣ, କି କହିବି ମୁହିଁ
ଧ୍ରୁବ ପ୍ରାୟୋପବେଶନ, ପ୍ରାଣ ଛାଡ଼ିବଇଁ । ୮ ।
କି କହିବେ ବୃଦ୍ଧ ଜାମ୍ବବାନ ବା ଅଙ୍ଗଦ
ସିନ୍ଧୁ ଡେଇଁ ପହଁଚିଲେ ବାନର ସଂସଦ । ୯ ।
ଶ୍ରେୟମୂଳ, ଉତ୍ସାହ, ଉତ୍ସାହ ଦିବ୍ୟ ସୁଖ
ଖୋଜି ଯହିଁ ତହିଁ ଯେ; ନ ହୋଇ ମୁଁ ବିମୁଖ । ୧୦ ।
ଉତ୍ସାହ, ସର୍ବଦା, ସର୍ବ ଅର୍ଥ ପ୍ରବର୍ତ୍ତକ
କରଇ ସଫଳ, ପ୍ରାଣୀଙ୍କର, କର୍ମଯାକ । ୧୧ ।
ତେଣୁ ସୁଉତ୍ସାହ ଯତ୍ନ ଚେଷ୍ଟା ଯେ ଉତ୍ତମ
ଅଦୃଷ୍ଟ ରକ୍ଷ ଦେଶକୁ ଖୋଜିବି ଯେ ପୁଣ । ୧୨ ।
ପାନଶାଳା ଖୋଜିଅଛି, ପୁଷ୍ପ-ଗୃହ ମାନ
ଚିତ୍ର-ଶାଳା ଅନ୍ୱେଷିଚି, କ୍ରୀଡ଼ାଗୃହ ମାନ । ୧୩ ।
ପ୍ରମୋଦୋଦ୍ୟାନ ଅନ୍ତର-ପଥ ଯେ ବିମାନେ
ଏହା ଭାବି ପୁଣି, ଖୋଜିବାକୁ ଉପକ୍ରମେ । ୧୪ ।
ତଳଘର, ଚୈତପୁଣି, ଘରୋପର ଘର
ଡେଇଁ, ପଡ଼ି, ରହି ପୁଣି, ଯାଇ କେତେ ବାର । ୧୫ ।
ଦୁଆରକୁ ମେଲ କରି, କବାଟ ଉପାଡ଼ି
ପଶିଘରେ, ଚଢ଼ି ପୁଣି, ଉଠି ତଳେ ପଡ଼ି । ୧୬ ।

ସବୁ ବାହାର ଭିତର, ବିଚରେ ମାରୁତି
ଚାରି ଆଙ୍ଗୁଳ ଭୂମିକି, ସେ ଯେ ନ ଛାଡ଼ନ୍ତି
ରାବଣାନ୍ତପୁରେ ଯହିଁ ଯାଇ ସେ ନାହାଁନ୍ତି ।୧୭।
ପାଚେରୀ ଭିତର, ବୀଥୀ, ଚୈତ୍ୟର ବେଦିକା
ଚାରୁ ପୁଷ୍କରିଣୀ ସବୁ ଦେଖିଲେ ଯେ ଏକା ।୧୮।
ବିବିଧାକାର ରାକ୍ଷସେ, ବିରୂପ ବିକୃତା
ଦେଖେ ହନୁମାନ ତହିଁ, ନ ଜନକ ସୁତା ।୧୯।
ରୂପେ ଅନୁପମା ଲୋକେ, ଦିବ୍ୟ-ବିଦ୍ୟାଧରୀ
ଦେଖେ ହନୁମାନ ତହିଁ, ନ ସୀତା ସୁନ୍ଦରୀ ।୨୦।
ନାଗ କନ୍ୟା, ବରାରୋହା, ପୂର୍ଣ୍ଣ ଚନ୍ଦ୍ରାନନୀ
ଦେଖେ ହନୁମାନ ତହିଁ ନ ସୀତା ସୁଶ୍ରେଣୀ ।୨୧।
ମନ୍ଥିତ ରକ୍ଷେନ୍ଦ୍ରେ, ନାଗକନ୍ୟା ବଳେହୃତା
ଦେଖେ ହନୁମାନ ତହିଁ ନ ଜନକସୁତା ।୨୨।
ଦେଖିଲେ ସେ ମହାବାହୁ, ଅନ୍ୟ ବହୁନାରୀ
ନ ଦେଖି ବୈଦେହୀ, ହନୁ ହେଲେ ଦୁଃଖେ ଘାରି ।୨୩।
ବାନରେନ୍ଦ୍ରଙ୍କ ଉଦ୍‌ଯୋଗ, ସମୁଦ୍ର ଲଂଘନ
ବ୍ୟର୍ଥ ଦେଖି କପି ପୁଣି, ହେଲେ ଚିନ୍ତାମଗ୍ନ ।୨୪।
ବିମାନୁ ଓହ୍ଲାଇ, ହନୁମାନ ବାୟୁସୁତ
ଚିନ୍ତାବିଧସ୍ତ ହୋଇଣ, ହେଲେ ଶୋକନ୍ୱୀତା ।୨୫।

ଦ୍ୱାଦଶ ସର୍ଗ ସମାପ୍ତ

ତ୍ରୟୋଦଶ ସର୍ଗ

ହନୁମାନଙ୍କର ହତାଶା

ବିମାନୁ ଆସି ପ୍ରାଚୀରେ ଚଢ଼ି ହନୁମାନ
ବେଗଶାଳୀ ହେଲେ, ଘନେ ବିଜୁଳି ସମାନ ।୧।
ପୂରା ପରିକ୍ରମି ରାବଣର ନିବେଶନ
ଜାନକୀ ନ ଦେଖି କପି କହିଲେ ବଚନ ।୨।
"ରାମଙ୍କର ପ୍ରିୟ ପାଇଁ ଲଙ୍କାରେ ବୁଲିଲି
ଦେଖିଲିତ ନାହିଁ ସୀତା, ସର୍ବାଙ୍ଗ ସୁନ୍ଦରୀ ।୩।
ପଲ୍ଲଳ, ତଡ଼ାଗ, ସରମାନ, ଯେ ସରିତ
ନଦୀ ଉପକୂଳ ଦେଶ ଦୁର୍ଗମ ପର୍ବତ ।୪।
ଗୃଧରାଜ ସଂପାତି, ନିର୍ଦ୍ଦେଶେ, ବୁଲି ବୁଲି
ଦେଖୁତ ନାହିଁ ରାବଣ ନିବେଶ ମୈଥିଳୀ ।୫।
ନ ପାଇଲି ସୀତା ଏଠି ଜନକ-ନନ୍ଦିନୀ
ବଳେ ହୃତା, ସେ ରକ୍ଷର, କି ବଶବର୍ତ୍ତିନୀ ।୬।
କ୍ଷିପ୍ରେ ଉର୍ଦ୍ଧ୍ୱେ ଉଠିବାରୁ, ଝାଂପି, ସୀତା ରକ୍ଷ
ରାମ ଭୟେ, ସୀତା ଅବା ହେଲେ ନଭଚ୍ୟୁତା ।୭।
ସିଦ୍ଧମାର୍ଗେ ଅବା ହୃତ ହେଲାବେଳେ ସୀତା
ଭାବେ ଦେଖି ସିନ୍ଧୁ, ପ୍ରାଣ ଛାଡ଼େ, ଜଗତ୍‌ମାତା ।୮।
ରାମଣ ଉରୁ-ଭୁଜରେ ହୋଇଣ ପୀଡ଼ିତା
ଭାବେ ତହିଁ ଆର୍ଯ୍ୟା ଜୀବନକୁ କଲେ ତ୍ୟକ୍ତା ।୯।

ସର୍ବୋପରି, ନିଶ୍ଚେ କ୍ରମେ ସାଗର ଲଙ୍ଘନେ
ଛଟପଟ ହୋଇ ପଡ଼େ, ସିନ୍ଧୁ ଆସ୍ତରଣେ ।୧୦।
ଅହୋ ! କ୍ଷୁଦ୍ର ରକ୍ଷେ, ରଖୁ ରଖୁ ଶୀଳ ସୀତା
ସାଧ୍ୱୀ ତପସ୍ୱିନୀ, ହେଲେ ଭକ୍ଷିତା, ଅନାଥା ।୧୧।
ଅଥବା ରକ୍ଷେନ୍ଦ୍ର, ପତ୍ନୀ-ଗଣ, କୃଷ୍ଣ ନେତ୍ରା
ଦୁଷ୍ଟା ଭକ୍ଷିଛନ୍ତି, ଆହା ସୀତା ଅନିନ୍ଦିତା ।୧୨।
ରାବଣ ନିବେଶେ ଅବା, ଭାବେ ସୀତା ହତା
ଅତି ବିଳପନ୍ତେ, ଶାରୀପରି, ପିଞ୍ଜରସ୍ଥ ।୧୩।
ଜନକ-କୁଳ-ଜାତା ରାମସ୍ତ୍ରୀ ସୁମଧ୍ୟମା
ରକ୍ଷବଶୀ ହେବେ କଣ ଉତ୍‌ପଳ ନୟନା ? ।୧୪।
ମୃତା, ବିନଷ୍ଟା ବା ଭ୍ରଷ୍ଟା ଅବା ବଇଦେହୀ
ରାମ-ପ୍ରିୟ-ଭାର୍ଯ୍ୟା, କହି ନ ପାରିବି ମୁହିଁ ।୧୫।
ନିବେଦିଲେ ଦୋଷ, ଅନିବେଦନେ ବି ଦୋଷ
କିପରି ଧ୍ରୁବ ମୋ କାର୍ଯ୍ୟ, ବିଷମ ବିଶେଷ ।୧୬।
ସହିବି କିପରି, ଏପରି ବା କାର୍ଯ୍ୟ ହେଲେ ?
ଫେରିଲା ପୁଣି ଯେ ବୁଦ୍ଧି; ହନୁ ବିଚାରିଲେ ।୧୭।
ସୀତାଙ୍କୁ ନ ଦେଖି, ଯଦି ବାନରେନ୍ଦ୍ରପୁର
ଯିବି ଯେବେ ଫେରି, କି ପୌରୁଷ ହେବ ମୋର ।୧୮।
ବ୍ୟର୍ଥ ସିନା ହେବ ମୋର ସାଗର ଲଙ୍ଘନ
ଲଙ୍କାରେ ପ୍ରବେଶ, ରାକ୍ଷସଙ୍କ ଦରଶନ ।୧୯।
କିବା କହିବେ ସୁଗ୍ରୀବ, କପି ବୃନ୍ଦ ମିଳି
କିଷ୍କିନ୍ଧାକୁ ଗଲେ ଦୁହେଁ ଦାଶରଥି ବଳୀ ।୨୦।
ଯାଇ କହିଲେ କାକୁସ୍ଥେ, ଏ ବାର୍ତ୍ତା ଦାରୁଣ
'ସୀତା ଦେଖିଲି ନି' ନିଶ୍ଚେ ଛାଡ଼ିବେ ସେ ପ୍ରାଣ ।୨୧।
ପୌରୁଷ, ଦାରୁଣ, ତୀକ୍ଷ୍ଣ ଇନ୍ଦ୍ରିୟ ତାପନ
ଶୁଣି, ସୀତାର୍ଥେ ଏ ବାକ୍ୟ, ଛାଡ଼ିବେ ସେ ପ୍ରାଣ ।୨୨।

ତାଙ୍କୁ ପ୍ରାଣ ତ୍ୟାଗ ମନ, ଦେଖି କୁଛ୍ଛ-ପ୍ରାଣ
ଅତି ଅନୁରକ୍ତ, ଧୀର, ନ ରହେ ଲକ୍ଷ୍ମଣ । ୨୩ ।
ଦୁଇ ଭାଇ ନଷ୍ଟ ଶୁଣି, ଭରତ ମରିବେ
ଭରତ ମରିଲେ ଶତ୍ରୁଘନ ଶେଷ ହେବେ । ୨୪ ।
ମୃତ ପୁତ୍ରେ ଦେଖି ମାତାମାନେ ନ ବଂଚିବେ
କୌଶଲ୍ୟା, ସୁମିତ୍ରା, କୈକେୟୀ ଯେ ମୁହିଁ ଭାବେ । ୨୫ ।
କୃତଜ୍ଞ, ସତ୍ୟସନ୍ଧ, କପୀନ୍ଦ୍ର ସୁଗ୍ରୀବର
ରାମ ତାହା ହେବା ଦେଖି ଛାଡ଼ିବେ ଶରୀର । ୨୬ ।
ଦୁଃଖୀନୀ, ବ୍ୟଥିତା, ନିରାନନ୍ଦ ତପସ୍ୱିନୀ
ତେଜିବ ଜୀବନ ରୁମା, ଭର୍ତ୍ତାଶୋକେ ପୁଣି । ୨୭ ।
ବାଳି-ଦୁଃଖରେ ପୀଡ଼ିତା, ଶୋକେ ଜର୍ଜ୍ଜରିତା
ରାଣୀ ତାରା ବି ପଞ୍ଚତ୍ୱ, ପାଇବେ, ଧ୍ରୁବତା । ୨୮ ।
ମାତା ପିତା ବିନାଶରେ, ସୁଗ୍ରୀବ ବ୍ୟସନେ
କୁମାର ଅଙ୍ଗଦ ନ ରହିବେ ଯେ ଜୀବନେ । ୨୯ ।
ଭର୍ତ୍ତା ଦୁଃଖେ ଅଭିଭୂତା, ସର୍ବ ବନଚାରୀ
ମୁଣ୍ଡେ ଆଘାତ କରିବେ, କରେ ମୁଷ୍ଟିମାରି । ୩୦ ।
ସାନ୍ତ୍ୱନା ପ୍ରଦାନେ, ଦାନେ, ମାନେ ଯଶ୍ୱସିନ
ଲାଳିତ ସୁଗ୍ରୀବେ ନିଶ୍ଚେ ହାରିବେ ଯେ ପ୍ରାଣ । ୩୧ ।
ବନେ ବା ପର୍ବତେ, ଆବୃତ୍ତ ସ୍ଥାନରେ ପୁଣ
କ୍ରୀଡ଼ା ନ କରିବେ, କପି କୁଞ୍ଜର ମିଳିଣ । ୩୨ ।
ସପୁତ୍ର ଦାରା ଏକତ୍ର ମିଳି ଭର୍ତ୍ତା-ଦୁଃଖ
ଶୈଳ ଅଗ୍ରରୁ ପଡ଼ିବେ ବିଷମ-ବିପାକେ । ୩୩ ।
ବିଷ ଖାଇ । ରଜ୍ଜୁ-ବାନ୍ଧି, ପ୍ରବେଶି ଅଗ୍ନିରେ
ଉପବାସେ ଅବା ଶସ୍ତ୍ରେ, ମରିବେ ବାନରେ । ୩୪ ।
ଫେରିଲେ ମୁଁ ଭାବେ ହେବ, ଘୋର ଯେ ରୋଦନ
ଇକ୍ଷ୍ୱାକୁଳ ବିନାଶନ, ବାନର ନିଧନ । ୩୫ ।

ଏଠୁ ତହୁଁ ଯିବି ନାହିଁ, କିଷ୍କିନ୍ଧା-ନଗରୀ
ମୈଥିଳୀ ବିନା, ସୁଗ୍ରୀବେ, ଦେଖିବି କିପରି ? ।୩୬।
ନ ଯାଇ ରହିଲେ ମହାରଥୀ ଧର୍ମ୍ମାତ୍ମନେ
ଆଶାରେ ପ୍ରାଣ ରଖିବେ, କପି, ତରସ୍ୱିନେ ।୩୭।
ହସ୍ତ ସୁଖ ଦାନେ, ବୃକ୍ଷ ମୂଳେ ମୁଁ ନିୟତ
ନ ଦେଖି ମୈଥିଳୀ ଏଠି ହେବି ବାନପ୍ରସ୍ଥ ।୩୮।
ବହୁମୂଳ ଫଳୋଦକେ, ସିନ୍ଧୁ ଉପକୂଳେ
ଚିତାରେ ପଶିବି ସମିଧାରଣୀ ଅଗ୍ନିରେ ।୩୯।
ବସି ରହି, ସମ୍ୟକ୍ ଭାବେ, ବାନପ୍ରସ୍ଥ ବ୍ରତେ
ବାୟସେ ଦେହ ଖାଇବେ, ଶ୍ୱାପଦ ବି ମୋତେ ।୪୦।
ଏହା ମହର୍ଷି ଦର୍ଶିତ ନିର୍ବାଣର ପଥ
ପାଣିରେ ପଶିବି ସୀତା ଦର୍ଶନରେ ବ୍ୟର୍ଥ ।୪୧।
ସୁଭଗା, ସୁକ୍ରୀୟାମୂଳା, ଯଶସ୍ୱିନୀ କୀର୍ତ୍ତି
ଲୁପ୍ତାଚିର ମୋର, ନ ଦେଖିଣ, ସୀତା ସତୀ ।୪୨।
ତପସ୍ୱୀ ବା ହେବି, ସଦା ବୃକ୍ଷମୂଳେ ରହି
କୃଷ୍ଣ ନୟନା ନ ଦେଖି, ଏଠୁଁ ଯିବି ନାହିଁ ।୪୩।
ସୀତାଠାବ ନ କରିଣ, ଫେରିବି ମୁଁ ଯେବେ
ଅଙ୍ଗଦ ସହିତ ସର୍ବ ବାନର ମରିବେ ।୪୪।
ମରଣେ ବହୁତ ଦୋଷ, କୁଶଳ ଯେ ପ୍ରାଣ
ପ୍ରାଣଥିଲେ ହୁଏ ବହୁ, ମଙ୍ଗଳ-ମିଳନ ।୪୫।
ଏପରି ବହୁତ ଦୁଃଖ ମନେ ମୁହୁଃଧରି
ଶୋକ-ପାର ହେଲେ ନାହିଁ ବାନର କେଶରୀ ।୪୬।
ତହୁଁ ବିକ୍ରମ ଆଦରି, କପି ଧୈର୍ଯ୍ୟବାନ
ଭାବେ "ଦଶଗ୍ରୀବ ସେ ଯେ ମାରିବ ରାବଣ ।
ହୃତା ସୀତା ପ୍ରତିଶୋଧ, ତାହା ସୁଷ୍ଠୁ କାମ ।୪୭।

ଫୋପାଡ଼ି ରାବଣ, ସିନ୍ଧୁରେ ଥରକୁ ଥର
ଶିବେ ପଶୁପରି, ରାମେ ଦେବି ଉପହାର," ।୪୮।
ଏପରି ଚିନ୍ତାମଗନ, ସୀତା ନ ପାଇଣ
ଧ୍ୟାନ ଚିତ୍ତ-ବିଧଗାମ୍ୱା, ହେଲା ହନୁମାନ ।୪୯।
"ସୀତା ନ ଦେଖିଲା ଯାଏଁ, ସାଧ୍ୱୀ ରାମ ପତ୍ନୀ
ଲଙ୍କାପୁରୀ ଅନ୍ୱେଷିବି, ବାରଂବାର ପୁଣି ।୫୦।
ସଂପାତି ବଚନେ, ରାମେ, ନ ଆଣିବି ଯେବେ
ନ ଦେଖି ଭାର୍ଯ୍ୟା ରାଘବ, କପିଙ୍କୁ ଦହିବେ ।୫୧।
ନିୟତା ହାରା ଏଠାରେ, ରହିବି ସଂଯତ
ନର ବାନରେ ମୋ ପାଇଁ ନ ହେବେ ଯେ ହତ ।୫୨।
ମହା ଅଶୋକ କାନନ, ମହାଦ୍ରୁମାନ୍ୱୀତା
ସେଠି ଯିବି, ହୋଇ ନାହିଁ ତାହା ଅନ୍ୱେଷିତା ।୫୩।
ବସୁ ରିଦ୍ରେ, ତଥା ଦିତ୍ୟେ, ଅଶ୍ୱିନ ମରୁତେ
ନମି ଯିବି ରକ୍ଷଙ୍କର ଶୋକ ବର୍ଦ୍ଧନାର୍ଥେ ।୫୪।
ଦିଶି ରକ୍ଷେ, ଦେବୀ, ଇକ୍ଷ୍ୱାକୁ-କୁଳ-ନନ୍ଦିନୀ
ତପସ୍ୱୀଙ୍କୁ ସିଦ୍ଧି ପରି, ଦେବି ରାମେ ଆଣି । ।୫୫।
ମୁହୂର୍ତ୍ତେ ଭାବି, ସେ ଚିନ୍ତା-ବ୍ୟଥିତ ଇନ୍ଦ୍ରିୟ
ଉଠିଲେ ଯେ ମହାବାହୁ, ପବନ ତନୟ ।୫୬।
"ନମଇ ଶ୍ରୀରାମ ସହ ଶ୍ରୀ ଲକ୍ଷ୍ମଣ
ଜନକ-ନନ୍ଦିନୀ, ଦେବୀଙ୍କୁ ପ୍ରଣାମ
ନମଇ ରଦେନ୍ଦ୍ର ଅନିଳ ଶମନ
ନମଇ ଚନ୍ଦ୍ର ଅଗ୍ନି ମରୁତ-ଗଣ" ।୫୭।
ସେ ସର୍ବେ ନମି, ସୁଗ୍ରୀବେ, ପବନ ନନ୍ଦନ
ସବୁ ଦିଶେ ଚାହିଁ ଯାଏ ଅଶୋକ-କାନନ ।୫୮।
ପୂର୍ବେ ବୁଲି ମନେ ରମ୍ୟ ଅଶୋକ-କାନନ
ଚିନ୍ତା କଲେ ପୁଣି, କପି, ପବନ ନନ୍ଦନ ।୫୯।

ନିଶ୍ଚେ ବହୁ ରକ୍ଷେ ଥିବ, ସେ ବନ ଆକୁଳ
ଅଶୋକ ଉଦ୍ୟାନ ପଣ୍ୟ ସଂସ୍କୃତି ବହୁଳ । ୬୦ ।
ବିଧିବନ୍ଧେ ନିଶ୍ଚେ ରକ୍ଷେ ପାଦପେ ପାଳନ୍ତି
ଭଗବାନ ବିଶ୍ୱାତ୍ମା ତହିଁ, ବେଗେ ନ ବହନ୍ତି । ୬୧ ।
ସଂକୋଚୁଛି ବପୁ, ରାମ ରାବଣର ପାଇଁ
ସିଦ୍ଧି ଦିଅ ମୋତେ, ଦେବେ ସରଷି, ଗୋସାଇଁ । ୬୨ ।
ବ୍ରହ୍ମା, ସ୍ୱୟମ୍ଭୁ, ଭଗବାନ୍ ଦେବେ ତପିଗଣ
ସିଦ୍ଧି ଦିଅ ଅଗ୍ନି ବାୟୁ, ବଜ୍ରୀ ଇନ୍ଦ୍ର ପୁଣ । ୬୩ ।
ପାଶହସ୍ତ, ବରୁଣ ଯେ, ଚନ୍ଦ୍ର ଦିବାକର
ଅଶ୍ୱିନୀ, ମହାତ୍ମା ଦ୍ୱୟ, ମରୁତ ଶଙ୍କର । ୬୪ ।
ସର୍ବଭୂତ, ଭୂତଙ୍କର ଯିଏ ଅବା ପ୍ରଭୁ
ପଥେ ଚରା, ଅଦୃଷ୍ଟ ବା, ଦିଅ ସିଦ୍ଧି ସବୁ । ୬୫ ।
ସେ ଉନ୍ନତ, ଶ୍ୱେତବର୍ଣ୍ଣ, ଦନ୍ତପନ୍ତୀ
ଶୁଚି-ସ୍ମିତ, ପଦ୍ମ-ପଳାଶ, ସୁନେତ୍ରୀ;
ସତେ ଦେଖିବି ସେ ଆର୍ଯ୍ୟାଙ୍କର ବଦନ
ପ୍ରସନ୍ନ-ଚନ୍ଦ୍ରମା-ତୁଲ୍ୟ ଅନୁପମ । ୬୬ ।
ଆହା ଅତି ନୀଚ ହୀନ କୃତ୍ତ ମୂର୍ତ୍ତି
ସାଳଙ୍କାର-ବେଶ ଧରି ଧୂର୍ତ୍ତ, ଅତି
ହରିଲା ବଳେ, ଅବଳା, ତପସ୍ୱିନୀ
କିପରି ଦୃଷ୍ଟିରେ ପଡ଼ିବେ ସେ ଧନୀ ! । ୬୭ ।

ତ୍ରୟୋଦଶ ସର୍ଗ ସମାପ୍ତ

ଚତୁର୍ଦ୍ଦଶ ସର୍ଗ

ଅଶୋକବନେ ଅନ୍ୱେଷଣ

ମୁହୂର୍ତ୍ତେ ଚିନ୍ତି ମନରେ ମୈଥିଳୀଙ୍କୁ ଧ୍ୟାୟି
ଅଶୋକବନ ପ୍ରାଚୀରେ ହନୁ ବସେ ଡେଇଁ ।୧।
ବସନ୍ତେ ଆଗମ ଦେଖି, ପୁଷ୍ପ-ମୌଳୀ ଦ୍ରୁମେ
ପୁଲକିତ ହେଲେ କପି, ମହାହୃଷ୍ଟ ମନେ ।୨।
ଶାଳ ଅଶୋକ ଯେ ଭବ୍ୟ, ଚଂପକ ପୁଷ୍ପିତ
ଉଦ୍ଦାଳକ ନାଗେଶ୍ୱର କପିମୁଖ-ଖ୍ୟାତ ।୩।
ତହୁଁ ଆମ୍ର-ବନାଚ୍ଛନ୍ନ, ଲତାଶତକୀର୍ଣ୍ଣ
ଜ୍ୟାମୁକ୍ତ ଶରକି ଡେଇଁ ପଶେ ଉପବନ ।୪।
ପ୍ରବେଶି ବିଚିତ୍ର, ସେହି ବିହଗ-ନାଦିତ
ରୌପ୍ୟ, ସ୍ୱର୍ଣ୍ଣ ପାଦପରେ ସର୍ବତ୍ର ଆବୃତ୍ତ ।୫।
ପକ୍ଷୀ ମୃଗ ସଂଘେ, ଚିତ୍ର ବିଚିତ୍ର କାନନ
ଉଦିତ ଆଦିତ୍ୟ ସମ, ଦେଖେ ହନୁମାନ ।୬।
ପୁଷ୍ପଫଳୋଦ୍‌ଗମେ ବୃକ୍ଷରାଜିରେ ଶୋଭିତ
ମତ୍ତକୁକୁ ଭୃଙ୍ଗରାବେ, ନିତ୍ୟ ମୁଖରିତ ।୭।
ହୃଷ୍ଟ ସଦା ନରେ, ମୃଗ ପକ୍ଷୀ ମଦାକୁଳ
ମତ୍ତ କେକୀ-ଘୁଷ୍ଟ ନାନା ପକ୍ଷୀରେ ସଂକୁଳ ।୮।
ଖୋଜି ଖୋଜି ସୀତ ଅନିନ୍ଦିତା ବରାରୋହା;
ସୁଖ-ସ୍ୱପ୍ନ ଭାଙ୍ଗେ ପକ୍ଷୀଙ୍କର କପି-ନାହା ।୯।

ଊର୍ଦ୍ଧ୍ୱେ ଉଡ଼ିବାରେ, ବାହୁ-ହତ ପକ୍ଷୀଗଣ
ମୋତେ ବୃକ୍ଷଲତା ବହୁ ପୁଷ୍ପ ବହୁ ବର୍ଣ୍ଣ ।୧୦।
ପୁଷ୍ପାଚ୍ଛନ୍ନ ହନୁମାନ, ଶୋଭିଲେ ମାରୁତି
ଅଶୋକ-ବନିକାରେ, ସେ ପୁଷ୍ପ-ଗିରିଭାତି ।୧୧।
ବୃକ୍ଷାବଳୀ-କୀର୍ଣ୍ଣ ସର୍ବ ଦିଗେ ଧାଇଁ ବାରୁ
ସବୁ ପ୍ରାଣୀ ଭାବିଲେ ସେ ବରନ୍ତି କି ଚାରୁ ।୧୨।
ବୃକ୍ଷୁଁ ବହୁବିଧ ପୁଷ୍ପେ ଛାଇ ହୋଇ ମହୀ
ରାଜେ କି ପ୍ରମଦା ତହିଁ, ସୁଭୂଷିତା ହୋଇ ।୧୩।
ବେଗବାନ ହନୁମାନ ବେଗରେ କଂପିତ
ବିବିଧ କୁସୁମ ଛାଡ଼ିଲା ଯେ ତରୁବ୍ରାତ ।୧୪।
ଝଡ଼ା ପତ୍ର ଫୁଲ ଫଳ ଅଗ୍ର ଶାର୍ଣ୍ଣ ଦ୍ରୁମେ
ହାରି ଜୁଆଡ଼ିକି, ଠିଆ, ବେଶଭୂଷା ହାନେ ।୧୫।
ବେଗବାନ ହନୁମାନେ, କଂପେ ବୃକ୍ଷ-ଗଣ
ଫୁଲେ ଫଳ, ପତ୍ର ଝାଡ଼ି, ସେ ଫଳଶାଳିନ ।୧୬।
ବିହଙ୍ଗ ସଂଘରେ ତ୍ୟକ୍ତ ଚଣ୍ଡିଶ୍ରୟା ଦ୍ରୁମେ
ମାରିତେ ଦୋହଲା ସର୍ବେ, ହେଲେ ଅଶରଣ୍ୟେ ।୧୭।
ବିଧୂତକେଶ ଯୁବତୀ, କି ଅବା ଧର୍ଷିତା
ଚୁମ୍ବିତ ଚାରୁ-ଦନ୍ତୋଷ୍ଠି, ନଖଦନ୍ତକ୍ଷତା ।୧୮।
ଲାଙ୍ଗୁଳ ହସ୍ତରେ ତଥା, ଚରଣେ ମର୍ଦ୍ଦିତା
ଅଶୋକବନିକା ହେଲା, ଭଗ୍ନ-ବୃକ୍ଷ-ଲତା ।୧୯।
ମହାଲତା-ବଳୀ ଛିନାଭିନ୍ନାତା ବେଗରେ
ହେଲା ବାୟୁ ବେଗେ ଯଥା ମେଘେ ପ୍ରାକୁଟରେ ।୨୦।
ମହାଲତାବଳୀ ଛିନ୍ନ ଛିନ୍ନା ତା ବେଗରେ
ହେଲେ ବାୟୁ ବେଗେ ଯଥା, ମେଘେ ବର୍ଷାକାଳେ ।୨୧।
ତହିଁ ରତ୍ନ ଭୂମି, ରୌପ୍ୟ-ଭୂମି ମନୋରମ
କାଂଚନ-ଭୂମି ବି ଦେଖେ, ବୁଲି କପିରାଣ ।୨୨।

ବିବିଧ ଆକାର ବାମ୍ପ, ଦିବ୍ୟ-ବାରି ପୂର୍ଣ୍ଣ
ମହାର୍ହ ମଣି ସୋପାନେ, ତହିଁ ଉପପନ୍ନ । ୨୩ ।
ମୁକ୍ତା ପ୍ରବାଳ ଅନ୍ତରା ସ୍ଫଟିକ କୁଟ୍ଟିମ
ତୀର କାଂଚନ ତରୁରେ ବିଚିତ୍ର ଶୋଭନ । ୨୪ ।
ଫୁଲ୍ଲ ପଦ୍ମୋତ୍ପଳବଳୀ, ଚକୁଆ ଶୋଭିତା
ଡାହୁକ ରୁତା ସାରସ ହଂସ ସଂକୁଳିତା । ୨୫ ।
ସୁଦୀର୍ଘ ଦ୍ରୁମ-ଶୋଭିତ, ସରିତେ ବିଚିତ୍ରା
ଶିବାମୃତୋପମା ତୋୟା, ରୂପରେ ସଂସକୃତା । ୨୬ ।
ଶତଲତା ବନତା ସନ୍ତାନପୁଷ୍ପାନ୍ୱୀତା
ନାନା ଗୁଳ୍ମାବୃତ୍ତବନା, କରିବା ଚିତ୍ରିତା । ୨୭ ।
ତହୁଁ ମେଘ-ପ୍ରଭ ଗିରି, ଉଠିଛି ଶିଖରୀ
ବିଚିତ୍ର-କୂଟ, କୂଟିରେ ବତାଇ ତାଶିରୀ । ୨୮ ।
ଶିଳାଗୃହ ବ୍ୟାପ୍ତ ନାନା ବୃକ୍ଷ-ସମାବୃତ୍ତ
ଦେଖେ କପି ବ୍ୟାଘ୍ର ରମ୍ୟ ଜଗତ ପର୍ବତ । ୨୯ ।
ଦେଖିଲେ ବାନର ନଗୁ କାହାରି ନ ଦିଏ
ପ୍ରିୟ-କ୍ରୋଡୁ ଛିଟି ତଳେ ପଡ଼ିଛି କି ପ୍ରିୟେ । ୩୦ ।
ଦିଶଇ ସୁନ୍ଦର ପଡ଼ି ପାଦପାଗ୍ରେ ଜଳେ
ପ୍ରିୟ ବନ୍ଧୁ ରକ୍ଷା ପ୍ରମାଦାଙ୍କୁ କି ନିବାରେ । ୩୧ ।
ପୁଣି ଫେରି, ପୁଣି ବହେ, ନଦୀ, ଦେଖେବୀର
ପ୍ରସନ୍ନା କାନ୍ତାକି ଫେରେ, କାନ୍ତର ପାଖର ! । ୩୨ ।
ନାନା ପକ୍ଷୀଗଣାନ୍ୱୀତ ଅଦୂରେ ନଦୀର
ଦେଖେ ପଦ୍ମସରମାନ, ସେ କପି ଶାର୍ଦ୍ଦୁଳ । ୩୩ ।
କୃତ୍ରିମ ଦୀର୍ଘିକା ପୁଣି ଶୀତଜଳେ ପୂର୍ଣ୍ଣ
ଦିବ୍ୟମଣି ସୋପାନା, ସିକତା ମୁକ୍ତା କୀର୍ଣ୍ଣ । ୩୪ ।
ବିବିଧ-ମୃଗ ସଂଘରେ ଚିତ୍ରିତ-କାନନ
ବିଶ୍ୱକର୍ମାରେ ନିର୍ମିତ, ମହାହର୍ମ୍ମ୍ୟମାନ । ୩୫ ।

କୃତ୍ରିମ-କାନନେ, ସବୁଠାରେ ଅଳଂକୃତ
ତହିଁ ସବୁ ଗଛ, ପୁଷ୍ପ ଫଳରେ ଅନ୍ୱୀତ । ।୩୬।
ଛତ୍ରାୟିତ, ସ୍ୱର୍ଣ୍ଣ-ଦେବୀ, ଚତୁଷ୍କୋଣାନ୍ୱୀତ
ବହୁ ଲତାଙ୍କ ପତ୍ରେ, ହୋଇଣ ଆବୃତ୍ତ ।୩୭।
କାଂଚନ ଶିଂଶୁପା-ବୃକ୍ଷ ଦେଖିଲେ ବାନର
ସୁବର୍ଣ୍ଣ-ବେଦିକା ଘେରା ଚାରିପଟେ ତାର ।୩୮।
ଦେଖିଲେ ସେ ଭୂମିଭାଗ, ନଗ ଝରାବୃତ୍ତ
ଅନ୍ୟ ସ୍ୱର୍ଣ୍ଣ ବୃକ୍ଷେ ଦେଖେ ଶିଖୀ ସମକୃତ ।୩୯।
ସେ ଦ୍ରୁମ ଜ୍ୟୋତିରେ ଦିବାକରେ ମେରୁ ସମ,
ମଣେ କପି ପୂରା ସେ ସେ ସୁବର୍ଣ୍ଣେ ନିର୍ମ୍ମାଣ ।୪୦।
ସେ କାଂଚନ ବୃକ୍ଷଗଣେ ବାୟୁ ପ୍ରକଂପିତ
ଦେଖି କିଙ୍କିଣୀ ନିକ୍ୱଣା, ହନୁସ୍ତମ୍ଭୀଭୂତା ।୪୧।
ପୁଷ୍ପିତାଗ୍ରା ସୁରୁଚିର ଅଙ୍କୁର-ପଲ୍ଲବା
ଆରୋହି ଶିଂଶୁପା ବୃକ୍ଷ ବେଗେ ପର୍ଣ୍ଣ-ଶୋଭା ।୪୨।
ଭାବେ ଏଠୁଁ ଦେଖିବି ମୁଁ, ରାମଦର୍ଶନେଚ୍ଛା;
ସୀତା ସନ୍ତାପତ୍ନୀ, ଅବା ଆସନ୍ତି ଯଦୃଚ୍ଛା ! ।୪୩।
ଦୁରାତ୍ମାର ଏ ଅଶୋକ ବନିକା ଯେ ରମ୍ୟା
ଚନ୍ଦନ ଚଂପକ ବକୁଳରେ ବିଭୂଷଣା ।୪୪।
ସରସୀରମ୍ୟାଏ ପକ୍ଷୀ ସଂଘ ନିଷେବିତା
ଏଠି ରାଜରାଣୀ ଆସି ପାରନ୍ତି ନିଶ୍ଚିତା ।୪୫।
ଅଥବା ମୃଗ-ଶାବାକ୍ଷୀ, ଏ ବନେ ବିଚକ୍ଷଣା
ଆସିବେ ଏ ବନେ, ରାମଚିନ୍ତାସୁକର୍ଷଣା ।୪୬।
ରାମ ଶୋକାଭି-ସଂତପ୍ତା ଦେବୀ ସୁଲୋଚନା
ବନବାସିନୀ, ବନଚାରିଣୀ, ନିତ୍ୟ ଧନ୍ୟା ।୪୭।
ବନଚାରୀଙ୍କୁ ସେ ସଦା, ହୃଦେ ସ୍ପୃହୁଥିବେ
ରାମପ୍ରିୟା ନିଶ୍ଚେ ସତୀ ଏଠାକୁ ଆସିବେ ।୪୮।

ସନ୍ଧ୍ୟା-ମାନସିନୀ, ଶ୍ୟାମା, ଜନକ-ନନ୍ଦିନୀ
ସଂଧ୍ୟାର୍ଥେ ଏ ଚାରୁନାଦୀ ଆସିବେ ସେ ଧନୀ ।୪୯।
ତାଙ୍କ ଅନୁରୂପା ପୂଜା, ଅଶୋକ ବନିକା
ପାର୍ଥିବେନ୍ଦ୍ର ପତ୍ନୀ-ସୀତାଙ୍କର ଲେଖା ଏକା ।୫୦।
ବଂଚିଥିବେ ଯେବେ ଦେବୀ, ତାରାଧିପାନନା
ଆସିବେ ଏ ନଦୀତଟେ ଶୀତଦଳ ପୂର୍ଣ୍ଣା ।୫୧।
ଏପରି ଭାବିଣ, ମହାତ୍ମା ମାରୁତି
ପ୍ରତୀକ୍ଷା କଲେ ସେ ମନୁଦେନ୍ଦ୍ର ପତ୍ନୀ
ଚାହିଁ ଚାରିଆଡ଼େ, ଦେଖେ ହନୁମାନ
ସୁପୁଷ୍ପିତ ପର୍ଣ୍ଣ-ଘନେ ହୋଇଲୀନ ।୫୨।

ଚତୁର୍ଦ୍ଦଶ ସର୍ଗ ସମାପ୍ତ

ପଞ୍ଚଦ୍ଦର୍ଶ ସର୍ଗ

ସୀତାଙ୍କ ଦର୍ଶନ

ବରି ସେଠି ଅନ୍ୱେଷିଣ, ଚୌଦିଗେ ମୈଥିଳୀ
ଦେଖେରେ ଅଶୋକବନ, ତନ୍ନ, ତନ୍ନ କରି ।୧।
ସନ୍ତାନକ ଲତା ବୃକ୍ଷ ରୂପରେ ଶୋଭିତ
ଦିବ୍ୟଗନ୍ଧରସ-ପୂର୍ଣ୍ଣ ସବୁଠି ଭୂଷିତ ।୨।
କି ନନ୍ଦନବନ, ମୃଗପକ୍ଷୀ ସମାବୃତ୍ତ
ହର୍ମ୍ମ୍ୟ-ପ୍ରାଦାଦରେ ପୂର୍ଣ୍ଣ, ଅଳୀକୁଳଶ୍ରୁତ ।୩।
ସୁବର୍ଣ୍ଣ ଉତ୍ପଳ ପଦ୍ମ ବ୍ୟପୀ ଶୋଭାନ୍ୱୀତ
ଆସନ କନ୍ଧା ଆବୃତ୍ତ ଭୂମି ଗୃହାୟୁତ ।୪।
ସବୁ ଋତୁ ଫୁଲ ଫଳ ପାଦପେ ସେ ରମ୍ୟ
ପୁଷ୍ପାଶୋକଶିରୀ, ଉଦୟାର୍କପ୍ରଭାସମ ।୫।
ଜଳୁଛି କି ତହିଁ, ଦେଖିଲେ ସେ ହନୁମାନ
ଘୋଡ଼ାନ୍ତି ବିହଙ୍ଗେ ସଦା ଶାଖା ପତ୍ରମାନ ।୬।
ଶତଶଃ ଚିତ୍ର ପୁଷ୍ପାବତଂସ ପଡ଼େ ଝଡ଼ି
ସମୂଳ ପୁଷ୍ପାଅଶୋକେ, ଦୁଃଖତାପହାରି ।୭।
ଅତି ପୁଷ୍ପଭାରେ ଛୁଇଁଲା ପରି ମେଦିନୀ
କୁସୁମିତ କର୍ଣ୍ଣକାରେ ଫୁଲକିଂଶୁକାନି ।୮।
ସେ ପ୍ରଭାରେ ବନ ଦେଶ ସବୁଠି କି ଦୀପ୍ତ
ପୋଲାଙ୍ଗ ଯେ ଛୁରିଅନା ଚମ୍ପାରେ ମଣ୍ଡିତ ।୯।

ପୁଷ୍ଟ ମୂଳ ବହୁ ବୃକ୍ଷ ଶୋଭେ ସୁପୁଷ୍ପିତ
ଶାତକୁମ୍ଭ ନିଭ କେତେ, ଅଗ୍ର-ପ୍ରଭାନ୍ୱୀତ । ୧୦ ।
ନୀଳାଞ୍ଜନ-ନିଭ କେତେ ସସ୍ରଶଃ ଅଶୋକ
ଦେବୋଦ୍ୟାନ ନନ୍ଦନ କି ଚିତ୍ରରଥୋଦ୍ୟକ । ୧୧ ।
ଅତି ରିଦ୍ଧିବନ୍ତାଚିନ୍ତ୍ୟ, ଦିବ୍ୟ ଶିରୀଯୁତ
ରମ୍ୟଦ୍ୟୁତି ଖ କି, ପୁଷ୍ପ-ତାରାଗଣାୟୁତ । ୧୨ ।
ଶତଃ ପୁଷ୍ପରତ୍ନେ ଚିତ୍ର କି ସିନ୍ଧୁ ପଞ୍ଚମ
ସର୍ବଋତୁ ପୁଷ୍ପା ମଧୁଗନ୍ଧି ତରୁପୂର୍ଣ୍ଣ । ୧୩ ।
ନାନାନାଦପୁଷ୍ଟ ମୃଗ ପକ୍ଷୀଗଣେ ରମ୍ୟ
ବହୁଗନ୍ଧବାହ, ପୁଣ୍ୟଗନ୍ଧେ ମନୋରମ । ୧୪ ।
ଗାନ୍ଧାଢ୍ୟ ଶୈଳେନ୍ଦ୍ର, କି ଦୁତି-ଗନ୍ଧମାଦନ
ଦେଖିଲେ ଅଶୋକ ବନ, ବୀର ହନୁମାନ । ୧୫ ।
ଦେଖିଲେ ଅଦୂରେ ସୁମୂର୍ଚ୍ଛିତ ଚୈତନ-ହର୍ମ୍ମ୍ୟ
ସହସ୍ର ସ୍ତମ୍ଭସ୍ଥ, ଶ୍ୱେତ କୈଳାସ ସମାନ । । ୧୬ ।
ତପ୍ତ ସ୍ୱର୍ଣ୍ଣଦେବୀ ବୃତ୍ତ ପ୍ରବାଳସୋପାନ
ଚକ୍ଷୁ-କାନ୍ତ ଶ୍ରୀୟା ସତେ, ଅବା ଦ୍ୟୋତମାନ । ୧୭ ।
ନିର୍ମ୍ମଳ ପ୍ରାଂଶୁଳ ଆଙ୍କୁଅଛି କି ଅମ୍ବର ?
ତାପରେ ମଳିନ ବେଶା ରାକ୍ଷସୀ ମଧ୍ୟର । ୧୮ ।
ଶ୍ୱସେ ବାରମ୍ବାର, ଉପବାସ କ୍ଷୀଣା ଦୀନା
ଅମ୍ଲାନ ଶୁକ୍ଳ ପତିପ ଚନ୍ଦ୍ର-ରେଖା ସମା । ୧୯ ।
ଦେଖେ ରୂପ ଅତି କ୍ଷୀଣ, ସୁରୁଚିର ପ୍ରଭା
ଧୂମବାଳାବନ୍ଧା ଅଗ୍ନି-ଶିଖା ସମ ଆଭା । ୨୦ ।
ଏକ ପୀତବସ୍ତ୍ରା ସୁଉତ୍ତମବାସ ହୀନା
ପଙ୍କ-ପଦ୍ମନୀବ ପଦ୍ମହୀନା ଅଭୂଷଣା । ୨୧ ।
ପୀଡ଼ିତା ଦୁଃଖସନ୍ତପ୍ତା କ୍ଷୀଣା ତପସ୍ୱିନୀ
ମଙ୍ଗଳଗ୍ରହ ପୀଡ଼ିତା, ଅବା ସେ ରୋହିଣୀ । ୨୨ ।

ଅଶ୍ରୁପୂର୍ଣ୍ଣମୁଖୀ ଦୀନା ଅନଶନ କୃଶା
ଶୋକଧ୍ୟାନପରା ଦୀନା, ନିତ୍ୟ ଦୁଃଖବଶା ।୨୩।
ପ୍ରିୟଜନ-ବିରହିଣୀ ରାକ୍ଷସୀ-ବେଢ଼ଣା ।୨୪।
ଏକନୀଳନାଗଆଭା ବେଣୀ ଶ୍ରେଣୀ ସ୍ପର୍ଶେ
ବର୍ଷାଗତେ ନୀଳବନରାଜି-ମହୀ କି ସେ ।୨୫।
ସୁଖାର୍ହା ଦୁଃଖାର୍ତ୍ତା ସେ ବ୍ୟସନ ଅନଭିଜ୍ଞା
ଦେଖି ବିଶାଳାକ୍ଷୀ ଅତି ମଳିନ କୃଶାଙ୍ଗୀ ।୨୬।
'ତର୍କିଲେ ଏ ସୀତା ନିଶ୍ଚେ', ସୁସିଦ୍ଧ ପ୍ରମାଣେ
ହୃତା ଯେତେ ବେଳେ ରକ୍ଷେ, ସେ କାମରୂପୀଣେ ।୨୭।
'ଦେଖିଥିଲି ଯଥା, ତଥା ରୂପା ଏ ଅଙ୍ଗନା
ଚାରୁ, ବୃତ୍ତ ପୟୋଧରା ପୂର୍ଣ୍ଣଚନ୍ଦ୍ରାନନା ।୨୮।
ସୁଭ୍ରୁ କରନ୍ତି ପ୍ରଭାରେ ଦିଶେ ବିତିମର;
ଏ ନୀଳକଣ୍ଠୀ ବିମ୍ବୋଠୀ, ସୁମଧ୍ୟା, ଗମ୍ଭୀର ।୨୯।
ସୀତା ପଦ୍ମ-ପଳାଶାକ୍ଷୀ, କି ମନ୍ମଥ ରତି
ବିଶ୍ୱ ସୃଷ୍ଟି-ଇଷ୍ଟା, ପୂର୍ଣ୍ଣଚନ୍ଦ୍ର ପ୍ରଭା ଜ୍ୟୋତି ।୩୦।
ତାପସୀ ପରି ସୁତନୁ, ଭୂମିରେ ଆସିନା
ଦୀର୍ଘ-ଶ୍ୱାସୀ, ଭୀରୁ, ଭୁଜଗେନ୍ଦ୍ରର ବା ବାମା ।୩୧।
ବିସ୍ତୀର୍ଣ୍ଣା ମହାଶୋକରେ ଆଚ୍ଛନ୍ନା ନ ଶୋଭେ
ଧୂମ-ରାଶି-ବୃତ୍ତା ଅଗ୍ନି-ଶିଖାକି, ଉଦ୍‌ଭବେ ? ।୩୨।
ବିସ୍ମୃତା ସ୍ମୃତି କି, ଋଷି ଅବା ଅଧୋଗତ
ଶ୍ରଦ୍ଧା ବିନିହତା, ଆଶା କିବା ପ୍ରତିହତ ।୩୩।
ବିଘ୍ନ-ପୂର୍ଣ୍ଣା ସିଦ୍ଧି, ଅବା ବୁଦ୍ଧି କଳୁଷିତା
ମିଥ୍ୟା ଅପବାଦେ କୀର୍ତ୍ତି ଅବା ନିପତିତା ।୩୪।
ରାମପ୍ରିୟସେବା ରିକ୍ତା, ରାକ୍ଷସେ ପୀଡ଼ିତା
ଅବଳା ମୃଗା-ଶାବାକ୍ଷୀ, ଇତଃତତେକ୍ଷିତା ।୩୫।

ବାଷ୍ପାମ୍ବୁ-ପୂର୍ଣ୍ଣା, କୁଞ୍ଚିତ କୃଷ୍ଣାକ୍ଷୀ ପକ୍ଷ୍ମଣା
ବାରମ୍ବାର ନିଶ୍ୱସନ୍ତି ମୁଖ ଅପ୍ରସନ୍ନା । ୩୬ ।
ଧୂଳି-ଧୂଷରା ମଣ୍ଡନ ଅର୍ହା ଅମଣ୍ଡନା
ତାରାରାବ-ପ୍ରଭା, କଳାମେଘେ କି ଆଚ୍ଛନ୍ନା । ୩୭ ।
ବୁଦ୍ଧି ସଂଧିଗ୍ଧ ମାରୁତି ସୀତାଙ୍କୁ ବିଲୋକି
ଅଭ୍ୟାସ-ହୀନା ବିଦ୍ୟେବ ହେଲେ ନିରିମାଖି । ୩୮ ।
ଦୁଃଖରେ ଚିନ୍ତିଲେ ‘ସୀତା ଅଳଂକାର ହୀନା
ଅର୍ଥାନ୍ତର ଗତ ବାକ୍ୟ, କି ସଂସ୍କାର-ଦୀନା । ୩୯ ।
ଦେଖି ବିଶାଳାକ୍ଷୀ, ରାଜକନ୍ୟା, ଅନିନ୍ଦିତା
ସୁସିଦ୍ଧ-ପ୍ରମାଣେ ଜାଣିଲେ ଯେ ସିଏ ସୀତା । ୪୦ ।
ରାମ ବର୍ଣ୍ଣିଥିଲେ ଯାହା ବୈଦେହୀଙ୍କ ଅଙ୍ଗେ
ଗାତ୍ର-ଶୋଭା ଦେଖେ, ଆଭରଣ ବପୁ ସଙ୍ଗେ । ୪୧ ।
“ସୁଷ୍ଟୁ-କର୍ଣ୍ଣ-ଭୂଷା, ଶ୍ୱଦନ୍ତ କର୍ଣ୍ଣ-ଭୂଷଣ
ମଣି-ପୋହଳା-ବିଚିତ୍ରା ହସ୍ତ ଆଭରଣ । ୪୨ ।
ସଦାପିନ୍ଧା ଯୋଗୁଁ କଳା ଧରି ନିଜ ସ୍ଥାନ
ଏ ସବୁ ସେ ଭୂଷା, ଯାହା କହିଥିଲେ ରାମ । ୪୩ ।
ଯାହା ପଡ଼ିଥିଲା ନଗେ, ସେ ସବୁ ନ ଦେଖେ
ଯେ ସବୁ ନ ପଡ଼ିଥିଲା, ସେ ସବୁ ନିରେକ୍ଷେ । ୪୪ ।
ପୀତ ସ୍ୱର୍ଣ୍ଣପଟ୍ଟବସ୍ତ୍ର, ପଡ଼ିଥିଲା ଖସି
ନଗେ ଉତ୍ତରୀୟେ, ଆମ୍ଭେ ଦେଖି ଅଛୁଁ ବସି । ୪୫ ।
ଶ୍ରେଷ୍ଠ ଭୂଷଣାଦି ଯାହା ପଡ଼ିଥିଲା ତଳେ
ଖୋଲି ଫିଙ୍ଗି ଦେବାରୁ ସେ, ମହାଝନତ୍କାରେ । ୪୬ ।
ଏହା ସଦା ପିନ୍ଧିବାରୁ, ବସନ ମଳିନ
ତେବେ ବି ସବର୍ଣ୍ଣ ଯଥା ସେ ଅନ୍ୟ ବସନ । ୪୭ ।
ଏ କନକ ବର୍ଣ୍ଣା ନିଶ୍ଚେ ରାମ-ପ୍ରିୟା ରାଣୀ
ନିରୁଦ୍ଦିଷ୍ଟା ହୋଇଲେ ବି, ମନ-ସଂଜିବନୀ । ୪୮ ।

ଏହି ସେ ଯା ପାଇଁ ରାମ ଚାରି ତାପେ ସତେ
କାରୁଣ୍ୟ, ଦୟା, ଶୋକେଯେ ମଦନ ବିକାରୋପେ ।୪୯।
ସ୍ତ୍ରୀ ବିନୁ୍ୟ କାରୁଣ୍ୟ ଶରଣ୍ୟରୁ ଦୟାର୍ଦ୍ରତ୍ୱ
ପତ୍ନୀ-ନାଶୁ ଶୋକ, ପ୍ରିୟା ବିରହୁ ମନ୍ମଧ ।୫୦।
ଏ ଦେବୀଙ୍କ ଯଥାରୂପ, ଅଙ୍ଗର ସୁଷମା
ତଥା ଯେ ରାମର, ଏ ଯେ ତାଙ୍କ କୃଷ୍ଣେକ୍ଷଣା ।୫୧।
ଏ ଦେବି ତାଙ୍କଠି, ତାଙ୍କର ଏଠି ଆସକ୍ତି
ତହୁଁ ଏ, ଯେ ସେ ମହାତ୍ମା ଜୀବନେ ଅଛନ୍ତି ।୫୨।
ଦୁଷ୍କର-କର୍ମା ଶ୍ରୀରାମ, ଏହାଙ୍କ ବିଚ୍ଛେଦ
ନେଇ ନାହିଁ ତାଙ୍କ ପ୍ରାଣ, ଶୋକ ଅବସାଦ ।୫୩।
ଏପରି ସୀତାଙ୍କୁ ଦେଖି, ହୃଷ୍ଟ ବାୟୁସୁତ
ଗଲେ ରାମ ପାଖେ, ମନେ ପ୍ରଶଂସି ସେ ନାଥ ।୫୪।

ପଞ୍ଚଦଶ ସର୍ଗ ସମାପ୍ତ

ଷୋଡ଼ଶ ସର୍ଗ

ହନୁମାନଙ୍କ ପରିତାପ

ପ୍ରଶଂସିଣ, ପ୍ରଶଂସାର୍ହା, ସୀତା ସେ ବାନର
ଗୁଣୋଭିରାମ ଶ୍ରୀରାମେ ଚିନ୍ତିଲେ ମନର ।୧।
ମୁହୂର୍ତ୍ତେ ଭାବି ତେଜସ୍ୱୀ ଅଶ୍ରୁକୁଳେକ୍ଷଣ
ବୈଦେହୀଙ୍କ ପାଇଁ ବିଳପିଲେ ହନୁମାନ ।୨।
ଗୁରୁସେବୀ ଲକ୍ଷ୍ମଣଙ୍କ, ଗୁରୁପ୍ରିୟା ମାନ୍ୟ
ଏପରି ଦୁଃଖାର୍ତ୍ତ, କାଳ ଦୁରତିକ୍ରମଣ ।୩।
ସୁଧୀ ଲକ୍ଷ୍ମଣ, ରାମଙ୍କ, ଜାଣିଣ ବିକ୍ରମ
ନାତି କ୍ଷୁବ୍ଧ, ଦେବୀ ଜଳାଗମେ ଗଙ୍ଗାରମ ।୪।
ତୁଲ୍ୟ ଆଭିଜାତ୍ୟ, ତୁଲ୍ୟ ଶୀଳ ବୟବୃତ୍ତି
ରାଘବାର୍ହା ସୀତା ତାଙ୍କର ବି କୃଷ୍ଣନେତ୍ରୀ ।୫।
ନବ କାଞ୍ଚନାଭା, ଲୋକକାନ୍ତା-ଲକ୍ଷ୍ମୀ ସମ
ଦେଖି ତାଙ୍କୁ, ରାମଧାୟି, କହିଲେ ବଚନ ।୬।
"ଏହି ବିଶାଳାକ୍ଷ୍ୟା ପାଇଁ ବାଳି ହେଲା ହତ
ରାବଣ ପ୍ରତିମ ବିର୍ଯ୍ୟେ, କବନ୍ଧ ନିହତ ।୭।
ବୀରତା ଯେ ହତ ରଣେ ସେ ଭୀମ ବିକ୍ରମ
ବନେ, ରାମ ବୀର୍ଯ୍ୟେ, ଇନ୍ଦ୍ରେ ସମ୍ବର ସମାନ ।୮।
ଚଉଦ-ସହସ୍ର ରାକ୍ଷସ ଭୀମ ବିକ୍ରମ
ହତ ଜନ ସ୍ଥାନେ, ଶରେ ଅଗ୍ନିଶିଖୋପମ ।୯।

ଖର ଯେ ନିହତ ରଣେ, ତ୍ରି-ଶିରା ନିହତ
ଦୂଷଣ ଯେ ମହାତେଜା, ଶ୍ରୀରାମେ, ଆତ୍ମସ୍ଥ ।୧୦।
ଦୁର୍ଲଭ ବାନରୈଶ୍ୱର୍ଯ୍ୟ ବାଳରେ ପାଳିତ
ଏହାଙ୍କ ପାଇଁ ସୁଗ୍ରୀବ ପାଏ ଲୋକଶ୍ରୁତ ।୧୧।
ସିନ୍ଧୁକୁ ଡେଇଁଲି, ଶ୍ରୀମାନ୍ ନଦନଦୀ ପତି
ଏହି ବିଶାଳାକ୍ଷୀ ପାଇଁ ଲଙ୍କାପୁର ସ୍ଥିତି ।୧୨।
ଓଲଟାଇଲେ ଶ୍ରୀରାମ ସସାଗର କ୍ଷିତି
ଏହାଙ୍କର ପାଇଁ ତାହା ଯୁକ୍ତ ମୋର ମତି ।୧୩।
ସକଳ ଐଶ୍ୱର୍ଯ୍ୟ ଅବା, ରାଜ୍ୟ ତ୍ରିଲୋକର
ହେବ ନାହିଁ, ଏକ କଳା ତୁଲ୍ୟ ସୀତାଙ୍କର ।୧୪)
ମହାତ୍ମା-ଜନକଙ୍କର, ଧର୍ମଶାଳା ସୁତା
ମୈଥିଳର ଏଯେ, ଦୃଢ଼ ପତିବ୍ରତା ସୀତା ।୧୫।
ମେଦିନୀ-ଭେଦି ଉଠିଲେ କ୍ଷେତ୍ରୁଁ, ହଳମୁନୁ
ପଦ୍ମରେଣୁ ନିଭ କୀର୍ଣ୍ଣ କେଦାର-ଧୂଳିରୁ ।୧୬।
ଏ ବିକ୍ରମ-ଆର୍ଯ୍ୟଙ୍କ ଯେ ଯୁଦ୍ଧେ ନ ଫେରନ୍ତି
ରାଜା ଦଶରଥ ବଡ଼ ବୋହୂ, କୀର୍ତ୍ତିମତୀ ।୧୭।
ଧର୍ମଜ୍ଞ, କୃତଜ୍ଞ, ଆତ୍ମ-ଜ୍ଞାନୀ ଶ୍ରୀରାମର
ରାକ୍ଷସୀରେ ଘେରା ସ୍ତ୍ରୀ, ଅତି ଗେଲବସର ।୧୮।
ସର୍ବଭୋଗ ଛାଡ଼ି, ପତିସ୍ନେହୁ ବଳାତ୍କାରେ
କଷ୍ଟକୁ ନ ଭାବି, ବିଜନ ବନେ ଆସିଲେ ।୧୯।
ଫଳମୂଳେ ତୋଷ, ସ୍ୱାମୀ ଶୁଶ୍ରୁଷାରେ ରତା
ଦିବ୍ୟ ପ୍ରୀତି ପାଏ ବନେ, ଭବନେ ବି ଯଥା ।୨୦।
ସେ, ଏ କନକବର୍ଣ୍ଣାଙ୍ଗୀ, ସୁସ୍ମିତା ସୁଭାଷିଣୀ
ସହେ ଏ ଯାତନା ଘୋର, ଆହା ଅଭାଗିନୀ ।୨୧।
ଏ ଶୀଳ ସମ୍ପନ୍ନେ ରାମ ଚାହାଁନ୍ତି ଦେଖିତେ
ରାବଣ-ପୀଡ଼ିତା, ଶୋଷୀ ପରି ପାଣି-ଛତ୍ରେ ।୨୨।

ଏହାଙ୍କୁ ପାଇଲେ ପୁଣି, ରାମ ହେବ ତୁଷ୍ଟ
ରାଜ୍ୟଭ୍ରଷ୍ଟ ରାଜା ଫେରି ପାଇଲେ କି ରାଷ୍ଟ୍ର ।୨୩।
କାମରୋଗ-ତୀକ୍ତା, ବନ୍ଧୁବାନ୍ଧବରେ ହୀନା
ଧରିଛନ୍ତି ଦେହ, ସ୍ୱାମୀ ଆଗମ-କାଂକ୍ଷିଣୀ ।୨୪।
ଦେଖନ୍ତି ନିରକ୍ଷୀରେ ପୁଷ୍ପଫଳ ଦ୍ରୁମ
ଏକସ୍ଥ-ହୃଦୟା ଦେଖେ କେବଳ ଶ୍ରୀରାମ ।୨୫।
ଭର୍ତ୍ତା ଅଟେ ନାରୀଙ୍କର ଭୂଷଣୁ ଶୋଭନ
ତହିଁରୁ ବଞ୍ଚିତା ଶୋଭନାହିଁ ଅଶୋଭନ ।୨୬।
ଦୁଷ୍କର କରନ୍ତି ପ୍ରଭୁ ଏହାଙ୍କର ବିନା
ଧରି ନିଜ ଦେହ, ଦୁଃଖେ ଅନୁଦ୍‌ବିଗ୍ନ ମନା ।୨୭।
ଏ ଯେ କୃଷ୍ଣ-କେଶା, ଶତପତ୍ର ନିଭେକ୍ଷଣା
ସୁଖାର୍ହା ଦୁଃଖିତା ଦେଖି, ମୁଁ ଯେ ଦୁଃଖମନା ।୨୮।
କ୍ଷତି-କ୍ଷମା ଶତପତ୍ର ନିଭେକ୍ଷିଣା
ରକ୍ଷିତା ଯେ ରାମ ଲକ୍ଷଣରେ ବୀମା
ସେ ଏବେ ରାକ୍ଷସୀ ବିକୃତ ଇକ୍ଷଣା
ସଂରକ୍ଷିତା ଆହା ବୃକ୍ଷମୂଳେ ସିନା ।୨୯।
ନଷ୍ଟ-ଶୋଭା ହେମ ହତା କି ନଳିନ
ବ୍ୟସନ-ପ୍ରବାହେ, ହୋଇ ପୀଡ୍ୟମାନ;
ସହଚର-ବିଚ୍ଛେଦା କି ଚକ୍ରବାକୀ
କୃପଣ-ଦଶା ବିପନ୍ନା ଯେ, ଜାନକୀ ।୩୦।
ଏହାଙ୍କର ପୁଷ୍ପନତ ଅଗ୍ରଶାଖା
ମହାଶୋକ, ଜନମାଏ, ଯେ ଅଶୋକା
ହିମରତୁ କ୍ଷୟେ, ଯେ ଶୀତଳ ରଶ୍ମୀ
ଉଠନ୍ତିତ ନ, ଏକ ସହସ୍ରର ରଶ୍ମୀ ।୩୧।

ଆଲୋଚ୍ୟ ଏପରି କଥା ହନୁମାନ
ସୀତା ନିଶ୍ଚେ ଏହି ସିଦ୍ଧାନ୍ତ କରିଣ;
ରହିଲେ ସେଠାରେ ବୃକ୍ଷକୁ ଆଶ୍ରିଣ
ସେ ହରି-ଋଷଭ ବଳୀ, ବେଗବାନ । ୩୨ ।

ଷୋଡ଼ଷ ସର୍ଗ ସମାପ୍ତ

ସପ୍ତଦଶ ସର୍ଗ

ରାକ୍ଷସୀ ପରିବାର

କୁମୁଦଦାଲ-ନିର୍ମ୍ମଳ, ନିର୍ମ୍ମଳ ଉଦୟ
ଉଠେ ଚନ୍ଦ୍ର, ନଭେ, ନୀଳୋଦକେ ହଂସ ପ୍ରାୟ । ୧ ।
ସଚିବ ପରି ପ୍ରଭାରେ, ସେ ନିର୍ମ୍ମଳ ପ୍ରଭ
ଚନ୍ଦ୍ରମା ଶୀତ ରଶ୍ମୀରେ ସେବେ ବାୟୁଭବ । ୨ ।
ସେ ଦେଖିଲେ ତହୁଁ ସୀତା, ପୂର୍ଣ୍ଣ ଚନ୍ଦ୍ର ନନା
ଶୋକେ ବୁଡୁ ବୁଡୁ, ଭାରେ, ଜଳେ ନୌକା ସମା । ୩ ।
ବୈଦେହୀଙ୍କୁ ଦେଖୁ ଦେଖୁ, ମରୁତ ନନ୍ଦନ
ଦେଖିଲେ ରାକ୍ଷସୀ ଅଦୂରେ ଘୋର ଦର୍ଶନ । ୪ ।
ଏକାକ୍ଷୀ, ଏକ କର୍ଣ୍ଣା ଯେ, କର୍ଣ୍ଣ-ଆବରଣା
କପାଳ-ନାସିକା, ଶଙ୍କୁ-କର୍ଣ୍ଣା, ଯେ ଅକର୍ଣ୍ଣା । ୫ ।
ଅତିକାୟ ମୁଣ୍ଡି, ଅତି ସରୁ ଦୀର୍ଘ-ଗ୍ରୀବା
ଧ୍ୱସ୍ତ କେଶୀ ଅକେଶୀ ଯେ, କେଶ-କମ୍ବଳାବା । ୬ ।
ଲମ୍ବକର୍ଣ୍ଣ-ଲଲାଟ ଯେ, ଲମ୍ବୋଦରସ୍ତନା
ଲମ୍ବୋଷ୍ଠି, ଚିବୁକୋଷ୍ଠୀ ବା ଲମ୍ବାସ୍ୟ ଜାନୁନା । ୭ ।
କରାଳୀ, କୋରଡ଼ୀ, ତାମ୍ରକ୍ଷୀ ବିକୃତାନନା
କାରାଳୀ, କୋରଡ଼ୀ, ତାମ୍ରକ୍ଷୀ ବିକୃତାନନା । ୮ ।
ବିକୃତାଂ ପିଙ୍ଗଳା, କାଳୀ, କ୍ରୋଧୀ କଳହୁଣୀ
ଲୌହ ମହାଶୂଳ, କୂଟମୁଦ୍‌ଗର ଧାରିଣୀ । ୯ ।

ବାରହା ମୃଗ, ବ୍ୟାଘ୍ର ଛାଗ, ମଇଁଷୀ-ଶିବା
ଗଜୋଷ୍ଟ୍ରାଶ୍ୱପାଦା ଅନ୍ୟେ, କବନ୍ଧଶିରସା ।୧୦।
ଏକ ହସ୍ତା, ଏକ ପାଦା, ଗର୍ଦ୍ଦଭାଶ୍ୱ-କର୍ଣ୍ଣା
ଗୋ-ହସ୍ତୀ କଣ୍ଣାବି କେତେ, କେତେ କପି କର୍ଣ୍ଣା ।୧୧।
ଲମ୍ବନାକା କେତେ, ବକ୍ର ଆସ୍ୟା, ଅନାସିକା
ଗହନିଭନାସା କେତେ ଲଲାଟ ନାସିକା ।୧୨।
ହସ୍ତୀ ପାଦା, ମହାପାଦା, ଗୋଚୂଳୀ ପାଦୁକା
ଅତି ବଡ଼, ଶିର ଗ୍ରୀବାଡ଼ି କୁଚୋଦରପକା ।୧୩।
ଅତିମାତ୍ରାସ୍ୟନେତ୍ରା ଯେ ଦୀର୍ଘଜିହ୍ୱାନନା
ଅଜାହସ୍ତୀମୁଖା, ଗୋମୁଖ ଶୁକରାନନା ।୧୪।
ହୟୋଷ୍ଟ୍ରଖର ବକ୍ତ୍ରା ଯେ ରାକ୍ଷସୀ କରାଳା
ଶୂଳ ମୁଦ୍‌ଗର ହସ୍ତା କ୍ରୋଧୀ କଳହଶୀଳା ।୧୫।
କରାଳ ଧୂମ୍ର କେଶୀ ରାକ୍ଷସୀ କୃର ମୁହାଁ
ସଦାପାନ ସକ୍ତା, ସୁରା, ସଦା ମାଂସଖିଆ ।୧୬।
ମାଂସ ଶୋଣିତ ଲିପ୍ତାଙ୍ଗୀ, ମାଂସରକ୍ତଖିଆ
ଦେଖିଲେ ସେ କପିଶ୍ରେଷ୍ଠ, ରୋମହର୍ଷଣିଆ ।୧୭।
ଘେରି ବସିଛନ୍ତି, ମହାଗଣ୍ଡି ବନସ୍ପତି
ତା ତଳେ ଆସୀନା ଆନନ୍ଦିତା ରାଜପୁତ୍ରୀ ।୧୮।
ଲକ୍ଷେ ଲକ୍ଷ୍ମୀବାନ ତହିଁ, ଅଂଜନାନନ୍ଦନ
ମଳିନ-କେଶା, ନିଷ୍ପ୍ରଭା ମହାଶୋକାପନ୍ନ ।୧୯।
ପୁଣ୍ୟକ୍ଷୟେ ତାରାଟିଏ ଛୁଇଁଛି କି ଧରା
ଚରିତ୍ର-କୁଳାଢ୍ୟା, ଭର୍ତ୍ତା-ଦର୍ଶନ ଆତୁରା ।୨୦।
ସୁଭୂଷଣ ହୀନା, ଭର୍ତ୍ତା-ବାତ୍ସଲ୍ୟ ଭୂଷିତା
ରକ୍ଷେଣେ ବନ୍ଦିନୀ, ବନ୍ଧୁଜନ, ବିନିକୃତା ।୨୧।
ସିଂହରୁଦ୍ଧା, ଯୂଥହୀନା, ଗଜବଧୂ ପରା !
ବର୍ଷାନ୍ତେକି ଶାରଦାଭ୍ରେ ଚନ୍ଦ୍ରରେଖା ଘେରା ।୨୨।

ମ୍ଳାନ ଅନିୟୋଗେ କିବା କଳଙ୍କିଛି ବୀଣା
ଭର୍ତ୍ତୃହିତାକାଂକ୍ଷୀ ଦେବୀ, ରକ୍ଷବଣେ, ଦୀନା । ୨୩ ।
ଅଶୋକ-ବାଟିକା ମଧ୍ୟେ, ଶୋକସିନ୍ଧୁ ମଗ୍ନା
ରାକ୍ଷସୀରେ ବୃତ୍ତା, ରୋହିଣୀକି, ଗ୍ରହାଚ୍ଛନ୍ନା । ୨୪ ।
ଦେଖିଲେ ମାରୁତି ତାଙ୍କୁ, ଲତାପୁଷ୍ପହୀନା
ଧୂଳଧୂଷରିତା ବପୁ, ହେଲେ ବି-ଭୂଷଣା
ପଙ୍କଲିପ୍ତ ମୃଣାଳୀବ ଶୋଭେ ବି ଶୋଭେ ନା । ୨୫ ।
ଜୀର୍ଣ୍ଣ ମଳିନ ବସ୍ତ୍ରାରେ ଦେଖିଲେ ଭାମିନୀ
ମୃଗଶାବକାକ୍ଷୀ, ସୀତା ଆବୃତ୍ତାଙ୍ଗୀ ଧନୀ । ୨୬ ।
ଭର୍ତ୍ତୃତେଜଦୀନା, ଦେବୀ, ସେ ଦୀନ ବଦନା
ସ୍ୱଶୀଳେ ରକ୍ଷିତା ସୀତା ଅସିତ-ଲୋଚନା । ୨୭ ।
ଦେଖି ସୀତା ମାରୁତି ମୃଗଶାବକେକ୍ଷଣା
ଚାହେଁ ଚାରିଆଡ଼େ, ଭୟେ କିବା ମୃଗକନ୍ୟା । ୨୮ ।
ପଲ୍ଲବିତ ବୃକ୍ଷେ, ନିଶ୍ୱାସେ କି ଦେବ ଜାଳି
ଦୁଃଖୋର୍ମ୍ମୀ ଉତ୍ଥିତ, ସତେ ଶୋକ-ଜାଳ ପରି । ୨୯ ।
ତନ୍ୱୀ ଚାରୁ ଅଙ୍ଗୀ, ବିନାଭରଣେ ଶୋଭିନୀ
ଆତୁଳ ପାଇଲେ ହର୍ଷ, ଦେଖି ରାମ ପତ୍ନୀ । ୩୦ ।
ଦେଖି ସୀତା ମହାହର୍ଷେ, ମଦିର ଇକ୍ଷଣା
ନମିଲେ ଶ୍ରୀରାମ ମୋଚି, ନେତ୍ର ଅଶ୍ରୁକଣା । ୩୧ ।
ପ୍ରଣମିଣ, ରାମ-ଲକ୍ଷ୍ମଣରେ ବୀର୍ଯ୍ୟବାନ
ସୀତା ଦର୍ଶନ-ସଂହୃଷ୍ଟ ଛପେ ହନୁମାନ । ୩୨ ।

ସପ୍ତଦଶ ସର୍ଗ ସମାପ୍ତ

ଅଷ୍ଟଦଶ ସର୍ଗ

ରାବଣର ଆଗମନ

ଦେଖି, ଦେଖି ପୁଷ୍ପିତ-ପାଦପ-ବନଭୂମି
ନିରେଖୁଁ ବୈଦେହୀ, କ୍ଷୀଣ ହେଲା ନିଶିଥିନୀ ।୧।
ଷଡ଼ଙ୍ଗ-ବେଦଙ୍ଗ, ଶ୍ରେଷ୍ଠ-ଯଜ୍ଞକାରୀଙ୍କର
ଶୁଣିଲେ ସେ ବେଦଧ୍ୱନି, ବ୍ରହ୍ମ-ରକ୍ଷଙ୍କର ।୨।
ତହୁଁ ଶୁଭ ବାଦ୍ୟ ଶବ୍ଦେ, ଶ୍ରୁତି ମନୋହର
ଉଠାଇଲେ ବନ୍ଦୀ ଦଶଗ୍ରୀବ ଲଙ୍କେଶ୍ୱର ।୩।
ଜାଗିଲା ସେ ମହାଭାଗ ରକ୍ଷେନ୍ଦ୍ର ମହାନ
ସ୍ରସ୍ତ-ମାଳ, ବସ୍ତ୍ର, କରି ବୈଦେହୀ ମନନ ।୪।
ଅତିକାମାସକ୍ତ ବୈଦେହୀରେ, ମଦମତ୍ତ
ନୋହିଲା ସକ୍ଷମ ରଖିବାକୁ କାମ ଗୁପ୍ତ ।୫।
ସର୍ବାଭରଣ ଭୂଷିତ, ଅପୂର୍ବ ଶ୍ରୀଧରି
ପଶେ ଅଶୋକ ବନିକା, ପୁଷ୍ପ-ଫଳେ ଭାରି ।୬।
ବିଚିତ୍ର-ପାଦପେ କୀର୍ଣ୍ଣା, ପୁଷ୍ପ ଆଭରଣା
ସଦା ମତ୍ତପକ୍ଷୀ-ଚିତ୍ରା, ପୁଷ୍କରଣୀ-ଧନ୍ୟା ।୭।
ବିବିଧ-ଗନ୍ଧିଆ ବୃତ୍ତା ଦୃଷ୍ଟି ମନୋହର
ମଣି କାଞ୍ଚନ-ତୋରଣା, ଦେଖି ବୀଥୀମାଳା ।୮।
ନାନାମୃଗକୀର୍ଣ୍ଣା ଝଡ଼ାଫୁଲ ଫଳାବୃତ୍ତ
ଅଶୋକ ବନିକା ରୂପ-ସୌନ୍ଦର୍ଯ୍ୟେ ଶାଣିତା ।୯।

ଶହେ ଦିବ୍ୟାଙ୍ଗନା, ତାର ପଛରେ ଚାଲନ୍ତି
ଦେବଗନ୍ଧର୍ବ ଯୋଷାଙ୍ଗ ଇନ୍ଦ୍ରାନୁସରନ୍ତି । ୧୦ ।
ସ୍ୱର୍ଣ୍ଣଦୀପହସ୍ତା କେତେ ଚାଲନ୍ତି ଯେ ଦାରା
ବାଲବ୍ୟଜନହସ୍ତା ବା, ତାଳବୃନ୍ତ-ଧରା । ୧୧ ।
ସ୍ୱର୍ଣ୍ଣକୁମ୍ଭେ ଜଳ ନେଇ କେବା ଆଗେ ଚାଲେ
କେବା ଚକା ଗୋଲା କୁଶାସନ ହାତେ ପଛ ଧରେ । ୧୨ ।
କେବା ରତ୍ନମୟ-ପାତ୍ରୀ, ମଦେ ପୂର୍ଣ୍ଣ ଭରି
ଦକ୍ଷିଣା ଦକ୍ଷିଣହସ୍ତେ ଚାଲେ ମତ୍ତକରୀ । ୧୩ ।
ରାଜହଂସନିଭ ଛତ୍ର ପୂର୍ଣ୍ଣଶଶୀ ସମ
ସ୍ୱର୍ଣ୍ଣଦଣ୍ଡା ଧରି ଚାଲେ ପଛେ ଧନ୍ୟା ଅନ୍ୟ । ୧୪ ।
ନିଦ୍ରାମଦାଲସା ନେତ୍ରୀ ରକ୍ଷୋତ୍ତମ ଶ୍ରୀୟେ
ଅନୁସରେ ବୀର ପତି, ଘନ ବିଦ୍ୟୁପ୍ରାୟେ । ୧୫ ।
ମ୍ଳାନ ସ୍ଖଳିତ କେୟୂରା ଲେପନ ମର୍ଦ୍ଦିତା
ଗଳିତକେଶାନ୍ତା ସ୍ୱେଦବଦନା ଯେ ତଥା । ୧୬ ।
ମଦଶେଷେ, ଘୁଣଘେରା, ଘୂର୍ଣ୍ଣାଚାରୁଆସ୍ୟା
ସ୍ୱଦଲିପ୍ତାଙ୍ଗ-କୁସୁମା ମାଲ୍ୟାକୁଳ କେଶା । ୧୭ ।
ଅନୁଗମେ ପଡ଼ି, ସ୍ତ୍ରୀୟେ ମଦିର ଲୋଚନା
ବହୁମାନ୍ୟବଶୁଁ, କାମଦଗ୍ଧା, ପ୍ରୀତିପୂର୍ଣ୍ଣା । ୧୮ ।
ସେବି ତାଙ୍କ କାମତନ୍ତ୍ରା ପତି ମହାବଳୀ
ଚାଲେ ସୀତାସକ୍ତ ମଦମତ୍ତ ଗତି କରି । ୧୯ ।
ତହୁଁ କାଞ୍ଚନାଦ, ନୂପୂର-ରାଜି ନିସ୍ୱନ
ଶୁଣିଲା ପରମସ୍ତ୍ରିରୀଙ୍କର ହନୁମାନ । ୨୦ ।
ତହୁଁ ଅପ୍ରତିମକର୍ମ୍ମା ଅଚିନ୍ତ୍ୟ-ପୌରୁଷ
ଦେଖେ ହନୁମାନ ଦ୍ୱାରଦେଶେ ଲଙ୍କାଈଶ । ୨୧ ।
ଗନ୍ଧତୈଳପୂର୍ଣ୍ଣ ପ୍ରଦୀପେ ଯେ ବିଭାସିଣ
ଚତୁର୍ଦ୍ଦିଗ ପ୍ରମଦା ଯେ, ଚାଲନ୍ତି ଅଗ୍ରେଣ । ୨୨ ।

କାମଦର୍ପମଦମତ୍ତ ତାମ୍ରାୟେତେକ୍ଷଣ
ସାକ୍ଷାତ୍ କନ୍ଦର୍ପ କି ଉଭା, ଛାଡ଼ି ଶରାସନ ।୨୩।
ମନ୍ଥିତ ସୁଧାଫେନାଭ ସ୍ୱଚ୍ଛବସ୍ତ୍ରୋତ୍ତମ
ପୁଷ୍ପଚିତ୍ରାରୁ ଛଡ଼ାଏ, କଙ୍କଣ ସଂଲଗ୍ନ ।୨୪।
ସାନ୍ଦ୍ର ପୁଷ୍ପ-ପତ୍ରଶତାବୃତ୍ତ ବୃକ୍ଷେ ଲୀନ
ପାଖେ ଦେଖି କପି, ଜାଣିତେ କଲା ଉଦ୍ୟମ ।୨୫।
ଚାହୁଁ ଚାହୁଁ ଦେଖେ ତହିଁ ସେ କପି-କୁଞ୍ଜର
ରୂପ ଯୌବନ ସମ୍ପନ୍ନା ଦାରା ରାବଣର ।୨୬।
ପ୍ରମଦାଗଣେ ଆବୃତ୍ତ, ରାଜା ଯଶସ୍ୱିନ
ମୃଗପକ୍ଷୀକୀର୍ଣ୍ଣ ପଶେ ପ୍ରମୋଦ କାନନ ।୨୭।
ମତ୍ତ ବିଚିତ୍ରାଭରଣ ବଳୀ ଶଙ୍କୁ କର୍ଣ୍ଣ
ଦେଖେ ବିଶ୍ରବା-ନନ୍ଦନ, ରାକ୍ଷସ ରାଜନ ।୨୮।
ପରମନାରୀ ଆବୃତ୍ତ ନକ୍ଷତ୍ରେ କି ଚନ୍ଦ୍ର
ଦେଖେ ମହାତେଜା, ହନୁମାନ କପିଭଦ୍ର ।୨୯।
"ମହାବାହୁ ରାବଣଏ" ଭାବିଲା ବାନର
ଓହରିଣ ମହାତେଜ୍ୟ ପବନ କୁମର ।୩୦।
ତଥାପି ସେ ଉଗ୍ରତେଜା, ତା ତେଜରେ ଭଳି
ପତ୍ରଗୁଳ୍ମାନ୍ତରେ ଗୁପ୍ତ ରହେ ଲୁଚି କରି । ।୩୧।
ସୁଶ୍ରୋଣୀ ସେ କୃଷ୍ଣକେଶୀ, ସୁସଂହତ-ସ୍ତନୀ
ଦେଖିତେ ସୁନେତ୍ରୀ ପାଖେ ଗଲା ଲଙ୍କାମଣି । ।୩୨।

ଅଷ୍ଟାଦଶ ସର୍ଗ ସମାପ୍ତ

ଊନବିଂଶ ସର୍ଗ

ଦୁଃଖିନୀ ସୀତା

ଅନିନ୍ଦିତା ରାଜପୁତ୍ରୀ, ସେଠାରେ ସେ କାଳେ
ରୂପଯୌବନାଢ୍ୟା ସୁଭୂଷିତ ରତ୍ନ-ଜାଳେ ।୧।
ଦେଖିବାମାତ୍ରେ ରକ୍ଷେଣ ରାବଣ ମୈଥିଳୀ
ଥରିଲେ ସୁଶ୍ରୋଣୀ, ବାତେ ରମ୍ଭାବୃକ୍ଷ ପରି ।୨।
ଊରୁରେ ଉଦର ଚାପି କୁଚକୁ ବାହୁରେ
ବସି ବିଶାଳକ୍ଷୀ ବରବର୍ଣ୍ଣିନୀ କାନ୍ଦିଲେ ।୩।
ରାକ୍ଷସୀ ରକ୍ଷିତା ଦଶଗ୍ରୀବ ଦେଖେ ସୀତା
ସିନ୍ଧୁରେ ବୁଡେ କି ନୌକା, ଦୀନା ଦୁଃଖୀ ଆର୍ତ୍ତା ।୪।
ତଳେ ବସିଥିବାରୁ ସେ ସୀତା ତପସ୍ୱିନୀ
ଦିଶୁଥିଲେ ତରୁ ଛିନ୍ନଶାଖାପରି ଧନୀ ।୫।
ଧୂଳିମଣ୍ଡନାଙ୍ଗୀ ମଣ୍ଡନାର୍ହା ଅମଣ୍ଡନା
ପଙ୍କବୋଳା ମୃଣାଳୀକି, ଭାତି ବିଭାତେନା ।୬।
ଆତ୍ମଜ୍ଞ ଶ୍ରୀରାମ ରାଜସିଂହ ହୃଦେ ସୀତେ
ଯାଆନ୍ତି କି ସଂକଳ୍ପାଶ୍ୱ ଯୁକ୍ତ ମନୋରଥେ ।୭।
ଶୁଖେ କାନ୍ଦି କାନ୍ଦି ଏକା ଶୋକପରାୟଣା
ଦୁଃଖାନ୍ତ ନ ଦେଖେ ରାମ ଅନୁବର୍ତ୍ତୀ ରାମା ।୮।
ମନ୍ତ୍ରରୁଦ୍ଧ ସଚେଷ୍ଟ ନାଗେନ୍ଦ୍ର ବଧୂସମ
ଧୂମକେତୁ ଗ୍ରହେ କି ରୋହିଣୀ ଧୂପ୍ୟମାନ ।୯।

ସଦାଚାରବତୀ ସୁଚରିତା ଜାତକୁଳେ
ସଂସ୍କାର ସମ୍ପନ୍ନା ପୁଣି, ଜାତ କି ଦୁଷ୍କୁଳେ! ।୧୦।
ମହାକୀର୍ତ୍ତି ଅବସନ୍ନା, ଶ୍ରଦ୍ଧା ବିମାନିତା
ପ୍ରଜ୍ଞା ଅତିକ୍ଷୀଣା, ଆଶା ଅବା ପ୍ରତିହତା ।୧୧।
ସଂଯମ ବିନଷ୍ଟ ଅଦେଶ ବା ପ୍ରତିହତ
ପ୍ରଳୟେ କି ଜ୍ୱଳେ ଦିଶ, ପୂଜା ଉପହତ ।୧୨।
ପୂର୍ଣ୍ଣିମା ନିଶାକି ତମଗ୍ରସ୍ତଇନ୍ଦୁମଣ୍ଡଳା
ପଦ୍ମିନୀ ସମଧ୍ୱସ୍ତାକି, ଚମୂ ହତ ଶୂରା ।୧୩।
ପୁଷ୍ଟ-ପୂର୍ଣ୍ଣା-ପଦ୍ମା, ତ୍ରସ୍ତ-ବ୍ୟସ୍ତ-ବିହଙ୍ଗମା
ହସ୍ତୀହତଧ୍ୱସ୍ତା ପଦ୍ମ ପୁଷ୍କରିଣୀ ସମା ।୧୪।
ପତିଶୋକାତୁରା ଶୁଷ୍କନଦୀ କି ନିର୍ବାରୀ
ପ୍ରସାଧନୀ ହୀନା କୃଷ୍ଣପକ୍ଷା କି ଶର୍ବରୀ ।୧୫।
ରତ୍ନଗୃହ ବାସାର୍ହା ସୁଷ୍ଠାଙ୍ଗୀ ସୁକୁମାରୀ
ସୂର୍ଯ୍ୟତାପକ୍ଲିଷ୍ଟା ସଦ୍ୟୋଦ୍ଧୃତା କି ମୃଣାଳୀ ।୧୬।
ଧୃତା-ବନ୍ଧିନୀ କି ସ୍ତମ୍ଭେ ଯୂଥ ପତି ହୀନା
ଘନଶ୍ୱସୀ ଦୁଃଖାର୍ତ୍ତା କି ଗଜରାଜ ବାମା ।୧୭।
ଅଯମ୍ବନ୍ଧ୍ୟ ସୁଦୀର୍ଘ ଏକବେଣୀ ବାମା
ବର୍ଷାକ୍ଷୟେ ନୀଳ ବନରାଜି ଭୂକି ଶୀର୍ଣ୍ଣା ।୧୮।
ଉପବାସ ଶୋକଚିନ୍ତା ଭୟରେ ମୈଥିଳୀ
ଅତିକ୍ଷୀଣା, ଦୀନ, ତପୋଧନା ଅଳ୍ପହାରୀ ।୧୯।
ଦୁଃଖାର୍ତ୍ତା ମାଗେ କି ସପ୍ରାଞ୍ଜଳା ଦେବତାରେ
ଦଶଗ୍ରୀବ ପରାଭବ ରାଘବେ ଧ୍ୟାନରେ ।୨୦।
ଚାହୁଁ ଏଣେ ତେଣେ ସେ କ୍ରନ୍ଦନମାନା
ସୁପକ୍ଷ୍ମା, ତମ୍ରାୟତ ଶୁକ୍ଳଲୋଚନା ।୨୧।
ଅତୀବ ରାମାନୁଗତା ଯେ ବୈଦେହୀ
ପ୍ରଲୋଭେ ରାବଣ ନିଜମୃତ୍ୟୁ ପାଇଁ ।୨୨।

ଊନବିଂଶ ସର୍ଗ ସମାପ୍ତ

ବିଂଶ ସର୍ଗ

ରାବଣର ପ୍ରଣୟ ପ୍ରାର୍ଥନା

ଦୀନା, ନିରାନନ୍ଦା, ରକ୍ଷୀବୃତ୍ତା, ତପସ୍ୱିନେ
ଇଙ୍ଗିତେ କହେ ରାବଣ, ମଧୁର ବଚନେ । ୧ ।
"ମୋତେ ଦେଖି, କରୋଭୁରୁ, ଲୁଚା କୁଚୋଦର
ଭୟେ ନ ଦେଖାଅ ମୋତେ, ନିଜକୁ ତୁମ୍ଭର । ୨ ।
ଚାହିଁଛି ହେ ବିଶାଳାକ୍ଷୀ, ପ୍ରିୟେ ମୋତେ ମଣ
ସର୍ବଗୁଣାପନ୍ନା, ସର୍ବର ମନ ମୋହନ । ୩ ।
ଏଠି ଏକ ମନୁଷ୍ୟ ନାହିଁ, ମାୟା ରକ୍ଷ, ଭୀରୁ,
ମୋଠୁ ଜାତ ଭୟ ସୀତେ, ଯାଉ ତୁମ୍ଭଠାରୁ । ୪ ।.
ସଦା ନିସଂଶୟେ, ଭୀରୁ, ରକ୍ଷଙ୍କ ସ୍ୱଧର୍ମ୍ମ
ପରସ୍ତ୍ରୀ ଗମନ, ହରଣ ବା ପ୍ରମଥନ । ୫ ।
ତେବେ ନ ଛୁଏଁ ତୁମ୍ଭଙ୍କୁ ସୀତା ଅନିଚ୍ଛାରେ
ମୋ ଦେହ ହେଲେ ବି ଦଗ୍ଧ କାମ ପିପାସାରେ । ୬ ।
ଭୟେ କାର୍ଯ୍ୟ ନାହି, ପ୍ରିୟା ସଂଶୟ ନ କର
ହୃଦେ ଭଲ ପାଅ, ମୋତେ ନୋହି ଶୋକାତୁର । ୭ ।
ଏକ ବେଣୀ, ଭୂମିଶଯ୍ୟା, ଚିନ୍ତା ମଳି ବସ୍ତ୍ର
ବୃଥା ଉପବାସ ନୁହେଁ ତୁମ୍ଭ ଉପଯୁକ୍ତ । ୮ ।
ବିଚିତ୍ରମାଳା ଚନ୍ଦନ, ଅଗୁରୁ ଲେପନ
ବିବିଧ ବାସ ମହାର୍ହ, ଦିବ୍ୟ ଆଭରଣ । ୯ ।

ବହୁମୂଲ୍ୟ ଯାନ, ଆସନ ଯେ ଶଯ୍ୟାମାନ
ଗୀତ ନୃତ୍ୟ ବାଦ୍ୟ ପାଅ ଭଜି ମୋତେ ଧନ ।୧୦।
ସ୍ତ୍ରୀ-ରତ୍ନ ମୋ ହୁଅ, କର ଗାତ୍ର ବିଭୂଷଣ
ମୋତେ ପାଇ କିପରି ବା ହେବ, ଅକିଂଚନ ।୧୧।
ଚାରୁ ରୂପେ ଜାତ, ତବ ଯୌବନ ଯେ ଯାଏ
ନଈ ସୁଅ ପରି ଥରେ ଗଲେ, ନ ଫେରେ, ଏ ।୧୨।
ତୁମ୍ଭଙ୍କୁ ଗଢ଼ି, ନିବର୍ତ୍ତେ ବିଶ୍ୱ-ରୂପ-କର୍ତ୍ତା
ତୁମ୍ଭର ଉପମା ଅନ୍ୟ ନାହିଁ ଭବେ ସୀତା ।୧୩।
ତୁମ୍ଭଙ୍କୁ ପାଇ ବୈଦେହୀ ଶ୍ରରୂପ-ଯୌବନା
ଏକ ପୁଣି ନ ଟଳେ, ପଦ୍ମାସନ ମଧ୍ୟ ବ୍ରହ୍ମା ।୧୪।
ଯେଉଁ ଯେଉଁ ଅଙ୍ଗ ତବ ଦେଖେ ଚନ୍ଦ୍ର ମୁହିଁ
ତହୁଁ ଧନୀ, ପୃଥୁ-ଶ୍ରୋଣୀ ମନ ଫେରୁ ନାହିଁ ।୧୫।
ମୋର ଭାର୍ଯ୍ୟା ହୁଅ, ଛାଡ଼ି ଏ ମୋହ ମାଳିନୀ
ବହୁ ଉତ୍ତମ ପତ୍ନୀରେ ହୁଅ ପାଟ-ରାଣୀ ।୧୬।
ସବୁ ଲୋକ ଜିଣି, ଆଣିଛି ଯେ, ରତ୍ନାବଳୀ
ସେ ସବୁ, ଭୀରୁ, ଅର୍ପୁଛି, ରାଜ୍ୟ ହେ ମୈଥିଳୀ ।୧୭।
ସବୁ ପୃଥ୍ୱୀ ଜିଣି, ନାନା ନଗର ମାଳିନୀ
ଜନକଙ୍କୁ ଦେବି; ତୁମ୍ଭ ପାଇଁ ବିଳାସିନୀ ।୧୮।
ଭବେ ନ ଦେଖେ, କେ ନର, ମୋର ପ୍ରତିଦ୍ୱନ୍ଦୀ
ଦେଖ ମୋ ପ୍ରାକ୍ରମ, ରଣେ ମୁଁ ଅପ୍ରତିଦ୍ୱନ୍ଦୀ ।୧୯।
ବହୁବାର ଯୁଦ୍ଧେ ଭଗ୍ନ, ଧ୍ୱଜା ବିମର୍ଦ୍ଦିତ
ସୁରାସୁରେ ମୋ ସମ୍ମୁଖେ, ଯୁଦ୍ଧେ ଅସମର୍ଥ ।୨୦।
ରାଜି ହୁଅ, କରିବ ହେ ମହୋତ୍ତମ କର୍ମ୍ମ
ତୁମ୍ଭ ଅଙ୍ଗେ ସାଜିବ, ସୁପ୍ରଭ, ସୁଭୂଷଣ ।୨୧।
ସୁଷ୍ଠୁ ଦେଖେ ତୁମ୍ଭ ରୂପ, ଯୁକ୍ତ ପ୍ରତିକର୍ମ୍ମେ
ପ୍ରତିକର୍ମ୍ମେ ସଂଯୁକ୍ତ ଦାକ୍ଷିଣ୍ୟେ ବରାନନ ।୨୨।

ଯଥା କାମ୍ୟ ଭୋଗ୍ୟ ଭୋଗ, ଭୀରୁ, ପିଇ ରମ୍ୟ
ଦେବି ଯଥା, ଇଚ୍ଛା ତବ ଭୂମୀ ଅବା ଧନ । ୨୩ ।
ବିଶ୍ୱସ୍ତେ ଗେଲେଇ ମାଗ ପ୍ରଗଲ୍‌ଭେ ବା କହ
ମୋ ପ୍ରସାଦୁ ଖେଳ, ବୁଲ, ତୁମେ ବନ୍ଧୁ ସହ । ୨୪ ।
ମୋର ଶ୍ରୀ ସଂବୃଦ୍ଧି ଦେଖ, ଭଦ୍ରେ, ଯଶସ୍ୱିନୀ
ରାମରେ କି କାର୍ଯ୍ୟ, ଶୁଭେ ଚୀର-ବାସ-ପ୍ରାଣୀ । ୨୫ ।
ଦୟାଶୀ ତ୍ୟକ୍ତ, ଗତଶ୍ରୀ, ରାମ ବନବାସୀ
ବଂଚିଛି କି ନାହିଁ, ଶଙ୍କେ, ଭୂଶାୟୀ ତପସ୍ୱୀ । ୨୬ ।
ତୁମ୍ଭଙ୍କୁ ଦେଖିବ ନାହିଁ, ପାଇବ ନି ରାମ
ସବଳାକା କୃଷ୍ଣମେଘାବୃତ୍ତା ଜ୍ୟୋସ୍ନାସମ । ୨୭ ।
ମୋ ହାତୁଁ ରାମର ନୁହେ, ତୁମ୍ଭର ପ୍ରାପତି
ହିରଣ୍ୟ କଶିପୁ ପରି ଇନ୍ଦ୍ରଗତ କୀର୍ତ୍ତି । ୨୮ ।
ଚାରୁ ସ୍ମିତେ, ଚାରୁଦତୀ, ଚାରନେତ୍ରୀ ଧନ୍ୟା
ମୋ ମନ ହରୁଛ, ଭୀରୁ, ସର୍ପ କି ସୁପର୍ଣ୍ଣା । ୨୯ ।
ମନି-ପଟ୍ଟବସ୍ତ୍ରା, ତନ୍ୱୀ, ହେଲେ ବି ନିଭୂଷା
ତୋତେ ନ ପାଇ, ସ୍ୱସ୍ତ୍ରୀୟେ ନ ମେଣ୍ଟେ ପିପାସା । ୩୦ ।
ଅନ୍ତଃପୁର ନିବାସିନୀ, ସ୍ତ୍ରୀୟେ ଶୁଣାନ୍ୱୀତା
ସମସ୍ତ ଉପରେ ଅଇଶ୍ୱର୍ଯ୍ୟ, ଭୋଗ ସୀତା । ୩୧ ।
କୃଷ୍ଣ-କେଶୀ, ମୋର ତିନିଲୋକବର ସ୍ତ୍ରୀୟେ
ତୁମକୁ ସେବିବେ, ଯଥା ଅପ୍‌ସରୀୟେ ଶ୍ରୀୟେ । ୩୨ ।
କୁବେରଙ୍କ ଯାହାଧନ, ଅବା ଅରିରତ୍ନ
ସୁଶୋଣୀ ତା ଭୋଗ, ସୁସ୍ମେ, ତିନି ଲୋକ ମାନ । ୩୩ ।
ରାମ ଦେବୀ, ତପେ ବଳେ, ଅଥବା ବିକ୍ରମେ
ମୋ ସମାନ ନୁହେଁ, ତେଜେ, ଯଶେ ଅବା ଧନେ । ୩୪ ।

ପିଇଶ ବିହର, ଭୋଗ୍ୟ ଭୋଗି ରମ
ଦେଉଛି ମେଦିନୀ, ମୋର ସବୁ ଧନ
ଲୀଳାବତୀ, ଖେଳ ମୋଠି ମହାନନ୍ଦେ
ତୋ ସହ ନନ୍ଦନ୍ତୁ, ତୋ ବନ୍ଧୁ ସୁହୃଦେ ।୩୫।
ସଦା କୁସୁମିତ ତରୁ ଲତା ପୂର୍ଣ୍ଣ
ଅଳୀକୁଳାନ୍ୱିତ ସିନ୍ଧୁକୂଳେ ଜନ୍ମ;
କନକ-ବିମଳ ନାଇ ହାର ରତ୍ନ
ବିହର ମୋ ସହ, ଭରୁ ଏ କାନନ ।୩୬।

ବିଂଶ ସର୍ଗ ସମାପ୍ତ

ଏକବିଂଶ ସର୍ଗ

ରାବଣ ତୃଣୀ କରଣ

ଶୁଣି ସୀତା, ରୁଦ୍ର ରାକ୍ଷସର ସେ ବଚନ
ଆର୍ତ୍ତକ୍ଷୀଣ ସ୍ୱରେ, ଧୀରେ କହିଲେ ଏସନ ।୧।
ଦୁଃଖରେ କାନ୍ଦିଣ ସୀତା ଥରି ତପସ୍ୱିନୀ
ଚିନ୍ତିଲେ ସେ ପତିବ୍ରତା, ପତି ନିତମ୍ବିନୀ ।୨।
କୁଟାଟିଏ ଆଗେ ରଖି, କହେ ସୀତା ସତୀ
ମୋଠୁ ମନ ଛାଡ଼ି କର ସ୍ୱଜନରେ ପ୍ରୀତି ।୩।
ପାର୍ଥିବା ମୋତେ, ଅଯୁକ୍ତ, ପାପୀ ଯଥା ସିଦ୍ଧ;
ଗର୍ହିତ ଏ କାର୍ଯ୍ୟ, ଏକ ପତ୍ନୀର ଅବିଧି ।୪।
ପୁଣ୍ୟ କୁଳକୁ ପାଇଛ, ଜାତ ଉଚ୍ଚ କୁଳେ"
ସୀତା ଯଶସ୍ୱିନୀ ଏହା କହି ଲଙ୍କେଶ୍ୱରେ" ।୫।
ରାବଣକୁ ପିଠି କରି, କହେ ପୁଣି ଇତି
"ନୁହେଁ ମୁଁ ଧର୍ଷିତା ତୋର, ପରସ୍ତ୍ରୀ ମୁଁ ସତୀ ।୬।
ସାଧୁ, ଧର୍ମ ଦେଖ ସାଧୁ, ସାଧୁ ବ୍ରତ କର
ଯଥା ତୁମ୍ଭ ତଥା ଅନ୍ୟଦାରା ନିଶାଚର ।୭।
ତୋଷ ହୁଅ ନିଜ ଦାରେ, ହେ ଚପଳମନା
ପରଦାରା ନିର୍ବୋଧରେ ଦିଅନ୍ତି ଯାତନା ।୮।
ଏଠି ସନ୍ଥେ ନାହିଁ ତି ବା ଚଳୁନାହିଁ ସତ
ଅନାଚାର ବୁଦ୍ଧି ଯଥା, ତୋର ବିପରୀତ ।୯।

ପଣ୍ଡିତମାନଙ୍କ ହିତବାକ୍ୟ, ମିଥ୍ୟାମଣି
ରକ୍ଷନାଶେ ତୁ ବା ତାହା, ନ କରିଲୁ ମାନି । ୧୦ ।
ଦୁର୍ନୀତି-ରତ, ଅଜ୍ଞାନୀ, ରାଜାଙ୍କୁ ପାଇଲେ
ଋଦ୍ଧିବନ୍ତ ରାଷ୍ଟ୍ର ପୁର ନାଶ ଯାଏ ହେଲେ । ୧୧ ।
ତଥା ତୋତେ ଲଙ୍କା ପାଇ ତତ୍ତ୍ୱୋଘ-ସଂକୁଳା
ଅନ୍ୟ ଧାତୁ-ପୂର୍ଣ୍ଣ, ଶୀଘ୍ର ଧ୍ୱଂସ ହେବ ପରା ! । ୧୨ ।
ସ୍ୱଧର୍ମ୍ମେ ଆତ୍ମଘାତୀ ଅଦୂର-ଦର୍ଶୀ ରକ୍ଷ
ପାପକର୍ମ୍ମା ତୋ ବିନାଶେ ବିନୋଦନ୍ତି ଲୋକ । ୧୩ ।
ଧର୍ଷିତେ କହିବେ ହର୍ଷେ ଏ ପାପ-କରଣ
ଭଲ ହେଲା ପାଏ କଷ୍ଟ, ଏ ଦୁଷ୍ଟ ରାବଣ । ୧୪ ।
ଭୁଲାଇ ପାରିବ ନାହିଁ, ଐଶ୍ୱର୍ଯ୍ୟେ ବା ଧନ
ରାମର ନାନ୍ୟା ମୁଁ ସୂର୍ଯ୍ୟର ରଶ୍ମୀ ସମାନ । ୧୫ ।
ଲୋକନାଥର ସତ୍‌କୃତ ଭୁଜ ଛଡ଼ା ଅନ୍ୟ
କିପରି ହୋଇବ ମୋର ଉପାଧାୟ, ପୁନଃ । ୧୬ ।
ଉପଯୁକ୍ତ ଭାର୍ଯ୍ୟା ମୁହିଁ, ସେ ଧରାପତିର
ବିଦ୍ୟା ଯଥା ବ୍ରତ-ଧାରୀ, ଆତ୍ମଜ୍ଞ ବିପ୍ରର । ୧୭ ।
ସାଧୁ, ରାବଣ ଦୁଃଖିନୀ, ଶ୍ରୀରାମେ ମିଳାଅ
ବନବାସୀ, ଗଜାଧିପେ କରୀଣୀ ପରାଅ । ୧୮ ।
ନିଧନ ନ ଚାହିଁ, ଘୋର ଇଚ୍ଛ ସ୍ୱ ବିଭୂତି
ନରର୍ଷଭ ରାମ ସଙ୍ଗେ କର ଯଥା ମୈତ୍ରୀ । ୧୯ ।
ସର୍ବଜ୍ଞ, ସର୍ବତ୍ର-ଜଣା, ଶରଣ ବତ୍ସଳ !
ତାଙ୍କ ମିତ୍ର ହୋଇ ରଖ, ଜୀବନ ତୁମ୍ଭର । ୨୦ ।
ଫେରାଇ ମୋତେ ତାହାଙ୍କୁ ଅତି ସୁଭକ୍ତିରେ
ପ୍ରସନ୍ନ କର ହେ ତାଙ୍କୁ, ଶରଣ-ବତ୍ସଳେ । ୨୧ ।
ଶ୍ରୀରାମେ ସମର୍ପି ମୋତେ, ପାଅହେ ମଙ୍ଗଳ
ଅନ୍ୟଥା କଲେ ପାଇବ ଆପଦ ଯେ ଘୋର । ୨୨ ।

ବଜ୍ର-ପାତ ଛାଡ଼ିପାରେ, ଯମ ବହୁ ଦିନ
ତେପରିକୁ ନୁହଁ କ୍ରୁଦ୍ଧ, ଲୋକନାଥ ରାମ ।୨୩।
ଶୁଣିବୁ ରାମ-ଧନୁର ଶବ୍ଦ ମହାସ୍ୱନ
ଇନ୍ଦ୍ରକ୍ଷିପ୍ତ ଅଶନିର ନିର୍ଘୋଷ ସମାନ ।୨୪।
ଶୀଘ୍ର ସୁପର୍ବ ଯେ, ଜ୍ୱାଳାମୁଖୋରଗ ସମ
ପଡ଼ିବ ଏଠି ରାମ-ଲକ୍ଷ୍ମଣ ଲକ୍ଷ୍ୟ ବାଣ ।୨୫।
ରକ୍ଷେ ନାଶ ଯିବେ, ନିଶ୍ଚେଁ ପୂରିବ ଏ ପୁର
ପଡୁଥିବା କଙ୍କପତ୍ରୀନାରାଚେ ନିକର ।୨୬।
ମହାରକ୍ଷେନ୍ଦ୍ରସର୍ପେସେ ବୈନତେୟ ରାମ
ଗରୁଡ଼ ପରି ବେଗରେ ଟେକି ନେବେ ଜାଣ ।୨୭।
ତୋଠୁ ଶୀଘ୍ର ନେବେ ମୋତେ, ଭର୍ତ୍ତା ଅରିନ୍ଦମ
ନେଲା ପରି, ରକ୍ଷୁଁ, ବିଷ୍ଣୁ ଦୀପ୍ରଶ୍ରୀ ତ୍ରିକ୍ରମ ।୨୮।
ଜନସ୍ଥାନେ ଧ୍ୱସ୍ତ ହେବାରୁ, ଯେ ରକ୍ଷ ସୈନ୍ୟ
ଅଶକ୍ତ ହୋଇ ତୁରକ୍ଷ, କଲୁ ଏ ଦୁଷ୍କର୍ମ୍ମ ।୨୯।
ତହୁଁ ପୁଣି ନରସିଂହଙ୍କ ଶୂନ୍ୟ-କୁଟୀରେ
ହରିଲୁ ଗଲାରୁ ଦୁଇଭାଇ ଅଗୋଚରେ ।୩୦।
ଶୁନୀ ପଳାଇଲା ପରି, ବ୍ୟାଘ୍ରଗନ୍ଧ ପାଇ
ଗଲୁ ରାମ-ଲକ୍ଷ୍ମଣ-ଦର୍ଶନେ, ଶକ୍ୟ ନୋହି ।୩୧।
ସେ ଦୁହିଙ୍କ ଯୁଦ୍ଧେ ହେବ, ତୋ ଜୀବ ମନ୍ଥିତ
ଇନ୍ଦ୍ରଦି ହସ୍ତେ ଛିନ୍ନ କି ଏକ ହସ୍ତା-ବୃତ୍ତ ।୩୨।
ମୋ ନାଥ ରାମ ସୌମିତ୍ରି ନେବେ କ୍ଷିପ୍ରେ ତୋର
ଶରେ ପ୍ରାଣ, ସୂର୍ଯ୍ୟ ଯଥା ଶୋଷେ ସ୍ୱଳ୍ପଜଳ ।୩୩।
କୁବେରଙ୍କ ଗିରି-ଆଳୟକୁ ଯାଅ
ବରୁଣ-ରାଜ୍ୟର ଦରବାରେ ଥାଅ,
ନିଷ୍କୃତି ନାହିଁ ରାଘବଠୁ ନିଶ୍ଚୟ
ବଜ୍ରେ ମହାଦ୍ରୁମ କାଳ ହତ ପ୍ରାୟ ।୩୪।

ଏକବିଂଶ ସର୍ଗ ସମାପ୍ତ

ଦ୍ୱାବିଂଶ ସର୍ଗ

ରାବଣର ଦ୍ୱିମାସ କଷ୍ଟ

ସୀତାଙ୍କ କଠୋର ବାକ୍ୟ ଶୁଣି ରକ୍ଷେଶ୍ୱର
ପ୍ରିୟ-ଦର୍ଶନାରେ କଲା ଅପ୍ରିୟ ଉତ୍ତର । ୧ ।
ଯେତେ ବାକ୍ୟେ ସ୍ତ୍ରୀୟେ ବଶ, ତେତେ ବାକ୍ୟ ତୋତେ
ଯେତେ ସ୍ନେହ ଦେଲେ ଦେଉ, ପରାଭବ ମୋତେ ।୨ ।
ତୋଠି କାମ ଉନ୍‌ମତ୍ତ ବି କ୍ରୋଧ ମୁଁ ସମ୍ବରେ
ସୁସାରଥୀ ଅଶ୍ୱ ଯଥା, ଅମଡ଼ା ବାଟରେ । ୩ ।
କାମବନ୍ଧ ହେଲେ ମଧ୍ୟ, ନର ତହିଁ ବନ୍ଦୀ
ସେ ଜନରେ ଅନୁକମ୍ପା, ସ୍ନେହ ଦିଏ ଛନ୍ଦି । ୪ ।
ସେ କାରଣୁ ତୋତେ ବଧ କରୁନିରେ ଧନୀ
ବଧାର୍ହା, ଘୃଣିତା ମିଥ୍ୟା ବାକ୍ୟ ପ୍ରବଚନୀ । ୫ ।
ଯେଉଁ ଯେଉଁ କଷ୍ଟବାକ୍ୟ କହିଲ ଯେ ମୋତେ
ସେ ପ୍ରତ୍ୟେକେ, ବଧ ତବ ଉଚିତ ହେ ସୀତେ । ୬ ।
କହି ଏହା ସୀତାଙ୍କୁ ରାବଣ ରକ୍ଷ-ରାଣ
କ୍ରୋଧେ ସଦର୍ପେ ପୁଣି ସେ କହିଲା ବଚନ ।୭ ।
ଯେ କଷ୍ଟ ଦେଇଛି, ଦୁଇମାସ ମୁଁ ରଖିବି
ତହୁଁ ମୋ ଶଯ୍ୟାରେ ଉଠ, ହେ ବର ବାନ୍ଧବୀ । ୮ ।
ଦୁଇ ମାସ ପରେ ମୋତେ, ଭର୍ତ୍ତା ନ ମଣିଲେ
ମୋ ପ୍ରାତଃ ଭୋଜନେ ସୂପେ, ଛେଦିବେ ତୋତେରେ । ୯ ।

ଦେଖି ଜାନକୀର ରାକ୍ଷସ-ରାଜ ଉର୍ତ୍ସନା
ଦେବ ଗନ୍ଧର୍ବ କନ୍ୟାଏ ହେଲେ କ୍ଷୁନ୍ନ-ମନା ।୧୦।
ଓଷ୍ଠବିକାରେ, ଅପରେ, ବକ୍ରେ, କେହି ନେତ୍ରେ
ଆଶ୍ୱାସିଲେ ସୀତା, ଆହା ରକ୍ଷ ନିର୍ଯ୍ୟାତିତେ ।୧୧।
ତହିଁରେ ଆଶ୍ୱାସ ପାଇ ସୀତା ରକ୍ଷ ରାଣେ
କହିଲେ ଯେ ହିତବାକ୍ୟ କୁଳୌଦାର୍ଯ୍ୟଗୁଣେ ।୧୨।
ନିଶ୍ଚେ ତୋର କେହି ବନ୍ଧୁ, ନାହିଁ ଶ୍ରେୟେ ସ୍ଥିତ
ନିବାରଣ କରିବାକୁ ଏ କର୍ମ୍ମୁ ଗର୍ହିତ ।୧୩।
ମୁଁ ଧର୍ମ୍ମାତ୍ମା ରାମ ପତ୍ନୀ, ଇନ୍ଦ୍ରେ ଶଚୀ ସମ
ମନେ କେ ପ୍ରାର୍ଥିବ ତ୍ରିଲୋକରେ ତୋହ ଭିନ୍ନ ।୧୪।
ଅତୁଳ-ତେଜସ୍ୱୀ, ରାମ ସ୍ତ୍ରୀରେ ରକ୍ଷାଧମ
କହିଲୁ ପାପକଥା, ଯା, ହେବ କି ମୋଚନ? ।୧୫।
ମତ୍ତମାତଙ୍ଗ ଆଗରେ ଯଥା ଶଶବନେ
ହସ୍ତୀ ହେଲେ ରାମ, କ୍ଷୁଦ୍ର, ତୁ ଶଶା ସମାନେ ।୧୬।
ଲାଜ ମାଡୁ ନାହିଁ ଇକ୍ଷ୍ୱାକୁ - ନାଥେ ନ ଯାଇ
ତାଙ୍କ ଦୃଷ୍ଟିରେ ପଡ଼ିବା ଯାଏଁ ରହ ତୁହି ।୧୭।
ଏ ତୋ କୃର ବିକୃତ ପିଙ୍ଗଳ କୃଷ୍ଣ ନେତ୍ରେ
ଝଡୁ ନାହିଁ, ତଳେ କିମ୍ବା, ପାପୀ ଦେଖି ମୋତେ? ।୧୮।
ତାଙ୍କ ଧର୍ମ୍ମ-ପତ୍ନୀ, ଦଶରଥଙ୍କର ବୋହୂ
ଖସୁ ନାହିଁ ଜିଭ, ପାପୀ, ଶୋଧି ମୋତେ କାହୁଁ? ।୧୯।
ରାମର ଆଦେଶ ନାହିଁ, ପାଳୁଛି ମୁଁ ତପ
ତେଣୁ ଭସ୍ମ ନ କରୁଛି, ଭସ୍ମାର୍ହ କୈଣପ ।୨୦।
ଧୀମାନ ରାମର ପତ୍ନୀ ହରଣ ଅନର୍ହ
ତୋ ବଧ ପାଇଁ ବିଧିର, ଏ କର୍ମ୍ମ ନିଶ୍ଚୟ ।୨୧।
ବଳେ ଖ୍ୟାତ ଶୂର କୁବେରର ଭାଇ ହୋଇ
କିମ୍ବା ହରିଲୁ ତା ଦାରା, ଦୂରେ ରାମ ନେଇ ।୨୨।

ସୀତାଙ୍କ ବଚନେ, ରକ୍ଷ-ରାଜନ ରାବଣ
ବୁଲାଇ ନେତ୍ର ଚାହିଁଲା, ସୀତାଙ୍କୁ କ୍ରୂରେଣ ।୨୩।
ନୀଳମେଘ ସମ ମହାଭୁଜ ଶ୍ରୀ ଅନ୍ୱିତ
ସିଂହ ଗତି ଶ୍ରୀମାନ୍ ଚକ୍ଷୁ ଜିହ୍ୱାଗ୍ର ପ୍ରଦିପ୍ତ ।୨୪।
ମୁକୁଟାଗ୍ର ଚଳ, ଦୀର୍ଘ, ମାଲ୍ୟାନୁ ଲେପିତ
ରକ୍ତମାଲ୍ୟାମ୍ବର, ଦୀପ୍ତ ଅଙ୍ଗଦ-ଭୂଷିତ ।୨୫।
ମହାମେଖଳା-ସୂତ୍ରରେ କଟିଦେଶାବୃତ୍ତ
ସୁଧା ପାଇଁ ମନ୍ଦର କି ଭୁଜଙ୍ଗେ ସଂବୃତ୍ତ ।୨୬।
ଦୁଇ ଦିପୂର ବାହୁରେ ସେ ରାକ୍ଷସେଶ୍ୱର
ଶୋଭୁଥିଲା ଦି-ଶୃଙ୍ଗରେ, କି ନଗ ମନ୍ଦର ।୨୭।
ବାଳସୂର୍ଯ୍ୟବର୍ଣ୍ଣ ଦୁଇ କୁଣ୍ଡଳେ ଭୂଷିତ
ନଖ କି ଶୋଣିତ କଳୀ ପୁଷ୍ପାଶୋକେ ଯୁତ ? ।୨୮।
କଳ୍ପ-ବୃକ୍ଷ ସମ, ବସନ୍ତ ପରି ସୁମୂର୍ତ୍ତି
ଶ୍ମଶାନ-ଚୈତକି, ଭୟଙ୍କର ତା ଆକୃତି ।୨୯।
କୋପରକ୍ତ ନେତ୍ରେ ନିରେକ୍ଷିଣ ବଇଦେହୀ
ସାପ ପରି ଫଁ ଫଁ ରକ୍ଷ ରାବଣ କହଇ ।୩୦।
ନୀତି, ଅର୍ଥହୀନ ବ୍ରତ ପାଳୁଛୁ ଯେ ତୁହି
ସୂର୍ଯ୍ୟ ରାତ୍ରୀ ପରି ତୋତେ ବିନାଶିବି ମୁହିଁ ।୩୧।
ଏହା କହି ସୀତାଙ୍କୁ ରାବଣ ଶତ୍ରୁ-ତ୍ରାସ୍ୟ
ଦେଖେ ତହିଁ କରାଳୀ ଯେ, ସମସ୍ତ ରାକ୍ଷସୀ ।୩୨।
ଏକାକ୍ଷୀ, ଏକକର୍ଣ୍ଣାଯେ, ମୁଖାଛଦ-କର୍ଣ୍ଣା
ଗୋ କର୍ଣ୍ଣୀ, ହସ୍ତା-କର୍ଣ୍ଣା, ଅକର୍ଣ୍ଣା ଲମ୍ବକର୍ଣ୍ଣା ।୩୩।
ହସ୍ତି-ପାଦୀ, ଅଶ୍ୱପାଦୀ, ଗୋପାଦୀ, ଚୂଳିପା
ଏକାକ୍ଷୀ ଏକପଦୀଯେ ଅପାଦୀ, ପୃଥୁପା ।୩୪।
ଅତିବଡ଼ ଶାର ଗ୍ରୀବା, ଅତି କୁଶୋଦରୀ
ଦୀର୍ଘ-ଜିଭନଖା, ଅତିବଡ଼ ଆସ୍ୟା ନେତ୍ରୀ ।୩୫।

ଅନାସିକା, ସିଂହ ମୁଖା, ଗୋ-ଶୁକରୀ ମୁଖୀ
"ସୀତା ମୋ ବଶେ ଆସିବ, ଯଥା ଶୀଘ୍ର ଦେଖି ।୩୬।
ତଥା କର ରାକ୍ଷସୀଏ, ଏକା ମିଶି ଅବା
ଭଲେ, ଭେଲେ, ସାମଦାନ ହେବେ କରି ସେବା ।୩୭।
ଦଣ୍ଡେ ବା ଉଦ୍ୟମେ, ସୀତା ମୋ ଆୟତ କର"
କହି ଏହା ପୁନଃ ପୁନଃ, ସେ ରାକ୍ଷସ ଇନ୍ଦ୍ର ।୩୮।
କାମେ ବିହ୍ୱଳିତ ଆତ୍ମା, ଗର୍ଜେ ସୀତା ପ୍ରତି
ରାକ୍ଷସୀ, ଧାନ୍ୟ-ମାଳିନୀ କ୍ଷିପ୍ରେ ଯାଇ କତି ।୩୯।
ଆଲିଙ୍ଗିଣ ଦଶଗ୍ରୀବେ, କହିଲା ଏଗୀର
"ମୋ ସହ କ୍ରୀଡ଼ ରାଜନ ବୈଦେହୀକି ଛାଡ଼ ।୪୦।
ବିବର୍ଣ୍ଣା, ଦୁଃଖୀ, ମାନବୀ ସୀତା ରକ୍ଷେଶ୍ୱର
ତବାର୍ଜ୍ଜିତ ଦିବ୍ୟଭୋଗ ନୁହେଁଟି ଏହାର ।୪୧।
କରି ନାହିଁ ବିଧି, ତାହା, ଏହା ପାଇଁ ବୀର
ଅକାମାସ୍ତୀ କାମନାରେ ଜଳେ ଯେ ଶରୀର ।୪୨।
ଅଭିଳାଷିଣୀ କାମିନୀ, ପ୍ରୀତି ଶୁଭଙ୍କରୀ
ରାକ୍ଷସୀ ଏହା କହନ୍ତେ କ୍ଷୀପ୍ତ ସେହି ବଳୀ
ଫେରିଲା ରକ୍ଷ ପ୍ରସନ୍ନେ ମହାମେଘ ପରି ।୪୩।
ଧରା କମ୍ପାଇଲା ପରି ଯାଇ ଦଶଗ୍ରୀବ
ପ୍ରବେଶିଲା ନିବାସରେ, ଜ୍ୱଳନ ସୂର୍ଯ୍ୟ ସମ ।୪୪।
ଦେବ ଗନ୍ଧର୍ବ କନ୍ୟା ତା, ନାଗକନ୍ୟା ଗଣ
ଦଶଗ୍ରୀବେ ବେଢ଼ି ପଶେ, ତା ଗୃହେ ଉତ୍ତମ ।୪୫।
ଧର୍ମ୍ମ-ପରାୟଣା, ସୀତା କମ୍ପମାନା
କରିଣ ରାବଣ ଏପରି ଭର୍ତ୍ସନା ।୪୬।
ଛାଡ଼ିଣ ସୀତାଙ୍କୁ, ମଦନେ ମୋହିତ
ପଶିଲା ତା ଗୃହେ, କାମେ ହନ୍ତସନ୍ତ ।୪୭।

ଦ୍ୱାବିଂଶ ସର୍ଗ ସମାପ୍ତ

ତ୍ରୟୋବିଂଶ ସର୍ଗ

ରାକ୍ଷସୀଙ୍କ ପ୍ରରୋଚନା

ଏହା କହି ମୈଥିଳୀଙ୍କୁ ଶତୃଭା ରାବଣ
ସବୁ ରାକ୍ଷସୀ ସଂଦେଶି, ଛାଡ଼ିଲା ସେ ସ୍ଥାନ । ୧ ।
ରାକ୍ଷସେନ୍ଦ୍ର ଗଲାପରେ ପୁଣି ଅନ୍ତଃପୁରେ
ଭୀମରୂପା ରାକ୍ଷସିଏ ସୀତା ପାଖେ ମିଳେ । ୨ ।
କ୍ରୌଧେ ହତଜ୍ଞାନ, ରାକ୍ଷସିଏ, ସୀତା ଘେରି
ଅତି କଠୋର ବାକ୍ୟରେ କହିଲେ ଧିକ୍କାରି । ୩ ।
ମହାତ୍ମା ରାବଣ ପୁଲସ୍ତ୍ୟଙ୍କ ବରପୁତ୍ରେ
ତାଙ୍କ ଭାର୍ଯ୍ୟା ହେବା, ବଡ଼ ମଣୁ ନାହିଁ ସୀତେ । ୪ ।
ତହୁଁ ଏକ ଜଟା ନାମ, କହିଲା ଯେ ରକ୍ଷୀ
ହାତେ ତକ୍ନୋଦରୀ, ସୀତେ, କ୍ରୋଧେ ତାମ୍ର ଆଖି । ୫ ।
"ଛଅ ପ୍ରଜାପତି ମଧ୍ୟେ, ଏ ଚତୁର୍ଥ ଜାଣ
ବ୍ରହ୍ମାଙ୍କ ମାନସ ପୁତ୍ର ପୁଲସ୍ତ୍ୟ ଯେ ନାମ । ୬ ।
ତେଜସ୍ୱୀ ମହର୍ଷି ପୁଲସ୍ତ୍ୟ ମାନସ ଜାତ
ସୁତ ଯେ ବିଶ୍ରବା, ପ୍ରଜାପତି ସମଖ୍ୟାତ । ୭ ।
ତାଙ୍କ ପୁତ୍ର ବିଶାଳାକ୍ଷୀ, ଶତୃଭୀ ରାବଣ
ସେ ରକ୍ଷେନ୍ଦ୍ରର ଭାର୍ଯ୍ୟାତୁ ହେବାକୁ ନିପୁଣ । ୮ ।
ମୋ କଥା ଗରୁ ସର୍ବାଙ୍ଗୀ, ମନକୁ ନ ପାଏ ।"
ତହୁଁ ହରିଜଟା ନାମ ରାକ୍ଷସୀ ଯେ କହେ । ୯ ।

"କ୍ରୋଧେ ମାର୍ଜାର ନୟନା ବୁଲାଇ ନୟନ
ତ୍ରି-ତ୍ରିଂଶ ଦେବେ ଜିଣିଛି, ଦେବତା ରାଜନ । ୧୦ ।
ସେ ରକ୍ଷ ଇନ୍ଦ୍ରର ଭାର୍ଯ୍ୟା ହେବାକୁ ତୁ କ୍ଷମ
ମହାବୀର୍ଯ୍ୟବାମାନ, ରଣେ ଫେରେ ନାହିଁ ଶୁଣ
ଏ ବଳୀ ଭାର୍ଯ୍ୟା ହେବାକୁ କାହୁଁ ନୁହେଁ ମନ । ୧୧ ।
ସର୍ବ ଭାଗ୍ୟବତୀ ପ୍ରିୟା ଛାଡ଼ି ମହାବଳ
ଆସି ତୋ ପାଖରେ, ରାଜା କରିବେ ତୋ ଅଳି । ୧୨ ।
ନାନାରତ୍ନେ ବିଭୂଷିତା ସହସ୍ର ଶ୍ର-ନାରୀ
ଛାଡ଼ି ନଅରେ ଆସିବେ, ତୋତେ ଅନୁସରି" । ୧୩ ।
ବିକଟା ନାମ ରାକ୍ଷସୀ କହେ ଏ ବଚନ
"ଭୀମ ବୀର୍ଯ୍ୟା, ବାରମ୍ବାର, ନାଗା, ଯକ୍ଷ ଗଣ
ଦାନବ ବିଜୟୀ ଆସିବେ ସେ ତୋ ଗହଣ । ୧୪ ।
ସର୍ବବୁଦ୍ଧିଶାଳୀ, ମହାତ୍ମନ ରାବଣର
କାହିଁକି ନ ଇଚ୍ଛୁ ଭାର୍ଯ୍ୟା ହେବାକୁ ତାହାରି" । ୧୫ ।
ତହୁ ଦୁର୍ମୁଖୀ ନାମରେ ରକ୍ଷୀ କହେ ଗୀର
"ତାଙ୍କୁ ତାପେ ନାହିଁ ସୂର୍ଯ୍ୟ ବାୟୁ ଭୟାତୁର
ନ ବହେ ସୁନେତ୍ରୀ, କେନେହ ନ ହେଉ ତାଙ୍କର ।୧୬ ।
ଯା ଭୟେ ତରୁଏ ସବୁ କରେ ପୁଷ୍ପ ବୃଷ୍ଟି
ଶୈଳେ, ଜଳଦେ ସ୍ରାବନ୍ତି ଜଳ ଯଦାଇଷ୍ଟି । ୧୭ ।
ଏପରି ରାକ୍ଷସ ରାଜେ ରାଜେରେ ଭାମିନୀ
ନ କରୁଛୁ ବୁଦ୍ଧି କିଆଁ ହେବାକୁ ତା ରାଣୀ । ୧୮ ।
ଆମେ ତୋତେ ଭଲ ତଥ୍ୟ କହୁଛୁଁରେ ଧନୀ
ରଖ ଆମ କଥା, ନଚେତ୍, ସୀତେ ବଂଚିବୁନି । ୧୯)

ତ୍ରୟୋବିଂଶ ସର୍ଗ ସମାପ୍ତ

ଚତୁର୍ବିଂଶ ସର୍ଗ

ରାକ୍ଷସୀମାନଙ୍କର ଭର୍ତ୍ସନା

ତହୁଁ ମିଳି ରାକ୍ଷସୀଏ ବିକଟ ବଦନୀ
କହିଲେ ଅକଥ୍ୟ ତାଙ୍କ ଅଯୋଗ୍ୟଯେ ବାଣୀ ।୧।
'ଅନ୍ତଃପୁରେ ସୀତା ସର୍ବ ଲୋକ ମନୋରମ
ମନକୁ ନ ପାଏ ମହାମୂଲ୍ୟ ଶଯ୍ୟାସନ ? ।୨।
ହେ ନାରୀ ନରର ଭାର୍ଯ୍ୟା, ଭାବୁଛୁ, ତୁ ବଡ଼
ପାଇବୁ ନି ସୀତା ରାମ, ତାର ଆଶା ଛାଡ଼ ।୩।
ତିନି ଲୋକ ଭୋଗ ଭୋଗୀ ରକ୍ଷେଶ ରାବଣ
ପତିରୂପେ ବରି କର, ସୁଖେ ବିହରଣ ।୪।
ହେ ଶୋଭନୀ ନାରୀ ଇଚ୍ଛୁ, ମନୁଷ୍ୟ ଶ୍ରୀରାମେ
ରାଜ୍ୟଭ୍ରଷ୍ଟ ମୋଘାର୍ଥ ସେ, କ୍ଳୀବ, ସୁଲକ୍ଷଣେ ।୫।
ରାକ୍ଷସୀଙ୍କ ବାକ୍ୟ ଶୁଣି, ସୀତା ପଦ୍ମେକ୍ଷଣା
କହିଲେ ଯେ ଦୁଇନେତ୍ରେ ହୋଇ ଅଶ୍ରୁପୂର୍ଣ୍ଣା ।୬।
ଲୋକ ବିରୁଦ୍ଧ ଯେ କଥା, କହ ସର୍ବେ ମିଳି
ମୋ ମନରେ ନ ରହଇ, ତାହା ପାପବୋଲି ।୭।
ମାନୁଷୀ ରାକ୍ଷସ ଭାର୍ଯ୍ୟା, ହେବା ଯେ ଅନର୍ହା
ଖାଅ ମୋତେ ଯେବେ ଇଚ୍ଛା, ନ କରିବି ତାହା ।୮।
ଦୁଃଖୀ ବା ରାଜ୍ୟହୀନ ବା ଗୁରୁମୋର ଭର୍ତ୍ତା
ତାଙ୍କ ରକ୍ତା ମୁହିଁ ସୂର୍ଯ୍ୟେ ସୁବର୍ଚ୍ଚଳା ଯଥା ।୯।

ଯଥା ମହାଭାଗା ଶଚୀ, ଇନ୍ଦ୍ରେ ଅନୁରକ୍ତା
ଅରୁନ୍ଧତୀ ବଶିଷ୍ଠେ, ରୋହିଣୀ ଚନ୍ଦ୍ରେ ଯଥା । ୧୦ ।
ଲୋପମୁଦ୍ରା ଅଗସ୍ତ୍ୟେ ଯେ, ସୁକନ୍ୟା ଚ୍ୟବନେ
ଶ୍ରୀମତୀ କପିଳେ, ସାବିତ୍ରୀ ଯେ ସତ୍ୟବାନେ । ୧୧ ।
ଦମୟନ୍ତୀ ସୌଦାସ୍ୟେ ଯେ, କେଶିନୀ ସାଗରେ
ପତିଭକ୍ତା ଭୈମୀ, ଦମୟନ୍ତୀ ଯଥା ନଳେ । ୧୨ ।
ତଥା ମୁଁ ଇକ୍ଷ୍ୱାକୁ ଶ୍ରେଷ୍ଠେ ଶ୍ରୀରାମାନୁବ୍ରତା
ସୀତାବାକ୍ୟ ଶୁଣି ରାକ୍ଷସୀଏ କ୍ରୋଧାନ୍ୱିତା
କ୍ରୂରବାକ୍ୟେ ଶୋଧେ ରାବଣେ ଅନୁପ୍ରାଣିତା । ୧୩ ।
ଲୁଚି ନିର୍ବାକେ ହନୁମାନ୍ ଶିଂଶପା-ବୃକ୍ଷରେ
ଶୁଣିଲେ ରାକ୍ଷସୀଗଣ ଭର୍ତ୍ସନ୍ତି ସୀତାରେ । ୧୪ ।
କ୍ରୋଧେ ତାଙ୍କୁ ଧଂସି, ଚାରିଆଡୁ କମ୍ପମାନ
ଚାଟି ମୁହୁର୍ମୁହୁ ଲମ୍ବମାନ ଓଠମାନ । ୧୫ ।
ଶୀଘ୍ର ପର୍ଶୁ ଉହୁଁଚାଇ କରନ୍ତି ଚିତ୍କାର
"ଭର୍ତ୍ତା ପାଇଁ ଅଯୋଗ୍ୟ କି, ରକ୍ଷ ଲଙ୍କେଶ୍ୱର । ୧୬ ।
ଭର୍ତ୍ସ୍ୟମାନା, ଭୀମରୂପା, ରାକ୍ଷସୀରେ ଧନୀ
ଲୁହ ପୋଛି ପୋଛି ପାଏ ଶିଂଶପା କାମିନୀ । ୧୭ ।
ରାକ୍ଷସୀ ଘେରରେ ସୀତା ଶିଂଶପାକୁ ଆସି
ବିଶାଳାକ୍ଷୀ ରହିଲେ ସେଠାରେ ଶୋକେ ଲସି । ୧୮ ।
ସେ କ୍ଷୀଣା, ଦୀନ ବଦନା, ମଳିନ ଅମ୍ବରୀ
ଭର୍ତ୍ସେ ତାଙ୍କୁ ରକ୍ଷୀମାନେ ଚାରିପଟେ ଘେରି । ୧୯ ।
ତହୁଁ ବିନତା ରାକ୍ଷସୀ, ଘୋର ଭୀମ ମୂର୍ତ୍ତି
କରାଳୀ କୋପରେ କହେ, ନତୋଦରୀ ଅତି । ୨୦ ।
"ସୀତା ପର୍ଯ୍ୟାପ୍ତ ଦେଖାଇ ଅଛ, ଭର୍ତ୍ତୁ-ପ୍ରୀତି
ଅତି ବେଶୀ ସବୁ ହୁଏ ଦୁଃଖେ ପରିଣତି । ୨୧ ।

ତୁଷ୍ଟ ମୁଁ 'ସ୍ୱସ୍ତି ତେ', କରିଅଛ ନର ବିଧି
ମୋର ଏ ଯେ ହିତ କଥା, କର ହେ ସୁବୁଦ୍ଧୀ ।୨୨।
ରାବଣକୁ ଭଜ, ଭର୍ତ୍ତା ରକ୍ଷଙ୍କର ଭର୍ତ୍ତା
ଦେବେଶ ଇନ୍ଦ୍ରଙ୍କ ପରି ଆଗେ ରଣ-କର୍ତ୍ତା ।୨୩।
ଦୟାଳୁ, ତ୍ୟାଗୀ ସେ ସମସ୍ତେ ପ୍ରିୟ-ବାଦୀନ
ରାବଣ ଭଜ, ମୈଥିଳୀ, ଛାଡ଼ି ଦୀନ ରାମ ।୨୪।
ଦିବ୍ୟାଙ୍ଗରାଗା, ବୈଦେହୀ, ଦିବ୍ୟ-ଆଭରଣା
ଆଜିଠାରୁ ହୁଅ, ସର୍ବେଶ୍ୱରୀ ହେ ଶୋଭନା ।୨୫।
ଅଗ୍ନିଙ୍କର ଯଥା ସ୍ୱାହା, ଇନ୍ଦ୍ରଙ୍କର ଶଚୀ
ଶ୍ରୀରାମେ କି କାର୍ଯ୍ୟ ସୀତା, ଅଳ୍ପାୟୁ କରୁଚି ।୨୬।
ଏ ମୋ ବାକ୍ୟ ତୁମ୍ଭେ ଯେବେ ନ କର ବୈଦେହୀ
ଏ ମୁହୂର୍ତ୍ତେ ତୋତେ ନିଶ୍ଚେ ଆମ୍ଭେ ଦେବୁଁ ଖାଇ ।୨୭।
ଅନ୍ୟା ଯେ ବିକଟନାମ, ଲମ୍ବମାନା ସ୍ତନୀ
ସୀତାରେ କହିଲା କୋପେ, ଉଠାଇ ତର୍ଜନୀ ।୨୮।
ହେ ଦୁର୍ମତି, ସୀତା ବହୁ ଅପ୍ରୀତି ତୋ ବାଣୀ
ଦୟା, ମାୟା, ଅନୁକମ୍ପା ସବୁ ସହିଲୁଣି ।୨୯।
କାଳୋଚିତ ହିତବାକ୍ୟ, ନ କରୁଛୁ ତୁହି
ଅନ୍ୟେ ଦୁର୍ଭେଦ୍ୟ ସାଗର-ପାରୁ ଅଣା ହୋଇ ।୩୦।
ଘୋର ଏ ରାବଣ ଅନ୍ତଃପୁରେ ଅଛୁ ରହି
ରାବଣ ଘରେ ଆବନ୍ଧା; ଆମ ଘେରେ ତୁହି ।୩୧।
ଇନ୍ଦ୍ର ଶକ୍ୟ ନୁହେଁ ତୋତେ କରିବାକୁ ତ୍ରାଣ
ହେ ହିତ-ଭାଷିଣୀ କର ମୋହର ବଚନ ।୩୨।
ବୃଥା ଅଶ୍ରୁପାତ ଛାଡ଼ ଶୋକ ଅନର୍ଥକ
ଭଜ ପ୍ରୀତି, ହର୍ଷ, ଛାଡ଼ି, ଦୈନ୍ୟ ଅହେତୁକ ।୩୩।
ସୀତା ରକ୍ଷ ରାଜା ସହ, ଯଥା ସୁଖେ ଖେଳ
ଜାଣୁ ଆମ୍ଭେ ଭୀରୁ, ନାରୀ ଯୌବନ ଚଞ୍ଚଳ ।୩୪।

ନ ଗଲା ପର୍ଯ୍ୟନ୍ତ ତାହା ସୁଖ ଉପଭୋଗ
ସର୍ବ ଉପବନ ରମ୍ୟ ଉଦ୍ୟାନ ସନଗ । ୩୫ ।
ହେ ମଞ୍ଚରାକ୍ଷଣେ ରକ୍ଷ ରାଜ୍ୟ ସହଚର
ତୋ ବଶ ହୋଇବେ ନାରୀ ସୁନ୍ଦରୀ ସହସ୍ର । ୩୬ ।
ସର୍ବ ରକ୍ଷ ଭର୍ତ୍ତା ରାବଣରେ କର ଭର୍ତ୍ତା
ନ ହେଲେ ତୋ ହୃଦ ଫାଡ଼ି, ଖାଇବୁଁ ଜାଣିଥା । ୩୭ ।
ମୋ କହିବା କଥା ଯେବେ ନ କର ମୈଥିଳୀ
ତହୁଁ ବିକଟାଳୀ ରାକ୍ଷସୀ ଯେ ଚଣ୍ଡୋଦରୀ । ୩୮ ।
ବୁଲାଇ ବୁଲାଇ ମହାଶୂଳ କହେ ବାଣୀ
"ମୃଗ ଶିଶୁନେତ୍ରୀ, ଏହି ତ୍ରାସୋତ୍‌କମ୍ପାସ୍ତନୀ । ୩୯ ।
ରାବଣୋପ ହୃତା ଦେଖି, ଦୋହନ ପ୍ରବଳ
ଯକୃତ୍, ପ୍ଳୀହା, କ୍ରୋଡ଼ ମହାନ୍, ହୃତ୍‌ପିଣ୍ଡ ସନାଡ଼ । ୪୦ ।
ଚୋବାଇ ଖାଆନ୍ତି ତାର ସ୍ଥୁଳଦେହ ଶିର
ତହୁଁ ପ୍ରଘସା ରାକ୍ଷସୀ କହେ ଏହି ଗୀର । ୪୧ ।
କାଟି ଏହାକୁ ଆସରେ ସମପିଣ୍ଡ କର
ବାଦ ନ କରିଣ ଏହା ବାଣ୍ଟିନେବା ଚାଲ । ୪୨ ।
ଶୀଘ୍ର ମଦ ଭାଣ୍ଡ ଆଣ, ବହୁବିଧ ମାଲ ।"
ତହୁଁ ସୂର୍ପଣଖା ରକ୍ଷୀ କହିଲା ଏଗୀର । ୪୩ ।
"ପ୍ରଘସା ଯାହା କହିଲା, ମୋ ମନକୁ ପାଏ
ଆଣ ସୁର ବେଗେ, ସର୍ବ-ଶୋକନାଶିନୀ ଏ । । ୪୪ ।
ନାଚିବା ନିକୁମ୍ଭିଲାରେ, ନର ମାଂସ ଖାଇ"
ଦେବ କନ୍ୟା ସମ ସୀତା ଏ ଭର୍ତ୍ସିତା ହୋଇ
ବିରୂପା ରାକ୍ଷସୀ ଘେରେ, କାନ୍ଦେ କଇଁ କଇଁ । ୪୫ ।

ଚତୁର୍ବିଂଶ ସର୍ଗ ସମାପ୍ତ

ପଞ୍ଚବିଂଶ ସର୍ଗ

ହତାଶା ସୀତା

କହି ଲାଗିବାରୁ ନାନା ଦାରୁଣ ବଚନ
ସେ କରାଳୀ ଘେରେ, ସୀତା କରିଲେ ରୋଦନ ।୧।
ଏପରି କହନ୍ତେ ରାକ୍ଷସୀଏ, ମନସ୍ୱିନୀ
ମହାଭୟେ, କାନ୍ଦି କାନ୍ଦି, ସୀତା କହେ ବାଣୀ ।୨।
"ହେବାକୁ ଅନର୍ହା, ଭାର୍ଯ୍ୟା ମାନବୀ ରକ୍ଷର
ଖାଅ ମୋତେ ନ କରିବି ବଚନ ତୁମ୍ଭର ।୩।
ରାକ୍ଷସୀ ଘେରରେ ଦେବ କନ୍ୟୋପମା ସୀତା
ପାଇଲେ ନି ଶାନ୍ତି, ରାବଣେ ହୋଇ ଭର୍ତ୍ସିତା ।୪।
ଥରେ ଅତି ପଶିଲେକି, ନିଜ ଅଙ୍ଗେ ସୀତା
ବନେ ଦଳ ହରା ମୃଗୀ କି ଚିତ୍ତା-ମର୍ଦ୍ଦିତା ! ।୫।
ବିପୁଳ ପୁଷ୍ପିତା ଅଶୋକର ଶାଖାଧରି
ଦୁଃଖେ ଭାଙ୍ଗି, କାନ୍ଦେ ସୀତା ଭର୍ତ୍ତାଙ୍କୁ ସୁମରି ।୬।
ବିପୁଳ ସ୍ତନେ ତିନ୍ତାଇ, ନେତ୍ର ଅଶ୍ରୁଜଳେ
ଚିନ୍ତି ଚିନ୍ତି ଶୋକର ଯେ ଅନ୍ତ ନ ପାଇଲେ ।୭।
ମହାବାତେ ରମ୍ଭାପରି ପଡ଼ିଣ ଥରିଲେ
ବିବର୍ଣ୍ଣ-ବଦନା ରାକ୍ଷସୀଙ୍କର ଭୟରେ ।୮।
ଅତି ଦୀର୍ଘା କମ୍ପମାନା ସୀତାଙ୍କର ବେଣୀ
ଦେଖାଗଲା ସତେ ଅବା କମ୍ପଇ ନାଗୁଣୀ ।୯।

ଶୋକରେ ନିଶ୍ୱାସ ମାରି, କୋପେ ହତଚେତା
ଅଶ୍ରୁତେଜି ବିଳପନ୍ତି, ମୈଥିଳୀ ଦୁଃଖାର୍ତ୍ତା ।୧୦।
"ହେ ରାମ," କହି ଦୁଃଖାର୍ତ୍ତା "ହା ଲକ୍ଷ୍ମଣ ପୁଣି"
"ହା ମୋର ଶାଶୁ କୌଶଲ୍ୟେ! ସୁମିତ୍ରେ" ସେ ଧନୀ ।୧୧।
ଲୋକ ପ୍ରବାଦ ଯେ ସତ ପଣ୍ଡିତଙ୍କ ଗୀର
ଦୁର୍ଲଭ ଅକାଳ ମୃତ୍ୟୁ ନର ବା ନାରୀର ।୧୨।
ଯହୁଁ ମୁଁ ଏ କ୍ରୂରା ରାକ୍ଷସୀଗଣେ ମର୍ଦ୍ଦିତା
ବଂଚିଛି ରାମ ବିହୀନେ ମୁହୂର୍ତ୍ତେ ବି ଦୁସ୍ଥା ।୧୩।
କ୍ଷୀଣପୁଣ୍ୟା ମରିବି ମୁଁ, ଦୀନା ଅନାଥିନୀ
ସମୁଦ୍ରେ ବା – ହତା ପୂର୍ଣ୍ଣ ନୌକା ସମଘୁର୍ଣ୍ଣି ।୧୪।
ଭର୍ତ୍ତାଙ୍କୁ ନ ଦେଖି, ରାକ୍ଷସୀଙ୍କ ମେଳେ ପଡ଼ି
ଶୀର୍ଣ୍ଣ ହୁଏ କାୟା ମୋର ସ୍ରୋତେ କୂଳପରି ।୧୫।
ତବ ପଦ୍ମ-ନେତ୍ର, ନାଥ, କେଶରୀ ଗମନ
ପ୍ରିୟବାଦୀ କୃତଜ୍ଞଙ୍କୁ ଦେଖେ ଯେ ସେ ଧନ୍ୟ ।୧୬।
ସବୁଥିରେ ରାମ ବିନା, ସେ ବିଦିତାତ୍ମନ
କାଳକୂଟ ପରି ଲାଗେ, ଦୁର୍ଲଭ ଏ ପ୍ରାଣ ।୧୭।
କି ମହାପାପ ମୁଁ କରିଥିଲି ଜନ୍ମାନ୍ତରେ
ଯା ପାଇଁ ପାଏ ମୁଁ ଘୋର ଦୁଃଖ ଏ ମହୀରେ ।୧୮।
ମହାଦୁଃଖାବୃତ୍ତା, ଶୋକେ ଜୀବନ ହାରିବି
ରାକ୍ଷସୀଙ୍କ ଘେରେ ରହି ରାମ ନ ପାଇବି ।୧୯।
ଧିକ୍ ଏ ମନୁଷ୍ୟ ପ୍ରାଣ ବଶଏ ପରର
ସ୍ୱଚ୍ଛନ୍ଦେ ପାରୁନି ଛାଡ଼ି ଜୀବନ ମୋହର" ।୨୦।

ପଞ୍ଚବିଂଶ ସର୍ଗ ସମାପ୍ତ

ଷଡ଼୍‌ବିଂଶ ସର୍ଗ

ପ୍ରାଣ ତ୍ୟାଗ ସଂକଳ୍ପ

ମୁଖ ବୁଡ଼ିଗଲା ଲୁହେ, ଏହା କହି କହି
ତଳକୁ ପୋତିଣ ମଥା କାନ୍ଦେ ବଇଦେହୀ । ୧ ।
ପାଗଳିନୀ, ମାତାଲୀକି, ଦୁଃଖ ଶୋକେ ଫୁଟି
ଗଡ଼ନ୍ତି କିଶୋରୀ ପରି ଭୂତଳରେ ଲୋଟି । ୨ ।
"ମାୟାବୀ ରାବଣ ରାମେ ଛଳନା କରିଣ
କାନ୍ଦିଲେ ବି ଧର୍ଷି ମୋତେ କରିଲା ହରଣ । ୩ ।
ରାକ୍ଷସୀ-ବଶୀନୀ, ଶୁଣେ ଭର୍ତ୍ସନା ଦାରୁଣ
ଭାବୁଛି ଦୁଃଖିନୀ ପ୍ରାଣେ, ଆଉ ନାହିଁ କାମ । ୪ ।
ଜୀବନ ମୋ କାମ ନାହିଁ ଧନେ ବା ଭୂଷଣେ
ମହାରଥୀ ରାମ ବିନା, ରାକ୍ଷସୀ-ଗହଣେ । ୫ ।
ଭାବୁଛି ପଥର ଅବା ଆଦର ଅମର
ଏ ମୋ ହୃଦ ନ ଫାଟଇ ଦୁଃଖେ ମହାଘୋର ।୬।
'ଧିକ୍ ମାଂ' ଅନାର୍ଯ୍ୟା, ଅସତୀ କ୍ଷଣେ ଯେ ବଂଚଇ
ତାଙ୍କ ବିଚ୍ଛେଦରେ, ପାପିନୀଏ ଦ୍ରୋହୀ ହୋଇ । ୭ ।
ଏ ବାମ ଚରଣେ ନିନ୍ଦିତ ସେ ନିଶାଚର
ଛୁଇଁବି ନି, କି ପୁଣି ବା, ମନରେ ତା ବିଚାର ! । ୮ ।
ପ୍ରତ୍ୟାଖ୍ୟାନ ଆତ୍ମା ବା, ତା କୁଳ ନ ବୁଝଇ
ତା ନୃଶଂସ ସ୍ୱଭାବରେ ମୋତେ ଯେ ଇଚ୍ଛଇ । । ୯ ।

ଖଣ୍ଡ ଖଣ୍ଡ, କରି ଛିଣ୍ଡା, ନିଆଁରେ ବି ପୋଡ଼
ରାବଣେ ଭଜିବି ନାହିଁ, ପ୍ରଳାପେ ବି ତୋଡ଼ । ୧୦ ।
ପ୍ରାଜ୍ଞ, କୃତଜ୍ଞ, ଦୟାଳୁ ରାଘବ ଯେ ଖ୍ୟାତ
ବିଧି ବାମ, ଶଂକେ, ନିର୍ଦ୍ଦୟ କି ସେ ସତ୍‌ବୃତ୍ତ । ୧୧ ।
ଚଉଦ ସହସ୍ର ରକ୍ଷ ଏକା ଜନ ସ୍ଥାନେ
ନିପାତେ ଯେ ନ ଆସନ୍ତି, ମୋର ଉଦ୍ଧାରଣେ । ୧୨ ।
ଭାବେ, ଦୁଃପ୍ରବେଶ୍ୟ, ଲଙ୍କା, ସମୁଦ୍ରେ ବି ହେଲେ
ରାଘବ ରାବଣ ଗତି, କେ ନିରୋଧ କରେ । ୧୩ ।
ଦୃଢ଼-ପରାକ୍ରମ ରାମ, ଅବା କି କାରଣେ
ଉଦ୍ଧାରନ୍ତି ନାହିଁ ପ୍ରିୟା ରକ୍ଷାପହରଣେ । ୧୪ ।
ଶଂକେ ଲକ୍ଷ୍ମଣ, ଏଠି ଥିବା ନ ଜାଣନ୍ତି
ଜାଣିଲେ କି ଏ ଧର୍ଷଣ ସହି ସେ ପାରନ୍ତି ? । ୧୫ ।
'ହତ, ମୁଁ' ଯେ ଜାଣି, ଜଣାଇଥାନ୍ତେ ଶ୍ରୀରାମେ
ରାବଣ ମାରିଲା, ଗୃଧ୍ର-ରାଜ ସେହି ରଣେ । ୧୬ ।
ମହତ କାର୍ଯ୍ୟ ଜଟାୟୁ, ହେଲେ ମଧ ବୃଦ୍ଧ
ମୋ ଉଦ୍ଧାରେ ରକ୍ଷ ସହ କରିଥିଲେ ଯୁଦ୍ଧ । ୧୭ ।
ଏହି ଅଛି ବୋଲି ଜାଣିଥିଲେ ଯେ ଶ୍ରୀରାମ
କ୍ରୋଧେ ଆଜି କରିଥାନ୍ତେ, ଧରା ରକ୍ଷହୀନ । ୧୮ ।
ଲଙ୍କାପୁରୀ ପୋଡ଼ି, ସିନ୍ଧୁ ଶୋଷିଥାନ୍ତେ ପୁଣ
ପାପୀ ରାବଣର ନାଶିଥାନ୍ତେ ନାମ ଧାମ । ୧୯ ।
ତହୁଁ ହତନାଥା, ରାକ୍ଷସୀଏ ଘରେ ଘରେ
କାନ୍ଦୁଥାନ୍ତେ ମୋହ ପରି ନିଶ୍ଚେ ବିକଳରେ । ୨୦ ।
ଖୋଜିଲଙ୍କା ଧ୍ୱଂସିବେ ଶ୍ରୀରାମ ସଲକ୍ଷ୍ମଣେ
ତାଙ୍କୁ ଦେଖି, ଶତ୍ରୁପକ୍ଷେ ନ ଧରିବେ ପ୍ରାଣ । ୨୧ ।
ଚିତା-ଧୂମେ ପୂରି ପଥ, ଗୃଧ୍ରେ ସମାକୀର୍ଣ୍ଣଃ
ଅଳ୍ପକାଳେ ହେବ ଏହା ଶ୍ମଶାନ-ସମାନ । ୨୨ ।

ଅଚିରେ ପୂରିବ ମୋର ଏହି ମନସ୍କାମ
ତୁମ୍ଭଙ୍କୁ ଏ ବିପରୀତ, ଦିଶେ, ଦୁଃପ୍ରସନ୍ନ । ୨୩ ।
ଲଙ୍କାରେ ଅଦୃଶ୍ୟ ଏବେ ଦିଶିବେ ଅଶୁଭ
ଅଳ୍ପକାଳେ ହେବ ନିଶ୍ଚେ ଲଙ୍କା ହତପ୍ରଭ । ୨୪ ।
ପାପେ ହତ ରାବଣର, ଦୁର୍ଜ୍ଜୟ ଏ ଲଙ୍କା
ନିଶ୍ଚେ ହେବ ବିଧବାରମଣୀ ପରି ଶୁଷ୍କା । ୨୫ ।
ପୁଣ୍ୟୋତ୍ସବେ ରକ୍ଷା ନଷ୍ଟଭର୍ତ୍ତା ସରାକ୍ଷସା
ହେବ ନଷ୍ଟଭର୍ତ୍ତାଙ୍ଗଦା ପରି ସମଦଶା । ୨୬ ।
ନିଶ୍ଚେ ରକ୍ଷ କନ୍ୟାଏ କାନ୍ଦିବେ ଘରେ ଘରେ
ତାଙ୍କ ଆର୍ତ୍ତଧ୍ୱନି ନିଶ୍ଚେ, ଶୁଣିବି ଏଠାରେ । ୨୭ ।
ହୀନ-ପ୍ରଭ ଅନ୍ଧକାର, ହତରକ୍ଷବାରେ
ହେବ ଲଙ୍କାପୁର ଦଗ୍ଧ ଶ୍ରୀରାମଙ୍କ ଶରେ । ୨୮ ।
ଯଦି ରକ୍ତାକ୍ତ ଲୋଚନ ମହାଶୂର ରାମ
ଜାଣିବେ ରାକ୍ଷସପୁରେ ମୋର ଅବସ୍ଥାନ । ୨୯ ।
ଏ ନୃଶଂସ ଅଧମ ରାବଣେ ନିରୁପିସେତ
ଏବେ ସେ ସମୟ ଏହି ହେଲା ଉପଗତ । ୩୦ ।
ଦେ ଦୃଷ୍ଟେ ବିହିତ ମୃତ୍ୟୁ, ଏବେ ଯେ ଆସିଲା
ଅକାର୍ଯ୍ୟ ନ ଜାଣେ, ପାପାଚାରୀ ରାକ୍ଷେସେର । ୩୧ ।
ଅଧର୍ମ୍ମରୁ ମହୋତ୍ପାତ, ହୋଇବ ଯେ ଏବେ
ଜାଣନ୍ତି ନି, ଧର୍ମ୍ମ ମାଂସଭୋଜୀ ଏ ଦାନବେ । ୩୨ ।
ଧ୍ରୁବ, ପ୍ରାତଭୋଜନରେ ଖାଇବ ରାବଣ
କି କରିବି ତୁମ୍ଭବିନା, ହେ ପ୍ରିୟ-ଦର୍ଶନ । ୩୩ ।
ରକ୍ତାକ୍ଷ ରାମ ନ ଦେଖି, ମହାଦୁଃଖେ ସିନା
ଶୀଘ୍ର ଦେଖିବି ଶମନଦେବ, ପଡ଼ିବିନା । ୩୪ ।
ଭରତାଗ୍ର ରାମ ମୋ ବଂଚିବା ନ ଜାଣନ୍ତି
ଜାଣିଥିଲେ ଖୋଜିଥାନ୍ତେ, ଏ ସାରା ଧରିତ୍ରୀ । ୩୫ ।

ଲକ୍ଷ୍ମଣ ଅଗ୍ରଜ ବୀର, ନିଶ୍ଚେ ମୋ ଶୋକରେ
ଦେବ ଲୋକେ ଗଲା ଛାଡ଼ି, ଦେହ ଏ ମହୀରେ । ୩୬ ।
ଧନ୍ୟ ଦେବେ, ଯକ୍ଷେ, ସିଦ୍ଧେ, ମହାଋଷିଗଣ
ଦେଖୁଥିବେ, ବୀର ରାମ, ମୋ ପଦ୍ମଲୋଚନ । ୩୭ ।
ଅବା ସୁଧାର୍ମିକ, ସୁଧୀଙ୍କର ନାହିଁ କାମ
ଭାର୍ଯ୍ୟାରେ, ରାଜର୍ଷି ରାମଙ୍କ ପରମାତ୍ମନ । ୩୮ ।
ଦେଖିଲେ ହୁଅଇ ପ୍ରୀତି, ନୁହେ ଯେ ଅଦୃଶ୍ୟେ
କୃତଘ୍ନେ ନାଶନ୍ତି ପ୍ରୀତି, ଶ୍ରୀରାମ ନ ନାଶେ । ୩୯ ।
ମୋର ଅବା କେଉଁ ଗୁଣେ, କିବା ଭାଗ୍ୟ କ୍ଷୟେ
ହୋଇ ମୁଖ୍ୟ ରାମ ହୀନା, ସଢ଼େ ମୁଁ ବିଲୟେ । ୪୦ ।
ଶ୍ରେୟ ମୋ ଜୀବନୁ ମୃତ୍ୟୁ, ମହାତ୍ମା-ବିହୀନ
ଅକ୍ଷୁନ୍ନ-ଚରିତ ରାମଠୁ ଶତ୍ରୁସୂଦନ । ୪୧ ।
ଅବା ଶସ୍ତ୍ର ଛାଡ଼ି ଦୁହେଁ, ଫଳମୂଳ ଖାଇ
ମାୟାରେ ମାରିଲା, ସୂର, ଶ୍ରୀରାମ ଲକ୍ଷ୍ମଣ । ୪୩।
ଏପରି ସମୟେ ମୃତ୍ୟୁ, ପୂରା ମୁଁ ଇଛଇ;
ଏ ଦୁଃଖ ବିଧାତା ମୋର ମୃତ୍ୟୁ ନ ବିହଇ । ୪୪ ।
ନିଶ୍ଚେ ସତ୍ୟବ୍ରତ ମୁନି, ମହାତ୍ମାଏ ଧନ୍ୟ
ବିପତ୍ମନ, ମହାଭାଗ ପ୍ରିୟାପ୍ରିୟ ହୀନ । ୪୫ ।
ପ୍ରିୟରୁ ନ ହୁଏ ଦୁଃଖ, ଅପ୍ରିୟୁ ନାଧିକ
ନମଇ ମୁଁ ମହାତ୍ମନେ ବିତ ଶୋକ ଦୁଃଖ । ୪୬ ।
ସେ ଆତ୍ମଙ୍କ, ପ୍ରିୟ ଶ୍ରୀରାମରେ ହୋଇ ତ୍ୟକ୍ତ
ପ୍ରାଣ ଛାଡ଼ିବି ରାବଣ ପାପୀ ବଶଗତ । ୪୭ ।

ଷଡ଼ବିଂଶ ସର୍ଗ ସମାପ୍ତ

ସପ୍ତବିଂଶ ସର୍ଗ

ତ୍ରିଜଟା ସ୍ୱପ୍ନ

ଏହା କହନ୍ତେ ବୈଦେହୀ, କ୍ରୋଧେ ହତଜ୍ଞାନ
ଗଲେ କେତେ କହିତେ ରାବଣେ ଦୁରାତ୍ମନ । ୧ ।
ତହୁଁ ସୀତା ପାଖେ ଯାଇ ରକ୍ଷୀଏ କରାଳ
କହେ ପୁଣି, କଠିନ, ପୌରୁଷ କ୍ରୂର ଗୀଭ । ୨ ।
"ଆଜି ଏବେ ଅନାର୍ଯ୍ୟା ହେ ପାପାବର୍ତ୍ତୀ ନାରୀ
ଖାଇବେ ତୋ ମାଂସ ରାକ୍ଷସୀଏ ସୁଖେଚିରି । ୩।
ସେ ଅନାର୍ଯ୍ୟେ ଭର୍ତ୍ସିତା ଦେଖିଣ ବଇଦେହୀ
ବୃଦ୍ଧା ତ୍ରିଜଟା ରାକ୍ଷସୀ, କହେ ବାକ୍ୟ ଏହି । ୪ ।
"ନିଜକୁ ଖାଅ ଅନାର୍ଯ୍ୟେ, ପାରିବ ନି ଖାଇ
ସୀତା, ଦଶରଥ ବୋହୂ ଜନକ ତନୟୀ । ୫ ।
ଆଜି ଦେଖିଲି ସ୍ୱପନେ, ଯେ ରୋମହର୍ଷଣ
ତାଙ୍କ ଭର୍ତ୍ତାଙ୍କ ବିଜୟ, ରାକ୍ଷସ ନିଧନ । ୬।
ଏହା ଶୁଣି ରାକ୍ଷସୀଏ, କ୍ରୋଧେ ହତଜ୍ଞାନ
ତ୍ରସ୍ତ ହୋଇ ତ୍ରିଜଟାକୁ କହିଲେ ବଚନ । ୭)
"କହ ଏ ରାତ୍ରିରେ କ'ଣ ଦେଖିଲୁ ସ୍ୱପନ ?"
ଶୁଣି ରାକ୍ଷସୀମାନଙ୍କ ମୁଖୁଁ ଏ ବଚନ । ୮ ।
କହିଲା ତ୍ରିଜଟା ପ୍ରାତଃ-ସ୍ୱପ୍ନ ବିବରଣ
"ଗଜଦନ୍ତ ଦିବ୍ୟ ଶିବିକା ଆକାଶଯାନ । ୯ ।

ସହସ୍ର ବାଜିରେ ଯୁକ୍ତ ବସି ତହିଁ ରାମ
ଶୁକ୍ଳ ମାଲ୍ୟାମ୍ବର, ସମାଗତ ସଲକ୍ଷ୍ମଣ ।୧୦।
ସ୍ୱପ୍ନେ ବି ଦେଖିଲି ସୀତା, ଶୁକ୍ଳାମ୍ବରାବୃତା
ସାଗରେ ବେଷ୍ଟିତ ଶ୍ୱେତନଗପରି ସ୍ଥିତା ।୧୧।
ସୂର୍ଯ୍ୟେ ପ୍ରଭାପରି ସୀତା ଶ୍ରୀରାମେ ମିଳିତ
ପୁଣି ଦେଖେ ରାମ ଶୈଳପ୍ରଭ ଚତୁର୍ଦ୍ଦନ୍ତ ।୧୨।
ମହାଗଜ ଚଢ଼ି ଶୋଭେ, ଲକ୍ଷ୍ମଣ ସହିତ
ତହୁଁ ସୂର୍ଯ୍ୟସମ, ଦୁହେଁ ସ୍ୱତେଜରେ ଦୀପ୍ତ ।୧୩।
ଶୁକ୍ଳମାଲ୍ୟାମ୍ବରା ସୀତା ପାଶେ ଉପଗତ
ସେ ଗଜ ଉପରେ ନଗଶିଖେ ଆକାଶସ୍ଥ ।୧୪।
ବସାଇଲେ ଭର୍ତ୍ତା ସୀତା କ୍ରୋଡ଼େ ହାତୀକାନ୍ଧେ
ଭର୍ତ୍ତାଅଙ୍କୁ ଉଠି, ତହୁଁ ସୀତା ନେତ୍ର ପଦ୍ମେ
ଦେଖିଲି ମୁଁ ମକଚେ ସେ ହାତେ ସୂର୍ଯ୍ୟଚନ୍ଦ୍ରେ ।୧୫।
ଚଢ଼ିଣ ସେ ମହାଗଜ, ସେ ଦୁଇ କୁମରେ
ବିଶାଳାକ୍ଷୀ ସୀତା ସହ, ରହେ ଲଙ୍କାପୁରେ
ନିଜେ ଯୋଚି, ଆଠଧଳା ଷଣ୍ଢ ଯେ ରଥରେ ।୧୬।
ଶୁକ୍ଳ-ମାଲ୍ୟାମ୍ବର ରାମଲକ୍ଷ୍ମଣ ସାଥୀରେ
ଆସେ, ତହୁଁ ରାମଭଦ୍ର ଦେଖେ ଅନ୍ୟଠାରେ ।୧୭।
ଭାଇ ସଲକ୍ଷ୍ମଣ ସୀତା, ମହାବୀର୍ଯ୍ୟବାନ
ଆରୋହି ପୁଷ୍ପକ ଦିବ୍ୟ ରଥ ସୂର୍ଯ୍ୟସମ ।୧୮।
ଉତ୍ତର ଦିଗକୁ ଚାହିଁ ଗଲେ ନରୋତ୍ତମ
ଦେଖିଲି ମୁଁ ମୁଣ୍ଡିତ ଯେ, ତେଲବୋଳି ପୁଣ ।୧୯।
ରକ୍ତବସ୍ତ୍ରା, ମଦମତ୍ତ ମନ୍ଦାର-ମାଳିନ;
ପଡ଼ିଲା ପୁଷ୍ପକୁ ଆଦି, ଭୂତଳେ ରାବଣ ।୨୦।
ଦେଖେ ପୁଣି ଲଣ୍ଡା କୃଷ୍ଣାମ୍ବର ସ୍ତ୍ରୀରେ ଟଣା
ଖରଯୁକ୍ତ ରଥେ ରକ୍ତମାଲ୍ୟାନୁଲେପନା ।୨୧।

ପିଇ ତେଲ ହସେ ନାରେ ଭ୍ରାନ୍ତ ଜିତେନ୍ଦ୍ରିୟ
ଗଧରେ ଯାଉଛି ଶୀଘ୍ର, ଦକ୍ଷିଣ ଦିଶାୟ ।୨୨।
ପୁଣି ମୁଁ ଦେଖିଲି, ରାବଣ ରକ୍ଷେସଶ୍ୱର
ଭୟାର୍ତ୍ତ ଗର୍ଦ୍ଦଭୁ ପଡ଼େ, ମୁଣ୍ଡକରି ତଳ ।୨୩।
ସହସା ଉଠିଣ ଭ୍ରାନ୍ତ ଭୟେ ମଦାନ୍ୱୀତ
ଦୁର୍ବାକ୍ୟ ପ୍ରଳାପି ବହୁ, ଉଲଗ୍ନ ଉନ୍ମତ୍ତ ।୨୪।
ଦୁର୍ଗନ୍ଧ, ଦୁଃସହ, ଅନ୍ଧକାର ନର୍କସମ
ବିଷ୍ଠାଗର୍ଭେ ପଶି ମଗ୍ନ ହେଲା ଯେ ରାବଣ ।୨୫।
କର୍ଦ୍ଦମ-ହ୍ରଦେ ପଶିଲା, ଦକ୍ଷିଣକୁ ଯାଇ
ରକ୍ତାମ୍ବରା ପ୍ରମଦାଏ ବାନ୍ଧି ଲଙ୍କସାଇଁ ।୨୬।
କାଳୀ କର୍ଦ୍ଦମାଙ୍ଗୀ ତାକୁ ଦକ୍ଷିଣେ ଟାଣଇ
ବଳୀ କୁମ୍ଭକର୍ଣ୍ଣେ ପୁଣି ଦେଖିଲି ଯେ ତହିଁ ।୨୭।
ଲଣ୍ଡା ରାବଣର ପୁଏ ଗୋଧୋଇ ତେଲରେ
ବରାହେ ରାବଣ, ଇନ୍ଦ୍ରଜିତ ଶିଶୁମାରେ
ଓଟରେ କୁମ୍ଭକର୍ଣ୍ଣଯେ, ଯାଏ ଦକ୍ଷିଣରେ ।୨୮।
ସେଠି ଏକ ଦେଖେ ବିଭୀଷଣ ଶ୍ୱେତଛତ୍ର
ଚାରିମନ୍ତ୍ରୀ ସହ, ଆକାଶରେ ଉପସ୍ଥିତ ।୨୯।
ଗୀତବାଦିତ୍ର ନିସ୍ୱନ ମହା ସମ୍ମିଳନ ।
ମଦମତ୍ତ ରକ୍ତମାଳା-ବସ୍ତ୍ର ରକ୍ଷଗଣେ ।୩୦।
ଏହି ରମ୍ୟ ଲଙ୍କାପୁରୀ, ସବାଜାକୁଞ୍ଜରା
ଦେଖେ ସିନ୍ଧୁମଗ୍ନା, ଭଗ୍ନତୋରଣ-ଗୋପୁରା ।୩୧।
ତୈଳପାନେ ମତ୍ତା, ହସି ମହାଗର୍ଜ୍ଜନରେ
ରକ୍ଷ-ଯୋଷା ପଶେ ଭସ୍ମ-ରୁକ୍ଷ ଲଙ୍କାପୁରେ ।୩୨।
କୁମ୍ଭକର୍ଣ୍ଣାଦି ରାକ୍ଷସ-ପୁଙ୍ଗବ ସରବେ
ରକ୍ତବାସ ପିନ୍ଧି ପଶେ ଗୋମୟ ଅର୍ଣ୍ଣବେ ।୩୩।
ଦୂର ହୁଅ ନିଶ୍ଚେ ରାମ ସୀତାକୁ ପାଇବେ
ମହାକ୍ରୋଧେ ସୀତା ସହ, ରାକ୍ଷସେ ବଧିବେ ।୩୪।

ବନବାସୀ ସହଚରୀ, ପ୍ରିୟା ବହୁମାନ୍ୟା
ସହିବେ ନି ରାମ, ଭାର୍ଯ୍ୟା ଭର୍ତ୍ସନା ତର୍ଜ୍ଜନା । ୩୫ ।
ବୃଥା କ୍ରୂର ବାକ୍ୟ, ତାଙ୍କୁ କରହେ ସାନ୍ତ୍ୱନା
ତାଙ୍କୁ କ୍ଷମା ମାଗିବା ଗୋ ଏ ମୋର ରୋଚନା । ୩୬ ।
ଏହି ଦୁଃଖିନୀଙ୍କ ହେତୁ, ସ୍ୱପ୍ନ ମୁଁ ଦେଖିଲି
ପାଇବେ ସେ ଅତି ପ୍ରିୟ, ଏ ଦୁଃଖୁ ଉତୁରି । ୩୭ ।
ଭର୍ତ୍ସିତା ହେଲେ ବି ମାଗ-କ୍ଷମା, କି କଥାରେ
ଘୋର ଭୟ ରାମଠୁ ଆସନ୍ନ, ରାକ୍ଷସରେ । ୩୮ ।
ତୁମ କାକୁତିରେ ସୀତା ପ୍ରସନ୍ନା ହୋଇଲେ
ମହାଭୟୁଁ ତାରିବେ ସେ ନିଶ୍ଚେ ରାକ୍ଷସୀରେ । ୩୯ ।
ବିଶାଳାକ୍ଷୀଙ୍କର କିଂଚିତ୍ ଲକ୍ଷି ପାରୁନାହିଁ
ଅତି ସୂକ୍ଷ୍ମ, ଦୁର୍ଲକ୍ଷଣ, ତାଙ୍କ ଅଙ୍ଗେ ମୁହିଁ । ୪୦ ।
ଉପସ୍ଥିତ ଦୁଃଖ ଛାୟା, ଅଛି ମାତ୍ର, ଭାବେ
ଏଦେବୀ ଅଦୁଃଖାର୍ହା ଗୋ, ଦେଖିଛି ମୁଁ ନଭେ । ୪୧ ।
ଦେଖେ ମୁଁ ସୀତାଙ୍କ, କାମ୍ୟ ସିଦ୍ଧି ଯେ ଆସନ୍ନ
ରାଘବ ବିଜୟ, ରାକ୍ଷସେନ୍ଦ୍ରର ନିଧନ । ୪୨ ।
ନିମିତ୍ତମାତ୍ର ଯେ ମହାପ୍ରିୟ ସ୍ୱପ୍ନ-ବାଣୀ
ପଦ୍ମ-ପଳାଶ-ନୟନା ଚକ୍ଷୁସ୍ଫୁରେ ଶୁଣି । ୪୩ ।
ଇଷତ୍ ହୃଷ୍ଟ ଚାରୁ ବୈଦେହୀଙ୍କ ଅପକ୍ଷିଣ
ଅକସ୍ମାତ କମ୍ପେ, ଦେଖ ବାହୁ ସୁଲକ୍ଷଣ । ୪୪ ।
କରୀ ହସ୍ତ ପରି ସବ୍ୟ ଉରୁ ମହୋତ୍ତମ
ସ୍ଫୁରଇ ସତେ କି ଉଭା, ସମ୍ମୁଖେ ଶ୍ରୀରାମ । ୪୫ ।

ଶାଖାନୀଡ଼େ ପକ୍ଷୀଟିଏ ପ୍ରବେଶିଣ
ପୁନଃ ପୁନଃ ସାନ୍ତ୍ୱନା-ବାଣୀ ଉତ୍ତମ
ସୁସ୍ୱାଗତ ଭବ କରି ଉଚ୍ଚାରଣ
ଷ୍ଟୁ ସ୍ୱସ୍ତୟନ କିବା କରେ, ହର୍ଷେ ପୁଣ !
ତହୁଁ ଲଜ୍ଜା-ଶୀଳା ବାଳା ଭର୍ତ୍ତଜୟେ ହୃଷ୍ଟ
"ହେଲେ ଏହା" କହେ, "ତୁମ ଶରଣ ମୋ ଇଷ୍ଟ"

ସପ୍ତବିଂଶ ସର୍ଗ ସମାପ୍ତ

ଅଷ୍ଟାବିଂଶ ସର୍ଗ

ସୀତାଙ୍କର ଉଦ୍-ବନ୍ଧନ ଉଦ୍ୟମ

ଶୁଣିଣ ରାକ୍ଷସ-ଇନ୍ଦ୍ରର ବଚନ
ରାବଣ ଅପ୍ରିୟ ବାକ୍ୟେ ହନ୍ୟମାନ;
ସୀତା ଭୟାତୁରା ହେଲେ, ଯଥା ବନେ
ଗଜରାଜ କନ୍ୟା, ସିଂହ ଆକ୍ରମଣେ ।୧।
ରାକ୍ଷସୀ ଘେରରେ ରହି ଭୟାତୁରା
ରାବଣ ମହତୀ ତର୍ଜ୍ଜନା କାତରା;
ବିଜନ-କାନ୍ତାର ମଧ୍ୟେ ପରିତ୍ୟକ୍ତା
ବାଳ-କନ୍ୟା ପରି, ବିଳପିଲେ ସୀତା ।୨।
"ସତ୍ୟ ତେବେ ସନ୍ତେ, କହନ୍ତି ଯେ ଭବେ
ଅକାଳ ମୃତ୍ୟୁ ଯେ ନ ହୁଅଇ କେବେ ।
ଯହିଁ ମୁହିଁ ଏହିପରି ଭତ୍ସମାନା
ବଂଚିଛି ଯେଉଁଠି ହୋଇ କ୍ଷୀଣ ପୁଣ୍ୟା ।୩।
ସୁଖଭୋଗ ହୀନ, ବହୁ ଦୁଃଖ ପୂର୍ଣ୍ଣ
ମୋ ଏ ହୃଦ ନିଶ୍ଚେ ଅତୀବ କଠିନ
ନ ହେଲେ କାହିଁକି ନ ହୁଏ ବିଦୀର୍ଣ୍ଣ
ସହସ୍ରଧା ବଜ୍ରେ, ଗିରିଶୃଙ୍ଗ ସମ ।୪।
ନିଶ୍ଚେ ମୋର ଦୋଷ ଏଠି ଲେଶ ନାହିଁ
ବଧାର୍ହ ଏ ଅପ୍ରିୟ-ଦର୍ଶନେ ମୁହିଁ ।

ମୋ ଭାବ ଏହାକୁ ଦେବାରେ ଅକ୍ଷମ
ନିଶ୍ଚେ ଦ୍ୱିଜ ମ୍ଳେଚ୍ଛେ ମନ୍ତ୍ର-ଦାନ ସମ । ୫ ।
ଲୋକନାଥ ରାମ ନ ଆସିବେ ଯେବେ
ଶୈଲ୍ୟ-ବୈଦ ଯଥା କାଟେ ଶିଶୁଗର୍ଭେ;
ନିଶ୍ଚେ ମୋର ଅଙ୍ଗ କାଟିବେ ଅନାର୍ଯ୍ୟ
ରକ୍ଷେନ୍ଦ୍ର ଛେଦିବ ଶାଣାସ୍ତ୍ରେ ନିଧାର୍ଯ୍ୟ । ୬ ।
ଏ ଦୁଃଖିନୀର ଏ କଷ୍ଟ ଯେ ନିଶ୍ଚୟ
ଦୁଇମାସ ଚିରଦିନ ହେବ ଲୟ ।
ନିଶାଅନ୍ତେ କାରାରୁଦ୍ଧ ବନ୍ଦୀ ପରି
ରାଜ ଅପରାଧେ ତସ୍କରର ସରି । ୭ ।
ହା, ହା, ରାମ, ହା ଲକ୍ଷ୍ମଣ ହା ସୁମିତ୍ରେ
ହା, ହା, ରାମ, ମାତା, ମୋର ଜନ୍ମଦାତ୍ରେ !
ଏ ବିପଦେ ମୁଁ ପଡ଼ିଛି, ଭାଗ୍ୟହୀନା
ମହାର୍ଣ୍ଣବେ, ନୌକା, କିବା ବାତ୍ୟାଭିନ୍ନା । ୮ ।
ମୃଗରୂପେ ରକ୍ଷ ଉଗ୍ରବେଶଧାରୀ
ମନୁବେନ୍ଦ୍ର ଦୁଇପୁତ୍ରେ ନିଶ୍ଚେଧରି
ହତ୍ୟା କରିଅଛି ମୋହର ନିମିତ୍ତ
ସିଂହ କ୍ଷଣେମାରେ ଯଥା ଯେ ବିଦ୍ୟୁତ । ୯ ।
ନିଶ୍ଚୟ ସେ କାଳ ମୃଗରୂପ ଧରି
ପ୍ରଲୋଭିଣ ମୋତେ ହତଭାଗ୍ୟ ନାରୀ,
ତହୁଁ ମୋହେ ତ୍ୟାଗ କଲି ରାଜ ସୁତେ
ରାମାନୁଜେ ଶ୍ରୀ ଲକ୍ଷ୍ମଣ ପୂର୍ବଜାତେ । ୧୦ ।
ହା, ରାମ, ହେ ଦୀର୍ଘବାହୁ ସତ୍ୟବ୍ରତ
ହା ପୂର୍ଣ୍ଣଚନ୍ଦ୍ରମା, ପ୍ରତିମାନ-ବକ୍ତ୍ର;
ହା ହା ଜୀବଲୋକ ହିତ, ମହାପ୍ରିୟ
ନଜାଣ ମୁଁ ରକ୍ଷେ ବଧ, ଅସହାୟ । ୧୧ ।

ନ ଅନ୍ୟ ଦେବତା ଜାଣେ ନି, ମୁଁ କ୍ଷମେ
ଭୂତଳେ ମୋ ଶଯ୍ୟା, ନିୟତ ମୁଁ ଧର୍ମେ;
ମୋ ପତବାତ୍ସ୍ୟ ବି ହୋଇଛି ବିଫଳ
କୃତଘ୍ନ ମନୁଷ୍ୟେ ଯଥା ଉପକାର । ୧୨ ।
ମୋ ଧର୍ମାଚରଣ ହୋଇଛି ବିଫଳ
ତଥା ଏକପତ୍ନୀ-ବ୍ରତେ ନାହିଁ ଫଳ ।
ତୁମଙ୍କୁ ନ ଦେଖି, ବିବର୍ଣ୍ଣା ମୁଁ କ୍ଷୀଣା
ନିରାଶା ତୁମ ସଙ୍ଗମେ ହୋଇ ହୀନା । ୧୩ ।
ପିତୃସତ୍ୟ ପାଳି ଯଥା ନିୟମରେ
ବନରୁ ଫେରିବ ଚରିତ୍ର-ବ୍ରତରେ;
ବିପୁଳ-ନୟନା ଅନ୍ୟ ଅନ୍ୟ ସ୍ତ୍ରୀୟେ
ଭାବେ ଯେ କୃତାର୍ଥ, ରଖିବ ନିର୍ଭୟେ । ୧୪ ।
ମୋ ବିନାଶ ପାଇଁ ହୋଇଥିଲି ଜନ୍ମ
ଚିର ତୁମ୍ଭ ପ୍ରେମେ ଥିଲି ନିମଗନ;
ସେ ମୋ ତପ ଏବେ ହୋଇଲା ଯେ ମୋଘା
ଧିକ ମୋ ଜୀବନ, ମୁଁ ଯେ ହତଭାଗା । ୧୫ ।
କ୍ଷିପ୍ରେ ମୁଁ ଛାଡ଼ିବି, ଏ ହୀନ ଜୀବନ
ଶାଣିତ ଶସ୍ତ୍ରେବା, ବିଷକରି ପାନ;
ଆହା ଏଠି କେହି ନାହାଁନ୍ତିତ ଜନେ
ବିଷଦେବା ପାଇଁ ଏ ରକ୍ଷ-ଭବନେ ! । ୧୬ ।
ଶୋକ ଅଭିଭତା ବହୁଧା, ଚିନ୍ତିଣ
ତହୁଁ ସୀତା କରି ସ୍ୱବେଣୀ ଗ୍ରହଣ
କଣ୍ଠେ ଏ ବେଣୀକୁ ଉର୍ଦ୍ଧ୍ୱେ ବାନ୍ଧି କରି
ଯଥା ଶୀଘ୍ର ଏବେ ଯାଏଁ ଯମପୁରୀ । ୧୭ ।
ମୃଦୁଳାଙ୍ଗୀ ତହୁଁ ଠିଆ ହେଲେ ଯାଇ
ବୃକ୍ଷଶାଖା ଧରି ବିହ୍ୱଳିତ ହୋଇ ।

ସେ ଶୁଭାଙ୍ଗୀ ରାମେ ଚିନ୍ତି ଚିନ୍ତି ମନେ
ରାମାନୁଜେ, ନିଜ କୁଳ ପିତୃଗଣେ ।୧୮।
ଲକ୍ଷିଲେ ସେ ଶୋକ-ବିନାଶୀ ଲକ୍ଷଣ
ଧୈର୍ଯ୍ୟାର୍ଦ୍ଧିତ ବହୁ, ମଙ୍ଗଳ ଦ୍ୟୋତନ;
ପ୍ରାଦୁର୍ଭାବ ହେଲା ବହୁ ଯେ ନିମିତ୍ତ
ପୂରା ସିଦ୍ଧିଚୟ ହେଲା ଯେ ଲକ୍ଷିତ ।୧୯।

ଅଷ୍ଟାବିଂଶ ସର୍ଗ ସମାପ୍ତ

ଊନତ୍ରିଂଶ ସର୍ଗ

ଶୁଭ ସୂଚକ ଲକ୍ଷଣ

ଏପରି ଦୁଃଖିନୀ ସୀତା ଅନିନ୍ଦିତା
ହରଷ-ବିହୀନା ଅତିହୀନ ଚେତା
ମଙ୍ଗଳ ଲକ୍ଷଣେ, ଆସି ଯେ ଭେଟିଲେ
ସେବକେ ଯେପରି ଶ୍ରୀ ସଂପନ୍ନନରେ । ।୧।
ତାହାଙ୍କର ବାମ ମରାଳ-ସୁଭ୍ରୂରୁ
କୃଷ୍ଣ-କେଶ ଘେରା ଶୁକ୍ଳାୟତା ଚାରୁ;
ସୁକେଶୀଙ୍କର ସେ ସ୍ଫୁରିଲା ନୟନ
ମୀନାହତ ପଦ୍ମପରି ତାମ୍ରବର୍ଣ୍ଣ ।୨।
ଚାରୁ ବାମଭୁଜ ସୁଗୋଲ କୁଂଚିତ
ପୀନ କଳାଗୁରୁ ଚନ୍ଦନ ଚର୍ଚ୍ଚିତ;
ମହୋତ୍ତମ ପ୍ରିୟେ ଚିର ବିଳସିତ
ସତ୍ୱର ଦ୍ରୁତରେ ହେଲା ସୁସ୍ପନ୍ଦିତ ।୩।
ଗଜେନ୍ଦ୍ରର କର ପ୍ରତିମ ପୃଥୁଳ
ଦୁହେଁ ପରସ୍ପର ସୁସଂଶ୍ଳିଷ୍ଟେଠୁଳ;
ପୁଣି ଯେ ଥରିଲା, ତାଙ୍କ ଉରୁ-ଯୁଗ୍ମ
ଦେଖି ସତେ ଠିଆ ଆଗେ ଯେ ଶ୍ରୀରାମ ।୪।
ଶୁଭ ପୁଣି, ହେମ୍ନ ସମାନ୍ନ ଯେ ବର୍ଣ୍ଣ
ଅତୁଳାକ୍ଷୀର ଅଙ୍ଗ ଧୂଳି ମଳିନ ।

ଦଶନ ଅଗରେ ଥିବା ଯେ ବସନ
ଚାରୁ ଅଙ୍ଗୁ କିଂଚିତ୍ ହେଲା ଯେ ସ୍ଖଳନ ।୫।
ଏହି ସୁଲକ୍ଷଣେ, ଅନ୍ୟାନେ ବି ସୁଭ୍ରୁ
ଆଗୁ ସାଧୁ-ସିଦ୍ଧଙ୍କର ବଚନରୁ
ବାୟୁତାପେ ପ୍ରାୟ ନଷ୍ଟ ବୀଜସମ
ବର୍ଷାଗମେ ତାଙ୍କ ଦୃଷ୍ଟ ହେଲା ମନ ।୬।
ତାହାଙ୍କର ପୁଣି, ଓଷ୍ଠ ବିମ୍ବସମ
ନେତ୍ରଭ୍ରୂରୁ, କେଶାନ୍ତ, ମରାଳ-ପକ୍ଷ୍ମ
ବକ୍ର ବିକାଶିଲା, ଶୁକଳ ଦର୍ଶନ
ରାହୁ ମୁକ୍ତ ଚନ୍ଦ୍ର ସମ ଶୋଭାବନ ।୭।
କ୍ଷାନ୍ତଦ୍ୱାରା ଜୀବନ-ପ୍ରବୃଦ୍ଧ-ହର୍ଷ ।
ଶୋଭିଲେ ଯେ ଆର୍ଯ୍ୟା, ଶୁକ୍ଳ ସୁବଦନେ
ଉଦିତ ଶୀତାଂଶୁ-ରଜନୀ ସମାନେ ।୮।

ଉନତ୍ରିଂଶ ସର୍ଗ ସମାପ୍ତ

ତ୍ରିଂଶ ସର୍ଗ

ହନୁମାନଙ୍କର କାର୍ଯ୍ୟାକାର୍ଯ୍ୟ ଚିନ୍ତନ

ଯଥାର୍ଥ ଶୁଣିଲେ ସବୁବୀର ହନୁମାନ
ସୀତାଙ୍କର ତ୍ରିଜଟାର, ରାକ୍ଷସୀ ତର୍ଜନ । ।୧।
ଦେବୀଙ୍କୁ ଦେଖି, ଦେବତା ପରି ଯେ ନନ୍ଦନେ
ତହୁଁ ବହୁବିଧ ଚିନ୍ତା ଆସେ ତାଙ୍କ ମନେ ।୨।
ସହସ୍ର ସହସ୍ର ବହୁ ଅଯୁତ ବାନରେ
ଖୋଜନ୍ତି ଯାହାଙ୍କୁ, ତାଙ୍କୁ ପାଇଲି ଏଠାରେ ।୩।
ଶତୃ-ଶକ୍ତି କଳିବାକୁ ଦକ୍ଷତାର ପରି
ଗୂଢ଼େ ଖୋଜି, ସନ୍ଧାନ ମୁଁ ଏଠାରେ ପାଇଲି ।୪।
ଦେଖିଲି ବିଶେଷେ, ରାକ୍ଷସର ଏହି ପୁର
ରାକ୍ଷସାଧିପତି ପ୍ରଭାବ ବି ରାବଣର ।୫।
ସେ ଅନନ୍ତ, ସର୍ବ-ପ୍ରାଣୀ, ଦୟାର୍ଦ୍ର ଭାର୍ଯ୍ୟାଙ୍କୁ
ସାନ୍ତ୍ୱନା ଦେବା ଯୁକ୍ତ ପତି ବିରହିଣୀଙ୍କୁ ।୬।
ଆଶ୍ୱାସନା ଦେବି, ଏହି ପୂର୍ଣ୍ଣଚନ୍ଦ୍ରାନନେ
ଅଦେଖା, ଦୁଃଖିନୀ, ଦୁଃଖାନ୍ତସୀମା ନ ଜାଣେ ।୭।
ଶୋକାହତ ଚେତା ଦେବୀ ନ କରି ଆଶ୍ୱାସ
ଯାଏଁ ଯେବେ ମୋ ଗମନ ନ ହେବ ନିର୍ଦ୍ଦୋଷ ।୮।
ଗଲେ ମୁହିଁ ତହିଁ ରାଜପୁତ୍ରୀ ଯଶସ୍ୱିନୀ
ତ୍ରାଣ ନ ଦେଖି ଛାଡ଼ିବେ ପ୍ରାଣ ରାମପତ୍ନୀ ।୯।

ଯଥା ସେହି ମହାବାହୁ, ପୂର୍ଣ୍ଣଚନ୍ଦ୍ରାନନ
ଆଶ୍ୱାସନା ଅର୍ହେ ସୀତା-ଦର୍ଶନକାଙ୍କ୍ଷିଣ ।୧୦।
ନିଶାଚରୀଙ୍କ ପ୍ରତ୍ୟେକ୍ଷେ, ଅକ୍ଷମ ଭାଷଣେ
କିପରି କର୍ତ୍ତବ୍ୟ ମୋର ଏ ଦୁଃଖ ଶାସନେ ।୧୧।
ରାତ୍ରୀଶେଷ ଆଗରୁ ମୁଁ ନ ଆଶ୍ୱାସେ ଯେବେ
ନିଃସନ୍ଦେହେ ପ୍ରାଣ ନିଶ୍ଚେ ଦେବୀ ଯେ ଛାଡ଼ିବେ ।୧୨।
ରାମ ପଚାରିଲେ ମୋତେ, କି କହିଲେ ସୀତା
ସୁମଧ୍ୟମାଙ୍କର ତହିଁ କି ଦେବି ବାରତା ।୧୩।
ସୀତା-ସଂଦେଶ ନ ନେଇ, ଏଠୁଁ ଶୀଘ୍ରେ ଗଲେ
ଦହିବେ ମୋତେ କାକୁସ୍ଥ, ନେତ୍ର କ୍ରୋଧାନଳେ ।୧୪।
ରାମଙ୍କ ପାଇଁ ପ୍ରଭୁଙ୍କୁ କଲେ ଉତ୍ସାହନ
ବୃଥା ହେବ ଏଠି ତାଙ୍କ ସୈନ୍ୟ ଆଗମନ ।୧୫।
ରାକ୍ଷସୀମାନଙ୍କ ଅନ୍ତରାଳେ ରହି ମୁହିଁ
ଶନୈ ଆଶ୍ୱାସିବି ଶଂକାକୁଳା ବଇଦେହୀ ।୧୬।
ଅତିବଡ଼ ଦେହ ମୋର ବିଶେଷେ ବାନର
ମନୁଷ୍ୟ ପରି କହିବି ସଂସ୍କୃତରେଗୀର ।୧୭।
ଦ୍ୱିଜପରି କହିବି ମୁଁ ଯଦି ସଂସ୍କୃତରେ
ରାବଣ ମନିଷ କଣ୍ଢେ ସୀତା ମନେ କରେ ।୧୮।
ଅବଶ୍ୟ କହିବି, ମନୁଷ୍ୟ ବାକ୍ୟ ସଅର୍ଥେ
ସାନ୍ତ୍ୱନା-ଦେବାକୁ ଶକ୍ୟ ହେବି, ଅନିନ୍ଦିତେ ।୧୯।
ମୋ ରୂପ ଦେଖି ଜାନକୀ, ଶୁଣି ମୋ ବଚନ
ପୂର୍ବେ ରକ୍ଷତ୍ରସ୍ତା ପୁଣି ଭୟେ ହେବେ କ୍ଷୁନ୍ନ ।୨୦।
ତହୁଁ ଜାତ-ତ୍ରସ୍ତା ଶବ୍ଦ କଲେ ମନସ୍ୱିନୀ
ଭବି ମୋତେ ମାୟାବୀ ରାବଣ ସୁନୟନୀ ।୨୧।
ସୀତାଙ୍କ ଶବ୍ଦେ ସହସା, ଏ ରାକ୍ଷସୀଗଣ
ନାନା ଶସ୍ତ୍ରଧାରୀ ଘୋର, ଆସି ଯମ ସମ ।୨୨।

ତହୁଁ ଦେଖି ମୋତେ ସବୁ ସେ ବିକୃତାନନା
ମାରିବା ବା ଧରିବାକୁ ହେବେ ତନାଘନା । ୨୩ ।
ତହୁଁ ମୋତେ ଶାଖା, ପ୍ରଶାଖାରେ ବୃକ୍ଷସ୍କନ୍ଧେ
ଦଉଡନ୍ତ ଦେଖି ତ୍ରସ୍ତ ହେବେ ଅନୁବନ୍ଧେ । ୨୪ ।
ମୋ ବିରାଟ ରୂପ ଦେଖି, ଧା' ଧପଡୁ ବନେ
ରାକ୍ଷସୀଏ ହେବେ ତ୍ରସ୍ତା, ବିକଟାଳ ସ୍ୱନେ । ୨୫ ।
ତହୁଁ ରାକ୍ଷସୀଏ ଡାକିବେ ରାକ୍ଷସମାନେ
ରାକ୍ଷସେନ୍ଦ୍ର ନିଯୁକ୍ତ ଯେ, ଗୃହରକ୍ଷୀଗଣେ । ୨୬ ।
ଧରି ଶୂଳ ଶର ବହୁ, ନିଷାତ୍ରିଂଶ ଆୟୁଧ
ଉଦ୍‌ବେଗେ ଦୌଡ଼ିବେ ଏଥି କରି ମହାଶବ୍ଦ । ୨୭ ।
ଆବଦ୍ଧ କରି ଘେରିଲେ, ଧ୍ୱଂସି ରକ୍ଷ ବଳ
ଶକିବିନି, ଯିବାକୁ ମୁଁ ସିନ୍ଧୁ ପାରପାର । ୨୮ ।
ଘେରି ମୋତେ ବାନ୍ଧିବେ ବା, ଶୀଘ୍ର-କର୍ମ୍ମାଗଣ
ବୈଦେହୀ କାମ ନ ହେବ, ଧରା ହେବି ଜାଣ । ୨୯ ।
ହିଂସାକାରୀ ରକ୍ଷେ ଅବା ସୀତାଙ୍କୁ ହିଂସିବେ
ବିଫଳ ହେବ ମୋ କାର୍ଯ୍ୟ, ନିଶ୍ଚେ ମୁହିଁ ଭାବେ । ୩୦ ।
ଏ ବାଟେ ଉଦ୍ଦେଶ୍ୟ ନଷ୍ଟ; ରାକ୍ଷସୀଙ୍କ ମେଳେ
ଗୁପ୍ତେ ବସନ୍ତି ଜାନକୀ, ସାଗର ଘେରରେ । ୩୧ ।
ଯୁଦ୍ଧେ ଅବା ମାରି ମୋତେ ବନ୍ଦୀ କରି ନେଲେ
ରାମରକାର୍ଯ୍ୟ କିପରି ହେବ ବା ଏଥିରେ । ୩୨ ।
ଭାବି ଦେଖୁ ନାହିଁ, ମୋର ବଧେ କେ ବାନର
ଲଂଘିବ ଏ ସିନ୍ଧୁ ଶତ-ଯୋଜନ ବିସ୍ତାର । ୩୩ ।
କ୍ଷମ ମୁଁ ନିଧନେ । ସସ୍ର ସସ୍ର ରକ୍ଷଗଣ
ତାପରେ ସିନ୍ଧୁ ଲଂଘନେ ନୁହେଁ ମୁଁ ସକ୍ଷମ । ୩୪ ।
ଅନିଶ୍ଚିତ ଯୁଦ୍ଧ, କାହୁଁ ସଂଶୟେ ରୋଚିବ ?
କେ ପ୍ରାଜ୍ଞ ଧ୍ରୁବ-କାର୍ଯ୍ୟକୁ ସଂଶୟେ ଯୋଚିବ ? । ୩୫ ।

ଏ ମହା ଦୋଷ ହୋଇବ ସୀତାଙ୍କୁ କହିଲେ
ପ୍ରାଣ ତ୍ୟାଗ ହେବ ତାହାଙ୍କର ନ କହିଲେ । ।୩୬।
ଦେଶକାଳ ବିରୁଦ୍ଧାର୍ଥ କ୍ଲୀବ ଦୂତ ହାତେ
ସୂର୍ଯ୍ୟୋଦୟେ ତମ ସମ ନଷ୍ଟ ହୁଏ, ଦୂତେ ।୩୭।
ନିଶ୍ଚିତ ବୁଦ୍ଧି ନ ଶୋଭେ, କାର୍ଯ୍ୟକାର୍ଯ୍ୟାନ୍ତରେ
ପଣ୍ଡିତାଭୀମାନୀ ଦୂତେ କାର୍ଯ୍ୟ ନଷ୍ଟ କରେ । ।୩୮।
କିପରି ମୋ କାର୍ଯ୍ୟ ନଷ୍ଟ ବିକ୍ଲବ ନ ହେବ
ସିନ୍ଧୁ-ଲଂଘନ କିପରି, ବୃଥା ଯେ ନ ହେବ । ।୩୯।
କିପରି ମୋ ବାକ୍ୟଶୁଣି, ନେ ହେବେ ଆତୁର
ମତିମାନ ହନୁ ଭାବି, ପନ୍ଥା କଲେ ସ୍ଥିର ।୪୦।
ଦୁଃଖେ ନ ଉଦ୍‌ବିଗ୍ନମନ, ତାଙ୍କ କଥା କହି
ଉଦ୍‌ବିଗ୍ନ କରିବି ନାହିଁ, ତାଙ୍କ ପ୍ରିୟ-ସହୀ ।୪୧।
ଇକ୍ଷ୍ୱାକୁ ବରିଷ୍ଠ-ରାମ, ବିଦିତାତ୍ମାଙ୍କର
ସମର୍ପିବି ଧର୍ମ୍ମଯୁକ୍ତ କାହାଣୀ ତାଙ୍କର ।୪୨।
ଶୁଣାଇବି, ସବୁ ମଧୁରେ କହିଣ ଗୀର
ଶ୍ରଦ୍ଧାଇବେ ଯଥା ଭୀରୁ, ସେହି ପରକାର ।୪୩।
ସତ୍ୟ ମଧୁଗୀରେ କରିଲେ ଗାୟନ
ଇତି ବହୁବିଧ, ଭାବିଣ ମହାନ
ଜଗତ୍-ପତି ପ୍ରମଦା ଅବେକ୍ଷମାର୍ଗ
ବୃକ୍ଷ-ଶାଖାନ୍ତରେ ରହି ହନୁମାନ ।୪୪।

ତ୍ରିଂଶ ମାର୍ଗ ସମାପ୍ତ

ଏକ ତ୍ରିଂଶ ସର୍ଗ

ରାମ-ବୃତ୍ତାନ୍ତ କୀର୍ତ୍ତନ

ଏହି ପରି ବହୁ କଥା, ଭାବି କପିବୀର
ସୀତାଙ୍କ ଶୁଣିମା ଭଳି, କହେ ମଧୁଗୀର ।୧।
"ରାଜା ଦଶରଥ, ରଥଗଜବାଦିମାନ
ପୁଣ୍ୟ-ଶୀଳ ସୁକୀର୍ତ୍ତି ଇକ୍ଷ୍ୱାକି ଯଶସ୍ୱିନ ।୨।
ଅହିଂସୋଦାର, ଦୟାଳୁ, ସତ୍ୟ ପରାକ୍ରମ
ମୁଖ୍ୟ ଇକ୍ଷ୍ୱାକୁଣ, ସୁଲକ୍ଷ୍ମ, ଲକ୍ଷ୍ମୀ-ବର୍ଦ୍ଧନ ।୩।
ରାଜଲକ୍ଷଣ-ସମ୍ପନ୍ନ ଧରାଶ୍ରୀ, ନୃଷଭ
ଚତୁରସଃ ଧରାଶ୍ରୁତ, ସୁଖଦ ସୁଶୁଭ ।୪।
ତାଙ୍କ ପ୍ରିୟ-ପୁତ୍ର, ଜ୍ୟେଷ୍ଠ, ତାରାଧିପାନନ
ବିଶେଷଜ୍ଞ, ସର୍ବ-ଧାନୁଷୀଙ୍କ, ଶ୍ରେଷ୍ଠ ରାମ ।୫।
ସ୍ୱବୃତ୍ତି-ରକ୍ଷକ ସ୍ୱଜନର ବି ପାଳକ
ପରଂତପ, ଧର୍ମ୍ମ ଜୀବଲୋକର ରକ୍ଷକ ।୬।
ସତ୍ୟରାଂଧ, ବୃଦ୍ଧ-ପିତା-ବଚନ ପାଳିକାଣ
ସଭାର୍ଯ୍ୟା, ସଭ୍ରାତା, ବୀର ପ୍ରବେଶିଲେ ବନ ।୭।
ତହିଁ ମହାରଣ୍ୟେ, ମୃଗୟା-ପରିଧାବିତ
ବହୁ ମାୟାବୀ ରାକ୍ଷସେ, ଶୂର କଲେ ହତ ।୮।
ଜନସ୍ଥାନ, ବଧ, ଖର ଦୂଷଣ ନିଧନ
ଶୁଣି ହରିଲା ଜନକ-ନନ୍ଦିନୀ, ରାବଣ ।୯।

ମାୟାମୃଗ ରୂପେ ଛଳି, ସେ ଅରଣ୍ୟେ ରାମ ।
ଅନିନ୍ଦିତା ସୀତା ରାମ, ତହୁଁ ଅନ୍ୱେଷିଣ ।୧୦।
କଲେ ମିତ୍ର ବନେ, ବାନରେ ସୁଗ୍ରୀବ ନାମ ।
ତହୁଁ ବାଳିକି ମାରିଣ ଶତୃଘ୍ନ ଶ୍ରୀରାମ । ।୧୧।
ମହାତ୍ମା ସୁଗ୍ରୀବେ କପି-ରାଜ୍ୟ ସମର୍ପିଲେ
ସୁଗ୍ରୀବାଦେଶେ ମାୟାବୀ ବାନରେ ଖୋଜିଲେ ।୧୨।
ସବୁ ଦିଗେ ସହସ୍ର ସହସ୍ର ଖୋଜେ, ସୀତା
ସଂପାତି ବଚନେ ମୁହିଁ, ଶତଯୁଣାୟତା ।୧୩।
ସେ ବିଶାଳ-ନେତ୍ରୀ ପାଇଁ, ସିନ୍ଧୁ ବେଗେ ଡେଇଁ
ଯଥା ରୂପ ବର୍ଣ୍ଣ ଲକ୍ଷ୍ମୀ-ବତୀ ଏଇଠାଇଁ ।୧୪।
ଯେପରି ରାମଙ୍କ ଠାରୁ ଶୁଣିଥିଲି ମୁହିଁ ।
ଏହା କହି ବିରମିଲେ ବାନର ଗୋସାଇଁ ।୧୫।
ଜାନକୀ ବି ତାହା ଶୁଣି ମହା-ବିସ୍ମୟରେ
କୁଂଚିତ-ବାଳ, ସୁକେଶୀ, କେଶ ସମ୍ଭାରରେ
ଟେକି ମୁଖ, ଭୀରୁ, ଶିଂଶପାକୁ ଅନ୍ୱେଷିଲେ ।୧୬।
ଜାନକୀ ଶୁଣିଣ କପିର-ବଚନ
ସବୁ ଦିଗ ବିଦିଗକୁ ଅନାଇଣ;
ନିଦେ ମହା ନଳେ, ହେଲେ ନିମଗନ ।
ସର୍ବାତ୍ମନେ, ଅନୁସ୍ମରି, ଯେ ଶ୍ରୀରାମ ।୧୭।
ଚାହିଁ ଏତେ ତେଣେ, ତଳେ ଉପରରେ
ନିରେକ୍ଷୁ, ନିରେକ୍ଷୁ; ଅଚିନ୍ତ୍ୟ ବୁଦ୍ଧିରେ ।
ଦେଖିଲେ ବାନରାଧିପତି ଅମାତ୍ୟ
ରାଜେ ସୂର୍ଯ୍ୟୋଦିତ ପରି ବାୟୁସୁତ ।୧୮।

ଏକ ତ୍ରିଂଶ ସର୍ଗ ସମାପ୍ତ

ଦ୍ୱାତ୍ରିଂଶ ସର୍ଗ

ସୀତାଙ୍କର ସ୍ୱପ୍ନ କି ?

ତହୁଁ ତାଳେ ଛପେ, ଦେଖି ମନ ଚଳ ଚଳ
ଧଳାଲୁଗା ପିନ୍ଧା, ବିଦ୍ୟୁ-ସଂଘାତ ପିଙ୍ଗଳ ।୧।
ଦେଖେ କପି, ତହିଁବସେ ମଧୁର-ଭାଷୀଣ
ସଫୁଟୋଶୋକ ପୁଷ୍ପାଭାସ, ତପ୍ତ-ସୂର୍ଯ୍ୟେକ୍ଷଣ ।୨।
ତହୁଁ ଦେଖି କପି ଶ୍ରେଷ୍ଠେ, ସୁନମ୍ର-ବଦନ
ମୈଥିଳୀ ଚିନ୍ତି ହୋଇଲେ, ବିସ୍ମୟ ପରମ ।୩।
"ଆହେ, ଭୀମ, ଏହି ପ୍ରାଣୀ ବାନର ଦୁର୍ଜ୍ଜୟ
ଦୁର୍ନୀରୀକ୍ଷ, ଏ ଯେ, ଭାବି, ହୋଇଲେ ବିମୋହ ।୪।
ବିଳପେ, ଅତି ବିକଳେ, କରୁଣେ, ଭୟାର୍ତ୍ତା
"ରାମ, ରାମ ଲକ୍ଷ୍ମଣେତି" ଭାମିନୀ ଦୁଃଖାର୍ତ୍ତ ।୫।
ରୋଦନ୍ତି ସହସା ସୀତା ମନ୍ଦ ମନ୍ଦ ସ୍ୱରେ ।
ବେଗେ ତହୁଁ ଆସେ ହରିବର ବିନୀତରେ
ଭାମିନୀ ମୈଥିଳୀ ଭାବେ, ଏ କ'ଣ ସ୍ୱପ୍ନରେ ।୬।
ଦେଖୁଁ ଦେଖୁଁ ପୃଥୁ ବିଭଙ୍ଗ ବଦନ
ଶାଖାମୃଗଙ୍କର ଯଥୋକ୍ତ ବର୍ଣ୍ଣନ
ଦେଖିଲେ ବାନର ଶ୍ରେଷ୍ଠ ମହା ଅର୍ହ
ବାୟୁ ପୁତ୍ରେ ବୁଦ୍ଧିମାନଙ୍କରେ ଶ୍ରେୟ ।୭।
ତାଙ୍କୁ ଦେଖି ପାଖେ ହୋଇଲେ ବିପନ୍ନା
ବୈଦେହୀ କି ସତେ ହେଲେ ଶତପ୍ରାଣା ।୮।

ବହୁ ସମୟରେ ଚେତାପାଇ ପୁଣି
ଚିନ୍ତନ୍ତି ଯେ ମନେ, ବିଶାଳ ନୟନୀ
ବିକଟାଳ ସ୍ୱପ୍ନ, ଆଜି ମୁଁ ଦେଖିଲି
ଶାସ୍ତ୍ରେ କପି-ସ୍ୱପ୍ନ, ନିଷିଧ ଯେ ବୋଲି ।
ମଙ୍ଗଳ ହେଉ ଗୋ ରାମଲକ୍ଷ୍ମଣର
ତଥା ମୋର ପିତା ଜନକ ରାଜର ।୯।
ନୁହେ ଏହା ସ୍ୱପ୍ନ, ନିଦ୍ରା ତ ମୋ ନାହିଁ
ଶୋକେ, ଦୁଃଖେ, ମୁହିଁ, ପୀଡ଼ା ପାଇ ପାଇ
ସୁଖ ମୋର ନାହିଁ ଯହୁଁ ମୁଁ ବିଚ୍ଛିନ୍ନା
ମୋର ପତିଠାରୁ ପୂର୍ଣ୍ଣେନ୍ଦୁ ପ୍ରତିମା ।୧୦।
'ରାମେତି, ରାମେତି', ସଦା ମୋ ମନରେ
ଚିନ୍ତି ସେହି ବାକ୍ୟ କହେ ମୁଁ କଥାରେ
ତଥା ଅନୁରୂପ, ସେହି ଅର୍ଥ କଥା
ତାହା ମୁଁ ଦେଖଇ, ଶୁଣଇ ଯେ ତଥା ।୧୧।
ତଦ୍‌ଗତଭାବ୍ୟ ମୁଁ ହୋଇ ମଦନରେ
ସଂତାପିତା ହେଉଅଛି, ମୁଁ ଅନ୍ତରେ ।
ତାହାଙ୍କୁ ସର୍ବଦା ଚିନ୍ତା କରି କରି;
ଯେପରି ଦେଖିଣ, ଶୁଣଇ ସେପରି ।୧୨।
'ମନୋରଥ ତାହା' ଇତି ମୁଁ ଭାବଇ
ତଥାପି ବୁଦ୍ଧିରେ ବିତର୍କ କରଇ ।
ତାର ନାହିଁ ରୂପ କେଉଁବା କାରଣ
ବ୍ୟକ୍ତ ଯେ ତା ରୂପ, ମୋତେ କହେ ପୁଣ ।୧୩।
ନମସ୍ତେ ତୁ ବାଚସ୍ପତି, ବଜ୍ରଧର
ସ୍ୱୟଂ ଭୂବେ ନମେ, ଅନଳେ ପ୍ରବର
କପି ଯା କହିଲେ, ମୋ ହର ଅଗ୍ରତ
ନ ହୋଇ ଅନ୍ୟଥା, ହେଉ ତାହା ସତ୍ୟ ।୧୪।

ଦ୍ୱାତ୍ରିଂଶ ସର୍ଗ ସମାପ୍ତ

ତ୍ରୟତ୍ରିଂଶ ସର୍ଗ

ହନୁ ସୀତାଙ୍କର କଥୋପକଥନ

ସେ ବୃକ୍ଷୁଁ ଓହ୍ଲାଇ ବିଦ୍ରୁମ ସମ ଆନନ
ବିନୀତ ବେଶେ, କାର୍ପଣ୍ୟେ, କଲା ଯେ ପ୍ରଣାମ । ୧ ।
ତାଙ୍କୁ କହେ ମହାତେଜା, ହନୁ ବାୟୁ ସୁତ
ମଧୁର ଗିରେ ସୀତାଙ୍କୁ, ଶିରେ ଦେଇହାତ । ୨ ।
"କେ ତୁମ୍ଭେ ପଦ୍ମ-ଲୋଚନେ, ମ୍ଳାନ ପଟ୍ଟବସ୍ତ୍ର ।
ଦ୍ରୁମ-ଶାଖାଧରି ଠିଆ, ମାଗୋ ଅନିନ୍ଦିତା ? । ୩ ।
କାହିଁକି ତୁମ ନେତ୍ରରୁ, ଝରେ ଶୋକବାରି
ପଦ୍ମ-ପଳାଶ ଦ୍ୱୟରୁ ବାରି ପରି ଝରି । ୪ ।
ସୁର, ଅସୁର, ନାଗ, ବା ଗନ୍ଧର୍ବ କିନ୍ନର
ଯକ୍ଷ ବା ଗନ୍ଧର୍ବ ତୁମ୍ଭେ, ଅଟ ବା ବାନର । ୫ ।
ଚାରୁ ମୁଖୀ, ସୁଶ୍ରୋଣୀ, କି, ତୁମ୍ଭେ ରୁଦ୍ରଗଣ
ଅବା ବସୁଗଣୀ ଭାବେ; ତୁମ୍ଭେ ଦେବଗଣ । ୬ ।
ବିବୁଧାଳୟୁ ପତିତା, ଚନ୍ଦ୍ରସମ-ହୀନା
ରୋହିଣୀକି ତାର ଶ୍ରେଷ୍ଠା, ଅଟ ସର୍ବଗୁଣା । ୭ ।
କୋପୁ ବା ମୋହୁ ବଶିଷ୍ଠେ, ଆୟତଇକ୍ଷଣୀ
ରଗାଇ ଆସି, ନୁହଁକି, ଅରୁନ୍ଧତୀୟା ଧନୀ । ୮ ।
ତୁମ୍ଭର କେ ପୁତ୍ର, ଭ୍ରାତା, ଭର୍ତ୍ତା ଅବା ପିତଃ
ଅନୁଶୋଚ ସୁମଧ୍ୟମା, ହେଲେ ସ୍ୱର୍ଗ ଗତ ? । ୯ ।

ରୋଦନେ ଅତି ନିଶ୍ୱାସେ, ସଂସ୍ପର୍ଶରୁ ଭୂମି
ରାଜା ବୋଲିବାରୁ, ଦେବୀ ବୋଲି ମୁଁ ନ ମଣି । ୧୦ ।
ତବ ବ୍ୟଞ୍ଜିତ ଲକ୍ଷଣୁ, କରେ ମୁଁ ଧାରଣା
ତୁମ୍ଭେ ଅଟେ ରାଜ-ରାଣୀ, ଅବା ରାଜ ଜେମା । ୧୧ ।
ହରିଛି ରାବଣ ଯେବେ ଜନ ସ୍ଥାନୁ ବନେ
ସୀତା ତୁମ୍ଭେ, ସ୍ୱସ୍ତି, ଦେବୀ, କହ ମୁଁ ପଚାରେ । ୧୨ ।
ଅଲୌକିକ ରୂପ ତବ, ଦେଶ ଦୀନ ହୀନ
"ଧ୍ରୁବ, ତୁମେ ରାମ-ରାଣୀ, ଅତି କହ, ତପକ୍ଷୁନ୍ନ" । ୧୩ ।
ତାଙ୍କ ବାକ୍ୟ ଶୁଣି, ରାମ କୀର୍ତ୍ତନେ, ହର୍ଷିତା
କହେ ବାକ୍ୟ ସୀତା, ହନୁମନ୍ତେ, ଦ୍ରୁମାଶ୍ରିତା । ୧୪ ।
"ଧରା-ରାଜସିଂହେ ମୁଖ୍ୟ ଆତ୍ମଙ୍କ ମହାନ
ବୋହୂ ମୁଁ ଦଶରଥଙ୍କ ଶତ୍ରୁନିସୁଦନ" । ୧୫ ।
ବିଦେହ ମହାତ୍ମା ଜନକଙ୍କ ମୁଁ ଦୁହିତା
ଧୀମାନ୍ ରାମ-ଭାର୍ଯ୍ୟା ମୁହିଁ, ନାମ ମୋର ସୀତା । ୧୬ ।
ରାଘବ ନିବେଶେ ଥିଲି ଦ୍ୱାଦଶ ବରଷ
ଭବ ଭୋଗ ଭୋଗି, ପାଇଁ ସର୍ବ ଅଭିଲାଷ । ୧୭ ।
ତହୁଁ ତ୍ରୟୋଦଶ, ବର୍ଷେ, ଇକ୍ଷ୍ୱାକୁ ନନ୍ଦନେ ।
ଅଭିଷେତୁଂ ରାଜା, ସପୁରୋଧା ଉପକ୍ରମେ । ୧୮ ।
ରାଘବଙ୍କ ଅଭିଷେକ-ସଂଭାର ଉଦ୍ୟମେ
କୈକେୟୀ ନାମ ଭର୍ତ୍ତାଙ୍କୁ କହିଲେ ଏ ସନେ । ୧୯ ।
'ପାନ-ଭୋଜନ କରିବି ନାହିଁ, ଦୈନନ୍ଦିନ
ମୋ ଜୀବ-ଦଶାରେ ଅଭିଷିକ୍ତ ହେଲେ ରାମ । ୨୦ ।
ଯାହା କହିଥିଲ ସ୍ନେହେ, ହେ ରାଜ-ସତ୍ତମ
ତାହା ଯେବେ ମିଥ୍ୟା ନୁହେ, ରାମ ଯାଉ ବନ । ୨୧ ।
ସତ୍ୟବାକ୍ୟ ରାଜା ସ୍ମରି, ତାଙ୍କୁ ବରଦାନ
ସେ କ୍ରୁର ଅପ୍ରିୟ ବାକ୍ୟେ ହେଲେ ହତଜ୍ଞାନ । ୨୨ ।

ସତ୍ୟ-ଧର୍ମେ ସ୍ଥିତ, ତହୁଁ ସୁସ୍ଥବିର ରାଜ
କାନ୍ଦି ଜ୍ୟେଷ୍ଠ ଯଶସ୍ୱୀ ପୁତ୍ରଠୁଁ ମାଗେ ରାଜ୍ୟ । ୨୩।
ଅଭିଷେକୁ ପ୍ରିୟ, ଶ୍ରୀମାନ୍ ପିତାଙ୍କ ବଚନ
ଆଗୁ ମନେ ଭାବି ବାକ୍ୟେ କଲେ ତା ଗ୍ରହଣ । ୨୪।
ଦେଇ ନ ନେଇଣ, କହେ ସତ୍ୟ, ନ ଅସତ୍ୟ
ଜୀବନ ପାଇଁ ଯେ ରାମ ସତ୍ୟ ପରାକ୍ରାନ୍ତ । ୨୫।
ଛାଡ଼ି ଉତ୍ତରୀୟ ମହାମୂଲ୍ୟ ମହାଯଶ
ଛାଡ଼ି ମନୁ ରାଜ୍ୟ, ଅର୍ପେ ମୋତେ ମାତାପାଶ । ୨୬।
ତାଙ୍କ ଆଗେ ଶୀଘ୍ର ହେଲି, ମୁଁ ବନ-ଚାରିଣୀ
ତାଙ୍କୁ ଛାଡ଼ି ସ୍ୱର୍ଗ ମୋତେ ମୋଟେ ଯେ ରୁଚେନି ।୨୭।
ଆଖୁଁ ମହାଭାଗ, ସୌମିତ୍ରୀ ମିତ୍ରନନ୍ଦନ
ପୂର୍ବ ଜାନୁ ଯାତ୍ରେ କୁଶ-ବକ୍କଳ-ବସନ । ୨୮।
ଆମ୍ଭେ ବହୁମାନ୍ୟ, ଭର୍ତ୍ତା ଆଦେଶ ଯେ ପାଇ
ଦୃଢ଼-ବ୍ରତେ ପ୍ରବେଶିଲୁଁ ଘୋର ବନ ଭୂଇଁ । ୨୯।
ଅମିତ-ତେଜ ନିବାଣେ, ଦଣ୍ଡକା ଅରଣ୍ୟେ
ଅପହୃତା ଭାର୍ଯ୍ୟା ମୁଁ ଯେ ଦୁରାତ୍ମା ରାବଣେ । ୩୦।
ଦିମାସ କଷ୍ଟ କରିଛି ମୋ ଜୀବିତ କାଳ
ଦି ମାସରୁ ବେଶୀ ହେଲେ ପୂରିବ ମୋ କାଳ । ୩୧।

ତ୍ରୟତ୍ରିଂଶ ସର୍ଗ ସମାପ୍ତ

ଚତୁସ୍ତ୍ରିଂଶ ସର୍ଗ

ରାବଣ ଶଙ୍କା ନିବାରଣ

ତାଙ୍କର ସେ କଥା ଶୁଣି, ବୀର ହନୁମାନ
ମହାଦୁଃଖେ ଦୁଃଖାର୍ତ୍ତାଙ୍କୁ କହିଲେ ବଚନ । ୧ ।
"ରାମେ ସଂଦେଶରେ, ଦେବୀ, ଦୂତ ମୁଁ ଆଗତ
ସୀତେ ରାମଙ୍କ କୁଶଳ, ତବ କୁଶଳ ତ ? । ୨ ।
ବ୍ରହ୍ମାସ୍ତ୍ରଜ୍ଞ, ବେଦଜ୍ଞ ଯେ, ଦେବାଜ୍ଞଙ୍କ ବର
ଦାଶରଥି ପୁଚ୍ଛିଛନ୍ତି ତୁମ୍ଭର କୁଶଳ । ୩ ।
ମହାତେଜ ଲକ୍ଷ୍ମଣ ବି, ଭର୍ତ୍ତା ଅନୁଚର
କରିଛନ୍ତି ଶୋକେ ତବ ସ୍ୱାଗତ ସେ ଶୂର । ୪ ।
ନରସିଂହ ଦୁହିଙ୍କର କୁଶଳ ଶୁଣିଣ
ପ୍ରୀତି-ହୃଷ୍ଟ ହୋଇ କହେ, ହନୁଙ୍କୁ ବଚନ । ୫ ।
କଲ୍ୟାଣମୟୀ ଏ ଗାଥା ଲୋକେ ଯାହା ଭାତି
"ବଂଚିଲେ ଆନନ୍ଦ ଶତ ବର୍ଷେ ବି ପାଆନ୍ତି" । ୬ ।
ଅଦ୍‌ଭୂତ ପ୍ରୀତି ହୋଇଲା, ଦୁଇ ସମାଗମେ
ବିଶ୍ୱସ୍ତ ଆଳାପ ପରସ୍ପରେ ପ୍ରଚକ୍ରମେ । ୭ ।
ତାହାଙ୍କର ବାକ୍ୟ ଶୁଣି, ହନୁ ବାୟୁସୁତ
ଶୋକତପ୍ତ, ସୀତା ପାଖେ ସଧୀରେ ଆଗତ । ୮ ।
ଯଥା, ଯଥା ପାଶେ ହନୁମାନ ଉପସରେ
ତଥା, ତଥା ସୀତା ତାଙ୍କୁ ରାବଣ ଶଂକିଲେ । ୯ ।

'ଆହା, ଧିକ୍, ଧିକ୍ ଏହା ମୋର କଥା ଭାଷା
ରୂପାନ୍ତର ନିଶ୍ଚେ ଇୟେ ରାବଣ ବପୁଷା । ୧୦ ।
ଶୋକକ୍ଲିଷ୍ଟା ତହୁଁ ଛାଡ଼ି ଅଶୋକର ଡାଳ
ଅନବଦାଙ୍ଗୀ ବସିଲେ ଧରଣୀ ଉପର । ୧୧ ।
ବନ୍ଦିଲେ ସେ ମହାବାହୁ, ଜନକଙ୍କ ସୁତା
ଭୟ-ତ୍ରସ୍ତା, ସୀତା ତାଙ୍କୁ କହିଲେ ନି କଥା । ୧୨ ।
ବନ୍ଦିବାର ଦେଖି ତାଙ୍କୁ, ସୀତା ଚନ୍ଦ୍ରାନନା
କହେ ଦୀର୍ଘ ଶ୍ୱାସ, ବାନରେ ମଧୁର ସ୍ୱନା । ୧୩ ।
"ମାୟାରେ ଆସିଛ ଯଦି, ମାୟାବୀ ରାବଣ
ସ୍ୱୟଂ କରିବା ମୋ ତାପ, ନୁହେ ଯେ ଶୋଭନ । ୧୪ ।
ନିଜରୂପ ଛାଡ଼ି, ଯତି ବେଶ ଥିଲ ଧରି
ତୁମେ ଯେ ରାବଣ, ଜନସ୍ଥାନେ ଦେଖିଥିଲି । ୧୫ ।
ଉପବାସେ କ୍ଷୀଣା, ଦିନା, ମାୟାବୀ ରାବଣ
କଷ୍ଟ ଦିଅ ଦୁଃଖିନୀକି, ନୁହେ ଏ ଶୋଭନ । ୧୬ ।
ଅଥବା ଏ ନୁହେଁ ତାହା, ଯାହା ମୁଁ ଶଙ୍କଇ
ତବ ଦର୍ଶନେ ମୋ ମନେ ପ୍ରୀତି ଜନମଇ । ୧୭ ।
ସ୍ୱସ୍ତି, ତୁମ୍ଭ ଅଟ ଯେବେ ଦୂତ ଶ୍ରୀରାମର
ପଚାରେ ମୋ ପ୍ରିୟ ରାମ କଥା କପିବୀର । ୧୮ ।
ମୋ ପ୍ରିୟ ରାମରଗୁଣ କହହେ ବାନର
ହରେ ତା ମୋ ଚିତ୍ତ, ଯଥା କୂଳ ନଦୀ ନୀର । ୧୯ ।
ଅହୋ ! ସ୍ୱପ୍ନ-ସୁଖ, ବହୁକାଳୁ ହୃତା ପରେ
ଦେଖଇ ରାମ ପ୍ରେରିତ ବନବାସୀ ଶୂରେ । ୨୦ ।
ସ୍ୱପ୍ନେ ବି ଯଦି ଏବୀର ସରାମ ଲକ୍ଷ୍ମଣ
ଦେଖନ୍ତି ସତନ୍ତି ନାହିଁ, ମତ୍ସର ଏ ସ୍ୱପ୍ନ । ୨୧ ।
ମଣେ ନି ସ୍ୱପ୍ନଏ, ସ୍ୱପ୍ନେ ଦେଖି କପି ନାହା
ଅଭ୍ୟୁଦୟ ପାଆନ୍ତି ନି, ପାଇଛି ମୁଁ ଯାହା । ୨୨ ।

ଏ କ'ଣ ମୋ ଚିତ୍ତ ମୋହ, ଅବା ବାତ ଗତି
ଉନ୍ମାଦ ବିକାର ଅବା, ମୃଗ ତୃଷ୍ଣା-ମତି ! ।୨୩।
ଅଥବା ନୁହେ ଏ ମୋହ, ଉନ୍ମାଦ ଲକ୍ଷଣ
ଜାତି ଜାଣେ ଆତ୍ମା ଏ ମୋ, ବନବାସୀ ଜନ ।୨୪।
ଏପରି ବହୁତ ସୀତା, ଭାବି ଭଲ ଭେଲ,
ରାକ୍ଷସ କାମରୂପ ଏ ନିଶ୍ଚେ ରକ୍ଷେଶ୍ୱର ।୨୫।
ଏପରି ସେ ବୁଦ୍ଧି କରି ସୀତ ସୁ ମଧ୍ୟମା,
ବାନର ସଙ୍ଗରେ କଥା ନ ହେଲେ ଯେ ବାମା ।୨୬।
ସୀତା ମନ କଥା ବୁଝି ହନୁ ବାୟୁସୁତ
ପ୍ରୀତିକର ବାକ୍ୟେ କଲେ ସୀତା ହର୍ଷାନ୍ୱିତ ।୨୭।
ଆଦିତ୍ୟ ତେଜସ୍ୱୀ ଲୋକକାନ୍ତ ଶଶୀ ସମ
ସର୍ବଲୋକ ରାଜା, କିବା ଦେବ ବୈଶ୍ରବଣ ।୨୮।
ବିକ୍ରମ ସମ୍ପନ୍ନ ଯଥା ବିଷ୍ଣୁ ଯଶସ୍ୱାନ
ସତ୍ୟବାଦୀ ମଧୁବାକ୍ୟ ବାଚସ୍ପତି ସମ ।୨୯।
ସୁନ୍ଦର, ସୁଭଗ, ଶ୍ରୀମାନ୍ କନ୍ଦର୍ପ ମୂରତି
ସ୍ଥାନେ କ୍ରୋଧୀ, ଦଣ୍ଡୀ ଲୋକେ ଶ୍ରେଷ୍ଠ ମହରଥୀ ।୩୦।
ଯେ ମହାତ୍ମା ବାହୁଛାୟା ପାଇଲୋକେ ତୁଷ୍ଟ
ମୃଗରୂପେ ଅପସାରି, ରାଘବେ ଯେ ଦୁଷ୍ଟ ।୩୧।
ଶୂନ୍ୟେ ଯେ ଆଣିଛି ହରି, ତା ଫଳ ଦେଖିବ
ଅଚିରେ ରାବଣ ଯୁଦ୍ଧେ, ସେ ବୀର ବଧିବ ।୩୨।
ଅଗ୍ନି-ସମ ପ୍ରଜ୍ୱଳିତ କ୍ରୋଧମୁକ୍ତ ଶରେ ।
ତୁମ୍ଭ ପାଇଁ ରାମ-ଦୂତ ଆସିଛି ଏଠାରେ ।୩୩।
ବିରହାର୍ତ୍ତ ତବ ଶୁଭ ପୁଚ୍ଛିଛନ୍ତି ରାମ,
ସୁମିତ୍ରାନନ୍ଦବର୍ଦ୍ଧନ, ତେଜସ୍ୱୀ ଲକ୍ଷ୍ମଣ ।୩୪।
ପ୍ରଣମି ପଚାରିଛନ୍ତି, ଦେବି, ତବ ଶୁଭ ।
ରାମ ସଖା ଦେବି, ବାନର ନାମ ସୁଗ୍ରୀବ ।୩୫।

ପଚାରିଛନ୍ତି ତୁମ୍ଭର ଶୁଭ କପିରାଣ ।
ନିତ୍ୟ ସ୍ମରେ ତୋତେ, ରାମ ସୁଗ୍ରୀବ ଲକ୍ଷ୍ମଣ ।୩୬।
ଭାଗ୍ୟେ ଜିଇଛ ବୈଦେହୀ ରାକ୍ଷସ ଘେରରେ
ଅଚିରେ ଦେଖିବ ରାମ ଲକ୍ଷ୍ମଣ ରଥୀରେ ।୩୭।
କୋଟି କୋଟି କପି ମଧ୍ୟେ ମହୌଜ ସୁଗ୍ରୀବ
ହନୁମାନ ନାମ, ମୁଁ ତାହାଙ୍କର ସଚିବ ।୩୮।
ମହୋଦଧି ଲଙ୍ଘି ଆସିଛି ମୁଁ ଲଙ୍କା ପୁରେ
ପାଦ ଥୋଇ ଦୁରାତ୍ମନ ରାବଣର ଶିରେ ।୩୯।
ତୁମ୍ଭ ଦର୍ଶନେ ଆସିଛି, ଦେବୀ ପରାକ୍ରମେ
ନୁହେଁ ମୁଁ ତା ଦେବୀ ଯାହା ଭାବି ଅଛ ମନେ
ଆଶଙ୍କା ଛାଡ଼ି ବିଶ୍ୱାସ କର ମୋ ବଚନେ । ।୪୦।

ଚତୁସ୍ତ୍ରିଂଶ ସର୍ଗ ସମାପ୍ତ

ପଞ୍ଚତ୍ରିଂଶ ସର୍ଗ

ବିଶ୍ୱାସ ଉତ୍ପାଦନ

କପି ରକ୍ଷଙ୍କ ଠାରୁ, ଶୁଣି ରାମକଥା
କହିଲେ ସାନ୍ତ୍ୱନି ବାକ୍ୟ, ସୁମଧୁରେ ସୀତା ।୧।
କେଉଁଠି ରାମ ସାକ୍ଷାତ । ଜାଣିଲ ଲକ୍ଷ୍ମଣ
ବାନର ନରେ କିପରି ହୋଇଲା ମିଳନ ।୨।
ରାମ ଲକ୍ଷ୍ମଣ, ଲକ୍ଷଣ ଜାଣେ ମୁଁ ବାନର
ପୁଣି ତାହା କହ, ଅବସାଦ ଯାଉ ମୋର ।୩।
କିପରି ତାଙ୍କ ଗଠନ, ରୂପ ବା କୀଦୃଶ
ଉରୁ, ବାହୁ, ଲକ୍ଷ୍ମଣର, ସବୁ କଥାଶଂସ ।୪।
ଏହା କହନ୍ତେ ବୈଦେହୀ, ହନୁ ବାୟୁସୁତ
ରାମ-କଥା ଆରମ୍ଭିଲେ, ତହୁଁ ଯଥା ଯଥ ।୫।
"ଦୈବେ, ହେ ବୈଦେହି, ଜାଣି, ମୋତେ ଯେ ପଚାର
ଭର୍ତ୍ତାଙ୍କ ଗଠନ ଦେବି, ବୀର ଲକ୍ଷ୍ମଣର ।୬।
ରାମଙ୍କର ଚିହ୍ନ ଅବା ଲକ୍ଷ୍ମଣର ଯାହା
ଲକ୍ଷିଛି, କହୁଛି, ଶୁଣ, ବିଶାଳାକ୍ଷି, ତାହା ।୭।
ରାମ କମଳ ଲୋଚନ, ପୂର୍ଣ୍ଣ-ଚନ୍ଦ୍ରାନନ
ହେ ଜନକାତ୍ମଜା, ରୂପ ଦାକ୍ଷିଣ୍ୟ, ସମ୍ପନ୍ନ ।୮।
ଆଦିତ୍ୟ ସଂକୀଣ ତେଜେ, ଧରା ପରିକ୍ଷମ
ବୁଦ୍ଧିରେ ଯେ ବୃହସ୍ପତି, ଯଶେ ଇନ୍ଦ୍ର ସମ ।୯।

ଜୀବ ଲୋକର ରକ୍ଷକ, ସ୍ୱଜନ ପାଳକ
ସ୍ୱବୃତ୍ତି ରକ୍ଷକ, ଶତୃହାରୀ ଯେ ଧାର୍ମିକ ।୧୦।
ରାମ ହେ ଭାବିନି, ଚତୁର୍ବର୍ଣ୍ଣ ପ୍ରବର୍ତ୍ତକ
ମର୍ଯ୍ୟାଦା-ରକ୍ଷକ, ଲୋକକର୍ତ୍ତା ଯେ କାରକ ।୧୧।
ଜ୍ୟୋତିର୍ମାନାର୍ଚ୍ଚିତ, ସଦା ବ୍ରହ୍ମଚର୍ଯ୍ୟେସ୍ଥିତ
ସାଧୁ ଉପକାରୀ ସୁକର୍ମ୍ମ-ପ୍ରଚାରରେ ରତ ।୧୨।
ରାଜନୀତିରେ ସୂନ୍ନତ ଦ୍ୱିଜେ-ପୂଜାରତ
ଜ୍ଞାନବାନ୍ ଶୀଳାସମ୍ପନ୍ନ, ଶୃତ୍ତଘ୍ନ, ବିନୀତ ।୧୩।
ଯଜୁର୍ବେଦ ବିନତଯେ, ବେଦଜ୍ଞେ ପୂଜିତ
ଧନୁର୍ବେଦେ, ବେଦେ, ବେଦାଙ୍ଗରେ ସୁନିଶ୍ଚିତ ।୧୪।
ବିପୁଳାଂସ-ଦୀର୍ଘ-ବାହୁ କମ୍ବୁ-ଗ୍ରୀବ ସୌମ୍ୟ
ଶୁଭାନନ, ଗୂଢ଼ଗଣ୍ଠି, ଲୋକେ ଖ୍ୟାତ ରାମ ।୧୫।
ଗମ୍ଭୀର ଦୁନ୍ଦୁଭିସ୍ୱନ, ସ୍ନିଗ୍ଧ-ବର୍ଣ୍ଣ ବୀର
ସମ ବିଭକ୍ତାଙ୍ଗ, ସମାଶ୍ରିତ ସୁଶ୍ୟାମଳ ।୧୬।
ତ୍ରି ଦୃଢ଼, ତ୍ରିପଳମ୍ବ, ତ୍ରିସମ, ତ୍ରିଉନ୍ନତ
ତ୍ରି ତାମ୍ର, ତ୍ରି ସ୍ନିଗ୍ଧ, ତ୍ରିଗମ୍ଭୀର ନିତ୍ୟ ।୧୭।
ତ୍ରି ଦୃଢ଼, ତ୍ରି ଲମ୍ବ, ତ୍ରି ସମ ତ୍ରି ଉନ୍ନତ
ତ୍ରି ତାମ୍ର ବର୍ଣ୍ଣ ତ୍ରି ସ୍ନିଗ୍ଧ ତ୍ରି ଗମ୍ଭୀର ନିତ୍ୟ ।୧୮।
ତ୍ରିବଳୀ ପାତଳ, ମଧ୍ୟମା, ସ୍ତନାଗ୍ର ସୂନ୍ନତ
କଣ୍ଠ ଡୋଳା ପୃଷ୍ଠ ହ୍ରସ୍ୱ ମସ୍ତକ ତ୍ୟାବର୍ତ୍ତ
ଚତୁର୍ବେଦାଙ୍ଗଷ୍ଟରେଖ ଉଚ୍ଚ – ଚୁତୁହସ୍ତ ।୧୯।
ଦଶ-ପଦ୍ମ, ଦଶ-ବୃହତ୍, ତ୍ରିବ୍ୟାପ୍ତ ଦ୍ୱି-ପୂତ
ଛଉନ୍ନତ ନବସୂକ୍ଷ୍ମ, ଯୁତ-କାକୁସ୍ଥେ ।୨୦।
ସଂଗ୍ରହାନୁଗ୍ରହେ ରତ, ଧର୍ମ୍ମୀ, ସତ୍ୟ ସନ୍ଧ
ଦେଶକାଳ ବିଜ୍ଞ, ସର୍ବଲୋକେ ପ୍ରିୟଂବଦ ।୨୧।

ଭାଇ ଦ୍ୱୈମାତ୍ର ସୌମିତ୍ରି, ପ୍ରଭାରେ ଅତୁଳ
ସ୍ନେହ ଅନୁରାଗେ, ରୂପେ, ଗୁଣେ ତାଙ୍କ ତୁଲ୍ୟ । ୨୨ ।
ସେ ସୁବର୍ଣ୍ଣ ଛବି, ରାମ ମହାଯଶ ଶ୍ୟାମ
ଦୁହେଁ ନର ବ୍ୟାଘ୍ର ତବ ଦର୍ଶନେ ଉଛନ୍ନ । ୨୩ ।
ସମଗ୍ର ମହୀ ଅନ୍ୱେଷି, ସାରା ବସୁନ୍ଧରୀ
ତୁମ୍ଭଙ୍କୁ ଖୋଜିଣ ଶେଷେ ଆମ୍ଭ ସହ ମିଳି । ୨୪ ।
ଦେଖିଲେ ସେ କପି ପତି, ଅଗ୍ରଜେ ପୀଡ଼ିତ
ବହୁ ବୃକ୍ଷ-ପୂର୍ଣ୍ଣ, ଲକ୍ଷ୍ୟମୁକ ପାଦେ ସ୍ଥିତ । ୨୫ ।
ଭାଇ ଭୟେ ସ୍ଥିତ, ସୁଗ୍ରୀବେ, ପ୍ରିୟ-ଦର୍ଶନ
ଆମ୍ଭେ, ସତ୍ୟ-ପ୍ରତିଜ୍ଞ, ସେ ରାଜା ପରିଜନ । ୨୬ ।
ଜ୍ୟେଷ୍ଠେ ରାଜ୍ୟଭ୍ରଷ୍ଟ, ତାଙ୍କ ସେବା ପରାୟଣ
ତହୁଁ ସେ ବଲ୍କଲ-ଧାରୀ, ଶ୍ରେଷ୍ଠ ଧନୁଷ୍ମାନ । ୨୭ ।
ଦେଖି ଧନ୍ୱୀ, ନରବ୍ୟାଘ୍ରେ ସେ ବାନର ସାଇଁ
ଭୟଭୀତ ହୋଇ ଗଲେ ଗିରି ଶୃଙ୍ଗେ ଡେଇଁ । ୨୮ ।
ମୋତେ ତାଙ୍କ ପାଖେ ପ୍ରଭୁ ପଠାଇଲେ ଶୀଘ୍ରେ
ସୁଗ୍ରୀବାଜ୍ଞାରେ ବନ୍ଦିଲି ସେ ପୁରୁଷ ବ୍ୟାଘ୍ରେ । ୨୯ ।
ରୂପ-ଲକ୍ଷଣ ସମ୍ପନ୍ନେ ହୋଇ କୃତାଞ୍ଜଳି !
ଜାଣି ସବୁ ତଥ୍ୟ ମୋତେ କଲେ ସମାଦାର । ୩୦ ।
ପିଠିରେ ବସାଇ ଦୁହେଁ ଆଣିଲି ସେ ସ୍ଥାନ
ମହାତ୍ମା ସୁଗ୍ରୀବେ କହି, ସବୁ ତଥ୍ୟ ମାନ । ୩୧ ।
ଅନ୍ୟ ସଂଭକ୍ଷଣେ ଅତି ପ୍ରୀତି ହେଲା ବାତ
ସେ କୀର୍ତ୍ତିସମ୍ପନ୍ନେ ହରି-ନରେଶ୍ୱରେ, ମାତ । ୩୨ ।
ପରସ୍ପରେ ଆଶ୍ୱାସିଲେ ପୂର୍ବେ ଇତିବୃତ୍ତେ
ସାନ୍ତ୍ୱନି ସୁଗ୍ରୀବେ, ଲକ୍ଷ୍ମଣାଗ୍ରଜ ସୁପ୍ରୀତେ । ୩୩ ।
ସ୍ତ୍ରୀ ଲାଗି ସେ ହାରି, ଭାଇ ବାଳି ବାହୁବଳେ
ତୁମ୍ଭ ହରଣେ ସୁଧୀ ରାମଙ୍କ, ଦୁଃଖାନଳେ । ୩୪ ।

୧୬୪ | ପଞ୍ଚତ୍ରିଂଶ ସର୍ଗ : ବିଶ୍ୱାସ ଉତ୍ପାଦନ

ଲକ୍ଷ୍ମଣ ତା କପିନ୍ଦ୍ର ସୁଗ୍ରୀବେ ଜଣାଇଲେ
ସେ ବାନର ଇନ୍ଦ୍ର ଶୁଣି, ଲକ୍ଷ୍ମଣଙ୍କ ଗିରେ । ୩୫ ।
ରାହୁ-ଗ୍ରସ୍ତ ସୂର୍ଯ୍ୟପରି, ନିଷ୍ପ୍ରଭ ହୋଇଲେ
ତହୁଁ ତବ ଅଙ୍ଗ-ଶୋଭା, ରକ୍ଷ ହୃତ ବେଳେ । ୩୬ ।
ଭୂଇଁରେ ପଡ଼ିଲା ଯେଉଁ ଆଭରଣ ଜାଳେ
ସେ ସବୁ ହରି ଯୂଥପେ, ରାମାଗ୍ରେ ଆଣିଲେ । ୩୭ ।
ଦେଖି ହୃଷ୍ଟେ ଜାଣି ନ ପାରିଲେ ତବ ଗତି
ସେ ହୃତାଭରଣେ ଦେଲି ମୁଁ ରାମଙ୍କ କତି । ୩୮ ।
ଦେଖିଲେ ଦେବ-ସଂକାଶ, ଦେବ ମହତ୍ମନ
ତେଜିଲା ସେ ରାମଙ୍କର ଶୋକ ହୁତାଶନ । ୩୯ ।
ଝୁମଝୁମେ ପତିତ ସେ ହତଚେଉ ରାମ
କୋଳେ ରଖି ତାହା, ତହୁଁ ବହୁ ବିଳପିଣ । ୪୦ ।
ଦେଖିଲେ ଦେବ ସଂକାଶ, ଦେଶ ମହାତ୍ମନ
ତେଜିଲା ସେ ରାମଙ୍କର ଶୋକ ହୁତାଶନ । ୪୧ ।
ଶୋକରେ ଶୋଇଲେ ବହୁବଳେ ସେ ଭୂତଳେ
ବିବିଧ ବାକ୍ୟେ କଷ୍ଟରେ ଉଠିଲେ ସେ ଧୀରେ । ୪୨ ।
ସେ ମହାର୍ହେ, ମୁହୁର୍ମୁହୁଃ, ଦେଖି, ଦେଖାଇଣ
ରାମ ସସୌମିତ୍ରି, କଲେ ସୁଗ୍ରୀବେ ଅର୍ପଣ । ୪୩ ।
ତୁମ୍ଭଙ୍କୁ ନ ଦେଖି ରାମ ହୃଦୟ ପୋଡ଼ଇ
ମହାଗ୍ନିରେ ଯଥା ସଦା, ଆଗ୍ନେୟ ଜଳଇ । ୪୪ ।
ତୁମ୍ଭ ପାଇଁ ଶୋକାନିଦ୍ରା ରାଘବେ ଦହଇ
ଅଗ୍ନିଘରେ ଅଗ୍ନିପରି ମହାତ୍ମେ ପୋଡ଼ଇ । ୪୫ ।
ତୁମ୍ଭଙ୍କୁ ନ ଦେଖି ରାମ, ଶୋକେ ଜର୍ଜ୍ଜରିତ
ମହାଭୂମି କମ୍ପେ ଟଳେ, କି ମହାପର୍ବତ । ୪୬ ।
ସୁରମ୍ୟ କାନନ, ନଦୀ ପ୍ରସବଣ-ମାନ
ବୁଲି ସୁଖ ନ ପାନ୍ତି, ତୁମ୍ଭଙ୍କୁ ନ ଦେଖିଣ । ୪୭ ।

ହେ ଜାନକି, ମାରି ଶୀଘ୍ର ସବନ୍ଧୁ ରାବଣ
ପାଇବେ ତୁମ୍ଭଙ୍କୁ ନିଶ୍ଚେ, ରାଘବ ଯେ ଜାଣ ।୪୮।
ତହୁଁ ରାମ ସୁଗ୍ରୀବ ଯେ ଦୁହେଁ କଲେ ସ୍ଥିର
ବାଳିକୁ ମାରି ଖୋଜିବେ, ତୁମ୍ଭଙ୍କୁ ସତ୍ୱର ।୪୯।
ତହୁଁ ସେ ଦୁଇ କୁମର ବୀରେ ସସୁଗ୍ରୀବ
କିଷ୍କିନ୍ଧାରେ ମାରେ ଯୁଦ୍ଧେ, ବାଳି ହରିଧବ ।୫୦।
ତହୁଁ ବଳରେ, ସମରେ ମାରି ବାଳି ରାମ
ଭାଲୁ-କପିଙ୍କର କଲେ ସୁଗ୍ରୀବେ ରାଜନ ।୫୧।
ରାମ ସୁଗ୍ରୀବ ମିତ୍ରତା ହୋଇଲା ଏପରି
ତାଙ୍କ ଦୂତ ହନୁମନ୍ତ, ମୁଁ ଏଠି ଅଇଲି ।୫୨।
ସ୍ୱରାଜ୍ୟ ପାଇ ସୁଗ୍ରୀବ, ଆଣି କପିବୀରେ
ତ୍ୱଦର୍ଥେ ପଠାଏ, ଦଶଦିଶେ, ମହାବଳେ ।୫୩।
ମହାଓଜ ସୁଗ୍ରୀବ କପୀନ୍ଦ୍ରଙ୍କ ଆଜ୍ଞାରେ
ନଗରାଜ ସମ ଖେଦେ ସର୍ବତ୍ର ଭୂତଳେ ।୫୪।
ସୁଗ୍ରୀବ ବାକ୍ୟେ ଆତୁରେ, ତବ ଅନ୍ୱେଷଣେ
ସାରା ବସୁଧା ଖୋଜୁଛୁଁ, ଆମ୍ଭେ କପିମାନେ ।୫୫।
ବାଳି ପୁତ୍ରାଙ୍ଗଦ ଯେ, ଲକ୍ଷ୍ମୀବାନ ମହାବଳ
ଖେଦେ କପି ବ୍ୟାଘ୍ର ତିନି ଭାଗ ନେଇ ବଳ ।୫୬।
ଆମ୍ଭେ ତାଙ୍କ ଦଳ ବହାବିନ୍ଧ୍ୟେ, ପଥଭୁଲି
ଅତି ଶୋକେ ବହୁ ଦିନ ରାତି ବିତାଇଲୁଁ ।୫୭।
ନିରାଶାରେ ଆମ୍ଭର ଯେ ଗଡ଼ିଗଲା କାଳ
କପିରାଜ ଭୟେ, ପ୍ରାଣତ୍ୟାଗ କଲୁଁ ସ୍ଥିର ।୫୮।
ବୁଲି ଦୁର୍ଗମ ପର୍ବତ ନଦୀ ପ୍ରସ୍ରବଣ
ନ ପାଇ ତୁମ୍ଭଙ୍କୁ, ପ୍ରାଣ ତ୍ୟାଗ କଲୁଁ ପଣ ।୫୯।
ସେ ଗିରି ଶିଖରେ କଲୁଁ ପ୍ରାୟୋପବେଶନ
ଦେଖି, ପ୍ରାୟୋପବେଶନେ, କପିବୀର ଗଣ ।୬୦।

ବିଳପେ ଅଙ୍ଗଦ, ଅତି ଶୋକାର୍ଣ୍ଣବେ ମଗ୍ନ
ଭାବି ତୁମ୍ଭର ଅଦୃଶ୍ୟ, ବାଳିର ନିଧନ । ୬୧ ।
ଆମ୍ଭ ପ୍ରାୟୋପବେଶନ, ଜଟାୟୁ ମରଣ
ଆମ୍ଭ ସ୍ୱାମୀ କାର୍ଯ୍ୟ ନୈରାଶ୍ୟରେ ମୁମୂର୍ଷିଣ । ୬୨ ।
କାର୍ଯ୍ୟସିଦ୍ଧି ପାଇଁ, ସତେ ମହାବୀର୍ଯ୍ୟବାନ
ଗୃଧରାଜ ଭାଇ, ମୃଧ୍ରନ୍ତୁ ସଂପାତି ନାମ । ୬୩।
ଶୁଣି ଭାଇ ବଧ କୋପେ କହିଲେ ଏସନ ।
ମୋ ସାନ ଭାଇ କେ, କେଉଁଠି, କଲ ନିଧନ । ୬୪।
ହେ ବାନର ଶ୍ରେଷ୍ଠ କହ, ଶୁଣିବାକୁ ମନ
ଅଙ୍ଗଦ କହିଲେ ଜନସ୍ଥାନେ ତା ନିଧନ । ୬୫।
ଭୀମରୂପ ମହାରକ୍ଷେ; ଯଥା ତୁମ୍ଭ ତଥ୍ୟ ।
ଜଟାୟୁଙ୍କ ବଧ ଶୁଣି, ଦୁଃଖେ ଜର୍ଜ୍ଜରିତ । ୬୬।
କହିଲେ ରାବଣ ପୁରେ ତୁମ୍ଭ ନିବାସନ ।
ଶୁଣି, ସଂପାତିଙ୍କ ବାକ୍ୟ, ସେ ପ୍ରୀତି ବର୍ଦ୍ଧନ । ୬୭।
ଅଙ୍ଗଦ ପ୍ରଭୃତି ସର୍ବେ ଛାଡ଼ିଲୁଁ ସେ ସ୍ଥାନ ।
ବିନ୍ଧ୍ୟରୁ ସିନ୍ଧୁ ଉତ୍ତର ପ୍ରାନ୍ତେ ପହଁଚିଣ । ୬୮ ।
ତବ ଦର୍ଶନ ଉତ୍ସାହେ, ଦୃଷ୍ଟ କପିବୀରେ
ଅଙ୍ଗଦ ପ୍ରମୁଖ ସର୍ବେ, ଆସେ ସିନ୍ଧୁ-ତୀରେ । ୬୯ ।
ତୁମ୍ଭ ଦର୍ଶନେ ଇଚ୍ଛୁକ, ହେଲେ ଚିନ୍ତାଗ୍ରସ୍ତ
ସିନ୍ଧୁ ଦେଖି, ହରି ସୈନ୍ୟେ, ମହା ଅସ୍ତବ୍ୟସ୍ତ । ୭୦ ।
ପୋଛି ମହାଭୟ, ଶତ-ଯୋଜନ ଡେଇଁଣ
ଲଙ୍କାରେ ପଶିଲି, ରାତ୍ରେ, ରାକ୍ଷସରେ ପୂର୍ଣ୍ଣ । । ୭୧ ।
ରାବଣଙ୍କୁ ଦେଖିଲି ମୁଁ, ତୁମ୍ଭଙ୍କୁ ଶୋକାର୍ତ୍ତ ।
ଏ ସବୁ କହିଲି, ଯଥା – ବୃତ୍ତ, ଅନିନ୍ଦିତ୍ୟ । ୭୨ ।
କହ ମୋତେ କଥା, ଦେବି, ମୁଁ ରାମଙ୍କ ଦୂତ
ରାମ କୃତ୍ୟୋଦ୍‌ଯୋଗେ, ଏଠି ତୋ ପାଇଁ ଆଗତ । ୭୩।

ସୁଗ୍ରୀବ ମନ୍ତ୍ରୀ ମୁଁ, ଦେବି, ଜାଣ ବାୟୁସୁତ
ସର୍ବ-ଧନ୍ୱୀ-ବର ଛନ୍ତି, କୁଶଳେ, କାକୁସ୍ଥ । ୭୪ ।
ଗୁରୁପୂଜାରତ ଶୁଭଲକ୍ଷଣ, ଲକ୍ଷ୍ମଣ
ତବ ଭର୍ତ୍ତା ସେବି, ଦେବି, ମହାବୀର୍ଯ୍ୟବାନ । ୭୫ ।
ଏକ ମୁଁ ପହଁଚି ଅଛି, ସୁଗ୍ରୀବ ଆଜ୍ଞାରେ
କାମରୂପୀ, ଅସହାୟ, ଅନ୍ୱେଷି ଏଠାରେ । ୭୬ ।
ଦକ୍ଷିଣ ଦିଗକୁ ଆଶ୍ରି, ତୁମ୍ଭମାର୍ଗାକାଙ୍କ୍ଷୀ
ଭାଗ୍ୟେ, କପି-ସୈନ୍ୟରୁ ମୁଁ, ତବାଦୃଶ୍ୟେ ଦୁଃଖୀ । ୭୭ ।
ଛାଡ଼ିଲି ସଂତାପ ଦେବୀ, ତୁମ୍ଭଙ୍କୁ ମୁଁ ପାଇ
ସାଗର ଲଂଘନ ଭାଗ୍ୟେ ବୃଥା ହୋଇ ନାହିଁ । ୭୮ ।
ପାଇଲି ଦେବି, ଏ, ତୋ ଦର୍ଶନ-ପୁଣ୍ୟ ଯଶ
ମହାବୀର୍ଯ୍ୟ ରାମ ଶୀଘ୍ର ଆସିବେ ଯେ ପାଶ । ୭୯ ।
ସପୁତ୍ର ବାନ୍ଧବ ମାରି ରାବଣ ଲଙ୍କେଶ ।
ମାଲ୍ୟବାନ ନାମ ବଇଦେହି, ଗିରିଈଶ । ୮୦ ।
ତହୁଁ ଯାଇଣ କେଶରୀ ଗୋକର୍ଣ୍ଣ ପର୍ବତ
ଦେବର୍ଷିରେ ଆଦିଷ୍ଟ ମୋ ମହାକପି ତାତ
ପୁଣ୍ୟ ସିନ୍ଧୁ-ତୀର୍ଥେ ସମ୍ବ-ସାଦନ ନିହତ । ୮୧ ।
କରି, ହରି-କ୍ଷେତ୍ରେ, ହେଲି ପବନୁ ମୁଁ ଜାତ
ମୋର ସ୍ୱକର୍ମରେ ହେଲି, ହନୁମାନ ଖ୍ୟାତ । ୮୨ ।
ଆସ୍ଥା ପାଇ ଦେବି, ଗାଏ ତବ ଭର୍ତ୍ତା ଗୁଣ ।
ଅଚିରେ ତୁମ୍ଭଙ୍କୁ ଦେବି, ନେବେ, ଧ୍ରୁବ ରାମ । ୮୩ ।
ତହୁଁ ବିଶ୍ୱାସିଣ ସୀତା, ମହାଶୋକମଗ୍ନା
ଗୃହିଲେ ତାହାଙ୍କୁ ଦୂତ, ଅଭିଜ୍ଞାନୋପନ୍ନା । ୮୪ ।
ଅତୁଳାନନ୍ଦ ପାଇଣ ପ୍ରହର୍ଷେ ବୈଦେହୀ
ବକ୍ର-ପକ୍ଷ୍ମ ନେତ୍ରୁ ଗଲା ଆନନ୍ଦାଶ୍ରୁ ବହି । ୮୫ ।

ସୁନ୍ଦର ସେ ଚାରୁମୁଖୀ, ଶୁକ୍ଲାୟିତେକ୍ଷଣା
ଶୋଭେ ବିଶାଳାକ୍ଷୀ, ରାହୁମୁକ୍ତ କି ଚନ୍ଦ୍ରମା ।୮୬।
ହନୁମାନ କପି ସ୍ପଷ୍ଟ, ଅନ୍ୟ କେହି ନୁହେ ।
ଭାବେ, ସୀତା; ତହୁଁ ହନୁ, ତାଙ୍କୁ ବାକ୍ୟ କହେ ।୮୭।
"ସବୁ କହିଲି, ମୈଥିଳୀ ଆଶ୍ୱସ୍ତ ଯେ ହୁଅ
ଫେରିବି ମୁଁ, କି ରୋଚଇ, କି କରିବି, କହ ।୮୮।
ହତ କଲେ ଶମ୍ବ-ସାଦନ ଅସୁର
ମହର୍ଷି ଚୋଦନେ, ବାନର ପ୍ରବୀର
ତହୁଁ ବାହୁରୁ ଜନମ ମୁଁ ମୈଥିଳୀ
ତାଙ୍କ ପ୍ରସାଦରୁ ଅଟେ ବାୟୁପରି ।୮୯।

ପଂଚତ୍ରିଂଶ ସର୍ଗ ସମାପ୍ତ

ଷଡ଼ତ୍ରିଂଶ ସର୍ଗ

ଅଙ୍ଗୁରିୟ ପ୍ରଦାନ

ପୁଣି ମହାତେଜ ହନୁମାନ ବାୟୁସୁତ
କହେ ବିନୟେ, ଜଣାଇବାକୁ ସୀତା ପ୍ରତ୍ୟ । ୧ ।
"ବାନର ମୁଁ ମହାଭାଗେ, ସୁଧୀ ରାମ ଦୂତ
ଦେଖନ୍ତୁ ଏ ମୁଦି ଦେବି, ରାମନାମାଙ୍କିତ । ୨ ।
ତବ ପ୍ରତ୍ୟାୟାର୍ଥେ ଦେଇଛନ୍ତି ସେ ପଠାଇ
ଆଶ୍ୱସ୍ଥ ହୁଅନ୍ତୁ, ସ୍ୱସ୍ତି, ଯାଉ ଦୁଃଖ ବହି । ୩ ।
ନେଇ ଦେଖିଲେ ଯେ ଭର୍ତ୍ତା କର ବିଭୂଷଣ
ପାଇଲେ କି ଭର୍ତ୍ତା ! ହେଲେ ଲୋମ-ହର୍ଷ ମାଣ । ୪ ।
ତାଙ୍କ ଚାରୁ ମୁଖ, ତାମ୍ର-ଶୁକ୍ଳାୟତେକ୍ଷଣ
ହେଲା ହର୍ଷୋଦ୍‌ଗମେ ରାହୁ ମୁକ୍ତ ଚନ୍ଦ୍ର ସମ । ୫ ।
ତହୁଁ ସେ ହ୍ରୀମତୀ ବାଳା ଭର୍ତ୍ତୁର୍ବାର୍ତ୍ତା-ହର୍ଷା
ତୋଷେ ସ୍ନେହେ କଲେ ମହାହନୁଙ୍କୁ ପ୍ରଶଂସା । ୬ ।
ବିକ୍ରମୀ, ସମର୍ଥ ତୁମ୍ଭେ , ପ୍ରାଜ୍ଞ କପିଶ୍ରେଷ୍ଠ
କରିଛ ରାକ୍ଷସ-ପୁରୀ, ତୁମ୍ଭେ ନଷ୍ଟ ଭ୍ରଷ୍ଟ । ୭ ।
ଶତ ଯୋଜନ ବିସ୍ତାର ସିନ୍ଧୁ ନକ୍ରାଳୟ
ଶ୍ଳାଘ୍ୟ ଡେଇଁ କରି ତାହା ଗୋଷ୍ପଦ ପରାୟ । ୮ ।
ପ୍ରକୃତରେ ନୁହଁ ତୁମ୍ଭେ, କପି, କପିର୍ଷଭ
ତେଣୁ ସାଧାରଣ ତୁମ୍ଭେ ନୁହଁ, କପିର୍ଷଭ । ୯ ।

ମୋ ସହ ଅଭିଭାଷଣେ, ଯୋଗ୍ୟ, କପିବର
ଅଟ ଯେବେ, ତୁମ୍ଭେ ଦୂତ ଆମ୍ଭଙ୍କ ରାମର । ୧୦ ।
ପରୀକ୍ଷା ନ କରି କେଭେ, ପଠାନ୍ତି ସେ ନାହିଁ
ପରାକ୍ରମ ନ ଜାଣି, ବିଶେଷେ ମୋହ ପାଇଁ । ୧୧ ।
ଭାଗ୍ୟେ କୁଶଳ ଧର୍ମ୍ମାତ୍ମା, ସତ୍ୟବ୍ରତ ରାମ
ତେଜସ୍ୱୀ ଲକ୍ଷ୍ମଣ, ସୁମିତ୍ରାନନ୍ଦ ବର୍ଦ୍ଧନ । ୧୨ ।
ଶୁଭେଛନ୍ତି ଯେବେ ରାମ, ସାଗର ମୋଖଳା
ଦହି ନାହାଁନ୍ତି ତ କୋପେ କାଳଗ୍ନୀବ ଧର । ୧୩ ।
ଦେବେ ସାଧିବାକୁ, ଶକ୍ତିମାନ ବି ସେ ଦୁହେଁ
ଭାବେ ମୋ ଦୁଃଖାବସାନ, ଏବେ ମଧ୍ୟ ନୁହେଁ । ୧୪ ।
ବ୍ୟଥିତ ନୁହଁନ୍ତି ତ ସେ, ଅବା ପରିତପ୍ତ
ପୁରୁଷୋତ୍ତମ ଉତ୍ତର କାମ କରନ୍ତି ତ । ୧୫ ।
ଦୀନ, ଭ୍ରାନ୍ତ କାର୍ଯ୍ୟେ ସେତ; ନୁହଁନ୍ତି ମୋହିତ
ପୌରୁଷ-କାର୍ଯ୍ୟ କରୁଛନ୍ତି ତ, ନୃପ ସୁତ । ୧୬ ।
ଦ୍ୱି, ତ୍ରି ବିଧ ଉପାୟତ କରନ୍ତି ସେବନ
ସୁହୃତ୍-ବିଗୀଷୁ ଚ ମିତ୍ରେ, ରାମ ଅରିନ୍ଦମ । ୧୭ ।
ମିତ୍ରେ ତ ପାଆନ୍ତି, ମିତ୍ରେ ପାଖେ ଆସନ୍ତି ତ ?
କଲ୍ୟାଣକୃତ୍ ମିତ୍ରେ ହୁଅନ୍ତି ତ ପୁରସ୍କୃତ ! । ୧୮ ।
ଦେବଙ୍କ ପ୍ରସାଦ ପାଇଁ ଆଶାୟୀତ ରାମ
ପୁରୁଷକାର ଦୈବେ ତ କରନ୍ତି ବନ୍ଦନ ? । ୧୯ ।
ମୋଠି ଗତ-ସ୍ନେହ କି ସେ ରହିବାରୁ ଦୂରେ ।
ଏ ଦୁଃଖରୁ ତ୍ରାଣ ରାମ କରିବେ ତ ମୋରେ । ୨୦ ।
ସୁଖାର୍ହେ ନିତ୍ୟସେ ହନ୍ତ ! ଅସୁଖେ ଅନର୍ହେ
ଦୁଃଖଉରେ ରାମ, ତ, ଅବସନ୍ନ ନୁହଁ । ୨୧ ।
କୌଶଲ୍ୟାଙ୍କର ପୁଣି ଯେ, ସୁମିତ୍ରା ଦେବୀର
ଶୁଣନ୍ତି କି ପୁନଃ ପୁନଃ, କୁଶଳ ଭ୍ରଥର ? । ୨୨ ।

୧୧୧ | ଷଡ଼୍‌ତ୍ରିଂଶ ସର୍ଗ : ଅଙ୍ଗୁରିୟ ପ୍ରଦାନ

ମୋ ପାଇଁ ମାନାର୍ହ କଣ ମୋଠି, ଶୋକେ ରାମ;
ବିମୁଖତ ନୁହଁନ୍ତି ହେ, କରିବେ ତ ତ୍ରାଣ ।୨୩।
ଭ୍ରାତୃଭକ୍ତ ଭ୍ରଥ ଧ୍ୱଦୀ, ଭୀମ ଅକ୍ଷୌହିଣୀ
ପଠାଇବେ ତ ମୋ ପାଇଁ ସମନ୍ତ୍ରୀ ସେନାନୀ ।୨୪।
ଆସିବେ କି ମୋ ପାଇଁ ଶ୍ରୀମାନ ସୁଗ୍ରୀବର
ଦନ୍ତ ନଖାୟୁଧ ସେନା ସହ କପିବର? ।୨୫।
ସୁର ଯେ, ଲକ୍ଷ୍ମଣ ସୁମିତ୍ରାନନ୍ଦ-ବର୍ଦ୍ଧନ
ଅସ୍ତ୍ର-ଜାଳ ବିଚ୍ଛୁରି, ଧ୍ୱଂସିବେ ରକ୍ଷଗଣ? ।୨୬।
ରୁଦ୍ର-ଶରେ ସତେ ରାମ, ରଣେ କରି ହତ
ସବାନ୍ଧବ, ରାବଣ ମୁଁ, ଶୀଘ୍ର ଦେଖିବି ତ? ।୨୭।
ହୋଇ ନାହାଁନ୍ତି ତ ହେମ ସମବର୍ଣ୍ଣ
ପଦ୍ମ-ସମ ଗନ୍ଧୀ କମଳ-ଲୋଚନ;
ଶୁଖି ନାହିଁ ତ ମୋ, ବିନା, ଶୋକେ ଦୀନ
ଜଳକ୍ଷୟେ, ଆତପରେ, ପଦ୍ମସମ ।୨୮।
ଧର୍ମ୍ମ-ଉପଦେଶେ ସ୍ୱରାଜ୍ୟ ଜେତିଣ
ପାଦେ ଆସି, ମୋହ ସହ ଏହି ବନ;
ନାହିଁ ତ ବେଦନା, ଅବା ଶୋକ ଭୟ
ଅଛିତ ସଦୟ, ତାଙ୍କର ହୃଦୟ? ।୨୯।
ତାହାଙ୍କର ମାତା, ପିତାଠୁଁ ବା ବନେ,
ନାହିଁ ବେଶୀ ସ୍ନେହ, ମୋଠି, ଅବା ସମେ?
ତହୁଁ କି ହୋ ଦୂତ, ଜୀଇବି କି ମୁହିଁ
ପ୍ରିୟଙ୍କ ସମ୍ବାଦ ଶୁଣିବାର ପାଇଁ ।୩୦।
ଏହି ପରି ଦେବୀ ମହାର୍ହ ବଚନ
କହି ବାନରେନ୍ଦ୍ରେ, ମଧୁରାର୍ଥ ପୂର୍ଣ୍ଣ;
ଶୁଣିବାକୁ ତାଙ୍କ ବାକ୍ୟ ଅଭିରାମ
ରାମକଥା, ରାମା, ହୋଇଲେ ବିରାମ ।୩୧।

ସୀତାବାକ୍ୟ ଶୁଣି, ଭୀମ-ବିକ୍ରମ, ମାରୁତି
ଶିରରେ ଅଞ୍ଜଳି ଦେଇ, କରିଲେ ଏ ଭକ୍ତି । ।୩୨।
"ତୁମ୍ଭେ ଏଠି ଥିବା, ରାମ କମଳ-ଲୋଚନ
ଜାଣି ନାହାନ୍ତି ନେବାକୁ, ଇନ୍ଦ୍ର ଶଚୀ ସମ ।୩୩।
ମୋର ବାକ୍ୟ ଶୁଣି ରାମ, ଆସିବେ ବହନ
ମହାଚମୂ ଧରି, କପିଲକ୍ଷଙ୍କ, ଗହଣ ।୩୪।
ସ୍ତମ୍ଭି, ବାଣ-ଜାଳେ, ଅବିଚଳିତ ସାଗର ।
ରକ୍ଷ ହୀନ କରିବେ, କାକୁସ୍ଥ, ଲଙ୍କାପୁର ।୩୫।
ଦେବେ ମହାଶୂରେ, ଯମ, ପଥେ ଥାଇ ଯେବେ,
ବାଧା ଦେବେ, ରାମ ତାଙ୍କୁ, ଶମନେ ପେଶିବେ । ।୩୬।
ତୁମ୍ଭ ଅଦର୍ଶନେ ରାମ ଶୋକେ ଅଭିଭୂତ
ଶାନ୍ତି ପାଆନ୍ତି ନି, ହସ୍ତି, ସିଂହେ କି ଅର୍ପିତ ? ।୩୭।
ମନ୍ଦର ଫଳ ମୂଳର, ରାଣ ଅୟି ଦେବୀ
ମଳୟ ବିନ୍ଧ୍ୟ ଦର୍ଦ୍ଦୁର, ମେରୁ ପର୍ବତାଦି ।୩୮।
ସୁନୟନ, ବଲ୍‌ଗୁ ବିମ୍ବୋଷ୍ଠ, ଚାରୁକୁଣ୍ଡଳ
ମୁଖ ଦେଖିବ ରାମର, ପୂର୍ଣ୍ଣେନ୍ଦୁ ସୁଢ଼ଳ ।୩୯।
ଶୀଘ୍ର ଦେଖିବ ବସନ୍ତି, ରାମ ପ୍ରସ୍ରବଣେ
ଐରାବତାସୀନ, ଇନ୍ଦ୍ର, କି ନାଗ ମୂର୍ଦ୍ଧନେ ? ।୪୦।
ମାଂସ ନ ଖାଆନ୍ତି ରାମ ମହୁ ନ ସେବନ୍ତି
ପାଂଚ ପ୍ରହରେ ନିୟମେ, ବନାନ୍ୟ ଖାଆନ୍ତି ।୪୧।
ଦଂଶକ ମଶକ କୀଟ, ସରୀସୃପ ଆଦି
ନ କାଟେ, ଦେହରୁ ତୁମ୍ଭ ଠାରେ ପ୍ରାଣ ବାନ୍ଧି ।୪୨।
ନିତ୍ୟଧ୍ୟାନ ପର ରାମ, ନିତ୍ୟ ଶୋକାକୀର୍ଣ୍ଣ
କିଛି ନ ଚିନ୍ତେ ତୁମ୍ଭଠି କାମ-ପରାୟଣ ।୪୩।
ଅନିଦ୍ରା ସଦା, ନିଦରେ ବି ସେ ନରୋତ୍ତମ
"ସୀତେ ତି" ମଧୁର ବାଣୀ, କହି ଉଠେ ରାମ ।୪୪।

ଦେଖି ଫଳ ପୁଷ୍ପ ଅବା ଚାରୁ ଦ୍ରବ୍ୟ ଅନ୍ୟ
ହା ପ୍ରିୟେ, ହା ପ୍ରିୟେ କହି ନିଅନ୍ତି ତୋ ନାମ । ୪୫ ।
ସେ ନିତ୍ୟ, ହେ ଦେବୀ, ପରିତପ୍ୟମାନ
ତୁମ୍ଭଙ୍କୁ "ସୀତେତି", ସତତ ଡାକିଣ;
ବ୍ରତଧର ରାଜସୁତ ମହାତ୍ମନ
ତୁମ୍ଭ-ଲାଭ ପାଇଁ କରି ସୁଯତନ । ୪୬ ।
ରାମ କଥା ଶୁଣି, ହୋଇ ଶୋକହୀନ
ରାମଙ୍କ ଶୋକରେ ହୋଇ ହୋଇ ଶୋକେ ମଗ୍ନ
ଶରତ ଆରମ୍ଭେ ମେଘଶେଷେ ଜହ୍ନ
ରାତି ପରି ଦିଶେ, ବଡ଼ ହୀନ ମାନ । ୪୭ ।

ଷଡ଼ତ୍ରିଂଶ ସର୍ଗ ସମାପ୍ତ

ସପ୍ତତ୍ରିଂଶ ସର୍ଗ

ସୀତା ଫେରାଇବା ଅନୁଚିତ

ପୂର୍ଣ୍ଣ ଚନ୍ଦ୍ରାନନା ସୀତା, ଏ ବଚନ ଶୁଣି
ହନୁମନ୍ତେ କହିଲେ ଏ ଧର୍ମ୍ମ-ଯୁକ୍ତ ବାଣୀ ।୧।
ସବିଷ ଅମୃତ ସମ କହିଲେ ଯେ ଗିର
"ରାମ ନ ଅନ୍ୟମନା ଯେ, ମହାଶୋକାପର ।୨।
ଅଇଶ୍ୱର୍ଯ୍ୟେ, ମହାବ୍ୟସନେ ବା ସୁଦାରୁଣେ
ରଜ୍ଜୁରେ ପୁରୁଷ-ବାନ୍ଧି, କୃତାନ୍ତ କି ଟାଣେ ? ।୩।
ବିଧି ଅନିବାର୍ଯ୍ୟ, ନିଶ୍ଚେ, ହେ କପିଉତ୍ତମ
ଦେଖ ସୌମିତ୍ରି, ମୁଁ ରାମ ଦୁଃଖେ ମ୍ରିୟମାଣ ।୪।
ଏ ଶୋକ-ସାଗରୁ ରାମ, ହୋଇବେ କି ପାରି
କ୍ଳାନ୍ତ ନଷ୍ଟନୌକାରୋହୀ ସିନ୍ଧୁରେ ଯେପରି ।୫।
ରାକ୍ଷସଙ୍କୁ ବଧ କରି, ରାବଣ ବିନାଶି
କେବେ ମୋତେ ନେବେ ରାମ, ଲଂକପୁର ଧ୍ୱଂସି ।୬।
ସେ ବାକ୍ୟ ସତ୍ୱର ଆସେ; ନ ପୂରିଲା ଯାଏଁ
ଏହି ସଂବତ୍ସର କାଳ; ମୁଁ ବଂଚେ ସେ ଯାଏଁ ।୭।
ଚାଲିଛି ଦଶମ ମାସ, ଆଉ ବାକୀ ଦୁଇ
କ୍ରୂର ରାବଣ ଯେ କଷ୍ଟ କରିଛି ମୋ ପାଇଁ ।୮।
ଭାଇ ବିଭୀଷଣ ମୋର ନିର୍ଯାତନା ପ୍ରତି
ଅନୁନୟ ଯତ୍ନରେ ବି ନ ଭଲେ ତା ମତି ।୯।

ନ ରୋଚଇ ରାବଣଙ୍କୁ ମୋର ପ୍ରତ୍ୟାର୍ପଣ
କାଳମୃତ୍ୟୁ ରଣ ମାର୍ଗେ ଚାଲିଛି ରାବଣ ।୧୦।
ବିଭୀଷଣ ଜ୍ୟେଷ୍ଠ-କନ୍ୟା, କଳା, କପି ମୋରେ
କରିଛି ଯେ ସ୍ୱୟଂ, ତାର ମାତାଙ୍କ ଆଜ୍ଞାରେ ।୧୧।
ଅବିନ୍ଧ୍ୟନାମ, ମେଧାବୀ ବିଦ୍ୱାନ୍ ରକ୍ଷବୀର
ଧୃତିବାନ୍ ବଳୀନ ବୃଦ୍ଧ, ମାନ୍ୟ ରାବଣର ।୧୨।
ଶ୍ରୀରାମେ ରାକ୍ଷସକ୍ଷୟ, ଚୋଦିଲେ ବି ଯେତେ
ସେ ବାଣୀ ଦୁରାତ୍ମା; ଯେ ନ ଘେନଇ ତାର ଚିତ୍ତେ ।୧୩।
ଶଂସେ କପି, ଶୀଘ୍ର, ମୋତେ ପାଇବେ ମୋ ପ୍ରଭୁ;
ଅନ୍ତରାତ୍ମା ମୋର ଶୁଦ୍ଧ, ତାଙ୍କ ଗୁଣ ବହୁ ।୧୪।
ଉତ୍ସାହ, ପୌରୁଷ, ସତ୍ତ୍ୱ, ଦୟା କୃତଜ୍ଞତା
ମୋ ପତି ବାନର ମହାବିକ୍ରମ ମହାତ୍ମା ।୧୫।
ଚୌଦ ସହ୍ସ୍ର ରକ୍ଷେ ବଧେ, ଭାଇବିନା ରାମ
ଏଥିରେ କେ ଶତ୍ରୁ ଯେ ନୋହିବ ଉଦ୍‌ବିଗ୍ନ ।୧୬।
ତୁଳିବାକୁ ଦୁଃଖେ, ଶକ୍ୟ, ସେ ପୁରୁଷବ୍ୟାଘ୍ର
ନୁହେଁ କେହି, ଜାଣେ ତାଙ୍କୁ ଶଶ ଯଥା ଇନ୍ଦ୍ର ।୧୭।
ଶରେ ଅଂଶୁମାନ, ଶୂର କପି ରାମସୂର୍ଯ୍ୟ
ଶତ୍ରୁ ରକ୍ଷତୋୟେ ଶୁଷ୍କ କରିବେ ନିର୍ଧାର୍ଯ୍ୟ ।୧୮।
ରାମାର୍ଥେ ଶୋକ କର୍ଶିତା ସେ ସଂକଳ୍ପ ମନେ
କହେ ହନୁମନ୍ତ ଅଶ୍ରୁପୂର୍ଣ୍ଣା କ୍ଷୀଣାନନେ ।୧୯।
"ମୋ କଥା ଶୁଣି ରାଘବ, ଆସିବେ ସତ୍ୱର
ମହା ଲକ୍ଷ କପି ଚମୂ ଧରିଣ ସଙ୍ଗର ।୨୦।
ଅଥବା ରକ୍ଷ କବଳୁ, ଉଦ୍ଧରିବି ଅଦ୍ୟ
ଏ ଦୁଃଖରୁ, ଆରୋହ ମୋ, ପୃଷ୍ଠ ଅନବଦ୍ୟ ।୨୧।
ତୁମ୍ଭଙ୍କୁ ପୃଷ୍ଠରେ ଧରି, ସିନ୍ଧୁ ପହଁରିଣ
ଶକ୍ତି ଅଛି, ବୋହିବାକୁ ସଲଙ୍କା ରାବଣ ।୨୨।

ପ୍ରସ୍ରବଣସ୍ଥ ରାଘବେ ଆଜି ବଇଦେହୀ
ଅଗ୍ନି ଯଥା ହବ୍ୟ, ଇନ୍ଦ୍ରେ ଦେବି ପହଁଚାଇ । ୨୩।
ଆଜି ହିଁ ଦେଖିବ ସୀତା ସଲକ୍ଷ୍ମଣ ରାମ
ଦୈତ୍ୟବଧେ ବ୍ୟବସାୟପୂର୍ଣ୍ଣ ବିଷ୍ଣୁ ସମ । ୨୪।
ତୁମ୍ଭ ଦର୍ଶନେ ଉତ୍ସୁକ, ଆଶ୍ରମେ ସେ ବଳୀ
ନଗରାଜଶିଖେ ବସିଛନ୍ତି, ଇନ୍ଦ୍ରପରି । ୨୫।
ପୃଷ୍ଠେ ମୋ ଆରୋହ ଦେବି, ଉପେକ୍ଷା ନ କରି
ରାମ ସଙ୍ଗେ ମିଳ, ଶଶାଙ୍କେ, ରୋହିଣୀ ପରି । ୨୬।
କହୁ କହୁ, ଶଶୀ ସହ ରୋହିଣୀଙ୍କ ପରି
ମିଳ ମୋ ପୃଷ୍ଠେ ଆରୋହି, ସିନ୍ଧୁ, ନଭେତରି । ୨୭।
ଏଠୁ ନେଇ ଗଲା ବେଳେ, ତୁମ୍ଭଙ୍କୁ ଅଙ୍ଗନେ
ଅକ୍ଷମ ମୋ, ଅନୁଗମେ, ଲଙ୍କାବାସୀମାନେ । ୨୮।
ଯଥା ଏଠି ପାଇଲି ମୁଁ ତଥା ହେ ବୈଦେହୀ
ବିହାୟସେ, ଯିବି ଦେଖ, ତୁମ୍ଭଙ୍କୁ ଯେ ନେଇ । ୨୯।
ଏ ଅଦ୍‌ଭୂତ ବାକ୍ୟ ସୀତା କପି-ଶ୍ରେଷ୍ଠୁ ଶୁଣି
ହର୍ଷ ବିସ୍ମୟେ କହିଲେ ହନୁରେ ଏ ବାଣୀ । ୩୦।
ହନୁମନ୍ ଏ ଦୂରବାଟ ନେବ ବା କିପରି
ତା ତୁମ୍ଭ କପିତ୍ୱ ମଣେ, ହେ ଯୂଥପ ହରି । ୩୧।
କିପରି ସ୍ୱଳ୍ପ ବିଗ୍ରହ, ମୋତେ ନେବ ଭାବ
ମାନବେନ୍ଦ୍ର, ଭର୍ତ୍ତାଙ୍କ ସମୀପେ, କପିଷର୍ଭ । ୩୨।
ସୀତା କଥା ଶୁଣି, ବାୟୁସୁତ ହନୁମାନ
ଏ ମୋ ପରାଭବ, ଭାବେ, କପି ଲକ୍ଷ୍ମୀବାନ । ୩୩।
ଜାଣନ୍ତି ନି ମୋ ସତ୍ତ୍ୱ ବା ବଳ କୃଷ୍ଣନେତ୍ରୀ
ତହୁଁ ଦେଖନ୍ତୁ ବୈଦେହୀ, ମୋର ମାୟାମୂର୍ତ୍ତି । ୩୪।
ଏହା ଭାବି ହରିବୀର ତୂର୍ଣ୍ଣେ ହନୁମାନ
ଦେଖାଇଲେ ସୀତେ, ନିଜରୂପ ଅରିନ୍ଦମ । ୩୫।

ଡେଇ ତହୁଁ ପାଦପରୁ, ସେ ପ୍ଲବଙ୍ଗୋତ୍ତମ
ସୀତାଙ୍କ ପ୍ରତ୍ୟୟ ପାଇ ବଢ଼ିଲେ ବହନ । ୩୬ ।
ମେରୁ ମନ୍ଦର କି ହୋଇ, ଦୀପ୍ତାନଳ ପ୍ରଭ
ସୀତାଙ୍କ ଆଗେ ରହିଲେ ସେ ବାନରର୍ଷଭ । ୩୭ ।
ନଗ ପରି କପି, ତମ୍ବା ମୁହଁ ମହାବଳୀ
ବଜ୍ର-ଦାନ୍ତ, ଭୀମ ନଖ, କହିଲେ, ଏପରି । ୩୮ ।
"ସପର୍ବ୍ବତ ବନ ଟାଳି, ପ୍ରାକାର ତୋରଣ
ଲଙ୍କା ସନାଥବା, ନେବାକୁ ମୁଁ ଶକ୍ତିମାନ । ୩୯ ।
ତହୁଁ ଅବ୍ୟବସ୍ଥା ବୁଦ୍ଧି, ଛାଡ଼ି ସ୍ଥିର ମନେ
ବିଶୋକ କାର ବୈଦେହୀ, ରାମସଲକ୍ଷ୍ମଣେ । ୪୦ ।
ନଗ ସମ ଦେଖି ତାଙ୍କୁ, କହିଲେ ଯେ ସୀତେ
ପଦ୍ମପତ୍ର ବିଶାଳାକ୍ଷୀ, ମାରୁତଜ ସୁତେ । ୪୧ ।
"ମହାକପି, ଜାଣିଲି ହେ, ତବ ବଳ ସତ୍ତ୍ୱ
ବାୟୁଗତି, ଅଗ୍ନିତେଜ, ତୁମ୍ଭର ଅଦ୍‌ଭୂତ । ୪୨ ।
ପ୍ରକୃତ କେ ବା ଏ ଭୂମି, ଆସିତେ ସକ୍ଷମ
ହେ କପି ଯୂଥପ, ସିନ୍ଧୁପାରେ ଅକଳନ । ୪୩ ।
ଜାଣିଲି ତୁମ୍ଭର ଶକ୍ତି, ନେବାକୁ ଯେ ମୋତେ
ସ୍ଥିର କରେ, ଆଶୁକାର୍ଯ୍ୟ-ସିଦ୍ଧି କି ଯୁଜ୍ୟତେ । ୪୪ ।
ଅଯୁକ୍ତ ହେ କପି, ତୁମ୍ଭ ସହ, ମୋ ଗମନ
ମୂର୍ଚ୍ଛା ହୋଇପାରେ ତବ ବେଗେ, ବାୟୁସମ । ୪୫ ।
ଆକାଶରେ ଗଲାବେଳେ, ସାଗର ଉପରେ
ବେଗେ ଯାଉ ଯାଉ ତୁମ୍ଭ ପୃଷ୍ଠୁ ପଡ଼ିପାରେ । ୪୬ ।
ତିମି, ନକ୍ର ମୀନାକୁଳ ସାଗରେ ପଡ଼ିଣ
ମୂର୍ଚ୍ଛିତା ହେବି, ତାଙ୍କର ଖାଦ୍ୟ, ମହୋତ୍ତମ । ୪୭ ।
ତୁମ୍ଭ ସହ ଯିବା ଶକ୍ୟ, ନୁହେ ହେ ଶତ୍ରୁଘ୍ନ
ସସ୍ତ୍ରୀ ସନ୍ଦେହ ତୁମ୍ଭଙ୍କୁ କରିବେ ଯେ ଜନ । ୪୮ ।

ମୋ ହରଣ ଦେଖି, ରାକ୍ଷସେ ଭୀମ-ବିକ୍ରମେ
ପଛ ଧରିବେ, ଦୁରାତ୍ମା, ରାବଣ ଶାସନେ ।୪୯।
ଶୂଳ-ମୁଦ୍‌ଗର-ପାଣି, ସେ ଶୂରେ ପରିବୃତ୍ତ
ସ୍ତ୍ରୀ ଯୋଗୁଁ ହେବ ତୁମ୍ଭରି, ଜୀବନ ଶଂସିତ ।୫୦।
ବହୁ ଶସ୍ତ୍ର-ଧାରୀ, ରକ୍ଷେ ତୁମ୍ଭ ଶସ୍ତ୍ର-ହୀନ
କିପରି ମୋ ରକ୍ଷଣରେ ହୋଇବ ସକ୍ଷମ ।୫୧।
ସେ କ୍ରୂର ରକ୍ଷଙ୍କ ସଙ୍ଗେ ଯୁଦ୍ଧ କରୁ କରୁ
ଖସି ପଡ଼ିବି ବା ଭୟେ ତୁମ୍ଭର ପୃଷ୍ଠରୁ ।୫୨।
ତହୁଁ ଭୀମ ରକ୍ଷମାନେ, ମହାବଳବାନ
ଘେରି କାଳେହଁ ଜିଣିବେ, ତୁମ୍ଭଙ୍କୁ କପିରାଣ ।୫୩।
ଅବା ଯୁଦ୍ଧ କରୁ କରୁ, କାଳେହେ ହାରିଗଲେ
ସେ ପାପୀ ରାକ୍ଷସେ ମୋତେ ନେବେ, ମୁଁ ପଡ଼ିଲେ ।୫୪।
ହାରିଲେ ତୁମ୍ଭଠୁ, ଛଡ଼ାଇଣ ବା ହାଣିବେ
ଯୁଦ୍ଧେ ଜୟ ପରାଭବ, ଅନିଶ୍ଚିତ ଭବେ ।୫୫।
ଏ ବିପଦେ ରକ୍ଷେ ମୋତେ କରିବେ, କବଳ
ତୁମ୍ଭ ଯତ୍ନ କପିଶ୍ରେଷ୍ଠ, ହୋଇବ ବିଫଳ ।୫୬।
ସବୁ ରାକ୍ଷସ ନିଧନେ, ମହା ତୁମ୍ଭ କାମ
ତୁମ୍ଭର ରକ୍ଷ-ନିଧନେ, ରାମ ଯଶ ହୀନ ।୫୭।
ଅବା ମୋତେ ଆଣି ରକ୍ଷେ, ଏପରି ଗୋପନେ
ରଖିବେ ଯେ, କପି, ରାମ ନ ଜାଣିବ ତୁମେ ।୫୮।
ନିରର୍ଥକ ହେବ, ତୁମ୍ଭର ଏ ସବୁ କାମ
ତୁମ୍ଭ ସହ, ରାମ ଆଗମନ ଅର୍ହ ଜାଣ ।୫୯।
ମୋ ଜୀବନାୟତ୍ତ, ଅମିତ ତେଜ ରାମର
ସବୁ ଭାଇଙ୍କର, ତୁମ୍ଭ-ରାଜନକୁଳର ।୬୦।
ମୋ ପାଇଁ ନିରାଶେ, ଶୋକ ସଂତାପ-କର୍ଶିତ
ସବୁ ଲକ୍ଷ-କପି ସହ, ହେବ ପ୍ରାଣେ ହତ ।୬୧।

ଭର୍ତ୍ତା-ଭକ୍ତି ଆଗେ ରଖି, ରାମଛଡ଼ା ଅନ୍ୟ
କାହା ଦେହ ଛୁଇଁବାକୁ ନ ହୁଏ ମୋ ମନ ।୬୨।
ରାବଣର ଗାତ୍ର ସ୍ପର୍ଶ କଲି ତା ବଳରେ
ଅନାଥା, ଅବଶା, ଆଉ, କିବା କରିପାରେ ।୬୩।
ସରାକ୍ଷସ ଦଶଗ୍ରୀବେ, ମାରିଣ ଶ୍ରୀରାମ
ନେବେ ଏଠୁଁ ତାହା ହେବ, ରାମ-ଯୋଗ୍ୟ କାମ ।୬୪।
ଶୁଣିବି ଦେଖିଛି, ତାଙ୍କ ପରାକ୍ରମ
ସେ ମହାତ୍ମାଙ୍କର ରଣେ ବିମର୍ଦ୍ଦନ
ନ ଦେବ, ଗନ୍ଧର୍ବ, ରାକ୍ଷସ ଭୁଜଙ୍ଗ
ରାମ ସଙ୍ଗେ ରଣେ, ନ ପଡ଼େ ପାଶଙ୍ଗ ।୬୫।
ଦେଖି ତାଙ୍କୁ ରଣେ, ବିଚିତ୍ର କାର୍ମୁକ
ମହାବଳ ଇନ୍ଦ୍ର ସମ-ବିକ୍ରମକ
ଲକ୍ଷ୍ମଣ-ସ କେବା ରାଘବେ ସହିବ
ଦୀପ୍ତ ହୁତାସନେ, ଅନିଳ-ପ୍ରଭବ ।୬୬।
ରାଘବ ଲକ୍ଷ୍ମଣ ସହ ଜ୍ୟା ମର୍ଦ୍ଦିଣ
ମତ୍ତ ଦିଗ ଗଜ ପରି ଶୋଭମାନ
ତାଙ୍କୁ ସହିବ କେ, କପିବର, ରଣେ
କାଳ-ସୂର୍ଯ୍ୟ ସମ, ଶରାର୍ଚ୍ଚି-ବର୍ଷଣେ ? ।୬୭।
ତାଙ୍କୁ କପିଶ୍ରେଷ୍ଠ, ପ୍ରିୟେ, ସଲକ୍ଷ୍ମଣ
ଯୂଥପତି ସହ କ୍ଷିପ୍ରେ ଏଠି ଆଣ
ସଦା ରାମ ପାଇଁ ଏ ଶୋକ-କର୍ଶିତା
କର ମୋତେ କପିବର ସୁହର୍ଷିତା ।୬୮।

ସପ୍ତତ୍ରିଂଶ ସର୍ଗ ସମାପ୍ତ

ଅଷ୍ଟାତ୍ରିଂଶ ସର୍ଗ

ବାୟସ – ବୃତ୍ତାନ୍ତ

ତହୁଁ କପି ବ୍ୟାଘ୍ର ସେ କଥାରେ ହୋଇ ତୋଷ
କହିଲେ ସୀତାଙ୍କୁ, ବାକ୍ୟବିଦାଂବର – ଇଶ । ୧ ।
"ତବ ଯୋଗ୍ୟ କଥା ଦେବି, କହିଛ ସୁଭଗେ
ସାଧ୍ୱୀ-ସ୍ତ୍ରୀ ସୁଲଭ ବାକ୍ୟ, ସୁବିନୟ ମାର୍ଗେ । ୨ ।
ସ୍ତ୍ରୀ ଥିବାରୁ କ୍ଷମ ନୁହଁ ସାଗର ଲଂଘନେ
ମୋ ପିଠିରେ ବସି, ବିସ୍ତାର ଏ ଶହେ ଯୁଣେ । ୩ ।
ଦ୍ୱିତୀୟ କାରଣ ଯାହା, କହିଲେ ବିନୟେ
ରାମ ବିନା ନ ସଂସର୍ଗ ତୁମ୍ଭଦ୍ୱାରା ନୁହେଁ । ୪ ।
ଏହା ବି ସେ ମହାତ୍ମାଙ୍କ ପତ୍ନୀର ସଦୃଶ
ତୁମ୍ଭ ଛଡ଼ା କିଏ ଦେବି, କହିବ ଇଦୃଶ । ୫ ।
ଶୁଣିବେ ସବୁ କାକୁସ୍ଥ, ମୂଳୁଁ ଶେଷ ଯାଏଁ
ଯଥା ଆଚରିଲ ଦେବି, ବାକ୍ୟ, ତବ ଅର୍ହେ । ୬ ।
ବହୁ କାରଣରୁ ଦେବି, ରାମ-ପ୍ରିୟ ବୋଲି
ସ୍ନେହ-ପରବଶ ହୋଇ; ଏହା ମୁଁ କହିଲି । ୭ ।
ଲଙ୍କା ଦୁଷ୍-ପ୍ରବେଶ ସିନ୍ଧୁ ଦୁସ୍ତର ହେତୁରୁ
କହିଲି ଦେବି, ମୋହର ସାମର୍ଥ୍ୟ ଥିବାରୁ । ୮ ।
ରଘୁ-ବନ୍ଧୁଙ୍କ ମିଳନେ ଆଜି ଇଚ୍ଛା ମୋର
ତହୁଁ ଗୁରୁ ଭକ୍ତ ସ୍ନେହେ, କହିଲି କେବଳ । ୯ ।

ଯଦି ଉତ୍ସାହ ନାହିଁ ମୋ ସଙ୍ଗେ ଯିବା ପାଇଁ
ଅଭିଜ୍ଞାନ ଦିଅନ୍ତୁ ଯା ଚିହ୍ନେ ରଘୁସାଇଁ । ୧୦ ।
ହନୁମାନ ବାକ୍ୟେ ସୀତା ସୁରସୁତୋପମ
କହିଲେ ମନ୍ଦେ, ଲୋତକ-ମିଶ୍ରିତ ବଚନ । ୧୧ ।
"ଏ ମୋ ଶ୍ରେଷ୍ଠ ନିଦର୍ଶନ, କହ ପ୍ରିୟେ ମୋର
ଚିତ୍ରକୂଟ-ଶୈଳପାଦେ, କୋଣ ପୂର୍ବୋତ୍ତର । ୧୨ ।
ଜଳ ଫଳମୂଳାକୀର୍ଣ୍ଣ ସିଦ୍ଧଜନାଶ୍ରମେ
ମନ୍ଦାକିନୀ ତୀରେ ଅଧ୍ୟୁଷିତ ସିଦ୍ଧଜନେ । ୧୩ ।
ନାନା ପୁଷ୍ପଗନ୍ଧି ସେ ଆଶ୍ରମ ଉଦ୍ୟାନରେ
ବିହାର କରି, ଘର୍ମାକ୍ତ ବସିଲ ମୋ କୋଳେ । ୧୪ ।
ମାଂସାଂଶୀ କାଉଏ ମୋତେ ଖୁଂପନ୍ତେ ଥଣ୍ଟରେ
ବାରଣ କଲି ମୁଁ ତାକୁ ଫୋପାଡ଼ି ଟେକାରେ । ୧୫ ।
ବିଦାରିଣ ମୋତେ କାଉଁ ମୋ ଠାରୁ ନଗଲା
ବଳି ଭୋଜୀ ମାଂସାର୍ଥ ସେ, ବିରାମ ନ ହେଲା । ୧୬ ।
ପକ୍ଷୀରେ ରାଗି, ମୋ ଅଣ୍ଟାସୂତା ଟାଣୁ, ଟାଣୁ
ସ୍ଖଳିତ-ବସନା, ମୋତେ, ଦେଖି, ତୁମ୍ଭେ ଏଣୁ । ୧୭ ।
'ଉପହାସ କଲ', କ୍ରୋଧେ, ଲଜ୍ଜାରେ ସଢ଼ିଲି,
ଲକ୍ଷ୍ୟ ଲୋଭୀ କାଉଖୁଣ୍ଟା, ତବାଶ୍ରୟ ନେଲି । ୧୮ ।
ତହୁଁ ଶାନ୍ତ ତୁମ୍ଭ-କୋଳେ, ଶରଣ ନେବାରେ
କ୍ରୋଧୀ ମୋତେ ହସି ହସି ପୃଷ୍ଠେ ଆଉଁସିଲେ । ୧୯ ।
ଲୁହ-ପୂର୍ଣ୍ଣମୁଖୀ ମଳେ, ଆଖି ପୋଛିବାର ।
କାକେ ରାଗିକରି, ନାଥ, ତାହା ଲକ୍ଷ କଲ । ୨୦ ।
ପରିଶ୍ରାନ୍ତା ସୁଦୀର୍ଘ ଶୋଇଲି ରାମକୋଳେ
ତହୁଁ ଭରତାଗ୍ରଜ ମୋର କ୍ରୋଡ଼େ ନିଦ୍ରାଗଲେ । ୨୧ ।

ରାଘବଙ୍କୁ ଅଙ୍କେ ଧରି, ଶୋଇଥିଲା ବେଳେ
ସେ ବାୟସ ତୂର୍ଣ୍ଣେ ଫେରି ଆସି ସ୍ତନାନ୍ତରେ
ବିଦାରିବାରୁ ନିଦ ମୋ ଭାଙ୍ଗିଲା ତ୍ରସ୍ତରେ ।୨୨।
ପୁଣି, ପୁଣି, ଉଡ଼ି ବିଦାରିଲା ବହୁବାର
ସେ ରକ୍ତ ବିନ୍ଦୁରେ ଉଠି ପଡ଼ି ରଘୁବୀର ।୨୩।
ଦେଖିଲେ ମୁଁ ଜୀର୍ଣ୍ଣ, ମହାବାହୁ କୁଚାନ୍ତରେ
ସାପ ପରି ଫଁ ଫଁ ହୋଇ ଏ ବାକ୍ୟ କହିଲେ ।୨୪।
କେ କରୋରୁ ! କଲା କ୍ଷତ ତବ ସ୍ତନାନ୍ତର
କେ ଖେଳିଲା ବୃଦ୍ଧ, ପଂଚାସ୍ୟ ନାଗ ସଙ୍ଗର ? ।୨୫।
ଚାହୁଁ ଚାହୁଁ ଚାରିଆଡ଼ ଦେଖିଲେ ବାୟସେ
ତୀକ୍ଷ୍ଣ ରକ୍ତ-ନଖ ବସେ ଲକ୍ଷି ମୋର ଆସ୍ୟେ ।୨୬।
ସେ ବାୟସ ଅଟେ ଇନ୍ଦ୍ର-ପୁତ୍ର ପକ୍ଷୀବର
ବାୟୁବେଗେ ଉଡ଼ିଗଲା ପର୍ବତ ଉପର ।୨୭।
ତହିଁ ମହାବାହୁ, କୋପ-ଘୂର୍ଣ୍ଣିତ-ନୟନ
କ୍ରୂର ଇଚ୍ଛାକଲେ କାଳେ ମହାମତିମାନ ।୨୮।
କୁଶ-ସ୍ତରୁ ଏକ କୁଶ, ବ୍ରହ୍ମାସ୍ତ୍ରରେ ଯୋଖି
କାଳାଗ୍ନି-ପରି ତା ଦୀପ୍ତ ଜଳେ ପକ୍ଷୀ ମୁଖୀ ।୨୯।
ସେ ସେହି ପ୍ରଦୀପ୍ତ କୁଶ ବାୟସେ ଯୋଚିଲେ
ତହୁଁ ସେ, ବାୟସେ, କୁଶ ଗୋଡ଼ାଏ ଅମ୍ବରେ ।୩୦।
ପଛେ ପଛେ କାଉ ଯାଏ ବିବିଧ ଗତିରେ
ରକ୍ଷା ପାଇଁ ସବୁଲୋକେ, ଧାଏଁ ଧାତି କାରେ ।୩୧।
ପିତା, ମହରଷି ବୃନ୍ଦେ, ହୋଇ ପରିତ୍ୟକ୍ତ
ତିନିଲୋକ ବୁଲି, ରାମ-ଶରଣେ ଆଗତ ।୩୨।
ଶରଣାଗତ ତାହାଙ୍କୁ, ଭୂମିରେ ପତିତ
ଶରଣ ଦେଲେ ତାହାଙ୍କୁ, କୃପାରେ କାକୁସ୍ଥ ।୩୩।

ଅତି ହୀନ, ଖିନ୍ନ କାକେ କହିଲେ ଶ୍ରୀରାମ
"ବ୍ରହ୍ମାସ୍ତ୍ର ଅମୋଘ, କି କରିବା କହ କର୍ମ୍ମ । ୩୪ ।
ତହୁଁ ତା ଦକ୍ଷିଣ ଆଖି, ଫୁଟଇଲା ବାଣ
ଦେଇ ଦକ୍ଷିଣ ଆଖିକି, ରଖିଲା ସେ ପ୍ରାଣ । ୩୫ ।
ତହୁଁ ଶ୍ରୀରାମେ ନମିଣ, ରାଜା ଦଶରଥ ?
ରାମଠୁଁ ବିଦାୟ ନେଇ, ଗଲା ନିଜ ପଥ । ୩୬ ।
ମୋ ଲାଗି କାକେ ବି ପ୍ରୟୋଗିଲ ବ୍ରହ୍ମଶର
କ୍ଷମ ହରିଲା ଯେ ମୋତେ, ଆହେ ପୃଥ୍ୱୀଶ୍ୱର । ୩୭ ।
କର ମହୋତ୍ସାହେ, କୃପା, ମୋ ପ୍ରତି ନୃର୍ଷଭ
ତୁମେ ନାଥ ଥାଇ, ଦିଶେ ଅନ୍ୟଥା ରାଘବ । ୩୮ ।
ଶୁଣିଛି ତୁମ୍ଭଠୁଁ ଅନୁଶଂସ ପରା ଧର୍ମ୍ମ
ଜାଣେ ତୁମେ ମହୋତ୍ସାହୀ ମହାବୀର୍ଯ୍ୟବାନ । ୩୯ ।
ଅନ୍ତହୀନ ଧୈର୍ଯ୍ୟେ, ଗାମ୍ଭୀର୍ଯ୍ୟରେ ସିନ୍ଧୁସମ
ସସିନ୍ଧୁ-ଧରଣୀ ଭର୍ତ୍ତା, ବାସବ ଉପମ । ୪୦ ।
ଅସ୍ତ୍ର-ବିଦେ ଶ୍ରେଷ୍ଠ, ବଳବାନ, ପ୍ରାଣବାନ
କାହିଁକି ନ ଯୋଖ, ଅସ୍ତ୍ର ରକ୍ଷେ, ହେ ଶ୍ରୀରାମ । ୪୧ ।
ନାଗେ, ଗନ୍ଧର୍ବେ ବା ସୁରେ, ଅବା ମରୁତ୍‌ଗଣ
ସମରେ ରାମଙ୍କ ବେଗ, ସହିତେ ଅକ୍ଷମ । ୪୨ ।
ମୋଠି ସ୍ନେହ ଅଛି ଯେବେ, ସୁବୀର୍ଯ୍ୟ ତାଙ୍କର
କାହିଁକି ସୁତୀକ୍ଷ୍ଣ ଶରେ, ନ କ୍ଷୟେ ଅସୁର । ୪୩ ।
ଭାଇଙ୍କ ଆଦେଶେ, ଲକ୍ଷ୍ମଣବା ଶତ୍ରୁହର
କାହିଁକି ବା ତ୍ରାଣ ନ କରନ୍ତି ମହାବଳ । ୪୪ ।
ଯଦି ନର ବ୍ୟାଘ୍ରେ, ବାୟୁ ଇନ୍ଦ୍ର ସମ ତେବେ
ସୁରଙ୍କର ଅଜେୟ, କାହିଁକି ମୋତେ ତେଜେ ? । ୪୫ ।
ମୋର ବି, ଦୁଷ୍କୃତ କିଛି ଅଛି ନିସଂଦେହେ
କାହିଁକି ନ ଖୋଜେ, ମୋତେ ସମର୍ଥ, ସେ ଦୁହେଁ । ୪୬ ।

ବୈଦେହୀ ବଚନ ଶୁଣି କରୁଣାଶ୍ରୁଗୀର
ତହୁଁ କହେ, ମହାତେଜା, ଯୂଥପ ବାନର ।୪୭।
"ତୁମ୍ଭ ଶୋକେ ବିମୁଖ, ଶ୍ରୀରାମ, ମୋର ରାଣ
ରାମ ଦୁଃଖାପନ୍ନ, ପରିତପେ ବି ଲକ୍ଷ୍ମଣ ।୪୮।
ଭାଗ୍ୟେ ଦେଖା; ନୁହେ ଏହା ଶୋଚନାର ବେଳ
ହେ ଶୋଭନେ, ଏହା ତବ ଦୁଃଖ ଅନ୍ତକାଳ ।୪୯।
ସେ ଦୁହେଁ, ନୃବ୍ୟାଘ୍ରେ, ରାଜପୁତ୍ରେ ମହାବଳ
ତୋ ଦର୍ଶନୋତ୍ସାହେ ଲଙ୍କା କରିବେ ପାଂଶଳ ।୫୦।
ବଧି ଯୁଦ୍ଧେ, ସବାନ୍ଧବ, ଲଂକପତି କ୍ରୂର
ରାମ ବିଶାଳାକ୍ଷୀ ନେବେ, ତୁମ୍ଭଙ୍କୁ ସ୍ୱପୁର ।୫୧।
କି କହିବି ରାମେ, ମହାବଳ ବା ଲକ୍ଷ୍ମଣେ
ତେଜସ୍ୱୀ ସୁଗ୍ରୀବେ ଅବା, କପି ସମ୍ମିଳନେ ।୫୨।
ଏହା କହିବାରୁ ହନୁ, ସୀତା ପୁଣି ଭାଷେ
ଦେବୀ କଉଶଲ୍ୟା ଜନ୍ମକଲେ ଯେ ଲୋକେଶେ ।୫୩।
ମୋ ପାଇଁ ପ୍ରଣମି, ତାଙ୍କ ପୁଛିବ କୁଶଳ
ପ୍ରିୟ ବରାଙ୍ଗନା, ରତ୍ନ ବିବିଧ ଯେ ମାଲ୍ୟ ।୫୪।
ବିଶାଳ-ପୃଥ୍ୱୀର, ଅଇଶ୍ୱର୍ଯ୍ୟ, ସୁଦୁର୍ଲଭ
ପିତାମାତା, ପୁଣି ସମ୍ମାନରେ ମହାଭବ୍ୟ ।୫୫।
ରାମଙ୍କୁ ଅନୁସରିଲେ ସୁମିତ୍ର-ସୁପୁତ୍ର
ଆନୁକୁଲ୍ୟେ ଛାଡ଼ି, ସୁଖୋତ୍ତମ, ଭ୍ରାତୃଭକ୍ତ ।୫୬।
ଅନୁଗମି କାକୁସ୍ଥେ, ପାଳନ୍ତି ଭାଇ ବନେ
ସିଂହ ସ୍କନ୍ଧ, ବୀର, ମନସ୍ୱୀ, ପ୍ରିୟଦର୍ଶନେ ।୫୭।
ପିତାସମ ରାମେ, ମୋତେ ମାତାପରି ମାନି
ହୃତ ହେଲା ବେଳେ ମୋତେ ଜାଣି ପାରିଲେନି ।୫୮।
ବୃଦ୍ଧସେବୀ, ଲକ୍ଷ୍ମୀଯୁକ୍ତ, ଶକ୍ତ ଅଳ୍ପଭାଷ
ପ୍ରିୟ ରାଜପୁତ୍ର ଶ୍ରେଷ୍ଠ ଶଶୁର ସଦୃଶ ।୫୯।

ମୋ ଠାରୁ ପ୍ରିୟ ରାମର ଭାଇ ଯେ ଲକ୍ଷ୍ମଣ
ଭାର-ନିଯୁକ୍ତିରେ ତାହା ବହେ ବୀର୍ଯ୍ୟବାନ ।୬୦।
ଯାହାଙ୍କୁ ଦେଖି ରାଘବ, ପିତାଙ୍କୁ ନ ସ୍ମରେ
ପଚାରିବ କୁଶଳ, ମୋ ପାଇଁ ମୋ କଥାରେ ।୬୧।
ମୃଦୁ, ନିତ୍ୟ ଶୁଚି, ରାମ ପ୍ରିୟ ଯେ ଲକ୍ଷ୍ମଣ
ଦକ୍ଷ, ଦୁଃଖ ଯଥା ମୋର ହୁଏ ଅବସାନ ।୬୨।
ଏ କାର୍ଯ୍ୟ ନିର୍ବାହେ, ତୁମେ ଅଟ ଯେ ପ୍ରମାଣ
ତବ ସମାରମ୍ଭେ ଯତ୍ନ-ଶୀଳ ହେବେ ରାମ ।୬୩।
ଏହା କହିବ ମୋ ନାଥେ, ଶୂରେ ପୁନଃ ପୁନଃ
"ମାସେ ଯାଏଁ ବଂଚିବି ମୁଁ, ଦଶରଥ-ନାର୍ନ" ।୬୪।
ମାସୋର୍ଦ୍ଧ୍ୱେ ବଂଚିବି ନାହିଁ କହୁଛି ମୁ ସତ
ପାପୀ, କ୍ରୂର ରାବଣରେ ବନ୍ଦିନୀ ମୁହୂର୍ତ
ତ୍ରାଣାର୍ହା, ନିଅ, ପାତାଳୁ, ଧରାପରି ନାଥ ।୬୫।
ଦିବ୍ୟ ଚୂଡ଼ାମଣି, ଚାରୁ, ଅଂଚଳୁ ଖୋଲିଣ
ରାମ ପାଇଁ ଦେଲେ ସୀତା ହନୁର ହସ୍ତେଣ ।୬୬।
ମହାରତ୍ନ ମଣି ନେଇ, ହାତେ ହନୁମାନ
ଅଙ୍ଗୁଳିରେ ପିନ୍ଧେ, ବାହୁ-ଅନର୍ହ ଭୂଷଣ ।୬୭।
ନେଇ ମଣିରତ୍ନ, ଅଭିବାଦ୍ୟ, କପିବର
ସୀତାଙ୍କୁ ପ୍ରଣମି, ପାର୍ଶ୍ୱେ ରହେ ନତଶିର ।୬୮।
ମହାହର୍ଷ ସୀତା ଦରଶନେ, ହନୁମାନ
ମନେ ମନେ ଗଲେ ରାମ ପାଖେ, ସୁଲକ୍ଷ୍ମଣ ।୬୯।
ମହାମୂଲ୍ୟ ମଣି ଗ୍ରହଣ ସେ କରି
ସ୍ୱ ପ୍ରଭାବେ, ଯାହା ସୀତା ଥିଲେ ଧରି;
ଝଂଜାବାୟୁ ମୁକ୍ତ ଗିରିବର ସମ
ଦେହ ସଂକୋଚିଲେ ହୋଇ ହୃଷ୍ଟମନ ।୭୦।

ଅଷ୍ଟାତ୍ରିଂଶ ସର୍ଗ ସମାପ୍ତ

ଊନଚତ୍ୱାରିଂଶ ସର୍ଗ

ସୀତାଙ୍କ ସଂଦେଶ

ମଣି ଦେଇ ତହୁଁ ସୀତା କହେ ହନୁମାନେ
ରାମ ଭଲରେ ଚିହ୍ନନ୍ତି, ଏହି ଅଭିଜ୍ଞାନେ । ୧ ।
ମଣି ଦେଖି ରାମ ନିଶ୍ଚେ ତିନିଙ୍କୁ ସ୍ମରିବେ
ମୋ ଜନନୀ, ମୋତେ, ଦଶରଥ ମହାଭବେ । ୨ ।
ସେ ତୁମ୍ଭଙ୍କୁ ମହୋତ୍ସାହେ, ଚୋଦିବେ ହେ ବୀର
ଚିନ୍ତ ଉତ୍ସାହରେ କି କରିବ ଏହା ପର । ୩ ।
ଏ ନିୟୋଗେ, ପ୍ରମାଣ, ତୁମେ ବାନରର୍ଷଭ
ଭାବ କିପରି ମୋ ଦୁଃଖ କ୍ଷୟ ଯେ ହୋଇବ । ୪ ।
ହନୁମନ୍ ସଯତ୍ନ ମୋର ଦୁଃଖହାରୀ ହୁଅ
"ଯେ ଆଜ୍ଞା" ପ୍ରତିଜ୍ଞ, ଭୀମକର୍ମା ବାୟୁପୁଅ । ୫ ।
ମୁଣ୍ଡିଆମାରି ସୀତାଙ୍କୁ, ଯିବାକୁ ବାହାରେ
ଯିବାକୁ ଉଦ୍ୟତ ଦେଖି, ଦେବୀ ଯେ ବାନରେ । ୬ ।
କହିଲେ ମୈଥିଳୀ ବାଷ୍ପ-ଗଦ୍‌ଗଦ ବଚନେ
"ହନୁ, ମୋ କୁଶଳ କହ ଶ୍ରୀରାମ ଲକ୍ଷ୍ମଣେ । ୭ ।
ସମନ୍ତ୍ରୀ ସୁଗ୍ରୀବ ସବୁ ପୁରୁଖା ବାନରେ
କହିବ ବାନର ଶ୍ରେଷ୍ଠ, କୁଶଳ ଧର୍ମରେ । ୮ ।
ଯେପରି ସେ ମହାବାହୁ ରାଘବ ତାରିବେ
ଏ ଦୁଃଖ ସାଗରୁ, ନିଜେ ସମାଧା କରିବେ । ୯ ।

"ପ୍ରାଣଥିବା ବେଳେ, ଯଥା ହୁଏ ଏହା ରାମ"
ତାହା କହିବ ହେ ହନୁ, ହେବ ତୁମ ଧର୍ମ ।୧୦।
ଉତ୍ସାହ-ବଚନ ଶୁଣି, ନିତ୍ୟ ମୋର କଥା
ବଢ଼ିବ ପୌରୁଷ, ମୋତେ ପାଇବାର ଆସ୍ଥା ।୧୧।
ମୋ ସନ୍ଦେଶ ଶୁଣି, ତୁମ୍ଭଠାରୁ ଯେ ଶ୍ରୀରାମ
ପରାକ୍ରମ-ମତି ହେବେ, ବିଧିବତ୍ ସକାମ ।୧୨।
ସୀତାଙ୍କର ବାକ୍ୟେ, ବାୟୁସୁତ ହନୁମାନ
ଶିରେ ଅଂଜଳି ଦେଇଣ, କହିଲେ ବଚନ ।୧୩।
ରକ୍ଷ କପି ବୀର ସହ, ସହସା ଆସିଣ
ଯୁଦ୍ଧେ ଜିଣି, ଅରୀ, ଶୋକ କରିବେ ହରଣ ।୧୪।
ଭୂତଳେ ନ ଦେଖେ, କେହି ସୁରେ ବା ଅସୁରେ
ତାଙ୍କ ମୁକ୍ତ ବାଣେ ସ୍ଥିର ରହିବେ, ଆଗରେ ।୧୫।
ଆଦିତ୍ୟ, ମଘବା ଅବା ବୈବସ୍ୱତ ଯମ
ତବାର୍ଥେ, ସମରେ ଶକ୍ତ ନୁହେ କେଉଁ ଜନ ।୧୬।
ସସାଗର-ମହୀ, ସାଧିବାକୁ ସେ ଯେ କ୍ଷମ
ତୁମ୍ଭ ପାଇଁ ରାମଜୟ, ସୀତାଦେବୀ ଜାଣ ।୧୭।
ସେ ପୂରା ସତ୍ୟ ବଚନ, ଶୁଣି ସୁଭାଷଣ
ବହୁମାନି ଜାନକୀ ଯେ, କହିଲେ ବଚନ ।୧୮।
ଯିବାକୁ ଦେଖି ତାହାଙ୍କୁ, କହେ ପୁନଃ ପୁନଃ
ଭର୍ତ୍ତାସ୍ନେହରେ ଆପ୍ଲୁତ ମଧୁର ଭାଷଣ ।୧୯।
ଇଚ୍ଛା ଯେବେ, ରହ ଏଠି, ଦିନେ ଅରିନ୍ଦମ
କୌଣସି ନିଭୃତେ, କାଲି କରିବ ଗମନ ।୨୦।
ଏ ଅଳ୍ପଭାଗା, ସନ୍ନିଧେ, ରହିଲେ ବାନର
ଏହା ମହା ଶୋକୁ, ମୁହୂର୍ତ୍ତେ ପାଆନ୍ତି ନିସ୍ତାର ।୨୧।
ପୁଣି ଆସିବାର ପାଇଁ, ଗଲେ ହରିବ୍ୟାଘ୍ର
ପ୍ରାଣରେ ସଂଶୟ ମୋର ହେବ ଯେ ମୋହର ।୨୨।

ତୁମ ଅଦର୍ଶନେ ଦୁଃଖ ପୁଣି ଯେ ଘାରିବ
ଦୁଃଖୁଁ, ଦୁଃଖ ପରମ୍ପରା, ମୋତେ ଯେ ଦହିବ । ୨୩।
ହେ ବୀର ସଂଦେହ ରହେ, ହୃଦୟରେ ମୋର
ମହୋତ୍ସାହେ ତବ, ହରିଲକ୍ଷେ, ହରୀଶ୍ୱର । ୨୪।
କିପରି ଦୁଷ୍ପାର, ଧ୍ରୁବ, ତରିବେ ସାଗର
ସେ ବାନର ସେନା, ଅବା ଦୁହେଁ ନରବର । ୨୫।
ତିନି ଜଣ କ୍ଷମ ଏହି ସାଗର ଲଂଘନେ
ବୈନତେୟ, ମାରୁତ, ବା, ବାୟୁସୁତ ତୁମେ । ୨୬।
ତେଣୁ ଏ କାର୍ଯ୍ୟ-ନିର୍ବାହେ ଦୂରତିକ୍ରମଣ
କାର୍ଯ୍ୟଜ୍ଞ, ଏହାର ବୀର, କିବା ସମାଧାନ । ୨୭।
ତୁମେ ମାତ୍ର ଏକ, ଏହି କାର୍ଯ୍ୟ ସମାଧାନେ
ପର୍ଯ୍ୟାପ୍ତ ଅରୀଘ୍ନ, ଫଳୋଦୟେ ଯଶସ୍ୱୀନେ । ୨୮।
ସମଗ୍ର ଦଳେ, ରାବଣ ଯୁଦ୍ଧରେ ଦିଶିଣ
ନିଜ ପୁରେ ଯିବା ହେବ, ତାଙ୍କ ପରି ଜାଣ । ୨୯।
ବଳେ ଘେରାଇଣ ଲଙ୍କା, ପରବଳାର୍ଦ୍ଦନ
ମତେ ନେଲେ, କାକୁସ୍ଥେ ଯେ ହେବେ ତାଙ୍କ ସମ । ୩୦।
ସେ ମହାତ୍ମା ଅନୁରୂପ, ହେବ ସେ ବିକ୍ରମ
ବୁଝାଇବ, ହେବ ସେ ସମର ତାଙ୍କ ସମ । ୩୧।
ସେ ଅର୍ଥ-ପିହିତ ବାକ୍ୟ, ହେତୁରେ ପ୍ରଶ୍ରିତ
ଶୁଣି ହନୁ କଲେ ଶେଷ ବାକ୍ୟ, ଉଚ୍ଚାରିତ । ୩୨।
"ଦେବୀ, ହର୍ଯ୍ୟୃକ୍ଷ ସେନାର ଈଶ କପିବର
ସୁଗ୍ରୀବ ତବାର୍ଥେ କାର୍ଯ୍ୟେ, ସତ୍ୟ-ପରିକର । ୩୩।
ସେ ବାନର ସହସ୍ର-କୋଟିରେ ସମାବୃତ୍ତ
କ୍ଷିପ୍ରେ ଆସି, ସୀତେ, ରକ୍ଷେ କରିବେ ନିପାତ । ୩୪।
ବିକ୍ରମ-ସମ୍ପନ୍ନ ପ୍ରାଣବନ୍ତ ମହାବଳ
ସଂକଳ୍ପ ମାନସ ଛନ୍ତି, ଆଜ୍ଞାରେ ବାନର । ୩୫।

ଅଧଃ, ଉର୍ଦ୍ଧ୍ୱ, ପାର୍ଶ୍ୱେ ରୁଦ୍ଧ ନୁହେଁ ତାଙ୍କ ଗତି
ମହାକର୍ମ୍ମେ କେଭେଁ, ଅବସନ୍ନ ସେ ନୁହଁନ୍ତି । ୩୬ ।
ଅମିତକର୍ମ୍ମ ସେ ମହାକର୍ମ୍ମେ ନ ସୀଜନ୍ତି
ବହୁବାର, ମହୋତ୍ସାହେ, ସସାଗର ଗିରି
ପ୍ରଦକ୍ଷନ୍ତି ଧରା, ବାୟୁମାର୍ଗ ଅନୁସରି । ୩୭ ।
ମୋଠୁ ବଡ଼, ସମାନ ଯେ ଅଛନ୍ତି ବାନରେ
ମୋଠୁ ନିକୃଷ୍ଟ ନୁହନ୍ତି, ସୁଗ୍ରୀବ ପାଖରେ । ୩୮ ।
ଏଠି ମୁଁ ପାଇଲି, ମହାବଳେ କିବା କଥା
ବିଶିଷ୍ଟେ ନ ପେଶେ, ପେଶେ ଇତରେ ସର୍ବଥା । ୩୯ ।
ଶୋଚନା ନ କର ଦେବି, ଶୋକ ହେଉ ଦୂର
ଏକା ଡିଆଁକେ ଆସିବେ, ଲଙ୍କା କପାଶ୍ୱର । ୪୦ ।
ମୋ ପିଠିରେ ଚନ୍ଦ୍ର ସୂର୍ଯ୍ୟ, ପରି ଯେ ଉଦିତ
ତ୍ୱଦର୍ଥେ ଆସିବେ, ନୃସିଂହେ ଯେ ମହାସତ୍ତ୍ୱ । ୪୧ ।
ନରବର ସେ ଦିବୀରେ ଶ୍ରୀରାମ ଲକ୍ଷ୍ମଣ
ଆସି ଲଙ୍କା ଧ୍ୱସିଂବେ ସେ ସାୟକରେ ଜାଣ । ୪୨ ।
ମଲେ ରାକ୍ଷସେନ୍ଦ୍ରେ ପୁତ୍ର ସମନ୍ତ୍ରୀ ବାନ୍ଧବ
ମିଳିବ ରାମେ, ରୋହିଣୀ, ଚନ୍ଦ୍ରମାସିଇବ । ୪୩ ।
କ୍ଷିପ୍ରେ ଦେଖିବ ମୈଥିଳୀ, ଶୋକ, ପରପାର
ଦେଖିବ ହତ ରାବଣ, ବଳେ ଶ୍ରୀ ରାମର । ୪୪ ।
ଏପରି ଆଶ୍ୱାସି, ସୀତା, ହନୁ ବାୟୁ ସୁତ
ଯିବାକୁ ସେ ମନକରି, କହିଲେ ଏମନ୍ତ । ୪୫ ।
"ଦେଖିବ ଶତ୍ରୁଘ୍ନ, ଶୀଘ୍ର ଦେବି, ରଘୁନାଥ
ଲଙ୍କାଦ୍ୱାରେ ଧନୁଷ୍ପାଣି, ଲକ୍ଷ୍ମଣ ସହିତ । ୪୬ ।
ନଖ ଦନ୍ତାୟୁଧା ବିରେ ବଳେ ସିଂହ ବ୍ୟାଘ୍ରେ
ଦେଖିବ ଗଜରାଜାଭ, ଠୁଳ ଯେ ବାନରେ । ୪୭ ।

ଶୈଳାମ୍ବୁଦାକାର ଲଙ୍କା ମଳୟ ଶିଖରେ
ପୂରିବ ଗର୍ଜ୍ଜନେ, କପିଯୂଥ ମୁଖ୍ୟଙ୍କର ।୪୮।
ସେ ବି ମର୍ମ୍ମେ, ମନ୍ମଥଶରଘୋରେ ତାଡ଼ିତ
ଶାନ୍ତି ନ ପାଆନ୍ତି, ଦ୍ୱିପ କି ସିଂହେ ଅର୍ଜିତ ।୪୯।
କାନ୍ଦନା ଶୋଭନେ, ଶୋକେ, ନ ହେଉ ଯେ ଭୟ
ଇନ୍ଦ୍ରେ ଶଚୀ ପରି ଭର୍ତ୍ତା-ସଙ୍ଗମ ନିଶ୍ଚୟ ।୫୦।
ରାମଠୁ ବଡ଼ କେ ଅଛି, ଲକ୍ଷ୍ମଣୁ ବା କହ
ବାୟୁ ଅଗ୍ନୀବ ଦି ଭାଇ, ତୁମ୍ଭର ଆଶ୍ରୟ ।୫୧।
ବେଶୀ ଦିନ ନ ରହିବ ଏହି ଦେଶେ
ରକ୍ଷଗଣ ସେବିତ, ଏ ଇନ୍ଦ୍ରାବାସେ
ଅଚିରେ ତୁମ୍ଭର ପ୍ରିୟ ଆଗମନ
ମୋ ତାଙ୍କ ମିଳନ ହେବା ଯାଏଁ କ୍ଷମ ।୫୨।

ଉନଚତ୍ୱାରିଂଶ ସର୍ଗ ସମାପ୍ତ

ଚତ୍ୱାରିଂଶ ସର୍ଗ

ହନୁମାନ ବିଦାୟ

ମହାତ୍ମା ବାୟୁ-ସୁତଙ୍କ ଶୁଣିଣ ବଚନ
କହେ ସୀତା ସ୍ୱହିତରେ, ଦେବସୁତୋପମ । ୧ ।
"ପ୍ରିୟଭାଷୀ ଦେଖି ଭବାନ୍ ପ୍ରହର୍ଷେ ବାନର
ଅଧା-ବଢ଼ା ଶସ୍ୟାଭୂକି ପାଏ ବର୍ଷାଧାରା । ୨ ।
ଶୋକାଜୀର୍ଣ୍ଣ ଗାତ୍ରେ ଯଥା ସେ ନର ଶାର୍ଦ୍ଦୁଳେ
ଛୁଇଁ ସକାମ ହେବି, ତା କର ଦୟାଶୀଳେ । ୩ ।
କହିବ ହେ କପି ରାମେ, ଦେଇ ଅଭିଜ୍ଞାନ
କ୍ରୋଧେ ତୀକ୍ଷ୍ଣ-ଶରେ କାକ ଏକାକ୍ଷୀକରଣ । ୪ ।
ମନଃଶୀଳା ତିଳକ ସେ ଦେଲେ ଗଣ୍ଡ ଦେଶେ
ଲିଭିବାରୁ ତିଳକ ସେ ସ୍ମରିଲେ ମାନସେ । ୫ ।
ବୀର୍ଯ୍ୟବାନ୍ କିପରି ସହ ସୀତାପହରଣ
ରକ୍ଷମେଳେ ବାସ, ଇନ୍ଦ୍ର-ବରୁଣ-ଉପମ ? । ୬ ।
ଏହି ଚୂଡ଼ାମଣି, ଦିବ୍ୟ, ସଯତ୍ନେ ରକ୍ଷିତ
ଦେଖି ହର୍ଷେ ଦୁଃଖେ, ତୋତେ ଦେଖଇ କାକୁସ୍ଥ । ୭ ।
ଏ ବାରି-ସମ୍ଭବ-ରତ୍ନ ପଠାଇ ଶ୍ରୀମାନ;
ଆଉ ପ୍ରାଣ ରକ୍ଷା ମୋର, ନ ସମ୍ଭବେ ଜାଣ । ୮ ।
ହୃଦ ଛିନ୍ନ, ଅସହ୍ୟ ମୋ ଦୁଃଖ ବାଣୀ ଏହି
ସୁଘୋର ରାକ୍ଷସୀଙ୍କର ସହେ ତୁମ ପାଇଁ । ୯ ।

ରଖିବି ମାସେ ମୁଁ ପ୍ରାଣ, ହେ ଶତ୍ରୁ-ସୂଦନ
ମାସେ ପରେ ନ ବଂଚିବି, ତୋବିନା ନୃଚାଣ ।୧୦।
ଘୋର ରକ୍ଷ-ରାଜନର, ଦୃଷ୍ଟି ଦୁଃଖାବହ
ତୁମ୍ଭେ ଡେରିକଲେ କ୍ଷଣେ ବଂଚିବା ଅନର୍ହ ।୧୧।
କରୁଣ ସାନ୍ତ୍ୱ-ଭାଷଣ, ଶୁଣି, ସୀତାଙ୍କର
କହିଲା ମହା-ତେଜସ୍ୱୀ, ପୁଣି ହନୁ ବୀର ।୧୨।
"ତୁମ୍ଭ ଶୋକେ, ରାମ ଯେ ଆତୁର ସତ୍ୟେ ଜାଣ
ରାମ-ଶୋକାକ୍ରାନ୍ତେ ପରିତପନ୍ତି ଲକ୍ଷ୍ମଣ ।୧୩।
କୌଣସି ମତେ ଦେଖିଲି, ନ ଏ ଦୁଃଖକାଳ
ମୁହୂର୍ତ୍ତକେ ଦୁଃଖ ନାଶ, ଦେଖିବ ନ ଝୁର ।୧୪।
ଦୁହେଁ ସେ ପୁରୁଷ-ବ୍ୟାଘ୍ରେ, ଅନିନ୍ଦ୍ୟ ନୃପୁତ୍ରେ
କରିବେ ଲଙ୍କା ଦହନ, ତୋ ଦର୍ଶନ କୃତେ ।୧୫।
ମାରିଣ ରଣେ ରାବଣ, ରକ୍ଷେ ସବାନ୍ଧବ
ନେବେ ତୋତେ ବିଶାଳାକ୍ଷୀ, ସ୍ୱପୁରେ ରାଘବ ।୧୬।
ଯେପରି ରାମ ଜାଣିବେ, ଅଭିଜ୍ଞାନୋତ୍ତମ
ଅଛି ଯେବେ ଦିଅ, ପ୍ରୀତି ହେବ କିଛ ରମ୍ୟ ।୧୭।
କହିଲେ ସେ "ଦେଇଛ ମୁ", ଅଭିଜ୍ଞାନୋତ୍ତମ
ହେବ ଆସ୍ଥା, ରାମ ଦେଖି, ଯତ୍ନେ ଏ ଭୂଷଣ ।୧୮।
ବିଶ୍ରବ୍ଧ ହେବ ତୁମ୍ଭର, ବାକ୍ୟ ହନୁମାନ
ତହୁଁ ମଣି ଧରି ଶ୍ରୀମାନ୍ ପ୍ଲବଗ, ଉତ୍ତମ ।୧୯।
ପ୍ରଣମି ଦେବୀଙ୍କୁ ଉପକ୍ରମିଲେ ଗମନ
ଦେଖି ହରିଯୂଥପ, ଉତ୍ସାହେ ଉତ୍‌ପତ୍ତନ ।୨୦।
ମହାବେଗେ ବଢ଼ନ୍ତେ ସେ, ଜନକ-ନନ୍ଦିନୀ
ଅଶ୍ରୁପୂର୍ଣ୍ଣମୁଖୀ, କହେ ଗଦଗଦ ବାଣୀ ।୨୧।
"ହନୁମନ୍ ସିଂହାଭଶ୍ରୀରାମଲକ୍ଷ୍ମଣେ ବୀର
ସମନ୍ତ୍ରୀ ସୁଗ୍ରୀବ ସର୍ବେ ପୁଛିବ କୁଶଳ ।୨୨।

ଯଥା ମହାବାହୁ ମୋତେ ତାରିବେ ରାଘବ
ଏ ଦୁଃଖ ସିନ୍ଧୁରୁ ପାର ତୁମେ ହିଁ କରିବ ।୨୩।
ଏହି ମୋର ତୀବ୍ର, ମହାଶୋକ ବେଗ
ଏହି ରକ୍ଷଙ୍କର ପରିଭବସନୋଘ;
ରାମଙ୍କ ସମୀପେ, କହିବ ନିକର ।
ଶୁଭ ହେଉ ପଥ, ତବ କପିବର ।୨୪।
ରାଜପୁତ୍ରୀଙ୍କର ଜାଣି ତାତ୍ପର୍ଯ୍ୟାର୍ଥ
କପି ଦୃଷ୍ଟିଚିତ୍ତେ, ହୋଇ କୃତ୍ୟ କୃତ୍ୟ;
ଅଳ୍ପ ଅବଶେଷ ଦେଖିଣ ଯେ କର୍ମ୍ମ
ମନରେ, ଉତ୍ତରେ କରିଲେ ଗମନ ।୨୫।

ଚତ୍ୱାରିଂଶ ସର୍ଗ ସମାପ୍ତ

ଏକ ଚତ୍ୱାରିଂଶ ସର୍ଗ

ପ୍ରମୋଦ-ବନ ଭଞ୍ଜନ

ସେ ପ୍ରଶସ୍ତି ବାକ୍ୟେ ପୂଜା ହୋଇ ବାହାରିଲେ
ସେ ଦେଶକୁ ଅତିକ୍ରମି ବାନର ଚିନ୍ତିଲେ ।୧।
ଅଳ୍ପ-ଶେଷ କାର୍ଯ୍ୟ, ଦେଖି ଏକୃଷ୍ଣନୟନେ
ତ୍ରି ଉପାୟ ଛାଡ଼ି, ଚତୁର୍ଥ ଯେ ଆସେ ମନେ ।୨।
ନ କଳ୍ପିବ, ସାମ, ଗୁଣ ରକ୍ଷଗଣେ
ନ ଦାନ ବା, ଅର୍ଥ ବହୁଳ ନ ମଣେ
ବଳଦର୍ପୀ ଭେଦେ ସାଧ୍ୟ ନ ହୋଇବେ
ତେଣୁ ପରାକ୍ରମ, ପ୍ରମାଣ ଏଠାବେ ।୩।
ପରାକ୍ରମ ଛଡ଼ା, ଅନ୍ୟ ଅବାନ୍ତର
ପୁଣି ଅନିଶ୍ଚିତ, ଭାବେ ଏହିଠାର
ମହାବୀର ରକ୍ଷେ ହତ ହେଲେ ରଣେ
ଥଣ୍ଡା କିଛି ଅବା ହେବେ ରକ୍ଷଗଣେ ।୪।
କାର୍ଯ୍ୟ ସିଦ୍ଧି ପରେ, ବହୁ କର୍ମ କଲେ ନର
ପୂର୍ବ କାର୍ଯ୍ୟ ପାଇଁ ସେ ଯେ ଯୋଗ୍ୟ କର୍ମକାର ।୫।
ଛୋଟ ବି କର୍ମକୁ ଜଣେ ନ କରେ ସାଧନ
ବହୁ ଅର୍ଥଙ୍କ ଯେ ହୁଏ ତହିଁ ସିଦ୍ଧକାମ ।୬।

ଏହିଠାରେ ହୋଇ ମୁଁ କୃତ ନିଶ୍ଚୟ
ଯିବି ତହୁଁ, ଆଜି, କପୀଶ୍ୱରାଳୟ ।
ଅରି ମର୍ଦ୍ଦନରେ, ବହୁ ତତ୍ତ୍ୱଜାଣି
ପାଳିବି ତେବେ ମୁଁ ଭର୍ତ୍ତାଙ୍କ ଶାସନି । ୭ ।
ନ ହେବି, କାହିଁକି, ଆଜି ସୁଖାଗତ
ରକ୍ଷଙ୍କ ସହିତ, ହୋଇ ଯୁଦ୍ଧେ ରତ
ଜାଣିବି ନିଜେ ମୁଁ ଆତ୍ମବଳ ତଥ୍ୟ
ମର୍ଯ୍ୟଦା ବୁଝିବ ମୋର ଲଙ୍କନାଥ । ୮ ।
ତହୁଁ ସମରରେ ଭେଟି ଦଶାନନ
ମନ୍ତ୍ରୀବର୍ଗ ସହ, ସଭୃତ୍ୟ, ସସୈନ୍ୟ ।
ମନଗତ ତାର, ବଳ ଅଭିପ୍ରାୟ
ସୁଖେ ମାପି, ଏଠୁଁ ହୋଇବି ବିଦାୟ । ୯ ।
ଆଜି ଏହି ନୃଶଂସର ନନ୍ଦନ ଉପମ
ନେତ୍ରମନକାନ୍ତ, ନାନା ଦ୍ରୁମ ଲତା-କୀର୍ଣ୍ଣ । ୧୦ ।
ବିଧ୍ୱଂସିବି ଅଗ୍ନି, ଯଥା ଦହେ ଶୁଷ୍କବନ
ଏହା ଧ୍ୱଂସ ହେଲେ, କୋପ କରିବ ରାବଣ । ୧୧ ।
ତହୁଁ ସେ ମହାତ୍ମା ଅଶ୍ୱରଥ ଦ୍ୱୀପ
ସବଳେ ପେଶିବ, ରାକ୍ଷସ-ଅଧିପ
ସତ୍ରିଶୂଳ ଲୌହ ପଟ୍ଟିଶ ଆୟୁଧ
ତହୁଁ ଯେ ହୋଇବ, ଏକ ମହାଯୁଦ୍ଧ । ୧୨ ।
ପ୍ରସ୍ତୁତ ହୋଇ ମୁଁ ଚଣ୍ଡ ଆକ୍ରମଣେ
ସମ୍ମୁଖୀନ ହେବି ଅଭଙ୍ଗ-ବିକ୍ରମେ;
ମାରିଣ ରାବଣ ପ୍ରଚୋଦିତ ବଳେ
ସୁଖରେ ଫେରିବି ହରୀଶ୍ୱର ପୁରେ । ୧୩ ।
ତହୁଁ ସେ ଭୀମ-ବିକ୍ରମ, କ୍ରୋଧେ ବାୟୁ ସମ
ଉରୁବେଗେ ମହାଦ୍ରୁମେ, କଲା ଉତ୍ପାଟନ । ୧୪ ।

ଇତଃତତଃ ଭାଙ୍ଗେ ହନୁ, ସେ ପ୍ରମୋଦୋଦ୍ୟାନ
ମଉଦ୍ୱିଜାକୀର୍ଣ୍ଣ, ନାନା ଦ୍ରୁମଲତାପୂର୍ଣ୍ଣ । ୧୫ ।
ସେ ବନ ମନ୍ଥିଲା, ବୃକ୍ଷଭାଙ୍ଗି, ଜଳାଶୟେ
ଚୂର୍ଣ୍ଣ ନଚା ଅଗ୍ରେ । ବହୁ-ପ୍ରିୟ ଦର୍ଶନୀୟେ । ୧୬ ।
ନାନା ପକ୍ଷୀ ଧ୍ୱନିତ, ଉଦ୍‌ବେଳ ଜଳାଶୟେ
ଧ୍ୱସ୍ତ ଦ୍ରୁମ ଲତା, ଧ୍ୱସ୍ତ ତାମ୍ର କିଶଳୟେ । ୧୭ ।
ହେଲା ସେ ବନ, ସତେ କି ଦୀବାନଳ ହତା
ତ୍ରସ୍ତ-ବସ୍ତ୍ରା, ବିହ୍ୱଳିତା, ରମଣୀ କି ଲତା । ୧୮ ।
ଲତାକୁଂଜ, ଚିତ୍ର-ଗୃହ, ସୁବିଧ୍ୱସ୍ତ
ହିଂସ୍ର ଜନ୍ତୁ ମୃଗ-ପକ୍ଷୀ ରବେ ଆଭି;
ଶିଳାଗୃହ, ଉନ୍‌ମଥିତ, ତଥା ବେଶ୍ମ
ନଷ୍ଟ ରୂପ ହେଲା, ସେ ମହତ ବନ । ୧୯ ।
ଅଶୋକ ଲତିକା ହେଲେ ଛିନ୍ନ ଭିନ୍ନ
ବନସ୍ଥଳୀ ହେଲା 'ଶୋକଲତା ଛନ୍ନ' । ୨୦ ।
ତହୁଁ ସେ ମହାନ ଜଗତପତିର
କରି ଘୋର ଦୁଃଖ, ଅପ୍ରିୟ ବାନର । ୨୧ ।
ଯୁଝିବାକୁ ଏକା, ବହୁ ମହାବଳେ
ଶିରୀରେ ପ୍ରଜ୍ୱଳି, ତୋରଣ ଆଶ୍ରିଲେ । ୨୨ ।

ଏକ ଚତ୍ୱାରିଂଶ ସର୍ଗ ସମାପ୍ତ

ଦ୍ୱି ଚତ୍ୱାରିଂଶ ସର୍ଗ

କିଂକରଗତି ନିଧନ

ତହୁଁ ପକ୍ଷୀ ନିନାଦରେ, ବୃକ୍ଷ-ଭଙ୍ଗ ସ୍ୱନେ
ହୋଇଲେ ଭୟ ସଂତ୍ରସ୍ତ, ଲଙ୍କାପୁର ଜନେ ।୧।
ଦଉଡ଼ିଲେ ତ୍ରସ୍ତେ ମହାମୃଗ-ପକ୍ଷୀ ରାବି
ଘୋର ଅଶୁଭ ଲକ୍ଷଣ ରାକ୍ଷସେ ଯେ ଭାବି ।୨।
ବିକୃତମୁଖୀ ରକ୍ଷୀଙ୍କ ଭାଙ୍ଗିବାରୁ ନିଦ
ଦେଖିଲେ ସେ ମହାବନ, ମହାକପି ମର୍ଦ୍ଦ ।୩।
ତାଙ୍କୁ ଦେଖି, ମହାବାହୁ, ମହାସତ୍ୱ-ବଳୀ
ଧରିଲେ ବିରାଟ ରୂପ ରକ୍ଷୀ-ଭୟଶାଳୀ ।୪।
ତହୁଁ ଗିରି ପ୍ରଭ, ଅତିକାୟ ଭୀମଦେହୀ
ରାକ୍ଷସୀ ବାନରେ ଦେଖି, ପୁଚ୍ଛେ ବଇଦେହୀ ।୫।
"କିଏ ଏ, କା ପାଇଁ ଏଠି ଆସିଅଛି ଇହ
ତୁମ ସଙ୍ଗେ, କାହିଁକି ବା କଥା ହେଲା କହ ।୬।
କହ ବିଶାଳାକ୍ଷୀ, ଭୟ ନାହିଁ ଗୋ ସୁଭଗେ
କୃଷ୍ଣାପଙ୍ଗି, କି କଥା ସେ ହେଲା ତୁମ୍ଭ ସଙ୍ଗେ ।୭।
ସର୍ବାଙ୍ଗ-ଶୋଭନା, ସାଧ୍ୱି, ତହୁଁ ସୀତା କହେ
ମାୟାବୀ ରକ୍ଷେ ଜାଣିବା, ମୋ ଦେହାତି ନୁହେଁ ।୮।
ତୁମ୍ଭେ ଜାଣିଥିବ ଏ କେ କରିବ ବୀ ଯାହା
ସର୍ପ ଗତି, ସର୍ପ ଜାଣେ, ନିସଂଦେହ ଏହା ।୯।

ମୁଁ ମଧ୍ୟ ଅତି ଭୟାର୍ତ୍ତା ଜାଣେନି ସେ କିଏ
ଜାଣେ ସେ ରାକ୍ଷସ ଏକ, ମାୟାବୀ ଗୋ ସିଏ ।୧୦।
ବୈଦେହୀ ବଚନ ଶୁଣି, ଦୂତେ ଦଉଡ଼ିଲେ
ରାବଣକୁ କହିବାକୁ କେତେ ବା ରହିଲେ ।୧୧।
ବିକୃତାନନା ରାକ୍ଷସୀ ରାବଣ ପାଖର
କହିଲେ ବିରୂପ ଭୀମ କଥା ବାନରର ।୧୨।
ଅଶୋକ ଉଦ୍ୟାନ ରାଜନ୍ ମହାକପି, ଭୀମ
ସୀତା ସଙ୍ଗେ ଗପି, ରହେ ଅତୁଳ ବିକ୍ରମ ।୧୩।
ତା କଥା ସୀତା ଆମଙ୍କୁ ହରିଣ ଲୋଚନା
ପଚାରିଲେ କହିବାକୁ କରିଦେଲା ମନା ।୧୪।
ଇନ୍ଦ୍ର ଦୂତ, ଅବା କୁବେରର ଦୂତ ସେହି
ରାମ-ପ୍ରେରିତ ବା ସୀତା ଅନ୍ୱେଷଣ ପାଇଁ ।୧୫।
ସେ ଅଦ୍‌ଭୂତ ରୂପେ, ତବ ସେ ମନୋହରଣ
ନାନାମୃଗାକୀର୍ଣ୍ଣ ଭାଙ୍ଗେ ପ୍ରମଦା-କାନନ ।୧୬।
ନାହିଁ ତହିଁ କିଛି, ଯାହା କପି ନ ଧ୍ୱଂସିଛି
ଜାନକୀ ଦେବୀଙ୍କ ସ୍ଥାନ କେବଳ ଛାଡ଼ିଛି ।୧୮।
ସୀତାଙ୍କ ଆଶ୍ରୟ ଚାରୁ ପଲ୍ଲବ-ସମ୍ଭାର
ବିଶାଳ ଶିଂଶପା ବୃକ୍ଷ ରହିଛି କେବଳ ।୧୯।
କର ଉଗ୍ର ରୂପେ । କଠୋର ଦଣ୍ଡ ବିଧାନ
ସୀତା ସମ୍ଭାଷଣ ପରେ ଭାଙ୍ଗିଛି ସେ ବନ ।୨୦।
ମନେ ବିବାହିତା ତବ, ରକ୍ଷଗଣେଶ୍ୱର
ସୀତା ସମ୍ଭାଷିବ, ଆଶା ନ ଛାଡ଼ି ପ୍ରାଣର । ।୨୧।
ରାକ୍ଷସୀଙ୍କ ବାକ୍ୟେ, ରକ୍ଷ ଈଶ୍ୱର ରାବଣ
ଚିତାଗ୍ନି କି ଜଳେ କୋପେ, ବୁଲାଇ ନୟନ ।୨୨।
ତା କୋପ ଆଖିରୁ ପଡ଼େ, ଲୁହ ଥପ ଥପ
ଜ୍ୱଳନ୍ ତୈଳବିନ୍ଦୁ ଛାଡ଼େ, କି ଦୀପ୍ତ ପ୍ରଦୀପ । ।୨୩।

ନିଜ ପରି ବୀର ରକ୍ଷ-ଭୃତ୍ୟେ, ତେଜିୟାନ
ଦଣ୍ଡିବାକୁ ଆଦେଶିଲା, ବୀର ହନୁମାନ । ୨୪ ।
କିଂକରୁ ଅଶୀ ସହସ୍ର, ମହା ବେଗ ବାନ
ବାହାରେ ଘରୁ ମୁଦ୍‌ଗର କୂଟାଦି ଧରିଣ । ୨୫ ।
ମହୋଦର, ମହାଦନ୍ତ, ଘୋର ମହାବଳ
ଭେଟିବାକୁ ହନୁ ସର୍ବେ, ଯୁଦ୍ଧ- ମତୁଆଳ । । ୨୬ ।
ତୋରଣାସୀନ, ସେ କପି ସମୀପେ ଯାଇଣ
ପହଁଚି ପତଙ୍ଗେ, କଲେ କି ଅଗ୍ନି ବରଣ । ୨୭ ।
ଗଜା, ବିଚିତ୍ର ସୁବର୍ଣ୍ଣ ବେଷ୍ଟ ଘରେ
ପ୍ରହାରେ କପି ଶ୍ରେଷ୍ଠରେ, ସୂର୍ଯ୍ୟ ନିଭଶରେ । ୨୮ ।
ମୁଦ୍‌ଗର ପଟ୍ଟିଶ, ଶୂଳ, ପ୍ରାଶ, ତୋମରରେ
ଘେରିଗଲେ ହନୁମାନେ, ସହସା ଆଗରେ । ୨୯ ।
ତେଜସ୍ୱୀ ହନୁମାନବି ଶ୍ରୀମାନ ନାଗସମ
ଭୂମିରେ ପିଟି ଲାଙ୍ଗୁଳ, କଲା ମହାସ୍ୱନ । ୩୦ ।
ହୋଇ ମହାକାୟ, ହନୁମାନ ବାହୁ ସ୍ଫୁତ
ଲାଙ୍ଗୁଳ ପିଟିଣ କଲା, ଲଙ୍କା ନିନାଦିତ । ୩୧ ।
ସେ ମହାସ୍ଫୁଟନ ଶବ୍ଦେ, ମହାଅନୁନାଦେ
ଝଡ଼ିଲେ ବିହଙ୍ଗେ, ନଭୁଁ, ସେ ଘୋଷ ନିନାଦେ । ୩୨ ।
"ଜୟ ମହାବଳୀ, ରାମ, ଲକ୍ଷ୍ମଣର ଜୟ
ରାଘବାଶ୍ରିତ ସୁଗ୍ରୀବ ରାଜାଙ୍କର ଜୟ । ୩୩ ।
କୋଶଳେନ୍ଦ୍ର ରାମ ଦାସ ଅମୋଘ କର୍ମଣ
ଶତ୍ରୁସେନା ହନ୍ତା ମୁଁ ଯେ ବୀର ହନୁମାନ । ୩୪ ।
ସହସ୍ର ରାବଣ ରଣେ ହେବେ ନି ମୋ ସମ
ଶୀଳାରେ ପିଟିବି, ବୃକ୍ଷ ସଙ୍ଗେ ଉପାଡ଼ିଣ । ୩୫ ।
ମର୍ଦ୍ଦିଲଙ୍କାପୁର ମୈଥିଳୀ ଅଭିନନ୍ଦିଣ
ସଫଳକାମ ଫେରିବି, ଦେଖି ରକ୍ଷୀଗଣ । ୩୬ ।

ସେ ମହାନିଦାନେ ହେଲେ ଭୟରେ ଶଂକିତ
ଦେଖି ହନୁମନ୍ତେ ରକ୍ଷୀ ସନ୍ଧ୍ୟା ମେଘୋନ୍ନତ ।୩୭।
ସ୍ୱାମୀ ସଂଦେଶ ନିଃଶଙ୍କ, ସେ ରାକ୍ଷସେ କପି
ଭୀମ ଚିତ୍ରାୟୁଧେ ଘେରି ଆକ୍ରମେ ବହପି ।୩୮।
ଘେରାଉ ହେବାରୁ ସର୍ବଶ୍ୱରେ ମହାବଳ
ଧରିଲେ ତୋରଣୁ ଏକ ପରିଘ ଲୌହର ।୩୯।
ପରିଘ ଧରି ହାଣିଲେ, ସେ ରଜନୀଚରେ
ବିନତାସୁତ କି ଧରେ ଫଁ, ଫଁ ଭରଗରେ ।୪୦।
ବିଚରି ଆକାଶେ ହନୁ, ପରିଘ ଧରିଣ
ମାରିଲେ କିଂକର ସୈନ୍ୟେ, ସସ୍ର-ଚକ୍ଷୁ ସମ ।୪୧।
ମାରି ରକ୍ଷ କିଂକରେ ସେ ବୀର ବାୟୁସୁତ
ବସିଲେ ତୋରଣେ ଯୁଦ୍ଧାଭିଳାଷୀ, ମହତ ।୪୨।
ତହୁଁ କେତେ ଭୟ-ମୁକ୍ତ ହୋଇ ରକ୍ଷୀଗଣ
କହିଲେ ରାବଣେ ସବୁ କିଂକର ନିଧନ ।୪୩।
ରାକ୍ଷସଙ୍କ ମହାସେନାର ନିଧନ
ଶୁଣି ରାଜା କ୍ରୋଧେ ଘୂର୍ଣିତ ଲୋଚନ
ଆଦେଶିଲେ ଅପ୍ରତିମ ପରାକ୍ରମେ
ପୁତ୍ର ପ୍ରହସ୍ତେ ଦୁର୍ଜ୍ଜୟ ରଣାଙ୍ଗନେ ।୪୪।

ଦ୍ୱି ଚତ୍ୱାରିଂଶ ସର୍ଗ ସମାପ୍ତ

ତ୍ରି ଚତ୍ୱାରିଂଶ ସର୍ଗ

ଚୈତ୍ୟ-ପ୍ରାସାଦ ଦହନ

କିଂକରେ ମାରିଣ ହନୁ ଭାବେ ମନେ ମନେ
"ଭବନ ଭାଙ୍ଗି ଦେଲି ଛାଡ଼ି ତାଙ୍କ ଚୈତ-ହର୍ମ୍ମ୍ୟେ ।୧।
ତହୁଁ ଏ ପ୍ରାସାଦ, ଆଜି କରିବି ଧ୍ୱଂସନ
ଇତି ଚିନ୍ତି, ହନୁମାନ, ବଳ ଦେଖାଇଣ ।୨।
ଚୈତ୍ୟହର୍ମ୍ମ୍ୟେ ଡେଇଁ, ଉଚ୍ଚମେରୁ ଶୃଙ୍ଗ ସମ
ଚଢ଼େ ହରିଶ୍ରେଷ୍ଠ ବାୟୁସୁତ ହନୁମାନ ।୩।
ଚଢ଼ି ଗିରି ପ୍ରଭ ହର୍ମ୍ମ୍ୟ କପିଯୂଥ ପତି
ଧରେ ମହାତେଜ, ଉଦିତ କି ସୂର୍ଯ୍ୟ ଜ୍ୟୋତି ।୪।
ଧ୍ୱଂସ କରି, ଦୁର୍ଦ୍ଧଷ ସେ, ଚୈତ୍ୟ ଉଚ୍ଚହର୍ମ୍ମ୍ୟ
ହନୁମାନ୍ ପ୍ରଜ୍ୱଳେ ଶ୍ରୀରେ, ପାରିଯାତ୍ରେ ପମ ।୫।
ହୋଇ ମହାକାୟ ସ୍ୱ ପ୍ରଭାବେ, ବାୟୁସୁତ
ପୂରାଇ ଲଙ୍କା ଶବ୍ଦରେ, ଆସ୍ଫାଳିଲେ ଦୃପ୍ତ ।୬।
କାନଫଟା ମହାଶବ୍ଦେ ତାଙ୍କ ଆସ୍ଫୋଟନେ
ମୂର୍ଚ୍ଛାଗଲେ ଚୈତ୍ୟପାଳେ, ତହିଁ ବିହଙ୍ଗମେ ।୭।
ଅସ୍ତ୍ରଜ୍ଞ ରାମଙ୍କ ଜୟ ଲକ୍ଷ୍ମଣଙ୍କ ଜୟ
ସୁଗ୍ରୀବ ରାଜାର ଜୟ । ରାଘବ ଆଶ୍ରୟ ।୮।
ଅପ୍ରତିହତ କୋଶଳେଶ୍ୱରର ମୁଁ ଭୃତ୍ୟ
ଶତ୍ରୁସୈନ୍ୟ ହନ୍ତା ହନୁମାନ ବାୟୁସୁତ ।୯।

ସସ୍ତ୍ର ରାବଣ ରଣେ ମୋ, ନୁହେ ସମକକ୍ଷ
ପ୍ରହାରି ଶିଳା ବୃକ୍ଷରେ ଶତ ଶତ ରକ୍ଷ ।୧୦।
ଧ୍ୱଂସି ଲଙ୍କାପୁରେ ଅଭିବନ୍ଦି ଯେ ବୈଦେହୀ
ସଫଳ ହୋଇ ଫେରିବି ରକ୍ଷେ ଥିବେ ଚାହିଁ ।୧୧।
ଏହା କହି ମହାବାହୁ ଚୈତ୍ୟେ ଯୂଥପତି
ନିନାଦିଲେ ଭୀମ, ରକ୍ଷେ ଜନମାଇଁ ଭିତି ।୧୨।
ସେ ନାଦେ ମହାନ ଚୈତ୍ୟପାଳେ ଶତ ଶତ
ଦୌଡ଼ି ଖଡ୍ଗ ପର୍ଶୁ ପ୍ରାଶ ଧରି ଅସ୍ତ୍ର ଶସ୍ତ୍ର ।୧୩।
ନିକ୍ଷେପିଣ ମହାକାୟେ ମାରୁତି ଘେରିଲେ ।
ଗଦା, ବିଚିତ୍ର ସୁବର୍ଣ୍ଣ ବେଷ୍ଟ ପରିଘରେ ।୧୪।
ପ୍ରହରନ୍ତି କପି ଶ୍ରେଷ୍ଠେ , ସୂର୍ଯ୍ୟ ନିଭ ବାଣେ
ଗଙ୍ଗାଜଳାବର୍ତ୍ତ କି, ବିପୁଳ ରକ୍ଷଗଣେ ।୧୫।
ଘେରିଯାଇ ଫୋପାଡ଼ିବାରୁ ସେ, ହରି ବରେ
ହୋଇ ବାତାତ୍ମଜ, କ୍ରୁଦ୍ଧ, ଭୀମରୂପ ଧରେ ।୧୬।
ପ୍ରାସାଦର ମହାସ୍ତମ୍ଭ ସୁବର୍ଣ୍ଣ ଜଡ଼ିତ
ଉପାଡ଼ିଣ ବେଗେ, ହନୁମାନ ବାୟୁସୁତ ।୧୭।
ବୁଲାଇଣ ସେ ଶତଧାରକୁ, ମହାବଳ
ଦଗ୍ଧ ହେଲା ହର୍ମ୍ମ୍ୟ, ତାହୁଁ ବାହାରି ଅନଳ ।୧୮।
ଜାଳିଲା ପ୍ରାସାଦ, ଶତ ଶତ ହରିବର
ନିପାତିଲା ରକ୍ଷେ, ଇନ୍ଦ୍ର ବଜ୍ରେ କି ଅସୁର ।୧୯।
ଅନ୍ତରାକ୍ଷେ ରହି ତହୁଁ କହିଲା ଏ ଗିର
"ସହସ୍ର, ସହସ୍ର ମୋହ ପରି, ମହାବୀର ।୨୦।
ମହାବଳୀ ସୁଗ୍ରୀବ କପୀନ୍ଦ୍ର ବଶେଛନ୍ତି
ସମଗ୍ର ବସୁଧା ଏବେ ଖେଦି ଯାଇଛନ୍ତି । ।୨୧।
ଦଶହସ୍ତୀ ବଳ, ଏକେ ବା ତାର ଦଶଗୁଣ
କେ ବା ସହସ୍ର-ନାଗର ବଳେ ସୁବିକ୍ରମ ।୨୨।

ଛନ୍ତି ଚୌଦବଳ, କେତେ ଛନ୍ତି ବାୟୁବଳ
କେତେ ହରି ଯୂଥପତି, ବିକ୍ରମେ ଅତୁଳ । ୨୩।
ଏବଂ ବିଧ, ଦନ୍ତନଖାୟୁଧ, କପି-ବୃନ୍ଦ
ଶତ ଶତ ସସ୍ର କୋଟି, ଧରିଣ ଅୟୁତ । ୨୪।
ଆସିଣ ସୁଗ୍ରୀବ, ସର୍ବେ କରିବେ ନିଧନ
ରହିବନି ଲଙ୍କାପୁରୀ, ତୁମ୍ଭେ ବା ରାବଣ
ବଦ୍ଧିବୈର ହେବାରୁ, ଇକ୍ଷ୍ୱାକୁର ମହାନ । ୨୫।

ତ୍ରିଚତ୍ୱାରିଂଶ ସର୍ଗ ସମାପ୍ତ

ଚତୁଷ୍ଚତ୍ୱାରିଂଶ ସର୍ଗ

ଜମ୍ବୁମାଳୀ ବଧ

ରକ୍ଷେନ୍ଦ୍ର ଆଜ୍ଞାରେ ପ୍ରହସ୍ତର, ବୀରପୁତ୍ର
ମହାଦନ୍ତ ଜମ୍ବୁମାଳୀ ଆସେ ଧନୁହସ୍ତ । ୧ ।
ରକ୍ତମାଲ୍ୟାମ୍ବର ସକ୍ରୀ ରୁଚିର କୁଣ୍ଡଳୀ
ମହାସ୍ଫିତ-ଚକ୍ଷୁ ଚଣ୍ଡ ଦୁର୍ଜ୍ଜୟ ରଣଶ୍ରୀ । ୨ ।
ଧନୁ ଇନ୍ଦ୍ରଧନୁ ପ୍ରଭ ସାୟକ ରୁଚିର
ବିସ୍ତାରିଣ ବେଗେ କରି ବଜ୍ରାଶନି ସ୍ୱର । ୩ ।
ସେ ମହାଧନୁ ଟଙ୍କାର ଘୋଷେ ଦଶ ଦିଶ
ପରି ପୂରିଲା ସହସା, ସର୍ବ ମହାକାଶ । ୪ ।
ଖରଯୁକ୍ତ ରଥେ ତାଙ୍କୁ ଆସିବାର ଲକ୍ଷି
ବେଗବାନ ହନୁମାନ, ଗର୍ଜ୍ଜେ ହୋଇ ସୁଖୀ । ୫ ।
ତୋରଣ କୂଟସ୍ଥ ମହାକପି ହନୁମନ୍ତେ
ମହାତେଜ ଜମ୍ବୁମାଳୀ ବିନ୍ଧେ ଶରଶୀତେ । ୬ ।
ଅର୍ଦ୍ଧଚନ୍ଦ୍ରେ, ମୁଖେ, ଶୀରେ, ଏକ କର୍ଣ୍ଣିକାରେ
ବିନ୍ଧିଲା ନାରାଚ ଦଶ, କପାଶ ବାହୁରେ । ୭ ।
ତହିଁରେ ଶୋଭେତା ତାମ୍ରମୁଖ ଶରାହତ
ସୂର୍ଯ୍ୟରଶ୍ମୀସ୍ନାତ ଶରତ୍‌ପଦ୍ମକି ସ୍ଫୁଟିତ । ୮ ।
ଶୋଭିଲା ତା ରକ୍ତମୁଖ, ରକ୍ତରେ ରଂଜିତ
ନଭେ ମହାପଦ୍ମ କି କାଂଚନ ବିନ୍ଦୁସିକ୍ତ । ୯ ।

ରକ୍ଷବାଣାହାତ କୋପେ, ମହାକପିବୀର
ଦେଖିଲା ପାଖରେ ଅଛି ବିଶାଳ ପଥର । ୧୦ ।
ସତ୍ୱର ଉପାଡ଼ି ତାହା ଫିଙ୍ଗେ ମହାବଳ
ଦଶଶରେ କାଟିଲ ତା, କ୍ରୋଧେ ରକ୍ଷବୀର । ୧୧ ।
ବିଫଳ ତା କର୍ମ୍ମ ଦେଖି, ମହାବଳ ଶାଳ
ବିପୁଳ, ଉପାଡ଼ି, ବୁଲାଇଣ ମହାବୀର । ୧୨ ।
ମହାଶାଳ ବୃକ୍ଷ, କପି ବୁଲାଇବା ଦେଖି
ବିନ୍ଧେ ବହୁ ବାଣ ଜମ୍ବୁମାଳୀ ମହାରକ୍ଷି । ୧୩ ।
ଚାରିରେ ଛେଦିଲା ସାଳ, ପାଂଚ କପି ଭୁଜେ
ଉରେ ଏକ ବାଣ, ଦଶ ସ୍ତନାନ୍ତରେ ଭିଜେ । ୧୪ ।
ଶରେ ପୂରିଗଲା ତନୁ, ମହାକ୍ରୋଧାନ୍ୱୀତ
ସେ ପରିଘ ନେଇ, ଘୁରାଇଲା ଅତି ଦ୍ରୁତ । ୧୫ ।
ଅତିବେଗେ, ଦ୍ରୁତେ ବୁଲାଇଣ ମଦୋତ୍‌କଟ
ଜମ୍ବୁମାଳୀ ବକ୍ଷେ ଛାଡ଼େ ପରିଘ ମର୍କଟ । ୧୬ ।
ତାହାର ରହିଲା ନାହିଁ, ବାହୁ ଅବା ଉର
ଧନୁ ଅବା ରଥ ଅଶ୍ୱ, କିବା ତୃଣୀଶର । ୧୭ ।
ସହସା ନିହତ, ଜମ୍ବୁମାଳୀ ମହାରଥ
ପଡ଼ିଲା ଭୂତଳେ ଚୂର୍ଣ୍ଣିତାଙ୍ଗ ଦ୍ରୁମବତ । ୧୮ ।
ହତ ଜମ୍ବୁମାଳୀ, ମହାବଳ, ଯେ କିଂକର
ଶୁଣିଣ ରାବଣ କ୍ରୋଧେ, ଚକ୍ଷୁକଲା ଲାଲ
ରୋଷେ ଘୁରାଇଣ ତା ତାମ୍ରନୟନେ । ୧୯ ।
ମହାବଳ ପ୍ରହସ୍ତ ପୁତ୍ର ନିଧନେ ।
ଅତି ବୀର୍ଯ୍ୟ-ଶାଳୀ, ମନ୍ତ୍ରୀପୁତ୍ର ଗଣ
ଆଦେଶିଲା ଶୀଘ୍ର ନିଶାଚର ରାଣ । ୨୦ ।

ଚତୁଷ୍ଚତ୍ୟାରିଂଶ ସର୍ଗ ସମାପ୍ତ

ପଂଚ ଚତ୍ୱାରିଂଶ ସର୍ଗ

ଅମାତ୍ୟ ପୁତ୍ର ବଧ

ତହୁଁ ରକ୍ଷେନ୍ଦ୍ରରେ ମନ୍ତ୍ରୀସୁତେ ପ୍ରଣୋଦିତ
ବାହାରିଲେ ଘରୁ, ସୂର୍ଯ୍ୟ ତେଜିୟାନ ସାତ । ୧ ।
ମହାବଳ ପରିବୃତ୍ତ ଧନ୍ୱୀ ମହାବଳ
ଅସ୍ତ୍ର ଶସ୍ତ୍ର ବିଦ ବିଜୟେଚ୍ଛୁ, ପରସ୍ପର । ୨ ।
ସ୍ୱର୍ଣ୍ଣ-ଜାଳାଚ୍ଛନ୍ନ ଧ୍ୱଜ ପତାକା ଶୋଭିତ
ମେଘସ୍ୱନ ନିର୍ଘୋଷୀଣ ରଥେ ଅଶ୍ୱଯୁକ୍ତ । ୩ ।
ତପ୍ତ ସ୍ୱର୍ଣ୍ଣ-ଚାପଧାରୀ ଅମୀତ ବିକ୍ରମ
ହୃଷ୍ଟେ ବିସ୍ତାରିତ, ତଡ଼ିତ୍‌ବଢ଼ ମେଘସମ । ୪ ।
ଜାଣି ଭୃତ୍ୟବଧ, ସେମାନଙ୍କର ଜନନୀ
ହେଲେ ଶୋକାକୁଳ, ସବାନ୍ଧବ, ତାହାଶୁଣି । ୫ ।
ପରସ୍ପର ସ୍ପର୍ଦ୍ଧି, ତପ୍ତ-କାଂଚନ ଭୂଷଣ
ତୋରଣେ ହନୁମନ୍ତର ହେଲେ ସମ୍ମୁଖୀନ । ୬ ।
ରଥଗର୍ଜ୍ଜନ ନିସ୍ୱନେ କରି ବାଣ ବୃଷ୍ଟି
ବିଚରେ କୌଣପେ ବର୍ଷାମ୍ବୁଦ ପରି ଘୋଟି । ୭ ।
ସେ ଶର ବୃଷ୍ଟିରେ ହନୁ ହୋଇ ସମାଚ୍ଛନ୍ନ
ବୃଷ୍ଟି ସମାକୁଳ ହେଲେ ଶୈଳରାଜ ସମ । ୮ ।
ବଂଚାଇ ସେ ଶରଜାଳ ବିଚରି କ୍ଷିପ୍ରରେ
ବୀରଙ୍କ ରଥବେଗ ବି, ବିମଳ ଅମ୍ବରେ । ୯ ।

ଧନୁଷ୍ପାଣି, ସହ ଖେଳି, ନଭେଦିଶେ ବୀର
ଇନ୍ଦ୍ରଧନୁ-ଶୋଭି ମେଘେ କି ମରୁତେଶ୍ୱର ।୧୦।
ବିକଟ ନାଦେ ତ୍ରାସିଣ ସେ ମହତୀ ଚମୂ
ସେ ରକ୍ଷ ମଧ୍ୟେ, କ୍ଷେପିଲା, ମହାବୀର୍ଯ୍ୟହନୁ ।୧୧।
କାହାକୁ ଚାପଡ଼େ ମାରେ, କାହାକୁ ପାଦରେ
ମୁଷ୍ଟିରେ କାହାକୁ ନଖେ, କାହାକୁ ବିଧାରେ ।୧୨।
କାକୁ ବକ୍ଷେ, କାକୁ ଦୁଇଜଘେଂ, ଯେ ଅପରେ
କିଏ ବା ନାଦେ, କିଏ ବା, ଭୂଇଁରେ ଲୋଟିଲେ ।୧୩।
ଅବସନ୍ନେ ତହୁଁ ପଡ଼ିବାରୁ ରକ୍ଷେ ତଳେ
ସବୁ ସୈନ୍ୟ ଦଶଦିଗେ, ଭୟେ ପଳାଇଲେ ।୧୪।
କ୍ରନ୍ଦନ୍ତି, ବିକଟେ ହସ୍ତୀ, ବାଜି ଜଳେ ଗଡ଼ି
ଭଗ୍ନ ନୀଡ଼, ଧ୍ୱଜ, ଛତ୍ର ରଥେ ଭୂମି ଭରି ।୧୫।
ରୁଧିର ସ୍ରବି, ତା ସ୍ରୋତ ବାଟରେ ମାଡ଼ିଲା
ବିବିଧ ବିକଳ ସ୍ୱରେ ଲଙ୍କା, ଚିତ୍‌କାରିଲା ।୧୬।
ଧ୍ୱଂସି ସେ ପ୍ରବୃଦ୍ଧ ମହାରକ୍ଷିଗଣ
ମହାବଳ କପି, ଚଣ୍ଡ ପରାକ୍ରମ
ଯୁଯୁତ୍ସୁ ଅନ୍ୟ ରାକ୍ଷସ ସହ ରଣେ
ତହୁଁ ବୀର ଯାଇ ବସିଲେ ତୋରଣେ

ପଂଚଚତ୍ୱାରିଂଶ ସର୍ଗ ସମାପ୍ତ

ଷଟ୍ ଚତ୍ୱାରିଂଶ ସର୍ଗ

ପଂଚ ସେନାପତି ବଧ

ମନ୍ତ୍ରୀ-ସୁତ ହତଶୁଣି, ମହାତ୍ମା ବାନରେ
ରାବଣ ସଂଗୁପ୍ତ ହୋଇ, ଦୃଢ଼ ମାନସରେ । ୧ ।
ବିରୁପାକ୍ଷ, ଯୂପାକ୍ଷ, ଦୁର୍ଧର୍ଷ, ମହାରକ୍ଷେ
ଭାସକର୍ଣ୍ଣ ପ୍ରଘର୍ଷ, ପଞ୍ଚଅଗ୍ରନାୟକେ । ୨ ।
ଆଦେଶିଲା ବୀରେ, ରାଜନୀତି ବିଶାରଦେ
ହନୁମନ୍ତେ ଧରିବାକୁ, ବାୟୁବେଗ ଯୁଦ୍ଧେ । ୩ ।
"ମହାବଳଧାରୀ, ସର୍ବେ ଯାଅ, ସେନାପତି
ବାଜି, ରଥ, ହସ୍ତୀ ସହ, ଧର କପି ମୂର୍ତ୍ତି । ୪ ।
ବନବାସୀ ପାଖେ ଯାଇ, ଭାବିବ ନିଶ୍ଚୟ
ଦେଶକାଳ ଅବିରୋଧି କର୍ମ୍ମ ସମାଧାୟ । ୫ ।
ତା କର୍ମ୍ମକୁ ଦେଖି ମନେ ମଣି ତର୍କେ ଭାବେ
ସର୍ବଥା ସେ ମହାଭୂତ ବଳଶାଳୀ, ଜୀବେ । ୬ ।
ଏ ବାନର ବୋଲି ଶୁଣି, ସ୍ୱଚ୍ଛନୁହେ ମନ
ମଣିବା କି କପ, ଲୋକ ବଚନ ଶୁଣିଣ ? । ୭ ।
ହୋଇପାରେ ଇନ୍ଦ୍ର ତପେ, ସୃଷ୍ଟ ଆମ୍ଭ ପାଇଁ
ନାଗ, ଯକ୍ଷ, ଗନ୍ଧର୍ବ, ଦେବାସୁର ରକ୍ଷିସାଇଁ । ୮ ।
ମୋ ଆଦେଶେ ଜିଣିଅଛ, ତୁମ୍ଭେ ମୋହ ସହ
ସେ ବା କରିଥିବେ କିଂଚିତ୍ ବାହାନା ନିଶ୍ଚୟ । ୯ ।

ଏଥିରେ ସନ୍ଦେହ ନାହିଁ ବାନ୍ଧିକରି ଆଣ
ମହାବଳଶାଳୀ, ଶୀଘ୍ର ସେନାପତି ଗଣ ।୧୦।
ବାଜି ରଥ ହସ୍ତୀ, ସହ, ଯାଇ କପି ଧର
ଛୋଟ ଭାବ ନାହିଁ, ପରାକ୍ରମୀ, କପିବୀର ।୧୧।
ବିପୁଳ ବିକ୍ରମୀ ମୁଁ ଦେଖିଛି କପିବୀରେ
ବାଳୀ, ସୁଗ୍ରୀବ ଯେ, ଜାମ୍ବବାନ, ମହାବଳେ ।୧୨।
ସେନାପତି, ନୀଳ, ଦ୍ୱିବିଦାଦି କପିଚୟ
ତାଙ୍କ ଭୀମ ତେଜ ଗତି, ଏପରି ତ ନୁହଁ ।୧୩।
ମତି ବଳୋତ୍ସାହ, ଏହି ରୂପର କଳ୍ପନା
କପିରୂପେ ସ୍ଥିତ, ଜାଣ, ଏହି ମହାତମା ।୧୪।
ଅତି ଯତ୍ନେ ବନ୍ଦ କର ଏହା ଅତ୍ୟାଚାର ।
ସତ ତ୍ରିଲୋକ ସଇନ୍ଦ୍ର, ସୁରାସୁର ନର ।୧୫।
ରଣେ ଠିଆ ହେବେ ନାହିଁ, ପୂରା ତୁମ୍ଭ ଅଗ୍ରେ
ତଥାପି ନୟଜ୍ଞେ ରଣ-ଜୟ ଆକାଂକ୍ଷାରେ ।୧୬।
ରଖେ ପ୍ରାଣ ଯତ୍ନେ, ଯୁଦ୍ଧେ ସିଦ୍ଧି ଯେ ଚପଳ
କରି ସର୍ବେ ଗ୍ରାହ୍ୟ, ମହାଓଜ ସ୍ୱାମୀ ଗୀର ।୧୭।
ମହାବେଗେ ବାହାରିଲେ ତେଜେ ହୁତାଶନ
ମହା ଜବ, ରଥେ, ମଉନାଗେ ଅଶ୍ୱେପୁଣ ।୧୮।
ନିଶ୍ଚିତ ସୁତୀକ୍ଷ୍ଣ ଶସ୍ତ୍ରେ, ସର୍ବେ ବଳାନ୍ୱୀତ
ତହୁଁ ଦେଖି ବୀରେ ମହାକପି ଦୀପ୍ତିମନ୍ତ ।୧୯।
ସ୍ୱତେଜେ ଉଦିତ ରବିପରି, ରଶ୍ମିମାଳୀ
ତୋରଣେ ଆସ୍ଥିତ, ମହାସତ୍ତ୍ୱ ମହାବଳୀ ।୨୦।
ମହାମତି, ମହୋତ୍ସାହୀ, ମହାବାହୁ ଦେହୀ
ଦେଖୁ ଦେଖୁ ସର୍ବେ, ସର୍ବଦିଗୁ ଘେରିଯାଇ ।୨୧।

ପ୍ରହାରିଲେ ଭୀମାୟୁଧେ, ସର୍ବେ ତତସ୍ତତଃ
ତହୁଁ ପାଞ୍ଚ ତୀକ୍ଷ୍ଣ, ଲୌହ ପୀତମୁଖା ଶିତ
ତାଙ୍କ ଶିରେ ନୀଳପଦ୍ମ ପ୍ରଭା-ହେଲା ପାତ । ୨୨ ।
ଶତଶରେ ବିଦ୍ଧ, ପଞ୍ଚେ ଶୀରେ କପିଈଶ
ଉଠେ ନଭେ, ନାଦେ ପୂରାଇଣ ଦଶଦିଶ । ୨୩ ।
ତହୁଁ ଦୁର୍ଧର ଯେ ବୀର, ରଥେ ଧନୁ ସାଜି
ଶତଶର ମାରି ବୀର ଆମେ ମାଡ଼ି ତର୍ଜି । ୨୪ ।
ବାରଣିଲା କପି ନଭେ, ସେ ଶରବର୍ଷଣ
ବୃଷ୍ଟିକାରୀ ଅମ୍ବୁଦାନ୍ତେ, ମେଘେ ବାୟୁସମ । ୨୫ ।
ମର୍ଜିତ ହୋଇ ଦୁର୍ଧରେ ପବନ ନନ୍ଦନ
କରି ଭୀମ ନାଦ, ପୁଣି ବଢେ, ବୀର୍ଯ୍ୟବାନ । ୨୬ ।
ଦୂରୁ ସହସା ଡେଇଁଣ୍ ଦୁର୍ଧର ରଥରେ
ପଡ଼େ ମହାବେଗେ, ବିଦ୍ୟୁରାଶୀବ ନଗରେ । ୨୭ ।
ତହୁଁ ମଥିତ ଅଷ୍ଟାଶ୍ୱ, ରଥାକ୍ଷ ଜୁଆଳୀ
ଛାଡ଼ି ତଳେ ପଡ଼ିଲା, ଦୁର୍ଧର ପ୍ରାଣ ହାରି । ୨୮ ।
ବିରୁପାକ୍ଷ, ଯୂପାକ୍ଷ ଦେଖି, ସେ ତଳେ ଲୋଟି
ଜାତକ୍ରୋଧ, ଶତ୍ରୁଘ୍ନେ, ଦୁର୍ଧର୍ଷେ ନଭେଉଠି । ୨୯ ।
ସେ ଦୁହେଁ ସହସା ଡେଇଁ ବିମଳ ଅମ୍ବରେ
ମୁଦ୍‌ଗରେ ପିଟିଲେ ମହାକପିର ବକ୍ଷରେ । ୩୦ ।
ସେ ଦୁଇ ବେଗବାନ୍ ବେଗ ସମ୍ଭାଳି ସେ ବୀର
ଡେଇଁଲେ ପୁଣି ଭୂଇଁରେ ଗରୁଡ଼ ବେଗର । ୩୧ ।
ଶାଳବୃକ୍ଷେ ଉପାଡ଼ିଣ, ଧରି ତା ବାନର
ସେ ଦୁଇ ରାକ୍ଷସ-ବୀରେ, ବଧେ ମହାବୀର । ୩୨ ।
ଦେଖି ସେ ତିନିଙ୍କ ବଧ-ବାନରେ, ତ୍ୱରିତେ
ଗଲା ପାଖେ, ମହାବେଗା, ପ୍ରଘସ ସୁସ୍ମିତେ । ୩୩ ।

କ୍ରୋଧେ, ଶୂଳ ଧରି, ମହାବୀର୍ଯ୍ୟ ଭାସାକର୍ଣ୍ଣ
ଏକାକୀ ସ୍ଥିତ କପି-ଶାର୍ଦ୍ଦୁଳେ, ଯଶସ୍ୱୀନ । ୩୪ ।
ଶୀତାଗ୍ର ପଟ୍ଟିଶେ, ପାଖେ ପ୍ରଘସ ବି ଜାଣ
ଶୂଳ ବିଦ୍ଧ କଲେ ରକ୍ଷ, ବାନର-ବାରଣ । ୩୫ ।
ଦୁହିଁଙ୍କ ଶସ୍ତ୍ରର କ୍ଷତ-ରକ୍ତ-ଗାତ୍ର-ରୋମ
ହେଲା କପି କ୍ରୋଧେ, ବାଳସୂର୍ଯ୍ୟ ପ୍ରଭ ସମ । ୩୬ ।
ଉପାଡ଼ି ଗିରି ସଶୃଙ୍ଗ ମୃତ ବୃକ୍ଷ ବ୍ୟାଳ
ବଧିଲା ରାକ୍ଷସେ, ହନୁ ବାନର କୁଞ୍ଜର
ଗିରିଶୃଙ୍ଗେ ପିଷ୍ଟ ହୋଇ ହେଲେ ତିଳତିଳ । ୩୭ ।
ସେ ପାଞ୍ଚ ସେନା ନାୟକେ ହେବାରୁ ନିଧନ
ନାଶିଲା ବାନର ଅବଶେଷ ଦୈତ୍ୟ-ସୈନ୍ୟ । ୩୮ ।
ଅଶ୍ୱେ ଅଶ୍ୱ, ଗଜେ ଗଜ, ଯୋଦ୍ଧେ, ଯୋଦ୍ଧା ପିଟି
ରଥେ ରଥ, କପି ବଧେ, ଇନ୍ଦ୍ର ପରି ଘୋଟି । ୩୯ ।
ହତାଶ୍ୱ ନାଗେ, ଭଗ୍ନାକ୍ଷ, ମହାରଥେ ପୁଣ
ମୃତ ରକ୍ଷେ ହେଲା ଭୂମି ରଦ୍ଧ ମାର୍ଗ ହୀନ । ୪୦ ।
ତହୁଁ କପି ଧ୍ୱଜିନୀ ପତିଙ୍କୁ ରଣେ
ବଧି ବୀରେ ସବଳରେ ସବାହନେ;
ଆଗପରି ବୀର ବସିଲେ ତୋରଣେ
ପ୍ରଜାକ୍ଷୟ କାଳ ପରି କୃତକ୍ଷଣେ । ୪୧ ।

ଷଟ୍-ଚତ୍ୱାରିଂଶ ସର୍ଗ ସମାପ୍ତ

ସତ୍-ଚାଳିଶ ସର୍ଗ

ଅକ୍ଷୟ କୁମାର ବଧ

ପଞ୍ଚ ସେନାପତିମାନଙ୍କୁ ନିଧନ
ବନଚର ହନୁମାନେ, ସବାହନ;
ଶୁଣି ରାଜା, ଦେଖେ ସମରେ ଉଦ୍ୟତ
କୁମାର ଅକ୍ଷ ଯେ ଅଗ୍ରେ ଅବସ୍ଥିତ ।୧।
ସେ ତାଙ୍କ ଦୃଷ୍ଟି ଅର୍ପଣେ ପ୍ରଣୋଦିତ
ପ୍ରତାପବାନ୍ ସ୍ୱର୍ଣ୍ଣ ଚିତ୍ରଧନ୍ୱାନ୍ୱୀତ;
ଗାତ୍ରୋତ୍ଥାନ କଲା ହୋଇ ଉତ୍ସାହିତ
ଅଗ୍ନିପରି, ମୁଖ୍ୟ ଦ୍ୱିଜେ ହବି, ହୁତ ।୨।
ତହୁଁ ମହା ବାଳ ଦିବାକର ପ୍ରଭ
ତପ୍ତ ଜମ୍ବୁନଦ ଝାଲୋରୀରେ ଶୋଭ;
ରଥେ ଚଢ଼ିଗଲା ମହାବୀର୍ଯ୍ୟ ବାନ
ମହାକପି ପାଇଁ ରକ୍ଷ ପଣ୍ଡୋପମ ।୩।
ତହୁଁ ତପସଂଚୟରେ ଉପାର୍ଜିତ
ତପ୍ତ ଜମ୍ବୁନଳ ଜାଳରେ ଚିତ୍ରିତ;
ପତାକାମାଳୀନ ରତ୍ନଧ୍ୱଜାନ୍ୱୀତ
ମନୋଜବ ଅଷ୍ଟ ଅଶ୍ୱରେ ଚାଳିତ ।୪।
ସୁରାସୁର ଜୟ ସ୍ୱୟଂ ସଂଚାଳିତ
ତଡ଼ିତ୍‌ପ୍ରଭ ବ୍ୟୋମଚର ସୁସଂଯତ

ସତୁଣାଷ୍ଟଖଡ଼୍‌ଗ ନିବନ୍ଧେ ବନ୍ଧୁର
ଯଥାକ୍ରମେ ସ୍ଥିତ ସଶକ୍ତି ତୋମର । ୫ ।
ବିଚାରିଲା ଯୁଦ୍ଧ ବସ୍ତୁ ପରିପୂର୍ଣ୍ଣ
ଶଶିସୂର୍ଯ୍ୟପ୍ରଭ, ସହ ହେମ ଦାମ
ସୂର୍ଯ୍ୟ-ପ୍ରଭ ରଥେ ହୋଇ ଅବସ୍ଥାନ
ବାହାରିଲା ଅକ୍ଷ, ଅତୁଳ ବିକ୍ରମ । ୬ ।
ପୂରାଇ ଆକାଶ ମହୀ ଗିରି ବନେ
ଅଶ୍ୱହସ୍ତୀ ମହାରଥର ନିସ୍ୱନେ ।
ସୈନ୍ୟବଳ ସହ ତୋରଣ ଆଶ୍ରିତ
ଗଲା ଅକ୍ଷ, କପି ପାଖେ ସୁସମର୍ଥ । ୭ ।
ପାଇ କପି ପାଖେ, ସେ ହରି ଈକ୍ଷଣ
ପ୍ରଜାକ୍ଷୟେ, ଯୁଗାନ୍ତ ଅନଳ ସମ
ଦେଖେ ସ୍ଥିତ, ବିସ୍ମୟେ, ଜାତସଂଭ୍ରମ
ନିରେକ୍ଷିଲା ଅକ୍ଷ ତାଙ୍କୁ ସସମ୍ମାନ । ୮ ।
ମହାତ୍ମା କପିର ବେଗ ପରାକ୍ରମ
ଶତୃର ବିଚାରି, ରାବଣ ନନ୍ଦନ
ନିଜ ସୈନ୍ୟ କଥା, ଭାବି ମହାବଳ
ବଢ଼ିଲା ଯୁଗାନ୍ତ ସୂର୍ଯ୍ୟ ପରକାର । ୯ ।
ମହାରୋଷେ ବିଚାରିଣ ତା ବିକ୍ରମ
ସ୍ଥିରଧୀ, ସଂଯମୀ, ସେ ଦୁର୍ନିବାରଣ,
ସମାହିତ ଆତ୍ମା-ରଣେ ହନୁମାନ
ପ୍ରୋତ୍ସାହିଲେ ମାରି ତିନି ତୀକ୍ଷ୍ଣବାଣ । ୧୦ ।
ତହୁଁ ଗର୍ବି ତାଙ୍କୁ କରି ନିରୀକ୍ଷଣ
ବିତଶ୍ରମ, ଶତୃପରାଜୟେ କ୍ଷମ
ଦେଖେ ଅକ୍ଷ, କପି ସମୁତ୍ସାହ ମନ
ବାଣହସ୍ତ ପ୍ରଗୃହିତ ଶରାସନ । ୧୧ ।

ହେମ-ପଦକାଙ୍ଗଦ ଚାରୁକୁଣ୍ଡଳ
ଗଲା କପି ପାଶେ, ଆଶୁ ମହାବଳ;
ତହୁଁ ହେଲା ତାଙ୍କ ଅପ୍ରତିମ ରଣ
ସୁରାସୁର ମଧ୍ୟ ହେଲେ ଭୟାଚ୍ଛନ୍ନ ।୧୨।
ଚିତ୍‌କାରିଲା ଭୂମି, ସୂର୍ଯ୍ୟ ନ ତାପିଲେ
ନ ବହିଲା ବାୟୁ ଅଚଳେ ଚଳିଲେ;
କପି କୁମାରର ସେ ମହା ସମର
ନିନାଦିଲା ନଭ, କ୍ଷୋଭିଲା ସାଗର ।୧୩।
ସେ ବୀର ତାହାର ଶରେ ସୁମୁଖୀନ
ସ୍ୱର୍ଣ୍ଣ ପକ୍ଷ, ବିଷ-ଦିଗ୍ଧ, ସର୍ପସମ
ସଂଧାନ, ସଂଯୋଗ, ମୋକ୍ଷତତ୍ତ୍ୱବିଦ
ତିନି ଶରେ କଲା, କପିଶିରବିଦ୍ଧ ।୧୪।
ପଡ଼ିବାରୁ ଏକାବେଳେ ଶରେ ଶିରେ
ବୁଲାଏ ସେ ନେତ୍ର, କ୍ଷୁବ୍ଧ ରକ୍ତଧାରେ
ନବୋଦିତ ରବି, ନିଭ, ଶରାଂଶୁରେ
ଅଶୁଂମାଳୀ ପରି, ହନୁ ବିରାଜିଲେ ।୧୫।
ତହୁଁ କପିରାଜ ମନ୍ତ୍ରି ମହୋତ୍ତମ
ସମୀକ୍ଷ ସମରେ ରାଜବିରାତ୍ମଜ
ଉଗ୍ର-ଶିତାୟୁଧ-ଚିତ୍ର ଶରାସନ
ହର୍ଷେ ପୂରି ହେଲେ, ରଣ ସମ୍ମୁଖୀନ ।୧୬।
ସେ ମନ୍ଦିର ଶିଖେ, ଅଂଶୁମାଳୀ ସମ
କୋପରେ ବତିଶ, ମହାବୀର୍ଯ୍ୟବାନ
କୁମାର ଅକ୍ଷରେ ସସୈନ୍ୟ-ବାହନ
ଦହିଲେ ନେତ୍ରାଗ୍ନି, ମରୀଚି ଜାଳେନ ।୧୭।

ସେ ବାଣ-ଆସନ ବିଚିତ୍ର-କାର୍ମ୍ମୁକ
ରଣେ ଶର ବର୍ଷି ରକ୍ଷ-ବଳାହକ
ଶରଛାଡ଼େ ଆଶୁ କପୀଶ୍ୱରାଚଳେ
ମେଘବୃଷ୍ଟି ପରି ଉତ୍ତମ ନଗରେ । ୧୮ ।
ତହୁଁ କପି ତାଙ୍କୁ ଚଣ୍ଡ-ସୁବିକ୍ରମ
ରଣେ ବୃଦ୍ଧ ତେଜ ବଳବୀର୍ଯ୍ୟଧନୂନ୍
କୁମାର ଅକ୍ଷରେ କଳିଶ ସେ ରଣେ
ଗର୍ଜ୍ଜିଲା ହର୍ଷେ ଘନସମ ନିସ୍ୱନେ । ୧୯ ।
ବାଳକ ସ୍ୱଭାବୁଁ ରଣେ ଦର୍ପୀମାନ
ରୋଷରେ ପ୍ରବୃଦ୍ଧ, ଆରକ୍ତ ନୟନ;
ନକଟେଇଲା ସେ କପି ଅପ୍ରତିମ
ତୃଣାବୃତ୍ତ ମହାକୂପେ ଗଜସମ । ୨୦ ।
ପଡ଼ିବାରୁ ବାଣ ବହାରୁଦ୍ର ଚଣ୍ଡେ
କଲା ସେ ଗର୍ଜ୍ଜନ ଘନ-ପରଚଣ୍ଡେ
ଡେଇଁ ଉର୍ଦ୍ଧ୍ୱେ ନଭେ ଆଶୁ ସେ ମାରୁତି
ବାହୁ ଉରୁ କ୍ଷେପି, ଧରି ରଦ୍ର ମୂର୍ତ୍ତି । ୨୧ ।
ଡେଇଁବାରୁ ଉର୍ଦ୍ଧ୍ୱେ ମର ଉନ୍ମତ୍ତ
ସେ ରକ୍ଷ-ପ୍ରବର ମହାବଳ ତୃପ୍ତ;
ବିନ୍ଧେ ବାଣ ରଥୀ ରଥୀଶ୍ରେଷ୍ଠତର
ମେଘପରି ଶୈଳେ, କରକା-ପ୍ରକାର । ୨୨ ।
ସେ ବାନର ଶରଜାଳ ବଂଚାଇଣ
ବାୟୁପଥେ କଲା, ବୀର ବିଚରଣ;
ଶରମଧ୍ୟେ, ବାୟୁପରି ସଂଘର୍ଷିଣ
ମନବେଗେ, ସଂଯମୀ, ଭୀମ-ବିକ୍ରମ । ୨୩ ।

ନଭଛାଇ ମହାବିବିଧ ସାୟକେ ।
ଦେଖି ତାକୁ ହନୁ ବହୁ ସସମ୍ମାନେ
ଚିନ୍ତାଗ୍ରସ୍ତ ହେଲା ମରୁତ ଆତ୍ମନେ ।୨୪।
ତହୁଁ ଶରବିଦ୍ଧ, ଭୁଜାନ୍ତରେ କପି
ମହାତ୍ମା, କୁମାର ବୀର୍ଯ୍ୟେ ଗର୍ଜି କଂପି;
ମହାଭୁଜ କର୍ମ୍ମ-ବିଶେଷେ ସୁଜ୍ଞାନୀ
ଚିନ୍ତାକଲା ରଣେ ମହାପରାକ୍ରମୀ ।୨୫।
ବାଳକ ସୁଲଭ, ବାଳାଦିତ୍ୟ ପ୍ରଭ
କରୁଛି ଏ କର୍ମ୍ମ ବୀର ମହାଭବ;
ସର୍ବାହବ-କର୍ମ୍ମ-ଶାଳୀ ଏ ବାଳକେ
ବଧିବାକୁ ମତି, ନ ହୁଏ କେତେକେ ।୨୬।
ଏହି ମହାତ୍ମାଯେ ମହାବୀର୍ଯ୍ୟ-ବାନ
ଯୁଦ୍ଧେ ସୁସଂଯତ ଅତି ଧୃତିମାନ ।
ନିସଂଦେହେ, କର୍ମ୍ମ-ଗୁଣରୁ ସମ୍ଭୂତ
ନାଗ, ଯକ୍ଷ, ମୁନିଗଣେ ସୁପୂଜିତ ।୨୭।
ପରାକ୍ରମୋତ୍ସହୀ ସଂବିରୋଧ ମନ
ଆଗେ ରହି ମୋତେ କରେ ସମୀକ୍ଷଣ ।
ମୋ ମନକୁ ପାଏ, ଏହା ପରାକ୍ରମ
ସୁରାସୁରଙ୍କର, ତୁରନ୍ତ-କାରିଣ ।୨୮।
ନିଶ୍ଚୟତ ନୁହେ, ଇୟେ ଅପେକ୍ଷିତ
ଏହା ପରାକ୍ରମ ରଣେ ବଢ଼ଇତ;
ମନକୁ ପାଉଛି, ଆଜି ୟା ନିଧନ
ବଢ଼ିବା ଅନଳ, ନ ଉପେକ୍ଷ-କ୍ଷମ ।୨୯।

ବିଚାରି ଶତ୍ରୁର ମହା ପ୍ରୋତ୍ସାହନ
ସ୍ୱକର୍ମ୍ମ ଯୋଗ ସେ କଲା ବୀର୍ଯ୍ୟବାନ
ବଢ଼ାଇଲା ବେଗ, ତହୁଁ ମହାବଳ
ତା ନିଧନେ କପି, କରି ମତି ସ୍ଥିର । ୩୦ ।
ତହୁଁ ତାର ଆଠ ମହାଅଶ୍ୱମାନ
ଦକ୍ଷ ଗୁରୁଭାର ବହନେ ସକ୍ଷମ
ବଧିଲା ଯେ ବୀର ବାୟୁପଥେ ରହି
ଚାପୁଡ଼ା ପ୍ରହାରେ ବାୟୁସୁନୁ ତହିଁ । । ୩୧ ।
ତା ଚାପଟ ଘାତେ ଭାଙ୍ଗେ ମହାରଥ
କପୀଶ ସଚିବେ, ହୋଇଣ ନିର୍ଜ୍ଜିତ;
ଭଗ୍ନାସନ ହୋଇ, ଅଖ ପରିବୃତ୍ତ
ରଥ ନଭୁଁ ହେଲା ଭୂତଳେ ପତିତ । ୩୨ ।
ତହୁଁ ମହାରଥୀ ଅକ୍ଷ ରଥ ଛାଡ଼ି
ଡେଇଁଲା ଆକାଶେ ଧନୁ ଖଡ଼୍ଗ ଧରି;
ତହୁଁ ଉଗ୍ରବୀର୍ଯ୍ୟ ଋଷି ତପସ୍ୟାରେ
ଦେହୁଁ ଗଲାପରି, ବାୟୁ ମଣ୍ଡଳରେ । ୩୩ ।
ବିଚରୁ ସେ କପିମଣି ଅମ୍ବରରେ
ପକ୍ଷୀରାଜ ବାୟୁ ସିଦ୍ଧଙ୍କ ମାର୍ଗରେ
ଭେଟି ଅକ୍ଷ ମାରୁତ-ବେଗ ବିକ୍ରମ
କ୍ରମେ ଧରି ଦୃଢେ, ତା ଦୁଇ ଚରଣ । ୩୪ ।
ସହସ୍ରଶଃ ବିନ୍ଧି, ତାକୁ କପିବୀର
ମହସର୍ପ ଧରି ଯଥା ପକ୍ଷୀଶ୍ୱର;
ଫୋପାଡ଼ିଲା ବାୟୁବେଗେ ବିକ୍ରମେଣ
ମହୀରେ ସଂଯତେ, ସେ ବାନରୋତ୍ତମ । ୩୫ ।

ଭାଙ୍ଗିଗଲା ବାହୁ ଉରୁ, ବେକ ଗାତ୍ର
ଅଣ୍ଟା, ଅସ୍ଥି, ଚକ୍ଷୁ ମଚ୍ଛି, ବହେ ରକ୍ତ
ଛାଡ଼ିଗଲା ସଂଧି, ବିକିର୍ଣ୍ଣ ବନ୍ଧନ
ଭୂତଳେ ମାରିଲା ଭକ୍ଷ ହନୁମାନ । ୩୬ ।
ମହାକପି, ତାକୁ ଚକଟି ଭୂତଳେ
ମହାଭୟ ଜନ୍ମାଇଲା ଲଙ୍କେଶ୍ୱରେ
ମହାଋଷି, ଚକ୍ରଚାରୀ, ଭୂତଗଣ
ପକ୍ଷ ସର୍ପେ ଆସି, ହେଲେ ସମ୍ମିଳନ
ସୁରେସେନ୍ଦ୍ର ଆସି ଅତି ବିସ୍ମୟରେ
ନିରେକ୍ଷିଲେ କପି, କୁମାର-ବଧରେ । ୩୭ ।
ଇନ୍ଦ୍ରୋସୁତୋପମ ମାରିଣ ସମରେ
ଆରକ୍ତ-ଲୋଚନ ଅକ୍ଷୟ କୁମରେ
ଗଲା ତହୁଁ ବୀର ସେ ମହୋତୋରଣେ
ପ୍ରଜାକ୍ଷୟେ କାଳ ପରି କୃତକ୍ଷଣେ । ୩୮ ।

ସତ୍‌ଚାଳିଶ ସର୍ଗ ସମାପ୍ତ

ଅଠଚାଳିଶ ସର୍ଗ

ଇନ୍ଦ୍ରଜିତର ଆକ୍ରମଣ

ତହୁଁ ମହାତ୍ମା ରାକ୍ଷସ ଲଙ୍କେଶ୍ୱର
ହନୁ ମାରିବାରୁ ଅକ୍ଷୟ କୁମର । ୧ ।
ପ୍ରକୃତିସ୍ଥ ହୋଇ, ରକ୍ଷ ଦେବ ତୁଲ୍ୟ
କ୍ରୋଧେ ଆଦେଶିଲା, ଇନ୍ଦ୍ରଜିତ ବୀର
ତୁ ଯେ ଅସ୍ତ୍ରବିଦ୍ ଅସ୍ତ୍ରଭୃତାଂବର
ସୁରାସୁରେ ଶୋକଜାତା ମହାବୀର
ସୁରେ ଇନ୍ଦ୍ର ସହ ଜାଣନ୍ତି ତୋ କର୍ମ୍ମ
ପ୍ରାପ୍ତାସ୍ତ୍ର ଯେ ପିତାମହେ, ଆରାଧିଣ । ୨ ।
ତୁମ ଅସ୍ତ୍ର ଆଗେ ସୁରସହ ମରୁତ୍‌ଗଣ
ତିଷ୍ଠି ନ ପାରନ୍ତି ରଣେ ଇନ୍ଦ୍ରାଶ୍ରିତ ଜନ । ୩ ।
ତ୍ରିଲୋକେ ନୁହେ, ତୁମ୍ଭ ପରି ଶ୍ରମ-ଶ୍ରାନ୍ତ
ଯୁଦ୍ଧେ ବାହୁବଳେ ଗୁପ୍ତ, ତୁମ୍ଭେ ସୁରକ୍ଷିତ
ମହାମତିମାନେ ତୁମ୍ଭେ ଦେଶକାଳଜ୍ଞାତ । ୪ ।
ଯୁଦ୍ଧ କର୍ମ୍ମେ ତୁମ୍ଭେ ନୁହଁ ଯେ ଅକ୍ଷମ
ମନ୍ତ୍ରଣା-ପୂର୍ବ ମତିରେ ତୁମ୍ଭେ ଧନ୍ୟ ।
ତ୍ରିଲୋକେ କେ ସଂଗ୍ରହରେ ତୁମ୍ଭ ସରି
ତୁମ୍ଭ ଅସ୍ତ୍ର ବଳ, ବଳ ଠାରୁ ବଳୀ । ୫ ।

ତପୋବଳେ ତୁମ୍ଭେ ଅନୁରୂପ ମୋର
ଯୁଦ୍ଧେ ପରାକ୍ରମେ, ଅସ୍ତ୍ରବଳେ ବୀର
ରଣ ବିଧ୍ୱଂସନେ, ତୁମ୍ଭ ଉପସ୍ଥାନ
ନିଶ୍ଚିତାର୍ଥ ଯୋଗୁଁ ନୁହେଁ ମନଖିନ୍ନ । ୬ ।
ନିହତ କିଂକର ସର୍ବେ ଜମ୍ବୁମାଳୀ ରକ୍ଷ
ମନ୍ତ୍ରୀ ପୁତ୍ରେ ପଞ୍ଚବୀରେ ସେନାର ଅଧ୍ୟକ୍ଷ । ୭ ।
ପରମ ସଂବୃଦ୍ଧ-ସୈନ୍ୟ, ଅଶ୍ୱନାଗ ରଥ
ସହୋଦର କୁମାରାକ୍ଷ ଶୋଇଛି ନିହତ
ହେ ଅରିସୂଦନ ସେ ମୋ ନୁହେ ସାର ସତ୍ୱ । ୮ ।
ଏ ମହାବଳ ନିଧନ ଦେଖି ଶୁଣି
କପିର ପ୍ରଭାବ ପରାକ୍ରମ ପୁଣି,
ତୁମ ନିଜ ସାମର୍ଥ୍ୟକୁ ପରିମାଣି
ଦେଖା ବେଗେ କ୍ରିୟା, ସ୍ୱବଳ ରୂପିଣୀ । ୯ ।
ସୈନ୍ୟକ୍ଷୟ ନୋହି, ଯାଅ ସନ୍ନିକଟେ
ଯଥା ଶତୃ ଶାନ୍ତ ହୁଏ ହେ ବରିଷ୍ଠେ ।
କଳି ଆତ୍ମବଳ, ଶତୃର ସାମର୍ଥ୍ୟ
କାର୍ଯ୍ୟରେ ପ୍ରବୃତ୍ତ ହୁଅ ଯଥାଯଥ । ୧୦ ।
ସେନାଗଣ, ବୀର ନୁହେ ଶୋଚନାର୍ହ
ମହାଶକ୍ତ ବଜ୍ର ନୁହେବରଣୀୟ
ମାରୁତିର ଗତି ଯେ, ଅପ୍ରମାଣୀୟ
ଅଗ୍ନି କଳ୍ପ ଅସ୍ତ୍ରେ, ନୁହେ ହନନୀୟ । ୧୧ ।
ଭଲ ରୂପେ ତାହା ସମୀକ୍ଷା କରିଣ
ସଂଯମିତ ହୋଇ ସାଧିବ ସ୍ୱକର୍ମ
ଧନୁ ବିଦ୍ୟା ବୀର୍ଯ୍ୟ କରିଣ ସ୍ମରଣ
ଯାଇ ସମାରମ୍ଭ କର ପୂରା କର୍ମ । ୧୨ ।

ତୁମକୁ ପ୍ରେରିବା ଭାବୁ ନାହିଁ ଶ୍ରେଷ୍ଠ କର୍ମ୍ମ
ଭାବେ ମୁଁ ଏ ମୋର କ୍ଷାତ୍ର ରାଜଧର୍ମ୍ମ । ୧୩ ।
ନାନା ଶାସ୍ତ୍ରେ ନିପୁଣତା ଯୁଦ୍ଧେ ଅରିନ୍ଦମ
ଅବଶ୍ୟ ଜ୍ଞାତବ୍ୟ, ରଣେ ବିଜୟ ଯେ କାମ୍ୟ । ୧୪ ।
ତହୁଁ ପିତାଙ୍କର ଶୁଣି ସେ ବଚନ
ଦକ୍ଷସୁତ ପ୍ରଭ କଲା ପ୍ରଦକ୍ଷିଣ
ଭର୍ତ୍ତାଙ୍କୁ ମହାନ, ଅତି ତରସ୍ୱୀନ
ରଣ ପାଇଁ ବୀର, ବୁଦ୍ଧି-ପରିପନ୍ନ । ୧୫ ।
ତହୁଁ ଇଷ୍ଟ ସ୍ୱଗଣେ ପୂଜିତ ଇନ୍ଦ୍ରଜିତ
କୃତୋତ୍ସାହ ରଣାଙ୍ଗନେ ଗଲା ଯୁଦ୍ଧୋନ୍ମତ୍ତ । ୧୬ ।
ଶ୍ରୀମାନ୍ ପଦ୍ମ-ବିଶାଳକ୍ଷ ରକ୍ଷରାଜ ସୁତ
ଗଲା ମହାତେଜା, ପର୍ବ ସିନ୍ଧୁ କି କ୍ଷୋଭିତ । ୧୭ ।
ସେ ପକ୍ଷୀରାଜ, ଅନିଳ-ପରି ବେଗ
ଘୋର ତୀକ୍ଷ୍ଣଦନ୍ତା, ମହା ଚତୁର୍ବାଘ;
ସମାଯୁକ୍ତ ରଥେ ଅତି ଉଗ୍ର ବେଗ
ଆରୋହିଲା, ଇନ୍ଦ୍ରଜିତ ଇନ୍ଦ୍ର-ବର୍ଗ । ୧୮ ।
ଧନ୍ୱୀ ଶ୍ରେଷ୍ଠ ରଥୀ, ଅସ୍ତ୍ରଶସ୍ତ୍ର ବିଜ୍ଞେ ବର
ରଥେ କ୍ଷିପ୍ରେ ଗଲା, ଯହିଁ ସ୍ଥିତ ହନୁବୀର । ୧୯ ।
ସେ ତୀର ଧନୁ ନିର୍ଘୋଷ କାର୍ମ୍ମୁକ ଜ୍ୟା ସ୍ୱର
ଶୁଣି କପି ବୀର ହେଲା, ମହାହର୍ଷଭର । ୨୦ ।
ଇନ୍ଦ୍ରଜିତ ଧନୁ ଧରି, ତୀକ୍ଷ୍ଣ ଶଲ୍ୟ ଶର
ହନୁମନ୍ତେ ଲକ୍ଷ୍ୟ କରି ଗଲା ରଣ ଶୂର । ୨୧ ।
ତହୁଁ ସେଠି ଜାତହର୍ଷ ସୁସଂଯତ
ରଣେ ପଶିବାରୁ, ବାଣ-ପାଣି-ହସ୍ତ
ସବୁ ଦଶ ଦିଶ ହୋଇଲେ ମଳିନ
ବହୁଧା ନିନାଦେ, ରୌଦ୍ର ପଶୁଗଣ । ୨୨ ।

ସମାଗତ ତହିଁ ନାଗ ପକ୍ଷ ବୃନ୍ଦେ
ମହର୍ଷିୟେ ଜ୍ୟୋତିଚକ୍ରତାରେ ସିଦ୍ଧେ
ଆକାଶକୁ ଆଚ୍ଛାଦିଣ ପକ୍ଷୀଓଘେ
ବିନୋଦିଲେ ଉଚ୍ଛେ, ମହାହର୍ଷେ ରାଗେ । ୨୩ ।
ରଥେ ଆସିବାର ଦେଖି, ତୂର୍ଣ୍ଣେ ଇନ୍ଦ୍ରଜିତ
କପି ମହାନାଦେ, ବେଗେ ହେଲା ଯେ ବର୍ଦ୍ଧିତ । ୨୪ ।
ଇନ୍ଦ୍ରଜିତ ଦିବ୍ୟରଥେ, ଧରି ଚିତ୍ରଧନୁ
ବିସ୍ଫାରିଲା ତଡ଼ିତ ଉର୍ଦ୍ଧିତ-ମହାମନ୍ୟୁ । ୨୫ ।
ତହୁଁ ମିଳିଲେ ଯେ, ଅତି ରଦ୍ର ବେଗେ
ମହାବଳ ଦୁଇ, ରଣେ, ନିରୁଦ୍‌ବେଗେ
କପି ରାକ୍ଷସ ଅଧିପତି ତନୁଜ
ସୁରାସୁରେନ୍ଦ୍ର କି ବଦ୍ଧବୈର-ବୀର୍ଯ୍ୟ । ୨୬ ।
ଧନୁର୍ଦ୍ଧାରୀ, ମହାରଥୀ, ମହାବୀର
ଉଦ୍‌ବେଳିତ ସୁ-ପ୍ରସ୍ତୁତ, ସେ ବୀରର
ଶରବେଗ ଏଡ଼ି, ବଢ଼ି ହନୁମନ୍ତ
ଅତୁଳନୀୟ ଆଶ୍ରିଲେ ପିତୃପଥ । ୨୭ ।
ତହୁଁ ଶର ସୁପ୍ରଶସ୍ତ ତୀକ୍ଷ୍ଣ ଶଲ୍ୟ
ସୁପତ୍ରୀ କାଂଚନ ଚିତ୍ରପକ୍ଷ୍ମ-ଜାଲ
ବିମୋଚିଲା ବୀର ପରବୀନ୍ଦମ
ବିସ୍ଫରିତ ବଜ୍ରସମ ବେଗବାନ । ୨୮ ।
ତହୁଁ ତାହାର ସେ ସ୍ୟନ୍ଦନ ନିସ୍ୱନ
ମୃଦଙ୍ଗ ଭେରୀର ପଟହ ନିସ୍ୱନ
କାର୍ମ୍ମୁକଜ୍ୟା ମହାଟଙ୍କର କର୍ଷଣ
ଘୋଷ ଶୁଣି, ହନୁ ନଭେ ଡିଏଁ ପୁଣ । ୨୯ ।
ଶରାନ୍ତରେ ଆଶୁ କ୍ଷେପେ ମହାବଳୀ
ସିଦ୍ଧ ଲକ୍ଷ ପର ଏଡ଼ି ଲକ୍ଷ୍ୟସ୍ଥଳୀ । ୩୦ ।

ଶରଜାଲ ଆଗେ, ଫେରି ପଡ଼େ ପୁନଃ ପୁନଃ
ହାତ ଫେଇ ପୁଣି ଡିଏଁ ପବନ ନନ୍ଦନ । ୩୧ ।
ରଣ-କର୍ମ୍ମ ବିଶାରଦ, ବେଗଧାରୀ ଦୁହେଁ
କରି ମହାଯୁଦ୍ଧ ସର୍ବଜନ ମନ ମୋହେ । ୩୨ ।
ଜାଣେ ନାହିଁ ରକ୍ଷ ହନୁର ଅନ୍ତର
ମାରୁତି ବି ହୃଦ, ସେ ମହାତ୍ମନର ।
ପରସ୍ପର ଦୁର୍ବିସହ, ତହୁଁ ହେଲେ
ମିଳି ଦୁହେଁ ଦେବ ପରି ବିକ୍ରମରେ । ୩୩ ।
ଦେଖିଣ ତା ଲକ୍ଷ୍ୟ ମୋଘା ହନ୍ୟମାନେ
ଶରଦାଳ ସବୁ ତାଙ୍କର ପତନେ;
ମହାଚିନ୍ତା ଗ୍ରସ୍ତ, ହୋଇ ସେ ମହାତ୍ମା
ସମାଧିସ୍ଥ ହେଲେ ସମାହିତ ଆତ୍ମା । ୩୪ ।
ତହୁଁ କଲେ ମତି ରକ୍ଷ-ରାଜ ସୁତ
କରିବାକୁ ହରିବୀରଙ୍କୁ ଆୟତ ।
ଧ୍ୟାନେ ଜାଣି କପିବୀର ଯେ ଅବଧ
କିପରି ନିବାର, ହେବ, ବା ସେ ସାଧ । ୩୫ ।
ତହୁଁ ପିତାମହ, ଅସ୍ତ୍ର ଅସ୍ତ୍ର-ବିଦ ବର
ସନ୍ଧିଲେ ସେ ମହାତେଜ, ମହାରକ୍ଷବୀର । ୩୬ ।
ଅବଧ ଏ ଶରେ ଜାଣି, ଅସ୍ତ୍ର ତତ୍ୱଜ୍ଞାତ
ବାନ୍ଧେ ମହାବାହୁ ବାୟୁସୁତେ ଇନ୍ଦ୍ରଜିତ । ୩୭ ।
ସେ ଅସ୍ତ୍ରେ ଅବଦ୍ଧ ତହୁଁ ରକ୍ଷେ ଯେ ବାନର
ହୋଇଣ ନିଚେଷ୍ଟ ପଡ଼ିଲାଯେ ଭୂମି ତଳ । ୩୮ ।
ତହୁଁ ସେ ଜାଣିଣ ସେ ଅସ୍ତ୍ର ବନ୍ଧନ
ପ୍ରଭୁ ପ୍ରଭାବରୁ ଅଳ୍ପ ବେଗବାନ,
ପିତାମହ ଅନୁଗ୍ରହୁ ନିଜ ପାଇଁ
ହରି ମହାବୀର ଭାବିଲା ଯେ ତହିଁ । ୩୯ ।

ତହୁଁ ସ୍ୱୟଂଭୂବ ମନ୍ତ୍ରେ, ବ୍ରହ୍ମାସ୍ତ୍ର ମନ୍ତ୍ରିତ
ଚିନ୍ତେ ହନୁମାନ, ପିତାମହ ବର ଦତ୍ତ । ୪୦ ।
ଏ ବନ୍ଧନ ମୋଚନରୁ ଶକ୍ତି ନାହିଁ
ଲୋକଗୁରୁ ପ୍ରଭାବରୁ, ମୁକ୍ତି ପାଇଁ
ଏହା ମଣି ସୁବିହିତ ଅସ୍ତ୍ର-ବନ୍ଧ
ଆତ୍ମ ଯୋନିଙ୍କ ମାନିବି ଏବଂ ବିଧ । ୪୧ ।
ସେ ମନ୍ତ୍ର-ବୀର୍ଯ୍ୟକୁ କପି ବିଚାରିଣ
ତାଙ୍କ ପ୍ରତି ବ୍ରହ୍ମାନୁଗ୍ରହ ସ୍ମରିଣ,
ବିମୋକ୍ଷଣ ଶକ୍ତି, ପରିଚିନ୍ତଇଣ
ପିତାମହ ଆଜ୍ଞା କରିଲେ ପାଳଣ । ୪୨ ।
ଅସୁର ବନ୍ଧନେ ମୋର ନୁହଇ ଯେ ଭୟ
ବାୟୁ ଇନ୍ଦ୍ର ପିତାମହୁ, ପାଇଛି ଅଭୟ । ୪୩ ।
ରକ୍ଷରବନ୍ଧନେ ମୋର ବହୁ ଉପକାର
ରକ୍ଷେନ୍ଦ୍ର ସଂବାଦ ଜ୍ଞାନ, ବାନ୍ଧନ୍ତୁ ଅସୁର । ୪୪ ।
ନିଶ୍ଚିତାର୍ଥେ ଧ୍ରୁବ ବୀର ଅରିନ୍ଦମ
ବିଚାରି ଚେଷ୍ଟାରୁ ହେଲା ବିବର୍ତ୍ତନ
ଚିଟିକାର କରି ଧରିଲେ ଟିକ୍କାରି
ଭର୍ସନା କଲାରୁ, ନିନାଦିଲା ହରି । ୪୫ ।
ତହୁଁ ରକ୍ଷେ ପେଖି ବିନିଚେଷ୍ଟ ଅରିନ୍ଦମ
ବାନ୍ଧିଲେ ଝୋଟ ଦ୍ରୁମ-ବକଳେ ସୁଦୃଢ଼େଣ । ୪୬ ।
କୌତୁହଳେ ଅବା ରକ୍ଷେନ୍ଦ୍ର ଦର୍ଶନେ
ନେବେ ବା ବିଚାରି ନିଶ୍ଚିନ୍ତରେ ମନେ;
ରୁଚିଲା ତାହାଙ୍କୁ ଶତ୍ରୁର ବନ୍ଧନ
ଥଟ୍ଟା ପରିହାସ, ସେ ପରିଗ୍ରହଣ । ୪୭ ।
ବଳ୍କଳ ବନ୍ଧନୁ ମୁକ୍ତ ହେଲେ କପିସାଇଁ
ଅନ୍ୟାସ୍ତ୍ର ବନ୍ଧନେ, ବ୍ରହ୍ମାସ୍ତ୍ର ଯେ ନ କାଟଇ । ୪୮ ।

ତହୁଁ ଇନ୍ଦ୍ରଜିତ ଦ୍ରୁମ ପଛାବନ୍ଧ
ଭାବି କପି ଶ୍ରେଷ୍ଠେ ଏପରି ନିବନ୍ଧ
ବିମୁକ୍ତାସ୍ତ୍ର ପାଇଁ ହେଲେ ଚିନ୍ତାଗ୍ରସ୍ତ
ଅନ୍ୟାନ୍ୟ ବନ୍ଧନେ ନ ବର୍ତ୍ତେ ବ୍ରହ୍ମାସ୍ତ୍ର । ୪୯ ।
"ଅହୋ ମହାକର୍ମ୍ମ ହେଲା ନିରର୍ଥକ
ମନ୍ତ୍ର-ବୀର୍ଯ୍ୟ ସବୁ ପୋଛି ଦେଲେରକ୍ଷ
ଏ ଅସ୍ତ୍ର ବିଧାନେ, ପୁଣି ଅନ୍ୟ ଅସ୍ତ୍ର
ଲାଗୁ ହେବ ନାହିଁ, ହେଲୁ ଶଂକାତ୍ରସ୍ତ । ୫୦ ।
'ଅସ୍ତ୍ର ମୁକ୍ତ' ସ୍ୱୟଂ ହନୁ, କାହାକୁ ନ କହେ
ତାଡ଼ିତ ହେଲେ ବି ରକ୍ଷେ, ବନ୍ଧନରେ ରହେ । ୫୧ ।
କାଳମୁଷ୍ଟି ମାରି ମାରି, ତାହୁଁ କ୍ରୂର ରକ୍ଷେ
ରକ୍ଷେନ୍ଦ୍ର ସମୀପେ ନେଲେ, ଟାଣି ଟାଣି ଯକ୍ଷେ । ୫୨ ।
ଇନ୍ଦ୍ରଜିତ ଜାଣି ତାଙ୍କୁ ଅସ୍ତ୍ର ମୁକ୍ତ
ବୃକ୍ଷ ଛଣ ପଟେ ବନ୍ଧାହୋଇ ଗାତ୍ର
ଦେଖାଇଲେ ତାଙ୍କୁ, ମହାବୀର୍ଯ୍ୟବାନେ
କପିଶ୍ରେଷ୍ଠେ ନୃପେ, ସ୍ୱଗଣ ଗହଣେ । ୫୩ ।
ମତ୍ତମାତଙ୍ଗ ପରି ସେ ବନ୍ଧ କପି ବରେ
ରାକ୍ଷସେ ରକ୍ଷେନ୍ଦ୍ରେ ରାବଣରେ ସମର୍ପିଲେ । ୫୪ ।
'ଏ କିଏ, କାହାର, କେଉଁଠୁ ବା କା ଆଶ୍ରୟ
"କି କାର୍ଯ୍ୟ ବା ରକ୍ଷେ ପଚାରେ ତା ପରିଚୟ । ୫୫ ।
"ହାଣ, ପୋଡ଼, ଅବା ଖାଇ ଦିଅ" ଯେ ଅପରେ
ମହାକ୍ରୋଧରେ ରକ୍ଷେ କଥା ହେଲେ ପରସ୍ପରେ । ୫୬ ।
ବାଟ ଅତିକ୍ରମି, ସହସା ସେ ବୀର
ପହଁଚିଣ ରକ୍ଷାଧିପ, ପାଦମୂଳ
ଦେଖେ ରାଜ୍ଞେ, ଶ୍ରେଷ୍ଠ ପରିଚାରାବୃତ୍ତ
ଗୃହ ମହାରତ୍ନ ଜାଳେ ବିଭୂଷିତ । ୫୭ ।

ଦେଖେ ମହାତେଜା ରାବଣ, କପି ସତ୍ତମେ
ବିକୃତ ରକ୍ଷେ ଟାଣନ୍ତି ତାଙ୍କୁ ଏଣେ ତେଣେ । ୫୮ ।
ବନ୍ଧା ବୃକ୍ଷ ପଟେ, ବିମୁକ୍ତାସ୍ତ୍ର, ବୀର୍ଯ୍ୟବାନ
ତେଜବଳାନ୍ୱୀତ, ସୂର୍ଯ୍ୟସମ ପ୍ରଜ୍ୱଳନ । ୫୯ ।
ରୋଷେ ବୁଲାଇଣ, ଦୃଷ୍ଟି ତାମ୍ରବର୍ଣ୍ଣ
ବାନରେ ନିରେକ୍ଷେ, ରକ୍ଷ ଦଶାନନ;
ପାଖେ ବସିଥିବା କୁଳଶୀଳାପନ୍ନେ
ଆଦେଶେ ତା କଥା, ମୁଖ୍ୟମନ୍ତ୍ରୀ ଗଣେ । ୬୦ ।
ଯଥାକ୍ରମେ ପୃଷ୍ଟ ହୋଇଣ ବାନର
କି କାର୍ଯ୍ୟ, କାରଣ, ମୂଳ ଯେ ତାହାର ।
ନିବେଦନ କଲା, "ବାନରେଶ୍ୱରର
ଦୂତ ହୋଇ ଆସି ଅଛି ମୁଁ ଏଠାର ।" । ୬୧ ।

ଅଠଚାଳିଶ ସର୍ଗ ସମାପ୍ତ

ଅଣଚାଶ ସର୍ଗ

ରାବଣ ପ୍ରଭାବ ଦର୍ଶନ

ତହୁଁ ଭୀମ-ବିକ୍ରମଯେ, ସ୍ୱକାର୍ଯ୍ୟେ ବିସ୍ମିତ
କ୍ରୋଧେ ତାମ୍ର-ଚକ୍ଷୁ ଦେଖେ ରକ୍ଷାଧିପଦୈତ୍ୟ । ୧ ।
ବିରାଜଇ ମହାର୍ହ, ସୁବର୍ଣ୍ଣ ଦିପ୍ୟମାନ
ମୁକ୍ତାଜାଳ ମୁକୁଟରେ, ମହାଦ୍ୟୁତି ମାନ । ୨ ।
ହୀରକ ଶାଣିତ ମହମୂଲ୍ୟ ମଣି ଯୁତ
ବିଚିତ୍ର ହେମାଭରଣେ, କଳ୍ପନା କଳ୍ପିତ । ୩ ।
କ୍ଷୌମବସ୍ତ୍ରାବୃତ୍ତ ରକ୍ତଚନ୍ଦନଚର୍ଚ୍ଚିତ
ଅନୁଲିପ୍ତ ବହୁବିଧ, ଲେପନେ ବିଚିତ୍ର । ୪ ।
ବିଚିତ୍ର ଦର୍ଶନ ରକ୍ତାକ୍ଷ ଭୀମ ଦର୍ଶନ
ଦୀପ୍ତ ତୀକ୍ଷ୍ଣ ମହାଦନ୍ତ ଓଷ୍ଠ ଲମ୍ବମାନ । ୫ ।
ଦଶଶିର ବୀର ମହାତେଜରେ ଭାସ୍ୱର
ନାନା ହିଂସ୍ର ଜନ୍ତୁକୀର୍ଣ୍ଣ କି ମେରୁ ଶିଖର । ୬ ।
ନୀଳାଞ୍ଜନପ୍ରଭ ବକ୍ଷ ହାରରେ ରାଜଇ
ପୂର୍ଣ୍ଣଚନ୍ଦ୍ରାଭ ମେଘ କି, ବାଳାର୍କେ ଶୋଭଇ । ୭ ।
କେୟୁରିତ ବାହୁ ଭୀମ, ଶ୍ରୀଚନ୍ଦନାର୍ଚ୍ଚିତ
ପଂଚଶୀର୍ଷା ସର୍ପେ କି ଅଙ୍ଗଦ-ଭାସ୍ୱରିତ । ୮ ।

ମହାର୍ଘ ସ୍ଫଟିକେ ଚିତ୍ର ସୁରମ୍ୟ-ସଂଯୁକ୍ତ
ଉତ୍ତମାସ୍ତରଣ ପରେ ବରାନନେ ସ୍ଥିତ ।୯।
ସ୍ୱଳଂକୃତ ପ୍ରମଦାରେ, ଚତୁର୍ପାର୍ଶ୍ୱାବୃତ୍ତ
ଚାମରହସ୍ତା ପାର୍ଶ୍ୱରେ ସୁଉପଶୋଭିତ ।୧୦।
ଦୁର୍ଦ୍ଧର ପ୍ରହସ୍ତ ମହାପାର୍ଶ୍ୱ ରକ୍ଷବୀରେ
ମନ୍ତ୍ରତତ୍ତ୍ୱବିଦ ନିକୁମ୍ଭ ସଚିବ-ବରେ ।୧୧।
ପାର୍ଶ୍ୱେ ଉପବିଷ୍ଟ ରକ୍ଷେ, ଚତୁର୍ମହାବଳେ
ପୂରା ପରିବୃତ୍ତ ଧରା କି ଚାରି ସାଗରେ ।୧୨।
ମନ୍ତ୍ରବିଦ୍ ମନ୍ତ୍ରୀରେ ଅନ୍ୟଶୁଭାକାଙ୍‌କ୍ଷୀ ଜନେ
ସଚିବେ ଆଶ୍ୱାସିତ କି, ଇନ୍ଦ୍ର ସୁରଗଣେ ।୧୩।
ଦେଖିଲେ ରାକ୍ଷସ-ପତି, ହନୁ ତେଜସ୍ୱୀନ
ଆବୃତ୍ତ କି ମେରୁ ଶିଖ, ମେଘେ ପୟୋସ୍ୱିନ ।୧୪।
ଭୀମ-ବିକ୍ରମ ରାକ୍ଷସେ ହେଲେ ବି ପୀଡ଼ିତ
ରକ୍ଷାଧିପେ ଦେଖିହେଲେ, ପରମ ବିସ୍ମିତ ।୧୫।
ବିଭ୍ରାଜମାନ ଦେଖିଣ, ମାରୁତି ରକ୍ଷେଣେ
ତାଙ୍କ ତେଜେ ମୁଗ୍ଧ ହୋଇ ଭାବିଲା ମାନସେ ।୧୬।
ଅହୋ ରୂପ, ଅହୋ ଧୈର୍ଯ୍ୟ, ସତ୍ତ୍ୱ, ମହାଦ୍ୟୁତି
ଅହୋ, ରକ୍ଷରାଜର କି, ସୁଲକ୍ଷଣ ମୂର୍ତ୍ତି ।୧୭।
ଅଧର୍ମୀ ନ ହୋଇଥିଲେ ବଳବାନ୍ ରକ୍ଷେନ୍ଦ୍ର,
ହୋଇଥାନ୍ତା କ୍ଷମ ସ୍ୱର୍ଗ ରକ୍ଷଣେ ସଇନ୍ଦ୍ର ।୧୮।
ଏ କ୍ରୂର, ନୃଶଂସ ଲୋକ-କୁତ୍ସିତ କର୍ମରେ
ଅମର, ଦାନବେ ସର୍ବ ଲୋକ ଭୟକରେ ।୧୯।
କ୍ରୋଧେ କରିପାରେ ଏକାର୍ଣ୍ଣବ । ଏ ବଶତ
ମତିମାନ କପିଚିନ୍ତେ, ଏପରି ବହୁତ
ଦେଖି ରାକ୍ଷସ ରାଜର ପ୍ରଭାବ ଅମୀତ ।୨୦।

ଅଣଚାଶ ସର୍ଗ ସମାପ୍ତ

ପଚାଶ ସର୍ଗ

ପ୍ରହସ୍ତର ପ୍ରଶ୍ନ

ଦେଖି ସେ ପିଙ୍ଗାକ୍ଷେ ଠିଆ, ଆଗେ ମହାବାହୁ
ମହାବିଷ୍ଟ ହେଲା ରୋଷେ, ରକ୍ଷ ଲୋକରାହୁ । ୧ ।
ଶଂକାତ୍ମା, ଭବେ କପୀନ୍ଦ୍ରେ, ତେଜରେ ଆବୃତ୍ତ
'ଏ କଣ ଭଗବାନ ନନ୍ଦୀ, ସାକ୍ଷାତ୍ ଉପସ୍ଥିତ । ୨ ।
ହସିବାରୁ ପୂର୍ବେ, କୈଳାସରେ ଦେଲେ ଶାପ
ସେ କି ଏ ବାମନ-ମୂର୍ତ୍ତି, କି ବାଣ କୌଣପ ! । ୩ ।
ସେ ରାଜା, ରୋଷେ ରକ୍ତାକ୍ଷ, ପ୍ରହସ୍ତେ ଉତ୍ତମ
ସଚିବଙ୍କୁ କହେ, କାଳ ଉଚିତ ବଚନ । ୪ ।
"ଏ ଦୁରାତ୍ମାକୁ ପଚାର, କେଉଁଠୁ କାହିଁକି ?
ବନ ଭାଙ୍ଗି ରାକ୍ଷସ-ତାଡ଼ନେ କି କାର୍ଯ୍ୟ କି ? । ୫ ।
ଦୁର୍ଜୟ ମୋ ପୁରେ ଅବା କିବା ପ୍ରୟୋଜନ
ପଚାର ଦୁଷ୍ଟଙ୍କୁ, ଯୁଦ୍ଧ କରିବା କାରଣ । ୬ ।
ରାବଣର ବାକ୍ୟଶୁଣି, କହିଲା ପ୍ରହସ୍ତ
"ସ୍ୱସ୍ତି, କପି ଭୟନାହିଁ, ହୁଅ ହେ ଆଶ୍ୱସ୍ତ । ୭ ।
ଆସିଛ କି ଇନ୍ଦ୍ରାଦେଶେ, ଏ ରାବଣାଳୟ ?
ସତ କହ, ଫିଟାଇବୁଁ, ଦେଉଛୁଁ ଅଭୟ । ୮ ।
ଅବା ତୁମେ ବରୁଣର, ଅଥବା ଯମର
ଏ ସୁନ୍ଦର ରୂପେ ଆସିଅଛ, ଆତ୍ମପୁର । ୯ ।

୨୩୧ | ପଚାଶ ସର୍ଗ : ପ୍ରହସ୍ତର ପ୍ରଶ୍ନ

ବିଜୟାକାଂକ୍ଷୀ ବିଷ୍ଣୁର, ଅବା ତୁମ୍ଭେ ଦୂତ ?
କପି ହେଲେ ବି ରୂପରେ, ତେଜେ ତା ନୁହଁତ । ୧୦ ।
କହ ସତ, ଆଜି କପି, କରିବୁଁ ମୋଚନ
ମିଛ କହିଲେ ଦୁର୍ଲ୍ଲଭ ହେବ ତୋ ଜୀବନ । ୧୧ ।
ଅଥବା କିପାଇଁ ପ୍ରବେଶିଛ ଲଙ୍କାପୁର ?
ଏହାଶୁଣି ରକ୍ଷେଶ୍ୱରେ କହେ କପି ବର । ୧୨ ।
କହିଲା ମୁଁ ନୁହେଁ ଇନ୍ଦ୍ର, ଯମ ବରୁଣର,
ବିଷ୍ଣୁ-ପ୍ରେରିତ ମୁଁ ନୁହେଁ, ମିତ୍ର କୁବେରର । ୧୩ ।
ଜାତିରେ ମୁଁ କପି, ଏଠି ଆସିଛି ବାନର
ଦେଖିବାକୁ ରାକ୍ଷସେନ୍ଦ୍ର; ଏ ଦୁର୍ଲ୍ଲଭ ମୋର । ୧୪ ।
ରାକ୍ଷସ-ରାଜ ଦର୍ଶନେ, ବିନାଶିଛି ବନ
ତହୁଁ ବୀର ରକ୍ଷେ, ଆସେ, ଯୁଦ୍ଧ ଆକାଙ୍‌କ୍ଷୀଣ । ୧୫ ।
ଶରୀର ରଖିବା ପାଇଁ କଲି ପ୍ରତିରଣ
ଦେବାସୁର ଅସ୍ତ୍ର-ପାଶେ, ନ ଅର୍ହ ବନ୍ଧନ । ୧୬ ।
ପିତାମହ ବରେ; ଏଠାରେ ମୁଁ ସମାଗତ
ରାଜାଙ୍କ ଦର୍ଶନେ କରେ, ଏ ଅସ୍ତ୍ର ସ୍ୱାଗତ । । ୧୭ ।
ବିମୁକ୍ତ ହୋଇ ସେ ଅସ୍ତ୍ର, ରାକ୍ଷସେ ପୀଡ଼ିତ
ରାମ କାର୍ଯ୍ୟେ ପାଏ, ତୁମ୍ଭ ପାଖେ କେନଚିତ । ୧୮ ।
ଜାଣ ମୁଁ ଯେ ରାମ ଦୂତ, ଅମିତ ବିକ୍ରମ
ମହାପଥ୍ୟ ଶୁଣ ପ୍ରଭୁ, ମୋହର ବଚନ । ୧୯ ।

ପଚାଶ ସର୍ଗ ସମାପ୍ତ

ଏକାବନ ସର୍ଗ

ହନୁମାନ ଉପଦେଶ

ଚାହିଁ ଦଶାନନେ, ମହାପ୍ରାଣ ଅର୍ଥପୂର୍ଣ୍ଣ
କହେ ବାକ୍ୟ ନିରୁଦ୍-ବେଗେ, କପି ସର୍ବୋତ୍ତମ ।୧।
"ସୁଗ୍ରୀବ ଆଦେଶେ, ତୁମ୍ଭ ନିକଟେ ଆସିଛି
ରକ୍ଷେଶ, ହରୀଶ ତବ ଭାଇ, ଶୁଭ-ଇଛି ।୨।
ଶୁଣନ୍ତୁ ମହାତ୍ମା, ଭାଇ ସୁଗ୍ରୀବ ସନ୍ଦେଶ
ଇହ ପର କ୍ଷମ ବାକ୍ୟ ଧର୍ମ୍ମରେ ସରସ ।୩।
"ରାଜା ଦଶରଥ, ହସ୍ତୀ ରଥାଶ୍ୱ ସେବିତ
ପିତାପରି ଲୋକବନ୍ଧୁ, ଇନ୍ଦ୍ରସମ ଦୀପ୍ତ ।୪।
ତାଙ୍କ ପ୍ରିୟତର ମହାବାହୁ, ଜ୍ୟେଷ୍ଠ ସୁତ
ପିତ୍ରାଦେଶେ ଦଣ୍ଡକାରେ ହେଲେ ଉପଗତ ।୫।
ଭାଇ ଲକ୍ଷ୍ମଣର ସହ, ଭାର୍ଯ୍ୟା ସୀତା ସହ
ରାମ ତେଜସ୍ୱିନ, ଧର୍ମ୍ମ-ପନ୍ଥା ଆଶ୍ରି ଇହ ।୬।
ତାଙ୍କ ଭାର୍ଯ୍ୟା ସୀତାଖ୍ୟା ଯେ ବନସ୍ଥାନେ ହୃତା
ମହାତ୍ମା ଜନକ ବିଦେହ-ରାଜାଙ୍କ ସୁତା ।୭।
ସେ ଦେବୀଙ୍କୁ ଖୋଜି ଖୋଜି, ସଭ୍ରା ନୃସୁତ
ଲକ୍ଷ୍ୟଶୃଙ୍ଗେ ଆସି, ସୁଗ୍ରୀବରେ ହେଲେ ମିତ ।୮।
ତାଙ୍କଠାରୁ ଶୁଣି, ସୀତାଙ୍କ ପରିମାର୍ଗଣ
ସୁଗ୍ରୀବେ ବି ହରିରାଜ୍ୟ, ନିବେଦିଲେ ରାମ ।୯।

ତହୁଁ ରାଜପୁତ୍ର ଯୁଦ୍ଧେ, ବାଳିକି ମାରିଣ
ସୁଗ୍ରୀବେ ସ୍ଥାପିଲେ ରାଜ୍ୟେ, ହରି ଅଗ୍ରାଗଣ୍ୟ । ୧୦ ।
ଜାଣି ପୂର୍ବେ ବାଳିଙ୍କୁ ବାନର ମହାନ
ସେ କପି ମାରିଲେ ରଣେ, ଏକବାଣେ ଜାଣ । ୧୧ ।
ସୀତା ଅନ୍ୱେଷଣେ ବ୍ୟଗ୍ର, ସୁଗ୍ରୀବ ସତ୍‌ସଙ୍ଗ
କପିଙ୍କୁ ପେଶିଲେ ହରୀଶ୍ୱର ସର୍ବଦିଗ । ୧୨ ।
ତାହାଙ୍କୁ ଶତ ସହସ୍ର ନିୟୁତ ବାନରେ
ସବୁ ଦିଗେ ଖୋଜୁଛନ୍ତି, ଅଧଃ ଊର୍ଦ୍ଧ୍ୱାମ୍ବରେ । ୧୩ ।
ବୈନତେୟ ସମ କେତେ, କେତେ ଅଗ୍ନିପରି
ଅବାରିତ ଗତି କେତେ, ଶୀଘ୍ରଗାମୀ ବଳୀ । ୧୪ ।
ନାମ ମୋର ହନୁମାନ, ପବନର ସୁତ
ସୀତା ପାଇଁ ତ୍ୱର୍ଣ୍ଣେ, ଶତ ଯୋଜନ ଆୟତ । ୧୫ ।
ସିନ୍ଧୁ ଲଙ୍ଘି, ଦେଖିବାକୁ ତୁମ୍ଭଙ୍କୁ ଆସିଲି
ବୁଲୁ, ବୁଲୁ ତବ ଗୃହେ ସୀତାଙ୍କୁ ଭେଟିଲି । ୧୬ ।
ଧର୍ମ ବେଦଜ୍ଞ ଆପଣ, ତପେ ଶ୍ରୀ ସଂବୃଦ୍ଧ
ପରଦାରା ମହାପ୍ରାଜ୍ଞ ନାର୍ହେ ଅବରୋଧ । ୧୭ ।
ଅଧର୍ମ୍ମ ବହୁ ଅନର୍ଥ, ମୂଳଘାତୀ କର୍ମ୍ମେ
ଭବତ୍‌ବିଧ, ବୁଦ୍ଧିମାନ, ଜ୍ଞାନୀ ନାହିଁ ରମେ । ୧୮ ।
ଦେବ ବା ଦାନବ ହେଉ, ହୋଇଣ ଶରବ୍ୟ
ରାମକୋପେ ଲକ୍ଷ୍ମଣ ଶରାଗ୍ରେ କେ ତିଷ୍ଠିବ ? । ୧୯ ।
ତିନି ଲୋକରେ ରାଜନ ନାହାଁନ୍ତି ଯେ କେହି
ରାମଙ୍କୁ ଅସୁଖୀ କରି, ସୁଖକୁ ଯେ ପାଇ । ୨୦ ।
ତିନିକାଳହିତ ବାକ୍ୟ ଧର୍ମ୍ମାର୍ଥାନୁଯାୟୀ
ଭାବି ନରବ୍ୟାଘ୍ର ଦିଅ, ଜାନକୀ ଫେରାଇ । ୨୧ ।
ଦେଖିଲିଣି, ଦେବୀ, ପାଇଅଛି ମୁଁ ଦୁର୍ଲ୍ଲଭ
ଏହା ପରେ ଯାହା କାର୍ଯ୍ୟ କରିବେ ରାଘବ । ୨୨ ।

ଦେଖିଲି ମୁଁ ସୀତା ମହା ଶୋକ ପରାୟଣା
ଜାଣନ୍ତି ନି ଗୃହେ ସେ ଯେ, ସର୍ପୀ, ପଞ୍ଚଫଂଣା । ୨୩।
ବିଷ-ବିଘ୍ନ ଅନ୍ନ ପରି, ଦେବ ବା ଅସୁର
ଜୀର୍ଣ୍ଣ କରି ନ ପାରିବ, ତବ ଓଜେବୀର । ୨୪।
ତପ ସନ୍ତାପେ ପାଇଛ ଧର୍ମ୍ମେ ଯେ ଐସୂର୍ଯ୍ୟ
ତବ ଆତ୍ମ-ପ୍ରାଣ-ଋଦ୍ଧି ନାଶ ଯେ ଅକାର୍ଯ୍ୟ । ୨୫।
ଭାବୁଛନ୍ତି ତପେ ନିଜେ ଅବଧ୍ୟ ଆପଣ
ଦେବେ ବା ଅସୁରେ ତାର ହେତୁ ଏହା ଜାଣ । ୨୬।
ସୁଗ୍ରୀବ ଯେ ହରୀଶ୍ୱର, ମନୁଷ୍ୟ ରାଘବ
ତହୁଁ ପ୍ରାଣ ପରିତ୍ରାଣ କିପରି ହୋଇବ? । ୨୭।
ନୁହେ ଧର୍ମ୍ମ-ପରିଣତି, ଅଧର୍ମ୍ମର ଫଳେ
ଅଧର୍ମ୍ମ ନାଶକ, ଫଳ, ସେ ଫଳକୁ ଧରେ । ୨୮।
ପାଇଛନ୍ତି ଧର୍ମ୍ମ-ଫଳ, ନାହିଁ ତ ସଂଶୟ
ଅଧର୍ମ୍ମର ଫଳ ଶୀଘ୍ର ପାଇବେ ନିଶ୍ଚୟ । ୨୯।
ଜନସ୍ଥାନ ବଧ ଚିନ୍ତି, ବାଳିର ନିଧନ
ରାମ-ସୁଗ୍ରୀବର ସଖ୍ୟ, ସୁକୁଶଳ ଜାଣ । ୩୦।
ଇଚ୍ଛା ମୋ ଏକାକୀ ନିଶ୍ଚେ ସରଥଶଦାଶ୍ୱ
ବିଧ୍ୱଂସନ୍ତି ଲଙ୍କା ତାଙ୍କ ନାହିଁ ଯେ ଆଦେଶ । ୩୧।
ରାମଙ୍କ ପ୍ରତିଜ୍ଞା, ହରିଗଣଙ୍କ, ସିନ୍ନିଧ,
ସୀତା-ପ୍ରଧର୍ଷିତ ଶତୃ, କରିବେ ସେ ବଧ । ୩୨।
ରାମ ଅପକାର କଲେ, ପୁରନ୍ଦର ମଧ
ଅନ୍ୟେ ସୁଖ ନ ପାଇବେ, କି ପୁଣି ତ୍ୱତ୍‌ବିଧ । ୩୩।
ଯାହାଙ୍କୁ ସୀତା ମଣୁଛ, ଯେ ଛନ୍ତି ତୋ ଗୃହେ ।
କାଳରାତି ବୋଲି ଜାଣ, ଛନ୍ତି ତା ବିଗ୍ରହେ । ୩୪।
ବିଗ୍ରହରୂପିଣୀ ସୀତା କାଳପାତ୍ର ଫେଡ଼
ନିଜ ବେକୁ, ଚିନ୍ତ ନିଜ ଶୁଭ ହେ ଈଶ୍ୱର । ୩୫।

ସୀତା ତେଜେ, ରାମ କୋପେ, ଏହର୍ମ୍ମ୍ୟ-ମାଳିକା
ଦେଖିବ ଜଳଇ ଲଙ୍କା, ସାଟୋପ୍ରତୋଳିକା । ୩୬ ।
ନିଜ ମିତ୍ର, ମନ୍ତ୍ରୀ ଜ୍ଞାତି, ଭାଇ ସୁତ ଦାର
ଐଶ୍ୱର୍ଯ୍ୟ ଭୋଗ, ଶ୍ରୀ ଲଙ୍କା ବିନାଶ ନ କର । ୩୭ ।
ସତ୍ୟ ମୋ ବଚନ ଶୁଣ, ହେ ରାକ୍ଷସ ଇନ୍ଦ୍ର
ରାମ ଦାସ, ଦୂତ, ବିଶେଷତଃ ବାନରର । ୩୮ ।
ସର୍ବଲୋକ ସଂହାରି, ସଭୂତ ଚରାଚର
ପୁଣି ସୃଜିବାକୁ ଶକ୍ତ, ରାମ ମହାବୀର । ୩୯ ।
ଦେବାସୁର-ନରେନ୍ଦ୍ରରେ ଯକ୍ଷ ରକ୍ଷୋରଗେ
ବିଦ୍ୟାଧରେ ନାଗେ, ଗନ୍ଧର୍ବେ ଯେ, ତଥା ମୃଗେ । ୪୦ ।
ସିଦ୍ଧେ, କିନ୍ନରେ ବା ଇନ୍ଦ୍ରେ, ସବୁଠି ପକ୍ଷୀରେ
ସର୍ବତ୍ର ସର୍ବ ପ୍ରାଣୀରେ ନାହିଁ ସର୍ବକାଳେ । ୪୧ ।
ରାମ ବିରୁଧେ, ଯୁଝିବ, ବିଷ୍ଣୁ ପରାକ୍ରମ
ସର୍ବଲୋକେଶ୍ୱରର, କରିଣ ଅପକର୍ମ୍ମ । ୪୨ ।
ଦେବତା ଦୈତ୍ୟେବି, ଇନ୍ଦ୍ର ନିଶାଚର
ଗନ୍ଧର୍ବାଦି, ନାଗଯକ୍ଷ, ବିଦ୍ୟାଧର,
ତ୍ରିଲୋକ ନାୟକ ସଙ୍ଗେ, ଶ୍ରୀରାମର
ଶକ୍ୟ ନୁହେ କେହି, କରିତେ ସମର । ୪୩ ।
ବ୍ରହ୍ମାସ୍ୱୟଂଭୂବ ଚତୁର ଆନନ
ରୁଦ୍ର ବା ତ୍ରିପୁରାନ୍ତକ ତ୍ରିନୟନ;
ଇନ୍ଦ୍ର ମହେନ୍ଦ୍ରବା ସୁରଙ୍କ ନାୟକ;
ରାମ ଆଗେ, ଯୁଦ୍ଧେ ରହିତେ, ଅଶକ୍ୟ । ୪୪ ।
ସେ ସୌଷ୍ଠବାନ୍ୱୀତ ବଳିଷ୍ଠ-ବାଦୀର
ଶୁଣି ଅପ୍ରତିମ, ସେ ଅପ୍ରିୟଗାର
ଦଶାନନ କୋପେ, ଘୁର୍ଣ୍ଣିତ ନୟନ
ମହାକପିଙ୍କର ଆଦେଶେ ନିଧନ । ୪୫ ।

ଏକାବନ ସର୍ଗ ସମାପ୍ତ

ବାବନ ସର୍ଗ

ଦୂତବଧ - ନିବାରଣ

କପିଙ୍କର ସେ ବଚନ ଶୁଣି ମହାତ୍ମନ
ଆଦେଶିଲା ତାଙ୍କ ବଧ, କ୍ରୋଧାନ୍ଧ ରାବଣ । ୧ ।
ଦୁରାତ୍ମା ରାବଣ ତାଙ୍କ ବଧାଜ୍ଞା ଦେବାରେ
ଦୌତ୍ୟ ନିବେଦନୁ, ବିଭୀଷଣ, ବିରୋଧିଲେ । ୨ ।
ସେ ରାକ୍ଷସାଧିପ କ୍ରୋଧ, ଉପସ୍ଥିତ କାର୍ଯ୍ୟ
ଜାଣି, ଚିନ୍ତି, ତାଙ୍କ କାର୍ଯ୍ୟ କରିଲେ ଯେ ଧାର୍ଯ୍ୟ । ୩ ।
ଦୂତାର୍ଥଜ୍ଞ, ସାମ୍ୟେ ପୂଜି, ଶତୃଦିଦାଗ୍ରଜେ
କହିଲେ ହିତାର୍ଥବାକ୍ୟ, ସହଜେ ସୁରିଜେ । ୪ ।
"ହେ ରାକ୍ଷସ ଇନ୍ଦ୍ର, ରୋଷଛାଡ଼ି କ୍ଷମ
ପ୍ରସନ୍ନ ହୋଇଣ ଏହି କଥା ଶୁଣ
ବଧ ନ କରନ୍ତି, ଶୁଭାଶୁଭ ଜାଣି
ଦୂତକୁ ଯେ, ପ୍ରାଜ୍ଞ, ଧରାଧୀପ ସ୍ୱାମୀ । ୫ ।
ରାଜଧର୍ମ୍ମ ବିରୁଦ୍ଧଏ, ଲୋକାଚାର ହୀନ
ତୁମ୍ଭ ସମ ବୀର ନେବା ଏ କପିର ପ୍ରାଣ । ୬ ।
ଧର୍ମ୍ମଜ୍ଞ, କୃତଜ୍ଞ, ରାଜଧର୍ମ୍ମ-ବିଶାରଦ
ପରମତତ୍ତ୍ୱଜ୍ଞ ଜାଣ, ପ୍ରାଣୀ ଭଲ ମନ୍ଦ । ୭ ।
ଦୌତ୍ୟବାକ୍ୟ ଧରିଲେ ତୋ ପରି ବିଚକ୍ଷଣ
ଶାସ୍ତ୍ର ହେବ ପଣ୍ଡ, ଶ୍ରମ ହେବ ଅକାରଣ । ୮ ।

ତହୁଁ ପ୍ରସୀଦ ଶତ୍ରୁଘ୍ନ ରକ୍ଷେନ୍ଦ୍ର ଦୁର୍ଜୟ
ଯୁକ୍ତି ଯୁକ୍ତ ଭାବି ଦୂତ ଦଣ୍ଡକର ଥୟ ।୯।
ବିଭୀଷଣ ବାକ୍ୟଶୁଣି, ରାବଣ ରକ୍ଷେଶ
କୋପେ ମହାବିଷ୍ଟ ହୋଇ, କହିଲା ଇହଶ ।୧୦।
"ପାପୀଙ୍କର ବଧେ ପାପ, ନାହିଁ ଅରିନ୍ଦମ
ତହୁଁ ମାରିବା ଏ କପି ଅପରାଧୀ ଜନ ।୧୧।
ଅତି ଅଧର୍ମ୍ମୀ ଏ ବହୁ ଦୋଷଯୁକ୍ତ
ଶୁଣିଣ ବଚନ ଅନାର୍ଯ୍ୟ ସେବିତ
ପରମାର୍ଥ ପୂର୍ଣ୍ଣ କହିଲା ବଚନ
ବୁଦ୍ଧିମତାଙ୍କର ଶ୍ରେଷ୍ଠ ବିଭୀଷଣ ।୧୨।
"ପ୍ରସନ୍ନ ହୋଇଣ, ରକ୍ଷ ଲଙ୍କେଶ୍ୱର
ଶୁଣନ୍ତୁ, ଧର୍ମ୍ମାର୍ଥତତ୍ୱଯୁକ୍ତ ଗିର ।
ଦୂତ ଯେ ଅବଧ୍ୟ, ସର୍ବଦା ରାଜନ
ସର୍ବେ, ସବୁଠାରେ କହେ, ସନ୍ଥଜନ ।୧୩।
ଅସଂଶୟେ, ଅଟେ, ଏ ଶତ୍ରୁମହାନ
ଅମାପ, ଅପ୍ରିୟ ଏହାର କରଣ ।
ଦୂତ ଯେ ଅବଧ୍ୟ, କହେ ସନ୍ଥଜନ
ଦୂତ ପ୍ରତି ବହୁ ଦଣ୍ଡର ବିଧାନ ।୧୪।
ଅଙ୍ଗର ବିରୂପ, କଶାରେ ପ୍ରହାର
ମସ୍ତକ ମୁଣ୍ଡନ ଦେହେ ଦାଗଧାର
ଏପରି ଯେ ଦଣ୍ଡ ଦୂତଙ୍କୁ ଦେବାର,
ଶୁଣାନାହିଁ ଲୋକେ 'ବଧ' ଯେ ଦୂତର ।୧୫।
କିପରି ଧର୍ମ୍ମାର୍ଥେ ସୁବିନୀତ ବୁଦ୍ଧି
ଉତ୍‌କର୍ଷାପକର୍ଷେ, ଜାଣି ଅର୍ଥ ବିଧି
ଆପଣଙ୍କ ପରି ନୁହେ କୋପାବଶ
ସତ୍ତ୍ୱବନ୍ତ ଜନେ, ସଂଜମନ୍ତି ରୋଷ ।୧୬।

ଧର୍ମ୍ମ-ବାଦରେ ବା, ଭବେ ଲୋକାଚାରେ
ଶାସ୍ତ୍ର-ବୁଦ୍ଧି-ବିଧାନର ଗ୍ରହଣରେ;
ତୁମ୍ଭ ତୁଲ୍ୟ କେହି, ନାହାଁନ୍ତି ପୃଥୀରେ
ତୁହେ ହିଁ ଉତ୍ତମ-ସର୍ବ ସୁରାସୁରେ ।୧୭।
କପି ନିଧନରେ ଦେଖେ ନାହିଁ, କିଛି ଗୁଣ
ସେମାନ ଦଣ୍ଡାର୍ହେ ଯେ ପେଶିଛି କପି ଜାଣ ।୧୮।
ସାଧୁ ବା ଅସାଧୁ, ଇୟେ, ଶତୃରେ ପ୍ରେରିତ
ପରାର୍ଥେ କହେ, ପରଭୃତ୍ ବଧ୍ୟନୁହେ ଦୂତ ।୧୯।
ସେ ମଲେ ଦେଖୁନି ରାଜନ୍ କିଏ ଯେ ଖେଚର
ମହୋଦଧି ପାର ହୋଇ ଆସିବ ଏଠାର ।୨୦।
ତହୁଁ ଏହାର ନିଧନେ, କିବା ପ୍ରୟୋଜନ
ସଇନ୍ଦ୍ର ଦେବଗଣରେ ଅର୍ହ ଏ ଯତନ ।୨୧।
ଏହାର ନିଧନେ, ଅନ୍ୟ ପ୍ରାଣୀ କେହି
ନରରାଜପୁତ୍ରେ, ନ ଦେଖଇ ମୁହିଁ ।
ଯୁଦ୍ଧପ୍ରିୟ, ଯୁଦ୍ଧେ, ସେ ଦୁଷ୍ଟ ଦୁହିଁଙ୍କୁ
ତୁମ ବିରୁଦ୍ଧରେ ଉତ୍ସାହ ଦେବାକୁ ।୨୨।
ବିକ୍ରମ ଉତ୍ସାହେ, ମନସ୍ୱୀନଙ୍କର
ସୁରାସୁର ଗଣେ ଦୁର୍ଜ୍ଜୟ ନିକର;
ରକ୍ଷ ମନୋନନ୍ଦନ ରକ୍ଷ ଗଣର
ଯୁଦ୍ଧ-ପାଇଁ ସ୍ପୃହା, ବିନାଶ ନ କର ।୨୩।
ହିତାକାଙ୍କ୍ଷୀ ଶୂରେ, ମହସଂଯମୀତ
ମହାକୁଳେ ଜାତ, ମହାଗୁଣାନ୍ୱୀତ
ମନସ୍ୱିନ ଶସ୍ତ୍ର-ଧାରୀରେ ବରିଷ୍ଠ
ମହାକୋପୀ ଯୋଦ୍ଧା, ସୁପାଳନେ ଧୃଷ୍ଟ ।୨୪।

ସେହି ଦେଶକୁ ଯେ ଦିଅବଳ ଚାଲି
କେତେ ତୁମ୍ଭ କାର୍ଯ୍ୟେ ଆଜି ଯାନ୍ତୁ ଚାଲି ।
ମୂଢ଼ ରାଜପୁତ୍ରେ ଆଣନ୍ତୁ ହରିଣ
ଶତୃଏ ଜାଣନ୍ତୁ ତୁମ୍ଭ ପରାକ୍ରମ ।୨୫।
ନିଶାଚରାଧିପ ସାନଭାଇଙ୍କର
ବିଭୀଷଣଙ୍କର ସୁଷ୍ଟ, ଇଷ୍ଟ ଗିର
ଗ୍ରହଣ କରିଲେ ବୁଝି ଦେବ-ଶତୃ
ମହାବଳ, ରାକ୍ଷସଗଣଙ୍କ ଭର୍ତ୍ତୃ । ।୨୬।

ବାବନ ସର୍ବ ସମାପ୍ତ

ତେପନ ସର୍ଗ

ଅଗ୍ନିଙ୍କ ଶୀତଳତା

ମହାତ୍ମନ ବିଭୀଷଣଙ୍କର ସେହି ଗିର
ଦେଶକାଳ ହିତ ବାକ୍ୟ, ଶୁଣି, ଦଶଶୀର ।୧।
କହିଲେ, "ହେ ବୀର, ସତ, ଦୂତବଧନାର୍ହ
ଅବଶ୍ୟ ବଧ ବ୍ୟତୀତ ଅନ୍ୟ ଶାସ୍ତି ଦିଅ ।୨।
କପିଳାଙ୍ଗଳ ଯେ ଇଷ୍ଟ, ତାଙ୍କର ଭୂଷଣ
ଏହାକୁ ଜଳାଅ ଶୀଘ୍ର ହେଉ ଦଗ୍ଧ-ଶୀର୍ଣ୍ଣ ।୩।
ତହୁଁ ଦେଖନ୍ତୁ ହୀନାଙ୍ଗ, ତାର ବିରୂପଣ
ସମିତ୍ର ଜ୍ଞାତି ବାନ୍ଧବ, ଅନ୍ୟ ପ୍ରିୟଜନ ।୪।
ଆଜ୍ଞା ଦେଲା ରାକ୍ଷସେନ୍ଦ୍ର, ସପୁର ଚତ୍ୱର
ଲାଙ୍ଗୁଳେ ନିଆଁ ଲଗାଇ, ବୁଲାନ୍ତୁ ଅସୁର ।୫।
ସେ ବଚନ ଶୁଣି କୋପେ, ନିଷ୍ଠୁର ଅସୁରେ
ଛିଣ୍ଡା କପା କନା ଗୁଡ଼ାଇଲେ ତା ଲାଙ୍ଗୁଳେ ।୬।
ଗୁଡ଼ାଇବାରୁ ଲାଙ୍ଗୁଳ, ବଢ଼େ ମହାକପି
ଶୁଖିଲା କାଠେ ଅନଳ ବନେ ଯଥା ବ୍ୟାପି ।୭।
ତେଲରେ ବୁଡ଼ାଇ ନିଆଁ, ଲଗାଇ ଦେବାରେ
ବାଡ଼େଇଲା ହନୁ ରକ୍ଷେ, ଜ୍ୱଳିତ ଲାଙ୍ଗୁଳେ ।୮।
ରୋଷାମର୍ଷ, ବ୍ୟଥିତାତ୍ମା, ବାଳସୂର୍ଯ୍ୟ ନନ
କପିବୀର ହେଲା, କ୍ରୁର ରକ୍ଷଙ୍କ ସଙ୍ଗେଣ ।୯।

ନିଶାଚରେ ସସ୍ତୀବାଳ ବୃନ୍ଦେ ହେଲେ ଖୁସୀ
ବନ୍ଧା ହୋଇ କଲା ମତି, ସେ କାଳ-ସଦୃଶୀ ।୧୦।
ବନ୍ଧାହେଲେ ବି ମୋ ସମକକ୍ଷ ନୁହେ ରକ୍ଷେ
ଛିଣ୍ଡାଇ ବନ୍ଧନ, ତାଙ୍କୁ ମାରିବି ନିରକ୍ଷେ ।୧୧।
ଭର୍ତ୍ତାହିତ ପାଇଁ ବୁଲୁ ଭର୍ତ୍ତାଙ୍କ ଆଜ୍ଞାରେ
ଦୁଷ୍ଟେ ବାନ୍ଧି ପକାଇ ଯେ, ନ ଫିଟାନ୍ତି ମୋରେ ।୧୨।
ସବୁ ରାକ୍ଷସଙ୍କ ପାଇଁ ସମର୍ଥ ମୁଁ ରଣେ
କିନ୍ତୁ ରାମ ପ୍ରୀତି ପାଇଁ ସହିବି ଏସନେ ।୧୩।
ଲଙ୍କାରେ ବୁଲିବି ପୁଣି, ଏପରି ଯେ ହୋଇ
ରାତିରେ ଦେଖିନି ଭଲେ ଦୁର୍ଗ କାମ ମୁହିଁ ।୧୪।
ଅବଶ୍ୟ ଦେଖିବି ଲଙ୍କା ଏହି ନିଶାକ୍ଷୟେ,
ଇଚ୍ଛେ ବାନ୍ଧନ୍ତୁ ଯେ ପୁଣି, ଲାଙ୍ଗୁଳ ଆଳୁଏ ।୧୫।
ଦିଅନ୍ତୁ ପୀଡ଼ା ରାକ୍ଷସେ, ମନେ ଦୁଃଖ ନାହିଁ
ତହୁଁ ସେ ବେଢ଼ିଲେ, ସତ୍ତ୍ୱବନ୍ତ କପି ପାଇଁ ।୧୬।
ନେଇ ବୁଲେ ହର୍ଷେ ସେ କପି କୁଞ୍ଜରେ
ଶଙ୍ଖ ଭେରୀ ନାଦେ ଘୋଷି, ତାଙ୍କ କର୍ମାଦିରେ ।୧୭।
କୃର-କର୍ମା ରକ୍ଷେ ତାଙ୍କ ଚଲାନ୍ତି, ସେ ପୁରେ
ସୁଖେ ଅରିନ୍ଦମ ପଛେ, ଚାଲନ୍ତି ଅସୁରେ ।୧୮।
ହନୁମାନେ ଚଲାଇଲେ, ରକ୍ଷେ ମହାପୁରୀ
ମହାକପି ଦେଖେ, ବିଚିତ୍ର ବିମାନ ଶିରୀ ।୧୯।
ପ୍ରାଶରାବୃତ୍ତ ଭୂଭାଗ ଚତ୍ୱାରେ ବିଭକ୍ତ
ରାଜପଥ ଗୃହବଂଧା; ପୂର୍ଣ୍ଣ ଚତୁଷ୍ପଥ ।୨୦।
ମାର୍ଗ ପରେ ମାର୍ଗ ତଥା ଗଳି ଗୃହାନ୍ତରେ
ଚତ୍ୱର, ଚତୁଷ୍କ-ପୂର୍ଣ୍ଣ ରାଜମାର୍ଗାଦିରେ ।୨୧।
ଘୋଷନ୍ତି ଯେ 'କପି' ସର୍ବେ 'ଚାର' ଏ' ରାକ୍ଷସେ
ଲାଙ୍ଗୁଳାଗ୍ରେ ଜଳିବାରେ ହନୁମନ୍ତୋଦ୍‌ଭାସେ ।୨୨।

ଦେବୀଙ୍କୁ ଶଂସି ସେ ଦୁଃଖ ବିରୂପା ରକ୍ଷୀଏ
କହେ, "ସୀତେ ତାମ୍ରମୁଖ କପି ବାର୍ତ୍ତାବହେ ।୨୩।
ଲାଙ୍ଗୁଳରେ ଜାଳି, ବୁଲାନ୍ତି ଯେ ଚାରିଆଡ଼େ"
'ସ୍ୱହରଣ ପରି କ୍ରୂର' ଶୁଣି ସେହି ଗିରେ ।୨୪।
ବୈଦେହୀ ଶୋକ ସଂତପ୍ତା, ଅଗ୍ନିପାଶେ ଯାଇ
ମହାକପି ଶୁଭବାଂଛି, ରହେ ବସି ତହିଁ ।୨୫।
ଯତ୍ନେ ପୂଜେ ବିଶାଳାକ୍ଷୀ ସେ ହବ୍ୟବାହନ
ଅଛି ଯେବେ ପତିସେବା, ମୋ ତପଶ୍ଚରଣ ।୨୬।
ପାତିବ୍ରତ୍ୟ, ଶୀତଳ ଯେ ହୁଅ ହନୁମାନେ'
ତହୁଁ ତୀକ୍ଷ୍ଣାଗ୍ନି ସୁଧୀର ଅଗ୍ନି ପ୍ରଦକ୍ଷିଣେ ।୨୭।
ଜଳେ ମୃଗ-ଶାବକ୍ଷ୍ୟେକି ଶଂସି କପି ଶୁଭ
ହନୁମାନ୍ ପିତାବି, ପୁଚ୍ଛାନଳେ, ବାୟୁଦେବ,
ବହିଲେ, ଯେ ସୀତା ଆଗ୍ନେ ଶିଶିର-ବିଳବ ।୨୮।
ଜଳନ୍ତେ ଲାଙ୍ଗୁଳ କପି, ହୋଇଲେ ଚିନ୍ତିତ
'ଜ୍ୱଳନ୍ତାଗ୍ନି ମୋତେ କିଁପା, ନ ବହେ ସର୍ବତ ।୨୯।
ଦିଶେ ମହାପ୍ରଜ୍ୱଳିତ, କରେ ନିତ କ୍ଷତ
ଶିଶିର ପରି ଲାଗଇ, ଲାଙ୍ଗୁଳାଗ୍ରେସ୍ଥିତ ।୩୦।
ଅଥବା ତା ଏଠି ବ୍ୟକ୍ତ, ଯା ଦେଖିଲି ମୁହିଁ
ରାମ ପ୍ରଭାବେ ଯେ ନଗ୍ର ସିନ୍ଧୁରେ ଉଠଇ ।୩୧।
ଯଦି ସେ ସମୁଦ୍ର ଧୀମାନ ମୈନାକଙ୍କର
ରାମାର୍ଥେ ସମ୍ମାନ, ଏ କେଉଁ ନ ହେବ ଅଗ୍ନିର ।୩୨।
ମୋ ପିତା ସଖ୍ୟରୁ, ମୋତେ ନ ଦହେ ଅନଳ
ପୁଣି ଚିନ୍ତାକଲେ, କ୍ଷଣେ, ସେ କପି-କୁଞ୍ଜର
'ରାକ୍ଷସାଧମେ କିପରି ବନ୍ଧନ ଯେ ମୋର! ।୩୪।
ଏହା ପ୍ରତିକାର ଯୁତ, ଅଛି ମୋ ବିକ୍ରମ"
ତହୁଁ ଛିଣ୍ଡାଇ ବନ୍ଧନ, କପି ବେଗବାନ ।୩୫।

ଉର୍ଦ୍ଧ୍ୱେ ଡେଇଁଲେ ଯେ କପି କରି ଗରଜନ
ପୁରଦ୍ୱାରେ ତହୁଁ ଶ୍ରୀମାନ୍ ଶୈଳ-ଶୃଙ୍ଗୋପମ । ୩୬ ।
ରାକ୍ଷସ ଦଳକୁ ଦଳି, ବସେ ବାୟୁସୁତ
ହୋଇ ଶୈଳପ୍ରଭ କ୍ଷଣେ, ପୁଣି ଆତ୍ମବତ । ୩୭ ।
ଅତି କ୍ଷୁଦ୍ର ହୋଇ ଛିନ୍ନ ଭିନ୍ନ କରି ପାଶ
ମୁକ୍ତ ହୋଇ ପୁଣି ହେଲେ ପର୍ବତ ସଂକାଶ । ୩୮ ।
ଦୃଷ୍ଟି ଫେରାଇ ଦେଖିଲେ ପରିଘ ତୋରଣେ
ତାକୁ ନେଇ ମହାବାହୁ କଳାଲୁହା ଶାଣେ
ବଧିଲେ ମାରୁତି ସବୁ ପୁଣି ରକ୍ଷୀଗଣେ । ୩୯ ।
ତାଙ୍କୁ ମାରି ରଣଚଣ୍ଡ ସୁବିକ୍ରମ
ପୁଣି ଲଙ୍କାପୁରୀ କରିଲେ ଦର୍ଶନ । । ୪୦ ।
ଜ୍ୱଳନ୍ତ ଅନଳେ, କୃତ ଅର୍ଚ୍ଚିମାଳୀ
ପ୍ରକାଶେ ଆଦିତ୍ୟ-ପରି ଅର୍ଚ୍ଚିମାଳୀ । ୪୧ ।

ତେପନ ସର୍ଗ ସମାପ୍ତ

ଚଉବନ ସର୍ଗ

ଲଙ୍କା ଦାହ

ସିଦ୍ଧ ମନୋରଥ କପି, ଦେଖୁ ଦେଖୁ ଲଙ୍କା
କି କାର୍ଯ୍ୟ କରିବେ ଶେଷେ, ହେଲେ ମନେ ରଙ୍କା ।୧।
"କି କାର୍ଯ୍ୟ ରହିଲା ବାକୀ ଏବେ ଯେ ମୋହର
ସନ୍ତାପଜନକ ହେବ, ରକ୍ଷମାନଙ୍କର ।୨।
ବନକୁ ମନ୍ଥିଲି ମାରି ଉତ୍‌କୃଷ୍ଟ ରାକ୍ଷସେ
ଏକାଂଶ ସେନା ବିଧ୍ୱସ୍ତ, ଦୁର୍ଗ ଅଛି ଶେଷେ ।୩।
ଦୁର୍ଗ ବିନାଶ ଯେ ହେବ, ସୁଖ ପରିଶ୍ରମ
ଅଳ୍ପ ଯତ୍ନେ ହେବ ମୋର, ସଫଳ ଯେ ଶ୍ରମ ।୪।
ମୋ ଲାଙ୍ଗୁଳେ, ଏ ଯେ ବହ୍ନି, ଜଳୁଛି ପ୍ରବଳେ
ଏହାର ତର୍ପଣ କାର୍ଯ୍ୟ, ଉତ୍ତମ-ଗୃହରେ ।୫।
ସବିଜୁଳି ମେଘ ପରି, ପ୍ରଦୀପ୍ତ ଲାଙ୍ଗୁଳେ
ମହାକପି ଡିଏଁ ଲଙ୍କା ଭବନ ଅଗ୍ରରେ ।୬।
ଗୃହରୁ ଗୃହ ରାକ୍ଷସ, ଉଦ୍ୟାନ ବାନର
ଦେଖୁଁ ଦେଖୁଁ ବିନା ଭୟେ, ଡିଏଁ ଘର ଘର ।୭।
ଡେଇଁ ପଡ଼ି, ମହାବେଗ, ପ୍ରଶସ୍ତ ନିବେଶେ
ଅଗ୍ନି ଲଗାଇଲେ ବାୟୁସମ ବଳୀ ରୋଷେ ।୮।
ତହୁଁ ଡେଇଁ ପଡ଼ି, ମହାପାର୍ଶ୍ୱ ଘରେ ବଳୀ

ଲଗାଇଲା ଅଗ୍ନି, କାଳାନଳ ଅଗ୍ନିପରି ।୯।
ବଜ୍ରଦଂଷ୍ଟ ଘରେ ତହୁଁ ଡିଏଁ ମହାବୀର
ଶୁକ ଘରେ ମହାତେଦା, ସୁଧୀ ସାରଣର ।୧୦।
ତଥା ଇନ୍ଦ୍ରଜିତ ବେଶ୍ମ, ପୋଡ଼େ ହନୁବୀର
ତାହା ପରେ ପୋଡ଼େ, ଜମ୍ବୁମାଳୀ ସୁମାଳୀର ।୧୧।
ରଶ୍ମିକେତୁର ଭବନ, ସୂର୍ଯ୍ୟ ଶତୃଘର
ହ୍ରସ୍ୱକର୍ଣ୍ଣ, ଦଂଷ୍ଟ୍ର, ରୋମଶସ୍ୟ ରାକ୍ଷସର ।୧୨।
ଯୁଦ୍ଧୋନ୍‌ମତ୍ତ, ମତ୍ତ, ଧ୍ୱଜଗ୍ରୀବ ରାକ୍ଷସର
ହସ୍ତୀମୁଖା, ପୁଣି ବିଦ୍ୟୁବିହ୍ୱର ଯେ ଗର ।୧୩।
କରାଳ, ବିଶାଳ, ଶୋଣିତାକ୍ଷ ନିକେତନ
ମକରାକ୍ଷର ଯେ କୁମ୍ଭକର୍ଣ୍ଣର ଭବନ ।୧୪।
ନରାନ୍ତକ, କୁମ୍ଭ ମହାମୃନ ନିକୁମ୍ଭର
ଯଜ୍ଞଶତୃର ଭବନ, ବ୍ରହ୍ମଶତୃ ଘର ।୧୫।
ମହାତେଜା ବିଭୀଷଣ ଗୃହକୁ ଛାଡ଼ିଣ
ପୋଡ଼ିଲେ ହରି ପୁଙ୍ଗବ, କ୍ରମଶଃ କ୍ରମେଣ ।୧୬।
ସେହି, ସେହି ମହାର୍ଘ ଭବନ ମହାଯଶ
ଅମୂଲ୍ୟ ସଂପତ୍ତି ସବୁ ପୋଡ଼େ ବାୟୁଶିଷ୍ୟ ।୧୭।
ସମସ୍ତଙ୍କ ଘର ପରେ ରକ୍ଷେନ୍ଦ୍ର ନିବାସେ
ପହଁଚିଲା ଲକ୍ଷ୍ମୀବାନ ହନୁ ସର୍ବଶେଷେ ।୧୮।
ତହୁଁ ନାନା ରତ୍ନାନ୍ୱୀତ, ମୁଖ୍ୟ ନିକେତନେ
ମେରୁ ମନ୍ଦରାଭ ନାନା, ମଙ୍ଗଳ ଶୋଭନେ ।୧୯।
ଲାଙ୍ଗୁଳରେ ସ୍ଥିତ ଦୀପ୍ତ ଅଗ୍ନିକୁ ଛାଡ଼ିଣ
ଗର୍ଜେ ମହାବୀର ହନୁ, କି ଯୁଗାନ୍ତ ଘନ ।୨୦।
ବାୟୁ ସଂଯୋଗରେ ଅତି, ବେଗେ ମହାବଳ
କାଳାଗ୍ନି ପରି ଜଳିଣ, ବଢ଼ିଲା ଅନଳ ।୨୧।

ପ୍ରଦୀପ୍ତ ଅଗ୍ନି, ପବନ ଗୃହେ ସଂଚାରିଣ
ସେ ସବୁ କାଂଚନ ଜାଲ, ମୁକ୍ତାମଣି ପୂର୍ଣ୍ଣ । ୨୨ ।
ମହାରତ୍ନ ବନ୍ତ, ମହା ଗୃହେ ଭସ୍ମୀଭୂତ
ପଡ଼ିଲେ ଭୂତଳେ, ଦଗ୍ଧ-ବିବାନ ସହିତ । ୨୩ ।
ସିଦ୍ଧଙ୍କ ଭବନ ପରି, ନଭୁଁ, ପୁଣ୍ୟକ୍ଷୟେ ।
କରିଣ ତୁମୁଳ ଶବ୍ଦ ରାକ୍ଷରେ ଯେ ଧାଏଁ । ୨୪ ।
ସ୍ୱଗୃହ-ରକ୍ଷଣେ, ଭଗ୍ନୋତ୍ସାହ ଗତଶିରୀ
ନିଶ୍ଚେ ଏ ଅଗ୍ନି ଆସିଛି, ଅଗିରୂପ ଧରି । ୨୫ ।
ଭୂର୍ଣ୍ଣେ ଆସି କାନ୍ଦି, ସ୍ତନ୍ୟପୋଷ୍ୟ ଶିଶୁ ସ୍ତ୍ରୀୟେ
କେ ବାଗ୍ନି ବେଷ୍ଟିତା ହର୍ମ୍ମ୍ୟୁ ମୁକ୍ତକେଶୀ ଧାଏଁ । ୨୬ ।
ଅମ୍ବରୁ ଖସି ପଡୁଛନ୍ତି କି ସୌଦାମିନୀ
ହୀରା ବିଦ୍ରୁମ-ବୈଦୁର୍ଯ୍ୟ ମୁକ୍ତାରୌପ୍ୟମଣି । ୨୭ ।
ଦେଖିଲା ବାନର ଭବନମାନରୁ ଦ୍ରବେ
ଅଗ୍ନି ନ ତୃପ୍ୟନ୍ତି ଯଥା କାଷ୍ଠ ତୃଣ ଦ୍ରବ୍ୟେ । ୨୮ ।
ହନୁ କିଂଚିତ୍ ହୁଏ ତୃପ୍ତ ରକ୍ଷେନ୍ଦ୍ରେ ନିଧନେ
ବସୁନ୍ଧରା ମଧ, ହନୁ ରାକ୍ଷସ ମାରଣେ । ୨୯ ।
ବେଗବାନ ହନୁମାନ, ମହାତ୍ମା ବାନରେ
ହେଲା ଦଗ୍ଧ ଲଙ୍କା ଯଥା ତ୍ରିପୁର ରୁଦ୍ରରେ । ୩୦ ।
ତହୁଁ ଲଙ୍କାପୁର, ପର୍ବତ ଶିଖରେ
ଉଠିଲା ଅନଳ ଭୀମ ଆକାରରେ
ପ୍ରସାରି ଚୂଡ଼ାବଳୟ, ମହାଦୀପ୍ତ
ହନୁମନ୍ତେ ସୃଷ୍ଟ ହୋଇ, ବେଗବନ୍ତ । ୩୧ ।
ଯୁଗାନ୍ତ କାଳ ଅନଳ ତୁଲ୍ୟ ରୂପ
ମାରୁତସ ବଢେ, ଛୁଇଁ ଅନ୍ତରୀକ୍ଷ ।
ଧୂମହୀନ ରଶ୍ମି ଗୃହେ ଗୃହେ ବ୍ୟାପ୍ତ
ରକ୍ଷ ଶରୀରାଜ୍ୟେ, ଅର୍ଚ୍ଚିକି ସେବିତ । ୩୨ ।

କୋଟି କୋଟି ସୂର୍ଯ୍ୟ ପରି ତେଜିୟାନ
ଲଙ୍କା ଘେରି ଜଳେ ଅଗ୍ନି ମହୀୟାନ
ବଜ୍ରଘୋଷେ ବତେ, ବହୁବିଧ ଶବ୍ଦେ
ବ୍ରହ୍ମାଣ୍ଡକୁ ଅବା ମହାଅଗ୍ନି ଭେଦେ । ୩୩ ।
ତହୁଁ ଅନନ୍ତରେ ଅତିବୃଦ୍ଧି ପାଇ
ସ୍ୱର୍ଣ୍ଣ-ପ୍ରଭ, କିଁଶୁଳ ଚୂଡ଼ କି ହୋଇ
ନିମ୍ନେ ନିର୍ବାପିତ, ଧୂମ୍ରାକୁଳ ରାଜି
ନୀଳୋତ୍ପଳାଭାଭ୍ର ଅଗ୍ନିକି ସରଜି ! । ୩୪ ।
ବଜ୍ରୀ ମହେନ୍ଦ୍ର ବା ତ୍ରିଦଶ ଈଶ୍ୱର
ସାକ୍ଷାତ୍ ଶମନ ବା, ବରୁଣ ଅନିଳ;
ରୁଦ୍ର, ଅଗ୍ନି ଅର୍କ, ସୋମ ବା କୁବେର
ବାନର ନୁହେ ଏ, ସ୍ୱୟଂ ନିଶ୍ଚେ କାଳ । ୩୫ ।
ସର୍ବ ପିତାମହ ଅବା ବ୍ରହ୍ମାଙ୍କର
ଲୋକ ବିଧାତା ବା ଚତୁରାନନର
ବାନରର ରୂପ ଧରି, ଇହାଗତ
ରକ୍ଷ ସଂହାରକ, କୋପ ମୂର୍ତ୍ତିମନ୍ତ । ୩୬ ।
ଅବା ଏ ଯେ, ବିଷ୍ଣୁ କପିରୂପ ଧରି
ରକ୍ଷ ନାଶ ପାଇଁ, ଦିବ୍ୟ ତେଜ ଶିରୀ
ଅଚିନ୍ତ୍ୟ ଏକକ, ଅବ୍ୟକ୍ତ ଅନନ୍ତ
ସ୍ୱମାର୍ୟାରେ ଏଠି ସମ୍ପ୍ରତି ଆଗତ । ୩୭ ।
ଏକଥା ହୁଅନ୍ତି, ବିଶିଷ୍ଟ ଅସୁରେ
ରକ୍ଷରାଣ ସବୁ ମିଳିଣ ସେଠାରେ
ଦେଖି ଭସ୍ମୀଭୂତା ସହସା ଯେ ଲଙ୍କା
ପ୍ରାଣୀ ସଂଘ ସହ, ସଗୃହ ସବୃକ୍ଷା । ୩୮ ।

ତହୁଁ ଲଙ୍କା ହୋଇ, ପ୍ରଦଗ୍ଧା, ସହସା
ସାଶ୍ୱରଥା, ସବାରଣ, ସରାକ୍ଷସା;
ପକ୍ଷୀ ସଂଘ ସହ, ସମୃଗ-ପାଦପା
କାଳେ, ଲଙ୍କା ଉଛେ ବିକଳେ ବିରୂପା । ୩୯ ।
"ହା ତାତ, ହା ପୁତ୍ର, ହା କାନ୍ତ, ହା ମିତ୍ର
ହେ ଜୀବନେଶ୍ୱର, ପୁଣ୍ୟ ହେଲା ହାତ"
ଏପରି ବହୁଧା, ରକ୍ଷେ ବାହୁନିଣ
ମହାଭୟେ କଲେ ଘୋରତର ସ୍ୱନ । ୪୦ ।
ଜ୍ୱାଳାମୟୀ ହୁତାସନେ, ପରିବୃତ୍ତା
ମହାବୀର ମହା ଯୋଦ୍ଧା ବୃନ୍ଦ ହତା
ହନୁମନ୍ତ କ୍ରୋଧବଳେ ଅଭିଭୂତା
ହେଲା ଲଙ୍କା ଅଭିଶାପେ, କିବା ହତା । ୪୧ ।
ଉଦ୍‌ବିଗ୍ନ-ତସ୍ତ-ବିଷର୍ଣ୍ଣ-ରକ୍ଷଗଣା
ସମୁଜ୍ଜ୍ୱଳ ଜ୍ୱଳନ୍ ଅଗ୍ନି-ଶଂକମାନା
ଦେଖେ ଲଙ୍କା, ହନୁମାନ ମହାମନା
ବ୍ରହ୍ମାରୋଷେ କି ଅବନୀ ହନ୍ୟମାନା । ୪୨ ।
ଭାଙ୍ଗି ବନ ପାଦପ-ରତ୍ନ-ସଂକୁଳ
ମହାରକ୍ଷେ କରି ଯୁଦ୍ଧରେ ନିର୍ମୂଳ
ଗୃହରତ୍ନ-ମାଳିନୀ ଲଙ୍କା ପୋଡ଼ିଣ
ଠିଆ ହେଲେ, ବାୟୁ ସୁତ ହନୁମାନ । ୪୩ ।
ବହୁ ରାକ୍ଷସଙ୍କୁ କରିଣ ନିଧନ
ବହୁ ପାଦପ ସହ ଭାଙ୍ଗିଣ ବନ ।
ରକ୍ଷ ଗୃହେ, ଗୃହେ, ଅଗ୍ନି ଲଗାଇଣ
ରାମ ପାଖେ ଗଲେ ମନେ, ମହାମନ । ୪୪ ।

ତହୁଁ ସେ ବାନର ମୁଖ୍ୟ ମହାବୀର
ମାରୁତ ସମାନ-ବେଗ ମହାବଳେ
ମହାମତି ବରିଷ୍ଠ, ବାୟୁ ନନ୍ଦନେ
ସ୍ତୁତି କରିଲେ ଯେ, ସର୍ବ ଦେବ ଗଣେ ।୪୫।
ସର୍ବ ଦେବ ପୁଣି, ମହାମୁନିଗଣେ
ଗନ୍ଧର୍ବାଦି, ବିଦ୍ୟାଧର, ସର୍ପମାନେ
ମହା ମହା ପ୍ରାଣୀ, ତହିଁ ଥିଲେ ଯେତେ
ପାଇଲେ ପରମ ପ୍ରୀତି ଯେ ସମସ୍ତେ ।୪୬।
ଭାଙ୍ଗିବନ ମହାତେଜା, ମାରି ରକ୍ଷେ ରଣେ
ପୋଡ଼ି ଲଙ୍କାପୁର ଭୀମ ରାଜିଲେ ଆରାମେ ।୪୭।
ଶ୍ରେଷ୍ଠ ଗୃହଶିଖ ସୁବିଚିତ୍ର ତଳ
ଆଶ୍ରି ରହେ, ବାନର-ରାଜ-ଶାର୍ଦ୍ଦୁଳ ।
ପ୍ରଦୀପ୍ତ ଲାଙ୍ଗୁଳେ, କୃତ ଅର୍ଚ୍ଚିମାଳୀ
ବିରାଜିଲେ ସୂର୍ଯ୍ୟ ସମ ଅର୍ଚ୍ଚିମାଳୀ ।୪୮।
ସମଗ୍ର ଲଙ୍କାକୁ ନିପୀଡ଼ିଣ ମହାକପି
ଲାଙ୍ଗୁଳାଗି ଲିଭାଇଲେ ସାଗରରେ ଲଂଫି ।୪୯।
ତହୁଁ ଦେବେ, ସଗନ୍ଧର୍ବ ସିଦ୍ଧ ମହାଋଷି
ଦେଖି ଲଙ୍କା ଦଗ୍ଧ, ବିସ୍ମୟରେ ଗଲେ ଲସି ।୫୦।

ଚଉବନ ସର୍ଗ ସମାପ୍ତ

ପଞ୍ଚାବନ ସର୍ଗ

ହନୁମାନଙ୍କ ଆଶଂକା

ସଂଦୀପ୍ୟମାନା, ବିତ୍ରସ୍ତା-ତ୍ରସ୍ତରକ୍ଷା ପୁରୀ
ଦେଖି ହନୁ ଲଙ୍କା, ଗଲେ ଚିନ୍ତାଜଳେ ବୁଡ଼ି । ୧ ।
ମନେ ଗ୍ଲାନି ଜାଗେ ତାଙ୍କ ମହାତ୍ରାସ ପାଇ
"କି କର୍ମ୍ମ କରିଲି ଆହା ଲଙ୍କାପୁର ଦହି । ୨ ।
ଧନ୍ୟ ମହାତ୍ମାଏ, ଯିଏ କ୍ରୋଧ ସମ୍ବରନ୍ତି
ପ୍ରଦୀପ୍ତ ଅନଳ ଯଥା ଜଳେ ହୁଏ ଶାନ୍ତି । ୩ ।
କ୍ରୋଧୀ କି ନକରେ ପାପ, ଗୁରୁ ମାରିପାରେ
ପୌରୁଷ ବାକ୍ୟରେ କ୍ରୋଧୀ, ସାଧୁ ନିନ୍ଦିପାରେ । ୪ ।
ଜାଣେ ନି ବାକ୍ୟ, ଅବାକ୍ୟ, ନର କ୍ରୋଧାନ୍ୱିତ
କ୍ରୋଧୀର ଅକାର୍ଯ୍ୟ ନାହିଁ, ଅକଥ୍ୟ କୁତ୍ସିତ । ୫ ।
କ୍ରୋଧଜାତ ହେଲେ କ୍ଷମାରେ ନିବାରେ ନର
ଜୀର୍ଣ୍ଣ-ତ୍ୱକ, ସର୍ପ-ପରି, ପୁରୁଷ ସେ ସାର । ୬ ।
ଧିକ୍ ମୋତେ ମନ୍ଦବୁଦ୍ଧି, ନିର୍ଲ୍ଲଜ ନିର୍ବୋଧ
ନ ଭାବି ସୀତା ମୁଁ ହେଲି ସ୍ୱାମୀଘ୍ନ, ଅଗ୍ନିଦ । ୭ ।
ଏସବୁ ଯେବେ ପୋଡ଼ିଛି, ନିଶ୍ଚେ ସୀତା ରାଣୀ
ଆହା ନଷ୍ଟ କଲି, ଭର୍ତ୍ତା-କାର୍ଯ୍ୟ, ମୁଁ ନ ଜାଣି । ୮ ।
ସେ କାର୍ଯ୍ୟ ମୁଁ ଆରମ୍ଭିଲି ସେ କାର୍ଯ୍ୟ ନୋହିଲା
ଲଙ୍କାକୁ ଦହିଲି ସୀତା-ରକ୍ଷଣ ନୋହିଲା । ୯ ।

ଏ କ୍ଷୁଦ୍ର କାର୍ଯ୍ୟ କରିଛି ନାହିଁ ତ ସନ୍ଦେହ
କ୍ରୋଧାବିଷ୍ଟ ହୋଇ ଆହା ମୂଳ ହେଲା କ୍ଷୟ ।୧୦।
ନିଶ୍ଚେ ନଷ୍ଟ ସୀତା, କିଛି ଅଦଗ୍ଧ ନ ଦିଶେ
ଭସ୍ମ ପୁରୀ ସବୁ, କିଛି ନାହିଁ ଲଙ୍କା ଦେଶେ ।୧୧।
ମୋ ବୁଦ୍ଧି ବାମରୁ ଯେବେ, ଏ କର୍ମ୍ମ କରିଛି
ଆଜି ପ୍ରାଣ-ନାଶ ମୋର ମୋତେ ଯେ ରୋଚୁଛି ।୧୨।
ସାଗରେ ଡେଇଁବି ଜାଲୁ ବା ବଡ଼ ବା ନଳ
ସିନ୍ଧୁ-ବାସୀ ପ୍ରାଣୀଙ୍କୁ ବା ଦେବି ମୋ ଶରୀର ।୧୩।
ବଂଚି ମୁଁ କିପରି, ଦେଖିବି ବା ହରୀଶ୍ୱର
ଦୁଇ କର ବ୍ୟାଘ୍ରେ, କାର୍ଯ୍ୟ-ନାଶି ନିଜେ ମୋର ।୧୪।
କ୍ରୋଧବଶେ ଦେଖାଇଲି, ଏ ସବୁକୁ ମୁହିଁ
ତ୍ରିଲୋକରେ ଅନବସିତ ଯାହାକୁ କହି ।୧୫।
ଧିକ୍ ରାଜସ ଭାବ ମୋର, କ୍ଳୀବ ଯେ ଅସ୍ଥିର
ସମର୍ଥ ବି, କ୍ରୋଧୁଁ ସୀତା ନ କଲି ଉଦ୍ଧାର ।୧୬।
ସୀତା ନଷ୍ଟ ହେଲେ ଦୁହେଁ ନିଶ୍ଚୟ ମରିବେ
ତାଙ୍କ ନାଶେ, ସୁଗ୍ରୀବ, ସବନ୍ଧୁ ନାଶ ହେବେ ।୧୭।
ଏ କଥା ଶୁଣି ଭରତ, ସେ ଭ୍ରାତୃ ବତ୍ସଳ
ବଂଚିବେ କି ଧର୍ମ୍ମାତ୍ମା ଶତ୍ରୁଘ୍ନ ସହ ବୀର ? ।୧୮।
ଧର୍ମିଷ୍ଠ ଇକ୍ଷ୍ୱାକୁ ବଂଶ, ନାଶେ, ନିସଂଦେହେ
ସ ବ୍ୟାକୁଳ ଶୋକ, ଦୁଃଖେ ବୁଡ଼ିବେ ସଭିଏଁ ।୧୯।
ତହୁଁ ହତଭାଗ୍ୟ, ଲୁପ୍ତ ଧର୍ମ୍ମାର୍ଥ ସଂଗ୍ରହ
ରୋଷ ଦ୍ୱେଷ କ୍ଲିଷ୍ଟ ଆତ୍ମା, ହେବ ଲୋକଗ୍ରହ ।୨୦।
ଏହା ଭାବୁଁ, ଭାବୁଁ ଶୁଭ ନିମିତ୍ତେ ମିଳିଲେ
ପୂର୍ବ ଉପଲବ୍ଧ, ସାକ୍ଷାତ୍ ପୁଣି ସେ ଭାବିଲେ ।୨୧।

ଅଥବା ଚାରୁ-ସର୍ବାଙ୍ଗୀ ନିଜ ତପବନେ
ନଷ୍ଟ ହେବେ ନି କଲ୍ୟାଣୀ ଅନଳ ଅନଳେ ।୨୨।
ଅମିତ ତେଜ ଧର୍ମାତ୍ମା, ତାହାଙ୍କର ଭାର୍ଯ୍ୟା,
ସ୍ୱଚରିତ ଗୁପ୍ତା ଅଗ୍ନି-ପରଶେ ନାହର୍ଯ୍ୟା ।୨୩।
ନିଶ୍ଚେ ରାମ ପ୍ରଭାବରେ, ସୀତାର ସୁକୃତେ
ଦହନ-କର୍ମରେ ଅଗ୍ନି ନ ଦହିଲେ ମୋତେ ।୨୪।
ଭରତାଦି ତିନିଭାଇ, ମାନଙ୍କ ଦେବତା
କିପରି ବିନଷ୍ଟ ହେବେ, ରାମମନଃକାନ୍ତ ।୨୫।
ସବୁଠି ଅବ୍ୟୟ ଯଦି ଦହନକ ଇଯେ
ମୋ ଲାଙ୍ଗୁଳ ନ ଦହିଲେ କଥଂ ଆର୍ଯ୍ୟା ଦହେ ! ।୨୬।
ବିସ୍ମିତ ହୋଇ ପୁନଶ୍ଚ ଚିନ୍ତେ ବାୟୁଭବ
ହିରଣ୍ୟ ନାଭ ଗିରିର, ଜଳେ ଆବିର୍ଭାବ ।୨୭।
ତପ, ସତ୍ୟବାକ୍ୟେ, ଭର୍ତ୍ତାରେ ଅନନ୍ୟତ୍ୱତେ
ଦହିବେ ଯେ ଅଗ୍ନି, ତାଙ୍କୁ ଅଗ୍ନି ନ ବାଧତେ ।୨୮।
ଦେବୀ ଧର୍ମ ପରିଗ୍ରହ ଭାବୁଁ ଭାବୁଁ ତଥା
ଶୁଣିଲେ ମାରୁତି ତହିଁ, ଚାରଣଙ୍କ ଗାଥା ।୨୯।
"ଅହୋ ! ଖଳୁ କଲେ କର୍ମ କପି ଦୁର୍ବିଜ୍ଞେୟ
ରାକ୍ଷସ-ସଦ୍ମରେ ଭୀମ ମହାତୀକ୍ଷ୍ଣ ଦାହ ।୩୦।
ପ୍ରଲୟମାନରକ୍ଷଚସ୍ତ୍ରୀ, ବାଳବୃଦ୍ଧାକୁଳା
ଜନକୋଳାହଳସ୍ତବ୍ଧା, କାନ୍ଦେକି କନ୍ଦରା ।୩୧।
ଦଗ୍ଧ ଲଙ୍କା ପୁରୀ ସାଟ-ପ୍ରାକାର-ତୋରଣା
ଜାନକୀ ନ ଦଗ୍ଧା, କାହିଁ ବିସ୍ମୟର ସୀମା ।୩୨।
ଶୁଣି ଏହା ହନୁମନ୍ତ, ଅମୃତ ଉପମ
ତତ୍‌କାଳେ ହର୍ଷ-ପ୍ରଫୁଲ୍ଲ ହେଲା ତାଙ୍କ ମନ ।୩୩।
ଦୃଷ୍ଟାର୍ଥ ନିମିତ୍ତେ, ମହାଗୁଣ କାରଣରେ
ଋଷିବାକ୍ୟେ, ହନୁମାନ ପ୍ରୀତ ଯେ ମନରେ ।୩୪।

ମନୋରଥ ଅର୍ଥ ପାଇ ସେ ବାନର
ଜାଣି ରାଜସୁତା ଜାନକୀ କୁଶଳ,
ପ୍ରତ୍ୟକ୍ଷେ ତାହାଙ୍କୁ ପୁଣି ଯେ ଦେଖିଣ
ବାହୁଡ଼ିବା ପାଇଁ ହନୁ କଲେ ମନ ।୩୫।

ପଞ୍ଚାବନ ସର୍ଗ ସମାପ୍ତ

ଛପନ ସର୍ଗ

ହନୁଙ୍କ ପ୍ରତ୍ୟାବର୍ତ୍ତନ

ତହୁଁ ଶିଂଶପାର ମୂଳେ, ଜାନକୀ ଆସୀନା
ନମି କହେ, ଭାଗ୍ୟେ, ତୋତେ ଦେଖିଲି ଅକ୍ଷୁନା ।୧।
ଯିବାକୁ ଉଦ୍ୟତ ତାଙ୍କୁ ଦେଖି ପୁନଃ ପୁନଃ
କହିଲେ ହନୁଙ୍କୁ ଭର୍ତ୍ତା-ସସ୍ନେହ ବଚନ ।୨।
"ତୁମେ ଜଣେ ଏକା ଏହା କରିପାର ଶେଷ
ଅରି-ବୀରଘ୍ନ ହେ ଦକ୍ଷ, ବଳୋଦୟେ ଯଶ ।୩।
ସୈନ୍ୟେ ସମାକୁଳି, ଲଙ୍କା ନେଲେ ମୋତେ, ରାମ
ହେବ ତାହା କାକୁସ୍ଥଙ୍କ ମର୍ଯ୍ୟାଦା ସମାନ ।୪।
ତାହାଙ୍କ ବିକ୍ରମ ଅନୁରୂପ ହେବ ବୀର
ହେବ ରଣ ଶୂରୋପମ, ମହାତ୍ମନଙ୍କର ।୫।
ଅର୍ଥ ଯୁକ୍ତ, ସ୍ନେହାଳୁ ଏ ସୁଭଦ୍ର ବଚନ
ଶୁଣି ଉତ୍ତର କରିଲେ, ବୀର ହନୁମାନ ।୬।
"କ୍ଷିପ୍ରେ ଆସି କାକୁସ୍ଥଯେ, ସହର୍ଯ୍ୟକ୍ଷବୀର
ଯୁଦ୍ଧେ ଜିଣି ତବ ଦୁଃଖ କରିବେ ଯେ ଦୂର ।୭।
ଏପରି ଆଶ୍ୱାସି ସୀତା, ହନୁ ବାୟୁସୁତ
ଫେରିବାକୁ ମନେ କରି ବନ୍ଦେ ସୀତାମାତ ।୮।
ମହାବୀର ରକ୍ଷେ ମାରି, ବିଶ୍ରାବ୍ୟ ସ୍ୱନାମ

ସୀତା ସମଶ୍ୱାସ୍ୟ, ମହାବଳ ଦେଖାଇଣ ।୯।
ନଗରୀ ଆକୁଳ କରି, ରାବଣ ବଂଚନା
ଦେଖାଇ ସ୍ୱବୀର୍ଯ୍ୟ କଲେ ବୈଦେହୀ ବନ୍ଦନା ।୧୦।
ସ୍ୱାମୀ ଦର୍ଶନେ ଉଚ୍ଛନ୍ନ, ସେ କପି ଶାର୍ଦ୍ଦୁଳ
ଫେରିବାକୁ ମନେ କଲେ ସିନ୍ଧୁ ହୋଇ ପାର ।୧୧।
ଆରୋହିଲେ ଗିର ଶ୍ରେଷ୍ଠ ଅରିଷ୍ଟ ଅରିଘ୍ନ
ନୀଳବନ ବସ୍ତ୍ରାବୃତ୍ତ, ତୁଙ୍ଗ ଭୃଜାକୀର୍ଣ୍ଣ ।୧୨।
ମେଘ ଉତ୍ତରୀୟ ପରି ଲମ୍ବି ଶୃଙ୍ଗାନ୍ତରେ
ସ୍ନେହେ ବୁଝାନ୍ତିକି, ପର୍ଶି ଶୁଭସୂର୍ଯ୍ୟ କରେ ।୧୩।
ଧାତୁଲୋଚନେ କି, ଉର୍ଦ୍ଧ୍ୱେ ଉନ୍‌ମିଷିତ ହୋଇ
ମେଘମନ୍ଦ୍ର ସ୍ୱନେ କି ସେ, ପାଠା ଆବୃତ୍ତର ।୧୪।
ନାନା ପ୍ରସ୍ରବଣ ସ୍ୱନେ, ଗାଏ କି ସଂଗୀତ
ଉର୍ଦ୍ଧ୍ୱବାହୁ ପରି ଦେବଦାରୁ ଉର୍ଦ୍ଧ୍ୱହାତ ।୧୫।
ପ୍ରପାତ-ଜଳ ନିର୍ଘୋଷ୍ଟେ କାନ୍ଦେ କି ସର୍ବତ୍ର
ଥରି ଥରି, ଶ୍ୟାମ, ଶରଦାରଣ୍ୟେ କଂପିତ
ହାଇମାରେ କିବା, ଅଭ୍ର ମାଳିନି ଶିଖରେ
ବହୁକୂଟାକୀର୍ଣ୍ଣ ଶୋଭେ, ବହୁକନ୍ଦରରେ ।୧୬।
ବାୟୁ ସଂଚାଳିତ ବାଂଶ-ବେଣୁରେ କି କୂଜେ ?
ନିଶ୍ୱସି କ୍ରୋଧେ କି, ଘୋର ଅଣାବିଷ ଗର୍ଜେ ।୧୭।
ଧ୍ୟାୟେ କି ନିହାର କୃତ ଗମ୍ଭୀର ଗହ୍ୱରେ
ମେଘନିଭ ପାଦେ କିବା କୁଚରେ ସବୁଠାରେ ।୧୮।
ହାଇମାରେ କିବା, ଅଭ୍ରମାଳିନୀ ଶିଖରେ
ବହୁକୂଟାକୀର୍ଣ୍ଣ ଶୋଭେ, ବହୁକନ୍ଦରରେ ।୧୯।
ସାଲତାଳ ଅଶ୍ୱକର୍ଣ୍ଣେ ବହୁବଂଶାବୃତ୍ତ
ପୁଷ୍ପିତ ବିସ୍ତୀର୍ଣ୍ଣ-ଲତା-ବିତାନେ ମଣ୍ଡିତ ।୨୦।
ନାନା ମୃଗ ଗଣାକୀର୍ଣ୍ଣେ, ଧାତୁଧାରାନ୍ୱୀତ

ଶୀଳାସଂଘେ ସଂକଟିତ ବହୁଝରା ପେତ । ୨୧ ।
ଋଷି ଯକ୍ଷ ଗନ୍ଧର୍ବ କିନ୍ନରୋଗରେ କୀର୍ଣ୍ଣ
ଲତାପାଦପେ, ସୁସଂଧା, ସିଂହଦରୀ ପୂର୍ଣ୍ଣ । ୨୨ ।
ବ୍ୟାଘ୍ରାଦି ସଂକୁଳ, ସ୍ୱାଦୁ, ଫଳ-ମୂଳ ଦ୍ରୁମା
ଆରୋହିଲେ ବାୟୁ ସୂତ ଗିରି ମହାତମା । ୨୩ ।
ଶୀଘ୍ର ରାମ ଦର୍ଶନ-ଆମୋଦେ ପ୍ରଚୋଦିଣ
ପାଦଭରେ ଧ୍ୱସ୍ତ କଲେ ଗିରି ସାନୁ ରମ୍ୟ । ୨୪ ।
ଘୋର ନାଦେ ପଡ଼େ ଶୀଳାଚୟ ଇତସ୍ତତ;
ସେ ଶୈଳେନ୍ଦ୍ର ଚଢ଼ି ବଢ଼ିଲେ ପବନ ସୁତ । ୨୫ ।
ଦକ୍ଷିଣୁ ଉତ୍ତରେ ଡେଇଁବାକୁ ଲୁଣି ସିନ୍ଧୁ
ଚଢ଼ିଲେ ବୀର, ପର୍ବତ, କପିକୁଳ ଇନ୍ଦୁ । ୨୬ ।
ଦେଖେ ସିନ୍ଧୁ ଗର୍ଜ୍ଜେ ଭୀମ ଉରଗ ସେବିତ
ମାରୁତ ଆତ୍ମ-ସମ୍ଭବ ନଭେ କି ମାରୁତ । ୨୭ ।
ଚାଲିଲେ ହରି ଶାର୍ଦ୍ଦୁଳ, ଦକ୍ଷିଣୁ ଉତ୍ତର
ସେ ମହାପୀଡ଼ିତ ନଗୋତ୍ତମେ କପିବୀର । ୨୮ ।
ପଶିଗଲା ସଶବ୍ଦେ, ସଭୂତ ଧରାତଳେ
କଂପିଲା ଶିଖର ସବୁ, ଦ୍ରୁମେ ତଳେ ପଡ଼େ । ୨୯ ।
ତାଙ୍କ ବେଗେ ମନ୍ଥି ହୋଇ ପୁଷ୍ପ-ବୃକ୍ଷମାନ
ପଡ଼ିଲେ ଭୂତଳେ, ବଜ୍ରାୟୁଧେ କିବା ଭଗ୍ନ । ୩୦ ।
ଦରୀସ୍ଥିତ ମହାଓଜ, ମହାପୀଡ଼ା ପାଇ
ସିଂହମାନଙ୍କ ଗର୍ଜ୍ଜନ, ଶୁଭେ ନଭ ଫାଡ଼ି । ୩୧ ।
ତ୍ରସ୍ତ ବ୍ୟସ୍ତ-ବାସା ବ୍ୟାକୁଳିକୃତଭୂଷଣା
ଗଲେ ଉର୍ଦ୍ଧ୍ୱେ ଛାଡ଼ି ଗିରି ବିଦ୍ୟାଧରଗଣ । ୩୨ ।
ଅତିକାୟବଳୀ, ଦୀପ୍ତ ଜିହ୍ୱ ବିଷଧର
ଭଗ୍ନ-ଶିର-ଗ୍ରୀବା ସର୍ପେ ହଅନ୍ତି ଅଧୀର । ୩୩ ।
କିନ୍ନରୋରଗ ଗନ୍ଧର୍ବ, ଯକ୍ଷବିଦ୍ୟାଧରେ

ପୀଡ଼ା ପାଇ, ଛାଡ଼ିନଗ, ଗଗନେ ପଶିଲେ । ୩୪ ।
ସେ ବଳୀରେ ପୀଡ଼ାପାଇ, ପର୍ବତ ସୁନ୍ଦର
ସବୃକ୍ଷ ଉନ୍ନତ ଶିଖ, ପଶେ ରସାତଳ । ୩୫ ।
ଦଶଯୋଜନ ବିସ୍ତାର, ତ୍ରିଂଶ ଉର୍ଦ୍ଧ୍ୱ-ଶୀଳ
ଧରା ସମତଳ ହେଲା, ସେ ମହାଭୂଧର । ୩୬ ।
ସେ ଭୀମ ଲବଣାର୍ଣ୍ଣବ, ଲଙ୍ଘିବା ଇଚ୍ଛିଣ
କଲ୍ଲୋଲସ୍ଫାଳବେଳାରୁ ଡିଏଁ ହନୁମାନ । ୩୭ ।

ଛପନ ସର୍ଗ ସମାପ୍ତ

ସତାବନ ସର୍ଗ

ହନୁମାନଙ୍କ ପ୍ରତ୍ୟାଗମନ

ପହିଁରେ ସେ ମହାବେଗେ, ସପକ୍ଷକି ନଗ
ସ୍ଫୁଟ ପଦ୍ମୋତ୍ପଳ, ଯକ୍ଷ ଗନ୍ଧର୍ବ ଭୁଜଙ୍ଗ ।୧।
ଚନ୍ଦ୍ର ରମ୍ୟ କଇଁ, ଅର୍କ ଶୁଭ କାରଣ୍ଡବ
ଅଭ୍ର ଶୈବାଳ କି, ତିଷ୍ୟ ଶ୍ରବଣା କାଦମ୍ବ ।୨।
ପୁନର୍ବସୁ, ମହାମୀନ, ଲୋହିତାଙ୍ଗ ଗ୍ରାହ
ଐରାବତ ମହାଦ୍ୱୀପ, ସ୍ୱାତୀ ହଂସଚୟ ।୩।
ବାୟୁଝଂଜା, ଜଳୋର୍ମି ଚନ୍ଦ୍ରାଂଶୁ ଶୀତ-ଜଳ
କ୍ଲାନ୍ତ ଶ୍ରାନ୍ତ ହନୁମାନ, ପ୍ଲବେ ଖ-ସାଗର ।୪।
ଆକାଶ ଗ୍ରାସି କି ତାରାଧିପ ରାମ୍ପୁଡ଼ିଣ
ସନକ୍ଷତ୍ରାର୍କମଣ୍ଡଳ ଗଗନ ହରିଣ ।୫।
ଅପରିଶ୍ରାନ୍ତ ଅପାର ସିନ୍ଧୁ ଅବଗାହି
ମେଘ ଜାଳ ଭାଙ୍ଗି, ହନୁମାନ ଯେ ଚଳଇ ।୬।
ପାଣ୍ଡୁର ଅରୁଣ ବର୍ଣ୍ଣ ନୀଳ ମଞ୍ଜୁଆଳି
ହରିତାରୁଣ ବର୍ଣ୍ଣାଢ଼୍ୟା ରାଜେ ମେଘାବଳୀ ।୭।
ଅଭ୍ରଜାଳେ ପଶି ବାହାରିଣ ପୁନଃ ପୁନଃ
ଲୁଚକାଳି ଖେଳେ, ଚନ୍ଦ୍ରପରି ଦୃଶ୍ୟମାଣ ।୮।
ବିବିଧାଭ୍ର-ଘନ-ରାଜି, ସେ ଧବଳାମ୍ବର

ଚନ୍ଦ୍ରାୟତେ ନଭେ, ଦୃଶ୍ୟା ଦୃଶ୍ୟ ତନୁବୀର ।୯।
ତୀର୍ଯ୍ୟ ପରି ଚଳେ ନଭେ, ସେ ବାୟୁନନ୍ଦନ
ବିଦାରି ଘନ ବୃନ୍ଦଙ୍କୁ, ଭାତି ପୁନଃ ପୁନଃ ।୧୦।
ମହାନାଦେ ଗର୍ଜ୍ଜି ମେଘସ୍ୱନ ମହାସ୍ଥାନେ
ପ୍ରବର ରାକ୍ଷସେ ମାରି, ପ୍ରଚାରି ସ୍ୱନାମେ ।୧୧।
ଲଙ୍କାପୁରି ଆକୁଳିଣ ପୀଡ଼ି ଦଶାନନ
ମହାବୀରେ ଦଳି, କରି ସୀତାଭିବାଦନ ।୧୨।
ଆସିଗଲେ ମହାତେଜ ପୁଣି ସିନ୍ଧୁ ମଧେ
ପରଶିଲେ ବୀର୍ଯ୍ୟବାନ ସୁନାର ନଗେନ୍ଦ୍ରେ ।୧୩।
ନୀରାଚକି ଗୁଣ ମୁକ୍ତ ମହାବେଗେ ଆସେ
ପହଁଚିଲା ପରି ମହାଗିରି ଆଡ଼େ ଧସେ ।୧୪।
ମେଘ ସଂକାଶ ମହେନ୍ଦ୍ର ପାଇ ମହାହରି
ନାଦେ କଂପାଇଲେ ଦଶଦିଶ ପୂର୍ଣ୍ଣକରି ।୧୫।
ମହାନାଦେ ଗର୍ଜ୍ଜି, ମେଘସ୍ୱନ-ମହାସ୍ୱନ
ପାଇଲେ ସେ ଦେଶକାଂକ୍ଷୀ, ସୁପ୍ରିୟ ଦର୍ଶନ ।୧୬।
ନିଦାଦେ ସୁମହାନାଦେ, ଲାଙ୍ଗୁଡ଼ ବାଡ଼ାଇ
ଗର୍ଜ୍ଜନ କରି, ଗରୁଡ଼ ପଥେ ଉଡ଼ିଯାଇ ।୧୭।
ଫାଟି ପଡ଼େ ଘୋଷେ, ନଭ ସ ଅର୍କ ମଣ୍ଡଳ
ଥିଲେ ଯେ ସିନ୍ଧୁ ଉତ୍ତର ତୀରେ ମହାବଳ ।୧୮।
ଆଶୁ ସ୍ଥିତ ସୁରେ ଦେଖିବାକୁ ବାୟୁସୁତ
ତାଙ୍କ ମହାସ୍ୱନ ମେଘ ଗର୍ଜ୍ଜନ ମହତ ।୧୯।
ସେ ଦୀନ ମାନସ ସର୍ବେ, ଶୁଣେ ବନଚାରୀ
କପୀନ୍ଦ୍ର ନିର୍ଘୋଷ ମେଘ ନିନାଦର ସରି ।୨୦।
ଶୁଣି ସେ ଗର୍ଜ୍ଜନ-ନାଦ, ବାନରେ ସର୍ବତ୍ର
ପ୍ରିୟ ଦର୍ଶନେ, ଇଚ୍ଛୁକ, ହେଲେ ଇତସ୍ତତଃ ।୨୧।
ହରିଶ୍ରେଷ୍ଠ ଜାମ୍ବବାନ, ପ୍ରୀତି-ହୃଷ୍ଟ ମନ

ଡାକି ପାଖେ କପି ସର୍ବେ, କହିଲା ବଚନ । ୨୨ ।
ସହା ହନୁମାନ କୃତକାର୍ଯ୍ୟ, ନିସଂଶୟ
ଅକୃତ-କର୍ମାର ଏପରି ତ ଧ୍ୱନି ନୁହଁ । ୨୩ ।
ସେ ମହାତ୍ମାଙ୍କର ବାହୁ ମହାବେଗ ସ୍ୱନ
ଶୁଣି ହେଲେ ମହାହର୍ଷ ହରିଯୂଥ ମାନ । ୨୪ ।
ବୃକ୍ଷରୁ, ବୃକ୍ଷାଗ୍ରେ ଡେଇଁ, ଶିଖରୁ ଶିଖରେ
ଦେଖିବାକୁ ହନୁମନ୍ତ ହର୍ଷେ ରୁଣ୍ଡ ହେଲେ । ୨୫ ।
ପ୍ରୀତିରେ, ବୃକ୍ଷାଗ୍ରେ କପି ଶାଖାରେ ବସିଲେ
ନିଜ ବସ୍ତ୍ରମାନ ଧରି ଊର୍ଦ୍ଧ୍ୱେ ହଲାଇଲେ । ୨୬ ।
ଗିରି-ଗହ୍ୱରରେ ପଶି ଗର୍ଜ୍ଜେକି ପବନ !
ଗର୍ଜ୍ଜେ ତଥା ହନୁମାନ ପବନ ନନ୍ଦନ । ୨୭ ।
ଅଭ୍ର-ଘନ ପ୍ରଭ ମହାକପି ଡେଇଁବାର
ଦେଖି ବାନରେ ରହିଲେ ହୋଇ କୃତାଞ୍ଜଳ । ୨୮ ।
ତହୁଁ ମହାବେଗବାନ, କପି ଗିରି ସମ
ପଡ଼ିଲେ ଗିରି ଶିଖରେ, ବୃକ୍ଷ-ପରିପୂର୍ଣ୍ଣ । ୨୯ ।
ହର୍ଷେ ପରିପୂର୍ଣ୍ଣ ରମ୍ୟ ପର୍ବତ ନିଝରେ
ଛିନ୍ନ-ପକ୍ଷ-ନଗ ପରି, ଆକାଶୁ ପଡ଼ିଲେ । ୩୦ ।
ସେ ସବୁ ପ୍ରୀତମାନସ କପି ହରିବୀରେ
ମହାତ୍ମା ହନୁମନ୍ତଙ୍କୁ ବେଗେ ଘେରି ଗଲେ । ୩୧ ।
ଘେରିଣ ତାହାଙ୍କୁ ସର୍ବେ, ମହା ଆନନ୍ଦରେ
ପ୍ରହୃଷ୍ଟବଦନ ସର୍ବେ, ତାଙ୍କ ପାଶେ ଗଲେ । ୩୨ ।
ଉପହାର ମାନ, ମୂଳ ଫଳାଦି ଆଣିଣ
ଅରପିଲେ ହରିଶ୍ରେଷ୍ଠେ ଆନନ୍ଦେ ଉଦ୍‌ବିଗ୍ନ । ୩୩ ।
ବିନୋଦିଲେ କେତେ ହର୍ଷେ, କେତେ କଳିକିଳେ
କେତେ ତରୁ ଶାଖାମାନ କପିଙ୍କୁ ଅର୍ପିଲେ । ୩୪ ।
ହନୁମାନ ବୃଦ୍ଧଗୁରୁ ଜାମ୍ବବାନ ବୀରେ

କୁମାର ଅଙ୍ଗଦଙ୍କୁ ବି, ବନ୍ଦନା କରିଲେ ।୩୫।
ତାଙ୍କଠାରୁ ପୂଜା ପାଇ, କପି-ପ୍ରସାଦିତ
କହିଲେ ସେ "ପୂଜ୍ୟ, ଦେବୀ ଦେଖିଛତ ସତ" ।୩୬।
ନେଇ ତହୁଁ ବାଳୀ ସୁତ, ହସ୍ତେ ସମ୍ମାଷିଣ
ରମ୍ୟ ମହେନ୍ଦ୍ର ପର୍ବତେ, ଗଲେ ତତକ୍ଷଣ ।୩୭।
ପଚାରନ୍ତେ କପିଷର୍ଭେ, କହେ ହନୁମନ୍ତ
"ଅଶୋକ ବନେ ଅଛନ୍ତି, ସୀତା ଦଶନ୍‌ମାତ ।୩୮।
ଜଗିଛନ୍ତି, ବିକଟାଳ ରାକ୍ଷସୀ ସେ ଧନ୍ୟା
ଏକ ବେଣୀ ବାଳା, ରାମ ଦର୍ଶନ-କାଙ୍କ୍ଷିଣା ।୩୯।
ଉପବାସ-କ୍ରାନ୍ତା, କୃଶା, ଜଟିଳା ମଳିନା
ତାହାଙ୍କୁ ଦେଖିଲି, ଭାଷା ଅମୃତ ଉପମା ।୪୦।
ମାରୁତି-ବଚନେ ସର୍ବେ, ମୋଦେ ଭରପୂର
କ୍ଷ୍ୱେଡ଼ନ୍ତି କେ, ନ ଦିନ୍ତି କେ ଗର୍ଜେ ମହାବଳ ।୪୧।
କଲେ କିଳି-କିଳା ଅନ୍ୟେ, ଗର୍ଜନ୍ତି ଅପରେ
କେ ଲାଙ୍ଗୁଳ ଟେକେ ଉର୍ଦ୍ଧ୍ୱେ, କେ କପି କୁଞ୍ଜରେ ।୪୨।
ଆୟତ ଦୀର୍ଘ ଲାଙ୍ଗୁଳ, ବିକ୍ଷେପିଲେ କେତେ
ଅନ୍ୟେ ଶ୍ରୀବାନରୋତ୍ତମ ବୀର ହନୁମନ୍ତେ ।୪୩।
ପରଶିଲେ, ଲଂଫ ଦେଇ ଶୃଙ୍ଗୁ ତାଙ୍କ ଗାତ୍ରେ
ଏହି ବାକ୍ୟ ଅଙ୍ଗଦ କହନ୍ତି ହନୁମନ୍ତେ ।୪୪।
ସବୁ ହରିବୀର ମଧ୍ୟେ, ବାକ୍ୟ ଅନୁପମ
"କପି କେ ନାହାଁନ୍ତି, ସତ୍ତ୍ୱବୀର୍ଯ୍ୟେ, ତବ ସମ ।୪୫।
ବିସ୍ତୀର୍ଣ୍ଣ ସାଗର ଲଙ୍ଘି, ପୁଣି ଯେ ଫେରିଲ
ଆମ ପ୍ରାଣଦାତା ଏକା ତୁମେ କପି ବୀର ।୪୬।
ସିଦ୍ଧାର୍ଥ ତୋ ଯୋଗୁଁ, ରାମେ କରିବା ପ୍ରଣତି
ଅହୋ, ତବ ସ୍ୱାମୀ-ଭକ୍ତି, ବୀର୍ଯ୍ୟ ଅହୋଧୃତ ! ।୪୭।
ଭାଗ୍ୟେ ଦୃଷ୍ଟା ଦେବୀ, ରାମପତ୍ନୀ ଯଶସ୍ୱିନୀ

ନିଶ୍ଚେ ଛାଡ଼ିବେ କାକୁସ୍ଥ, ସୀତାଜ-ଶୋକାନି ।୪୮।
ଅଙ୍ଗଦେ, ହନୁମନ୍ତେ ଯେ ଜାମ୍ବବାନେ କପି
ଘେରି ହର୍ଷେ, ବସି ମହାଶୀଳାଖଣ୍ଡେ ବ୍ୟାପି ।୪୯।
ସେ ଗିରିର ବିପୁଳ ଶିଳାରେ ବସିକରି
ସମୁଦ୍ର-ଲଙ୍ଘନ ଶୁଣିବାକୁ ଚିତ୍ତକରି ! ।୫୦।
ଲଙ୍କା, ସୀତା, ରାବଣ ଦର୍ଶନ କପିବୀରେ
ଉଦ୍‌ଗ୍ରୀବେ, ବସେ ଚାହିଁଣ, ହନୁ ସପ୍ରାଂଜଳେ ।୫୧।
ଶ୍ରୀମାନ ଅଙ୍ଗଦ ବହୁ ବାନର ଆବୃତ୍ତ
ଇନ୍ଦ୍ରେ କି ସ୍ୱର୍ଗେ ବିବୁଧେ, ଉପାସନେ ସ୍ଥିତ ! ।୫୨।
କୀର୍ତ୍ତିବାନ, ହନୁମାନ, ଯଶସ୍ୱିନ
ଅଙ୍ଗଦା, ଅଙ୍ଗଦବାହୁ, ବୀର୍ଯ୍ୟବାନ
ମୁଜେ ବସିବାରୁ ଉନ୍ନତ ମହାନ
ନଗାଗ୍ର-ଶ୍ରୀୟାରେ ହେଲା ଦିପ୍ୟମାନ ।୫୩।

ସତାବନ ସର୍ଗ ସମାପ୍ତ

ଅଠାବନ ସର୍ଗ

ହନୁମାନ ବୃତ୍ତାନ୍ତ କଥନ

ତହୁଁ ମହେନ୍ଦ୍ର ଶୃଙ୍ଗରେ କପି ମହାବଳ
ହନୁମନ୍ତାଦି ହୋଇଲେ, ଆନନ୍ଦ ବିହ୍ୱଳ । ୧ ।
ଆନନ୍ଦେ ବସନ୍ତେ, ମହାତ୍ମା ବାନର ବୃନ୍ଦ
ପ୍ରୀତରେ ମହାକପିଙ୍କୁ, ହୋଇ ମହାନନ୍ଦ । ୨ ।
ପଚାରିଲେ ଜାମ୍ବବାନ, ସମସ୍ତ ବୃତାନ୍ତ
କିପରି ପାଇଲ ଦେବୀ ଅଛନ୍ତି କେମନ୍ତ । ୩ ।
କ୍ରୂର ଦଶାନନ, ତାଙ୍କୁ କିପରି ଚଳାନ୍ତି
ଯଥାର୍ଥ ଏ ସବୁ କଥା କହହେ ମାରୁତି । ୪ ।
କିପରି ପାଇଲ ଦେବୀ, କି କଥା ସେ ହେଲେ
ଶୁଣି କର୍ତ୍ତବ୍ୟ କରିବି, ପୁଣି ନିଶ୍ଚିନ୍ତରେ । ୫ ।
ଯାଇ ଆମ୍ଭଙ୍କେ, ସେ କଥା, କରିବା ବକ୍ଷାଣ
ଅବା କିଛି ଗୁପ୍ତ ତାହା, କହନ୍ତୁ ଆପଣ । ୬ ।
ଆଦେଶ ପାଇ ସେ ରୋମାଞ୍ଚିତ କଳେବର
ଶିରରେ ନମି ସୀତାଙ୍କୁ କରିଲେ ଉତ୍ତର । ୭ ।
ଆପଣଙ୍କ ଆଗେ, ମହେନ୍ଦ୍ରରୁ ଡେଇଁ ନଭେ
ସମୁଦ୍ର ଦକ୍ଷିଣ ପାରେ ଗଲି ଧୀରେ ଭାବେ । ୮ ।
ଯାଉ ଯାଉ ଘୋର ବିଘ୍ନରୂପେ ଦେଖେ ଆଗେ

ଦିବ୍ୟ କାଂଚନ ଶିଖର, ମନୋହର ନଗେ । ୯ ।
ବାଟକୁ ଆଗୁଳି ସ୍ଥିତ, ମଣି ତାହା ବିଘ୍ନ
ନଗୋତ୍ତମ ପାଖେ ଗଲି, ଦିବ୍ୟ ସ୍ୱର୍ଣ୍ଣ ବର୍ଣ୍ଣ । ୧୦ ।
ମନେ କଲି ବୁଦ୍ଧି, ତାକୁ ଦେଖାଇବା ଭୟ
ମହାଗିରି କି ଲାଙ୍ଗୁଳେ ପିଟିଲି ନିର୍ଦ୍ଦୟ । ୧୧ ।
ସୂର୍ଯ୍ୟ ସଂକାଶ ଶିଖର ଭାଙ୍ଗେ ସହସ୍ରସ
ସେ ଅବସ୍ଥା ବୁଝି ମହାଗିରି, କହେ ଭାଷ । ୧୨ ।
"ପୁତ୍ର" ଏ ମଧୁରବାଣୀ, ଆଲ୍‌ହାଦିତା ମନ
"ବାୟୁଙ୍କ ସଖା, ବତ୍ସ ମୁଁ, ପିତୃବ୍ୟଯେ ଜାଣ । ୧୩ ।
ମହୋଦଧିରେ ମୋ ବାସ, ମୈନାକ ବିଖ୍ୟାତ;
ପକ୍ଷବନ୍ତ ଥିଲେ ପୁରା ନଗୋତ୍ତମେ, ପୁତ୍ର । ୧୪ ।
ସାରା ରସା ବୁଲି, ଛନ୍ଦେ ବାଧ, ଉତ୍‌ପାଦିଲେ
ନଗଙ୍କ ଚରିତ, ପାକଶାସନ ଶୁଣିଲେ । ୧୫ ।
ବଜ୍ରେ ତାଙ୍କ ପକ୍ଷ, ସହସ୍ରଶଃରେ ଛେଦିଲେ
ମହାତ୍ମା ପିତା ତୁମ୍ଭର ମୋତେ ରକ୍ଷାକଲେ । ୧୬ ।
ଏ ସିନ୍ଧୁରେ ବତ୍ସ ମୋତେ, ବାୟୁ ନିକ୍ଷେପିଲେ
ଅରିନ୍ଦମ ରାଘବଙ୍କ ହେବି ସଖା ଭଲେ । ୧୭ ।
ଧାର୍ମ୍ମିକ ମଧ୍ୟରେ ଶ୍ରେଷ୍ଠ ସେ ଇନ୍ଦ୍ର-ବିକ୍ରମ
ମହାତ୍ମା ମୈନାକଙ୍କର ଶୁଣି ଏ ବଚନ । ୧୮ ।
ଗିରିଙ୍କି ମୋ କାର୍ଯ୍ୟ କହି, କଲି ମୁଁ ଉଦ୍ୟମ
ଅନୁମତି ଦେଇ ମୋତେ ମୈନାକ ମହାନ । ୧୯ ।
ଅନ୍ତର୍ହିତ ହେଲେ ଶୈଳ, ନରରୂପଧାରୀ
ମହୋଦଧିରେ ରହିଲେ, ଶୈଳରୂପଧରି । ୨୦ ।
ଉତ୍ତମ ବେଗ ଧରିଣ, ମୋ ବାଟ ଧଇଲି

ତହୁଁ କେତେ କାଳ, ଶୀଘ୍ର ମୋ ପଥେ ଗମିଲି । ୨୧ ।
ତାପରେ ଭେଟେ ସୁରସା ଦେବୀ, ନାଗମାତା
ସମୁଦ୍ର ମଧ୍ୟେ ସେ ଦେବୀ କହିଲେ ଏକଥା । ୨୨ ।
"ମୋର ଲକ୍ଷ୍ୟ ପାଇଁ କପି, ଉଦ୍ଦିଷ୍ଟ ଅମରେ
ତୁମ୍ଭଙ୍କୁ ଖାଇବି, ତେଣୁ ବିହିତ ଯା ସୁରେ" । ୨୩ ।
ଏହା କହିବାରୁ ଦେବୀ ପ୍ରାଞ୍ଜଳେ ପ୍ରଣମି
ବିବର୍ଣ୍ଣ ବଦନେ ତାଙ୍କୁ କହିଲି ଏ ବାଣୀ । ୨୪ ।
ଶ୍ରୀମନ୍ ଦାଶରଥି ରାମ, ଦଣ୍ଡକେ ପଶିଲେ
ଲକ୍ଷ୍ମଣ ଭ୍ରାତାଙ୍କ ସହ, ଭାର୍ଯ୍ୟା ସୀତା ତୁଲେ । ୨୫ ।
ଶତୃଘ୍ନ ତାଙ୍କର ଭାର୍ଯ୍ୟା ହରିଛି ରାବଣ
ତାଙ୍କର ଦୂତ ମୁଁ ଯାଏ, ରାମ ଆଦେଶେଣ । ୨୬ ।
ସେ ଶତୃଘ୍ନ ରାମ ପାଇଁ ହୁଅନ୍ତୁ ସହାୟ
ସୀତା ଦୃତକର୍ମ୍ମା ଦେଖି ଶ୍ରୀରାମ ନିଶ୍ଚୟ । ୨୭ ।
ତୁମ୍ଭ ମୁଖକୁ ଫେରିବି, ସତ୍ୟ ଏ ମୋ ବାଣୀ"
କାମରୂପିଣୀ ସୁରସା, ଏ ମୋ କଥା ଶୁଣି । ୨୮ ।
କହିଲା, ସେ ବରୁଁ ମୋଠୁ କେ ବର୍ତ୍ତିବେ ନାହିଁ
ଏହା ଶୁଣି ଦଶଯୁଣ ବଢ଼ିଲେ ଯେ ମୁହିଁ । ୨୯ ।
ତହୁଁ ତାଠୁ ଦେଢ଼ ଗୁଣ, କ୍ଷଣକେ ବଢ଼ିଲି
ମୋଠୁ ତହୁଁ ବେଶୀ ପାଟି ତାର ଦେଲାଫାଡ଼ି । ୩୦ ।
ତା ପାଟି ବ୍ୟାଦାନ ଦେଖି ଛୋଟ ହେଲି ପୁଣ
ଆଙ୍ଗୁଠିଏ ହେଲି ମୁହିଁ, ଏକ ମୁହୂର୍ତ୍ତେଣ । ୩୧ ।
ଆଶୁ ପଶି ତା ମୁଖରେ, ବାହାରେ ତତ୍‌କ୍ଷଣେ
ନିଜରୂପ ଧରି ଦେବୀ କହିଲେ ସେ କ୍ଷଣେ । ୩୨ ।
"ହେଉ କାର୍ଯ୍ୟ ସିଦ୍ଧି ଯଥା ସୁଖେ ସୌମ୍ୟ, ଯାଅ
ମିଳାଅ ବୈଦେହୀ, ମହାତ୍ମା ରାମଙ୍କ ସହ । ୩୩ ।
ସୁଖୀ ହୁଅ ମହାବାହୁ, ତୁମଠି ମୁଁ ପ୍ରୀତ

ତହୁଁ "ସାଧୁ, ସାଧୁ" ସବୁ ଭୂତେ ହେଲି ସ୍ତୁତ ।୩୪।
ତହୁଁ ମହାନଭେ ଉଡ଼େ, ଗରୁଡ଼ଙ୍କ ପରି
ମୋ ଛାଇ କେ ଟାଣେ ତାହା ଦେଖି ନ ପାରିଲି ।୩୫।
କେ ମୋ ଗତି ରାଧେ ଦଶ ଦିଶେ ଅନାଇଲି;
କେ ମୋ ଗତି ରୋଧ କଲା, କିଛି ନ ଦେଖିଲି ।୩୬।
ତହୁଁ ମୁଁ ଭାବିଲି କାହୁଁ ହେଲା ମୋ ଗମନେ
ଏପରି ବିଘ୍ନ, କାହାକୁ ନ ଦେଖେ ନୟନେ ।୩୭।
ଶୋକ କରୁ କରୁ ଦୃଷ୍ଟି ପଡ଼ିଲା ମୋ ତଳେ
ସେଠି ଦେଖେ ଭୀମାସୁରୀ ଶୋଇଛି ସଲିଳେ ।୩୮।
ହସି ମହାନାଦେ କହେ, ସେ ଭୀମା ଅସୁରୀ
ଅସୁନ୍ଦର ବାକ୍ୟ ତାର ନିର୍ଭିକେ ଶୁଣିଲି ।୩୯।
କେଉଁଠିକି ଯାଅ ମହାକାୟ ମୋ ଇପ୍‌ସିତ
ଚିର କ୍ଷୁଧାର୍ତ୍ତ ମୋ ଲକ୍ଷ୍ୟ, କର ମୋତେ ପ୍ରୀତ ।୪୦।
'ହେଉ ତାହା କହି' ମାନିଗଲି, ବାଣୀ ତାର
ତା ମୁଖରୁ ଅଧିକ ମୁଁ କଲି ମୋ ଶରୀର ।୪୧।
ମହାଭୀମ ତାର ଆସ୍ୟ ବଢ଼େ ମୋ ଭକ୍ଷଣେ
ନ ବୁଝିଲା ମୋତେ, ବା ମେ ରୂପ ମାୟାଗୁଣେ ।୪୨।
ତହୁଁ କ୍ଷଣକେ ମୋ ମହାରୂପ ସଂକ୍ଷେପିଲି
ପଶି ତା ହୃଦ କାଟିଣ, ଗଗନେ କ୍ଷେପିଲି ।୪୩।
ଭୀମା ତା ଭୁଜ ବିସ୍ତାରି ପଡ଼ିଲା ସତ୍ୱରେ
ପର୍ବତାକାରା ରାକ୍ଷସୀ ଲବଣ-ସାଗରେ ।୪୪।
ଶୁଣିଲି ନଭଚାରୀଙ୍କ "ସୌମ୍ୟ, ହେ ମହତ ।
ମାରିଛ ସିଂହିକା ଭୀମା, ଆହୋ, ହନୁମନ୍ତ" ।୪୫।
ତାକୁ ମାରି, ମୋ ଜରୁରି କର୍ମ୍ମ ମନେ ସ୍ମରି
ଯାଇ ମହାପଥ, ଦେଖେ, ମଣ୍ଡିତ ନଗଶ୍ରୀ ।୪୬।
ଉଦଧୀ ଦକ୍ଷିଣ ତୀରେ ସ୍ଥିତ ଲଙ୍କାପୁରୀ

ସୂର୍ଯ୍ୟ ଅସ୍ତପରେ ରକ୍ଷଙ୍କ ନିଳୟ-ପୁରୀ ।୪୭।
ପଶିଲି ଅଜ୍ଞାତ ରକ୍ଷେ, ସେ ଭୀମ ବିକ୍ରମେ
ତହିଁ ଦେଖିଲି, କଜ୍ଜ୍ୱଳ-ପ୍ରଭମହାଘନେ ।୪୮।
ଅଟ୍ଟହାସ୍ୟ ମୁଂଚି ନାରୀ ମୋ ଆଗରେ ଠିଆ
ଜିଘାଂସା, ତାହାଙ୍କୁ ଜ୍ୱଳଦଗ୍ନି-ଶିରୋରୁହା ।୪୯।
ସଦ୍ୟ ମୁଷ୍ଟି ପ୍ରହାରରେ ସେ ଭୈରେବୀ ଜିଣି
ସଂଧ୍ୟାରେ ପଶିଲି ଲଙ୍କା, କହିଲା ସେ ବାଣୀ ।୫୦।
"ଲଙ୍କାପୁରୀ ସ୍ୱୟଂ ମୁହିଁ, ମୋତେ ଯେ ଜିଣିଲ
ତେଣୁ ଦିଶିବ, ସମସ୍ତ ରାକ୍ଷସ ହେ ବୀର ।୫୧।
ତହୁଁ ସର୍ବ ରାତ୍ରବୁଲି ଜାନକୀ ଖୋଜିଲି
ରାବଣାନ୍ତପୁରେ ମଧ୍ୟ ତାଙ୍କୁ ନ ଦେଖିଲି ।୫୨।
ରାବଣର ନିକେତନେ, ସୀତାଙ୍କୁ ନ ଦେଖି
ଶୋକ ସାଗରେ ମଜ୍ଜିଲି, ତା ପାର ନ ଲକ୍ଷି ।୫୩।
ଶୋକ କରୁ କରୁ ଦେଖେ, ପ୍ରାଚୀରେ ଆବୃତ୍ତ
ସୁବର୍ଣ୍ଣର, ଘେରି ଗୃହ-ଉଦ୍ୟାନ, ଅଦ୍ଭୁତ ।୫୪।
ସେ ପ୍ରାଚୀର ଡେଇଁ ଦେଖେ, ବହୁ ବୃକ୍ଷମାନ
ଅଶୋକ-କାନନେ ଏକ ଶିଂଶପା-ମହାନ ।୫୫।
ତାହା ଚଢ଼ି ଦେଖେ, ସୁବର୍ଣ୍ଣ ରମ୍ଭା-ବନାନୀ
ଶିଂଶପା ତଳେ, ଅଦୂରେ ସେ ବର-ବର୍ଣ୍ଣିନୀ ।୫୬।
ଶ୍ୟାମା, କମଳ-ପତ୍ରାକ୍ଷୀ, ଉପବାସେ ଶୀର୍ଣ୍ଣା
ଏକ ବସ୍ତ୍ରୀ ଧୂଳି-ଧୂସରିତା-କେଶ-କୀର୍ଣ୍ଣା ।୫୭।
ଶୋକ ତପ୍ତା କ୍ଷୀଣା ସୀତା, ଭର୍ତ୍ତୃହିତେ ସ୍ଥିତା
କ୍ରୂର ବିରୂପା-ରାକ୍ଷସୀ, ବୃନ୍ଦେ ସମାବୃତ୍ତା ।୫୮।
ରକ୍ତ-ମାଂସ ଭକ୍ଷା, ବ୍ୟାଘ୍ରୀ ଘେରା ମୃଗୀ ପରି
ରାକ୍ଷସୀଏ ମୁହୁର୍ମୁହୁଃ ତର୍ଜ୍ଜନେ ଝିଂକାରି ।୫୯।

ଏକ ବେଣୀ, ଦୀନା, ଭର୍ତ୍ତୃଚିନ୍ତା-ପରାୟଣା
ଭୂଶଯ୍ୟା ମଳିନା, ହୀମାଗମେ ପଦ୍ମ-ସମା । ୬୦ ।
ରାବଣେ ବିନିବୃତ୍ତା ସେ, ମରଣେ ନିଶ୍ଚିତା
କଥଂଚିତ୍ ପାଇଲି, ମୃଗ ବାଳାକ୍ଷୀ ଯେ ସୀତା । ୬୧ ।
ଏପରି ଦେଖିଣ, ରାମ ପତ୍ନୀ ଯଶସ୍ୱିନୀ
ସେ ଶିଂଶପା-ବୃକ୍ଷେ ରହି, ଚାହେଁ ସେହି କ୍ଷଣି । ୬୨ ।
କାଂଚୀ-ନୂପୁର-ମିଶ୍ରିତ ହଳାହଳ ଶବ୍ଦ
ଶୁଣିଲି ରାବଣ ଗୃହେ, ମହା ଯେ ନିନାଦ । ୬୩ ।
ତହୁଁ ମୁଁ ମହା ଉଦ୍‌ବେଗେ, ମୋ ରୂପ ସଂହାରି
ଶିଂଶପା ଗହନ ଡାଳେ ରହେ ପକ୍ଷୀ ପରି । ୬୪ ।
ତହୁଁ ବୀର ଲଙ୍କେଶ୍ୱର ଦାରା ସହ ଯାଇ
ପହଁଚିଲା ମହାବଳ, ସୀତା ଛନ୍ତି ରହି । ୬୫ ।
ଦେଖି, ରକ୍ଷଗଣେଶ୍ୱର, ସୀତା ନିତମ୍ବିନୀ
ସଂକୋଚି, ଉରୁ ଘୋଡ଼ାଏ ପୀନ କୁଚ-ବେନି । ୬୬ ।
ମହା ଦୁଃଖିନୀ ସୀତାଙ୍କୁ କହେ ଦଶାନନ
ଭୟେ ପରମ ଉଦ୍‌ବିଗ୍ନା, ଏଣେ ତେଣେ ଚାହିଁ
ଥରେ ତପସ୍ୱିନୀ, ତ୍ରାଣ ଉପାୟ ନ ପାଇ । ୬୭ ।
ମହାଦୁଃଖିନୀ ସୀତାଙ୍କୁ, କହେ ଦଶାନନ
ନତଶିରେ ପଡ଼ିତଳେ କରି ବହୁମାନ୍ୟ । ୬୮ ।
ଯଦି ହେ ଗର୍ବିଣୀ ମୋତେ ସ୍ୱାଗତ ନ କର
ଦିମାସ ପରେ ପିଇବି ରକତ ତୁମ୍ଭର । ୬୯ ।
ଦୁଷ୍ଟ ଆତ୍ମା ରାବଣର ଶୁଣି ଏବଚନ
କହିଲେ ପରମ କ୍ରୋଧେ, ସୀତା ଯେ ଏସନ । ୭୦ ।
"ଅମିତ ତେଜ ରାମର ଭାର୍ଯ୍ୟା, ମୁଁ ଅଧମ
ଦଶରଥଙ୍କର ବୋହୁ, ମୁଁ ଯେ, ତାହା ଜାଣ । ୭୧ ।
ଅବାକ୍ୟ କହୁଛୁ, ଛିଣ୍ଡୁନି ଜିଭ ତୋହରି

କି ତୋ ବୀର୍ଯ୍ୟ ରେ ଅନାର୍ଯ୍ୟ, କଲୁ ମୋତେ ଚୋରି । ୭୨ ।
ଭର୍ତ୍ତା ଅଗୋଚରେ ! ପାପୀ ହରିଲୁରେ ମୋତେ
ରାମ ପରି ନୁହଁ, ତାଙ୍କ ଦାସ ନ ଯୁଜ୍ୟତେ । ୭୩ ।
ଅଦେୟ, ସତ୍ୟବାକ୍ ଶୂର, ରଣଶ୍ଲାଘୀ ରାମ
ଜାନକୀ ପୌରୁଷ ବାକ୍ୟ ଶୁଣି ଦଶାନନ । ୭୪ ।
କୋପେ ଜଳିଲା ସହସା ଚିତା ଅଗ୍ନିସମ,
କ୍ରୂର ନେତ୍ରେ, ଉଠାଇଣ ମୁଷ୍ଟିଯେ ଦକ୍ଷିଣ । ୭୫ ।
ମୈଥିଳୀ ବଧେ ବାହାରୁ, ହା ହା କଲେ ସ୍ତ୍ରୀୟେ ।
ସେ ମଧ୍ୟରୁ ବାହାରିଣ, ସେ ଦୁଷ୍ଟର ଜାୟେ । ୭୬ ।
ଶ୍ରେଷ୍ଠା ମନ୍ଦୋଦରୀ, ନାମ, ନିବାରିଲା ତାରେ
କହିଣ ମଧୁରବାଣୀ, କାମାର୍ଜ୍ଜିତ ବୀରେ । ୭୭ ।
"ସୀତାରେ କି କାର୍ଯ୍ୟ ତବ, ମହେନ୍ଦ୍ର ବିକ୍ରମ
ରମ ମୋହ ସହ ଆଜି, ସୀତା ମୋଠୁ ହୀନ । ୭୮ ।
ଦେବ ଗନ୍ଧର୍ବ କନ୍ୟାଙ୍କୁ ଯକ୍ଷ-କନ୍ୟା ସହ
ରମ ପ୍ରଭୁ, କି କରିବ, ସୀତା ନାରୀ ହେୟ । ୭୯ ।
ତହୁଁ ଏକାଠି ନାରୀୟେ ଘେରି ମହାବଳେ
ଉଠାଇ ନେଲେ ସହସା, ରକ୍ଷେ ତାହା ଘରେ । ୮୦ ।
ଗଲେ ଦଶଗ୍ରୀବ ରକ୍ଷିଣୀ ବିକୃତାନନା
ଭର୍ତ୍ସିଲେ ଜାନକୀ କ୍ରୂରେ ଦାରୁଣ ବଚନା । ୮୧ ।
ତୃଣ ପରି ତାଙ୍କ କଥା, ମଣିବାରୁ ସୀତା
ତାଙ୍କର ଭର୍ତ୍ସନା, ନିରର୍ଥକ ହେଲା ତଥା । ୮୨ ।
ବୃଥା ଗର୍ଜ୍ଜନର ଚେଷ୍ଟା କରିଣ ରକ୍ଷୀୟେ
ଶଂସିଲେ ରାବଣେ, ବୈଦେହୀ କୃତ-ନିଶ୍ଚୟେ । ୮୩ ।
ଆଶାହୀନା, ନିରୁଦ୍ୟମା, ବିଫଳ ସଭିଏଁ
ମହାକ୍ଲାନ୍ତ ନିଦ୍ରାବଶ ହେଲେ ରାକ୍ଷସୀୟେ । ୮୪ ।
ଶୋଇବାରୁ ସର୍ବେ, ସୀତା, ଭର୍ତ୍ତାହିତେ ରତା

କାନ୍ଦିଲେ କରୁଣେ ଦୀନା, ଶୋଚି ସୁଦୁଃଖିତା ।୮୫।
ତାଙ୍କ ମଧ୍ୟରୁ ଉଠିଣ ତ୍ରିଜଟା ବଖାଣେ
"ଖାଅ ନିଜକୁ ଯେ ନିଜେ, ନ କୃଷ୍ଣ-ନୟନେ ।୮୬।
ଜନକ ଆତ୍ମଜା, ସାଧ୍ୱୀ, ଦଶରଥ ସ୍ନୁଷା,
ଦେଖିଲି ଲୋ, ସ୍ୱପ୍ନ, ମହାକ୍ରୂର ରୋମହର୍ଷା ।୮୭।
ରାକ୍ଷସ ବିନାଶ ସୀତା-ଭର୍ତ୍ତାଙ୍କ ବିଜୟ ।
ଏ ଆମର ଗଡ଼ି ନିଶ୍ଚେ ରାମଠୁ ନିଶ୍ଚୟ ।୮୮।
ମାଗିବା ସୀତା ଶରଣ, ଏ ମନକୁ ପାଏ
ଯଦି ଏ ସ୍ୱପନ, ସୀତାଙ୍କୁ ଯେ କୁହାଯାଏ ।୮୯।
ପାଇବେ ସେ ମହାସୁଖ, ଦୁଃଖୁଁ ମୁକ୍ତି ପାଇ
ନମି ତାଙ୍କୁ ପ୍ରସନ୍ନା କରିବା ଚାଲ ଗୋଇ ।୯୦।
ମହାଭୟୁ ଆମ୍ଭଙ୍କୁ ସେ କରିବେ ଯେ ତ୍ରାଣ
ତହୁଁ ଲଜ୍ଜାଶୀଳା, ଭର୍ତ୍ତାଜୟେ ହର୍ଷମନ ।୯୧।
ଏକଥା କହିବା ଯଦି, ହେବେ ସେ ଶରଣ ।
ତାଙ୍କର ଏ ଦଶା ଦେଖି, ଅତୀବ ଦାରୁଣ ।୯୨।
ଭାବିଲି ବିଶ୍ରାମ ମୋର, ନାହିଁ, ବା ନିବୃତି
ସୀତା ସମ୍ଭାଷଣ ପାଇଁ ବଳାଇଲି ମତି ।୯୩।
ତାଙ୍କ ଶୁଣାଣିରେ ଇକ୍ଷ୍ୱାକୁ-କୁଳର ସ୍ତୁତି
କଲି, ରାଜର୍ଷି-ଗଣର, କୀର୍ତ୍ତିତ ଯେ ଭକ୍ତି ।୯୪
ଉତ୍ତରିଲେ ଦେବୀ, ନେତ୍ର ଅଶ୍ରୁରେ ପିହିତ
କିଏ ତୁମ୍ଭେ, ଏଠି କାହିଁକି ଯେ ଉପଗତ ।୯୫।
କି ପ୍ରୀତି ରାମରେ, ତବ କହ, ତୁମ୍ଭେ କ୍ଷମ
ଏ ବାକ୍ୟ ତାଙ୍କର ଶୁଣି, କହିଲି ବଚନ ।୯୬।
"ଦେବି, ତବ ଭର୍ତ୍ତା ରାମଙ୍କର ଯେ ସହାୟ
ମହାବୀର ସୁଗ୍ରୀବ, କପୀନ୍ଦ୍ର ମହାଶୟ ।୯୭।
ତାଙ୍କ ଦାସ ହନୁମନ୍ତ ତବାର୍ଥେ ପ୍ରେରିତ

ଦୃଢ଼କର୍ମ୍ମା ତବ ଭର୍ତ୍ତା ରାମଙ୍କର ଦୂତ ।୯୮।
ପୁରୁଷ ବ୍ୟାଘ୍ର ଶ୍ରୀମାନ ସ୍ୱୟଂ ଦାଶରଥି
ଅଭିଜ୍ଞାନ ଅଙ୍ଗୁଳୀୟ, ଏହା ଦେଇଛନ୍ତି ।୯୯।
କହ ତୁମ୍ଭ ଆଜ୍ଞା, ଦେବି, କଅଣ କରିବି
ରାମ ଲକ୍ଷ୍ମଣଙ୍କ ପାଖେ ତୁମ୍ଭଙ୍କୁ କି ନେବି ? ।୧୦୦।
ଏହା ଶୁଣି, ଜାଣି ସୀତା, ଜନକ ଦୁଲ୍ଲଣୀ
କହେ, ରାବଣ ବିନାଶି, ନେବେ ମୋର ସ୍ୱାମୀ ।୧୦୧।
ନମି ମସ୍ତକେ ଦେବୀଙ୍କୁ, ଆର୍ଯ୍ୟେ ଆନନ୍ଦିଣ
ମାଗେ, ରାମ-ଆଲ୍‌ହାଜନେ, କିଛି ଅଭିଜ୍ଞାନ ! ।୧୦୨।
ତହୁଁ କହେ ଦେବୀ, ନିଅ, ଏ ଅତି ଉତ୍ତମ
ମଣି, ରାମ, ଆସ୍ଥା ବହୁ, ହେବ ହନୁମାନ ।୧୦୩।
ଏହା କହି ବରାରୋହା, ଶ୍ରେଷ୍ଠ ମଣି ରତ୍ନ
ଦେଇ ମହାବେଗେ କଲେ, ସନ୍ଦେଶ ପ୍ରଦାନ ।୧୦୪।
ତହୁଁ ତାଙ୍କ ନମି, ରାଜପୁତ୍ରୀ, ସୁସକ୍ଷମ
ପ୍ରଦକ୍ଷିଣ କରି, ଏଠି ଆସିହେତ ଉଚ୍ଛନ୍ନ ।୧୦୫।
କରିଲେ ଉତ୍ତର ପୁଣି, ଦୃଢ଼ କରି ମନ
'ମୋ ବୃତ୍ତାନ୍ତ କହିବ, ରାଘବେ ହନୁମାନ ।୧୦୬।
ଶୁଣି, ସାଙ୍ଗେ ସାଙ୍ଗେ ଦୁହେଁ ଶ୍ରୀରାମ ଲକ୍ଷ୍ମଣ
ଯେପରି ଆସିବେ, ବୀରେ ସୁଗ୍ରୀବ ଗହଣ ।୧୦୭।
ଯଦି ଏ ଅନ୍ୟଥା ହୁଏ, ଦି ମାସେ ମୋ ପ୍ରାଣ
ଯିବ, ଅନାଥିନୀ ପରି, ନ ଦେଖିବେ ରାମ ।୧୦୮।
ସେ କରୁଣ ବାକ୍ୟ ଶୁଣି, ବଢ଼ିଲା ମୋ ରାଗ
ଏହା ପରେ 'କି କରିବି', ଭାବିଲି ମୁଁ ଆଗ ।୧୦୯।
ତହୁଁ ବଢ଼ାଇଲି କାୟା, ପର୍ବତ ସଂନିଭ
ଯୁଦ୍ଧ୍ୟକାଙ୍କ୍ଷୀ ବନ ନାଶ କରିଲି ଆରମ୍ଭ ।୧୧୦।
ଭାଙ୍ଗେ ବନ ଖଣ୍ଡ ଭ୍ରାନ୍ତ-ତ୍ରସ୍ତ ପକ୍ଷୀମୃଗ

ଦେଖିଲେ ତା ରକ୍ଷୀଏ ହେବାରୁ ନିଦ୍ରା ଭଙ୍ଗ ।୧୧୧।
ସେ ବନରେ ମୋତେ ଦେଖି, ସବୁଠୁ ଆସିଣ
କ୍ଷିପ୍ରେ ରାବଣ କରିଲେ ବୟାନ ।୧୧୨।
'ନ ଜାଣି ତବ ମହାତ୍ମ୍ୟ, ଦୁରାତ୍ମା ବାନର
ଭାଙ୍ଗିଛି, ଦୁର୍ଗମ ତବ, ବନ, ମହାବଳ ।୧୧୩।
ତବ ଅପ୍ରିୟ-କାରୀ ସେ, ହେଲା ତା ଦୁର୍ବୁଦ୍ଧି
ମାରିବାକୁ ଦିଅ ଆଜ୍ଞା, ନ ଫେରୁ ଅବଧି ।୧୧୪।
ତା ଶୁଣି ରକ୍ଷେନ୍ଦ୍ର ବହୁ ଦୁର୍ଜୟ ଅସୁରେ
କିଂକର ନାମ, ପଠାଏ, ନିଜ ଅନୁଚରେ ।୧୧୫।
ଆସିବାରୁ ଅଶୀସହସ୍ର ଶୂଳମୁଦ୍‌ଗର ପାଣି
ନିଷ୍ସୂଦନ କଲି ତାଙ୍କୁ, ପରିଘରେ ହାଣି ।୧୧୬।
ହତାବଶିଷ୍ଟଯେ ଧାଇଁ କରି କ୍ଷିପ୍ରେ ଗଲେ
ସୈନ୍ୟ ନିଧନ ଖବର, ରାବଣେ କହିଲେ ।୧୧୭।
ତହୁଁ ମୁଁ ଭାବିଲି, ଚୈତ୍ୟ-ହର୍ମ୍ମ୍ୟର ଭଂଜନ
ଶତରକ୍ଷୀ ରାକ୍ଷସଙ୍କୁ, ସ୍ତମ୍ଭରେ ମାରିଣ ।୧୧୮।
ଲଙ୍କାଶିରେମଣି, ହର୍ମ୍ମ୍ୟ, ଧ୍ୱଂସିଲି ମୁଁ ରୋଷେ
ତହୁଁ ପ୍ରହସ୍ତର ସୁତ ଜମ୍ବୁମାଳୀର ଆସେ ।୧୧୯।
ଘୋର ଭୟଙ୍କର ବହୁ ରକ୍ଷ ରଙ୍ଗେ ଧରି
ରଣ କୋବିଦ ରାକ୍ଷସ ସେ ଯେ ମହାବଳୀ ।୧୨୦।
ପଦାତିକ ବଳ ସହ, ପେଷିଲା ରାବଣ
ପରିଘେ ପଠାଏ ସର୍ବେ ଶମନ-ସଦନ ।୧୨୧।
ମନ୍ତ୍ରୀ-ପୁତ୍ର-ବଧ ଶୁଣି, ଯୁଦ୍ଧେ ବେଶବାନ
ପଞ୍ଚସେନାର ଶୂରଙ୍କୁ ପେଶିଲା ରାବଣ ।୧୨୨।
ସୈନ୍ୟସହ ସମସ୍ତଙ୍କୁ ନିଷୂଦନ
ତହୁଁ ଦଶଗ୍ରୀବ ପୁତ୍ର ଅକ୍ଷ ବଳୀୟାନ ।୧୨୩।
ବହୁ ରାକ୍ଷସଙ୍କ ସଙ୍ଗେ, ପେଷିଲା ସମରେ

ମନ୍ଦୋଦରୀ ପୁତ୍ର ରଣ-ପଣ୍ଡିତ କୁମାରେ । ୧୨୪ ।
ସର୍ବନାଶୀ, ସମୁଦ୍‌ଯୋଗୀ ଊର୍ଦ୍ଧ୍ୱେ ପାଦ ଧରି
ଶହେ ଥର ବୁଲାଇଣ, ନିଷ୍ପେଷିତ କଲି । । ୧୨୫ ।
ଅକ୍ଷ ଆସି ଭାଙ୍ଗିବାର ଶୁଣି ଦଶାନନ
ଦ୍ବିତୀୟ ଜନୟ ଇନ୍ଦ୍ରଜିତ ପେଶେ ପୁଣ । ୧୨୬ ।
ମହାକ୍ରୋଧେ ପଠାଇଲା ଯୁଦ୍ଧୋନ୍ମତ୍ତ ବଳୀ
ରାକ୍ଷସବୀରେ ସସେନା, ଘଉଡ଼ କରିଲି । ୧୨୭ ।
ନଷ୍ଟଓଜ ରଣେ କରି, ମହାହର୍ଷ ହେଲି ।
ବିପୁଳ ବିଶ୍ୱାସେ ମହାବାହୁ ମହାବଳୀ । ୧୨୮ ।
ପେଷିଥିଲା, ରକ୍ଷ ମହୋଦ୍ଧତ୍ତ ବୀରେ ସହ
ସ୍ୱ ସୈନ୍ୟ ମର୍ଦ୍ଦନେ, ବୁଝି, ମୋତେ ଦୁର୍ବିସହ । ୧୨୯ ।
ବ୍ରହ୍ମାସ୍ତ୍ରେ ବାନ୍ଧିଲା ମୋତେ, ସେ ଅତି ବେଗରେ
ରାକ୍ଷସେ ତହୁଁ ବାନ୍ଧିଲେ ମୋତେ ଯେ ରଜ୍ଜୁରେ । ୧୩୦ ।
ଧରି ମୋତେ ନେଲେ ରାବଣର ସନ୍ନିଧାନ
ଦେଖି ମୋତେ ପୁଚ୍ଛିଲା ସେ ଦୁରାତ୍ମା ରାବଣ । ୧୩୧ ।
ପୁଚ୍ଛିବାରୁ ଲଙ୍କା ଆଗମନ, ରକ୍ଷନାଶ
"ସୀତାର୍ଥେ କରିଛି, ଶୁଣ ରଣାଙ୍ଗନେ ଧ୍ୱଂସ । ୧୩୨ ।
ଦେଖି ତାଙ୍କୁ ଠାବ ପାଇଁ, ତୁମ୍ଭ ପୁରେ ପ୍ରାପ୍ତ
ମାରୁତ-ଔରସ ପୁତ୍ର କପି ହନୁମନ୍ତ । ୧୩୩ ।
ସୁଗ୍ରୀବ ସଚିବ, ମୋତେ ଜାଣ, ରାମ ଦୂତ
ରାମ ଦୌତ୍ୟ-ପାଇଁ ହେଲି ଏଠି ଉପଗତ । ୧୩୪ ।
ଶୁଣନ୍ତୁ ମୋ, ସମାଦେଶ ମୁଁ ଯାହା କହଇ
ରକ୍ଷେଶ, ହରୀଶ କହିଛନ୍ତି ସମଝାଇ । ୧୩୫ ।
'ମହାତ୍ମା ସୁଗ୍ରୀବ ଇଚ୍ଛେ, ତୁମ୍ଭର କୁଶଳ
ଧର୍ମାର୍ଥକାମ ସହିତ, ହିତ-ଅନୁକୂଳ । ୧୩୬ ।
ତରୁ ପୂର୍ଣ୍ଣ ଋଷ୍ୟମୂକେ, ବାସ କଲା ବେଳେ

ରଣ ବିକ୍ରମ ରାଘବ ମିତ୍ର ଯେ ହୋଇଲେ ।୧୩୭।
କହିଲେ, ରାଜନ, ମୋର ଭାର୍ଯ୍ୟା, ରକ୍ଷେହୃତା
ସେଥିରେ ସାହାଯ୍ୟ ପାଇଁ, ଦିଅ ମୋତେ କଥା ।୧୩୮।
ବାଳୀ-ହୃତ-ରାଜ୍ୟ ସୁଗ୍ରୀବର ସହମିତ୍ର
ହେଲେ ଅଗ୍ନି ସାକ୍ଷ୍ୟ କରି, ରାମ ସସୌମିତ୍ର ।୧୩୯।
ଯୁଦ୍ଧେ, ଏକ ଶର ମାରି, ବାଳୀ ବିନାଶିଲେ
ବାନରମାନଙ୍କ ପ୍ରଭୁ, ସୁଗ୍ରୀବେ କରିଲେ । ।୧୪୦।
ତାଙ୍କ ସାହାଯ୍ୟ ଆମ୍ଭର ସର୍ବାତ୍ମ କର୍ତ୍ତବ୍ୟ
ତେଣୁ ଧର୍ମ୍ମତଃ ପଠାଏ ଦୂତରେ ପ୍ରସ୍ତାବ ।୧୪୧।
ଶୀଘ୍ର ଆଣି ସମର୍ପ ହେ, ସୀତାଙ୍କୁ ଶ୍ରୀରାମେ
ବାନରେ ଧ୍ୱଂସ କରିବା ପୂର୍ବୁ ତୁମ୍ଭ ସୈନ୍ୟେ ।୧୪୨।
ପୂର୍ବରୁ କେ ଜାଣି ନାହିଁ, ବାନର ପ୍ରଭାବ
ଦେବତା ଡାକିଲେ, ଯାଉଥିଲେ, ଆଗେ ଭାବ ।୧୪୩।
ଏହା କପି ରାଜ, ତୁମ୍ଭଙ୍କୁ ଛନ୍ତି କହି।'
ସତେ ପୋଡ଼ି ଦେବେ, କିରେ ରୋଷେ, ମୋତେ ଚାହିଁ।୧୪୪।
'ବଧ ଏ', କହି ରାକ୍ଷସ ସେ ରଦ୍ର-କର୍ମ୍ମଣ
ମୋ ପ୍ରଭାବ ନ ଜାଣିଣ, ଦୁରାତ୍ମା, ରାବଣ ।୧୪୫।
ତହୁଁ ବିଭୀଷଣ, ମହାପତି ତାର ଭାଇ
ମାଗିଲା ରାକ୍ଷସ ରାଜନରେ ମୋର ପାଇଁ ।୧୪୬।
ନୁହଁ ରାକ୍ଷସ-ଶାର୍ଦ୍ଦୁଳ, ଛାଡ଼ନ୍ତୁ ଯେ ଏହା
ରାଜଶାସ୍ତ୍ର-ବିରୁଦ୍ଧ ଏ, ମାର୍ଗ, ରାଜ-ନାହ ।୧୪୭।
'ଦୂତ-ବଧ୍ୟ' ନାହିଁ ଲେଖା ରାଜଶାସ୍ତ୍ର କେବେ
ଯଥା ଅବହିତ ଆଜ୍ଞା, ଦୂତେ ଯେ ପାଳିବେ ।୧୪୮।
ଅତୁଳ-ବିକ୍ରମ, ମହାପରାଧୀ ବି ଦୂତ
ବି ରୂପକରଣ ଦୃଷ୍ଟ, ନ ବଧ୍ୟ ଶାସ୍ତ୍ରତଃ ।୧୪୯।
ଏହା କହିବାରୁ ବିଭୀଷଣ ଯେ ରାବଣ

କହେ ରକ୍ଷେ କରିବାକୁ ଲାଙ୍ଗୁଳ-ଦହନ । ୧୫୦ ।
ତହୁଁ ତାଙ୍କ ବାକ୍ୟେ ଚାରିଆଡୁ ମୋ ଲାଙ୍ଗୁଳେ
ଗୁଡ଼ାଇଲେ ଛଣ, କପା, ପଟ, ବକଳରେ । ୧୫୧ ।
ରାକ୍ଷସେ ବାନ୍ଧି ସୁଘଂଚେ, ସେ ଚଣ୍ଡ ବିକ୍ରମେ
ଲଗାଇଣ ନିଆଁ, ପୁଛେ କାଷ୍ଠ-ମୁଷ୍ଟହାଣେ । ୧୫୨ ।
ବହୁ ପାଶରେ ବାନ୍ଧିଣ ରକ୍ଷେ ସୁଯଂତ୍ରିତ
ଦିନରେ ଦେଖିଲି ଲଙ୍କା, ପୀଡ଼ା ଯେ କିଂଚିତ । ୧୫୩ ।
ତହୁଁ ସେ ରାକ୍ଷସ ଶୂରେ ବାନ୍ଧି ଅଗ୍ନି ଦେଇ
ରାଜମାର୍ଗେ ଘୋଷି, ଘୋଷି, ପୁର ଦ୍ୱାରେ ନେଇ । ୧୫୪ ।
ତହୁଁ ମୋ ମହାରୂପ ସଂଶୋଚିତ କରି
ଫିଟାଇ ବନ୍ଧନ, ପାଏ ସ୍ୱଭାବ ମୁଁ ଫେରି । ୧୫୫ ।
ଲୁହା-ପରିଘରେ, ରାକ୍ଷସଙ୍କୁ ମାରିଦେଇ
ନଗର-ମହା-ଫାଟକେ ବରଲି ଯେ ଡେଇଁ । ୧୫୬ ।
ପ୍ରଜ୍ୱଳିତ ପୁଛେ, ପୁରୀ ସାଟାଳୀଗୋପୁର
ଦହିଲି କାଳାଗ୍ନି ଯଥା, ଦହେ ପ୍ରଜାକୁଳ । ୧୫୭ ।
ପୋଡ଼ିଲେ କି ସୀତା ? କିଛି ଅଦଗ୍ଧ ନ ଦିଶେ
ଭସ୍ମ ହେଲା ଲଙ୍କା ସର୍ବ, ଆହା ! କି ଉଦ୍ଦେଶ୍ୟେ । ୧୫୮ ।
ଶୋକାଭିଭୂତ ଏଥିରେ, ଚିନ୍ତାରେ ମଜ୍ଜିଲି
ତହୁଁ ଚାରଣଙ୍କ ଶୁଭ ବାକ୍ୟ, ମୁଁ ଶୁଣିଲି । ୧୫୯ ।
'ସୀତା ତ ଦଗ୍ଧ ନୁହଁନ୍ତି, ଏ ବିସ୍ମୟ
ତହୁଁ ମୋ ବୁଦ୍ଧି, ଫୁଟିଲା ଶୁଣି ସେ ବିଷୟ । ୧୬୦ ।
'ସୀତା ଅଦଗଧ' ତାର ନିମିତ୍ତ ଲକ୍ଷିଲି
ଜଳିଲେ ମୋ ପୁଚ୍ଛ, ଦେହ ନ ପୋଡ଼େ କିପରି । ୧୬୧ ।
ହୃଦ ପ୍ରଫୁଲ୍ଲିତ ବାୟୁ ସୁରଭିତ ଗନ୍ଧ
ସେ ଲକ୍ଷଣ ଶୁଭ, ମହାଗୁଣ ସୁନିର୍ବନ୍ଧ ! । ୧୬୨ ।
ସିଦ୍ଧ-ଋଷୀ ବାକ୍ୟେ ହେଲା ହୃଷ୍ଟ ମୋ ମାନସ

ପୁଣି ଦେଖି ସୀତା, ଚାଟେ, ଛାଡ଼େ ତାଙ୍କ ପାଶ ।୧୬୩।
ତହୁଁ ଅରିଷ୍ଟ ପର୍ବତେ ପାଇ ମୁହିଁ ପୁଣ;
ଆସିତେ ଆରମ୍ଭେ ତୁମ ଦର୍ଶନ-କାଙ୍କ୍ଷିଣ ।୧୬୪।
ଆଶ୍ରିୟ, ଚନ୍ଦ୍ରାର୍କ ସିଦ୍ଧ, ଗନ୍ଧର୍ବ ସେବିତ
ମାର୍ଗକୁ ମୁଁ ଅତିକ୍ରମି, ଦେଖିଲି ଭବନ୍ତ ।୧୬୫।
ରାଘବ ପ୍ରସାଦୁ, ତବ ତେଜର ପ୍ରଭାବେ
ସୁଗ୍ରୀବଙ୍କର କାର୍ଯ୍ୟ ମୁଁ ସାଧିଛି ସରବେ ।୧୬୬।
ଏହା ସବୁ ତହିଁ ଯାହା, ହୋଇଛି କହିଲି
ଏଣିକି ଯା ଅବଶେଷ, କରନ୍ତୁ ବିଚାରି ।୧୬୭।

ଅଠାବନ ସର୍ଗ ସମାପ୍ତ

ଅଣଷଠି ସର୍ଗ

ଅନନ୍ତର କାର୍ଯ୍ୟ-ଆଲୋଚନା

ଏ ସବୁ କହିଣ ବାୟୁସୁତ ହନୁମାନ
ପୁଣି କହିବା ଆରମ୍ଭେ ଉତ୍ତର ବଚନ ।୧।
"ସଫଳ ରାଘବାଦ୍‌ଯୋଗ ସୁଗ୍ରୀବ ଉତ୍ସାହ
ସୀତାଙ୍କ ଚରିତ୍ରେ ମୋର ମନ ପ୍ରୀତିମୟ ।୨।
ଆର୍ଯ୍ୟା ସୀତାଙ୍କ ସ୍ୱଭାବ, ମହତ ହେ ବୀରେ
ତପେ ଧାରନ୍ତି ଯେ ଲୋକେ, ଦହନ୍ତି କ୍ରୋଧରେ ।୩।
ସର୍ବଦା ଅତି ପ୍ରକୃଷ୍ଟ, ରକ୍ଷେଶ ରାବଣ
ତାଙ୍କ ଗାତ୍ର ସ୍ପର୍ଶେ ତପୁ, ନୁହେ ତା ମରଣ ।୪।
ଅଗ୍ନି ଶିଖା କରି ପାରେ ନାହିଁ ତାହା
ଜାନକୀ କରନ୍ତି, କ୍ରୋଧାନ୍ୱିତ ହେଲେ ଯାହା ।୫।
ଜାମ୍ବବାନାର୍ଦ୍ଦି ବିଶିଷ୍ଟ ବାନରେ କହିଲି
ଏପରି କାର୍ଯ୍ୟରେ ଯାହା ସବୁ କାର୍ଯ୍ୟାବଳୀ
ସୁଷ୍ଟୁ ଏବେ ରାଜପୁତ୍ରେ, ଭେଟିବେ ମୈଥିଳୀ ।୬।
ଏହା ସକ୍ଷମ ମୁଁ, ରାକ୍ଷସଗଣଙ୍କୁ ପୁରୀ
ସରାବଣ ରକ୍ଷେ ଶୀଘ୍ର ଦେଇପାରେ ମାରି ।୭।
କିଂ ପୁଣ, କୃତାତ୍ମା, ବଳବାନ ସହବୀରେ
କୁଶଳାସ୍ତ୍ର, ଶକ୍ତ, ବିଦିଗୀଷୁ ଭବାନ୍ ଶୂରେ

ସ ସୈନ୍ୟ ରାବଣ ପୁରଃସର, ବି ସମରେ ।୮।
ସପୁତ୍ର-ସହୋଦର ମୁଁ ରଣେ ମାରିପାରେ
ବ୍ରହ୍ମଅସ୍ତ୍ର, ରଦ୍ର, ବାୟୁବ୍ୟ ବରୁଣ ଶରେ
ଦୁର୍ନିରୀକ୍ଷ ଇନ୍ଦ୍ରଜିତ ଆୟୁଧେ ସମରେ ।୧୦।
ସେ ସବୁ ନିବାରି, ରକ୍ଷଗଣେ ବଧିପାରେ
ମୋ ବିକ୍ରମ ତବାଞ୍ଛାରେ, ତାକୁ ରୋଧିପାରେ ।୧୧।
ମୋ ଅତୁଳନୀୟ ଶୈଳବୃଷ୍ଟି ନିରନ୍ତରେ
ଦେବେ ରଣେ ବଧିପାରେ, କିବା ଯେ ଅସୁରେ ।୧୨।
ସିନ୍ଧୁ ଲଂଘିପାରେ ବେଳା, ମନ୍ଦର ବି ଚଳେ
ଅରି, ଜାମ୍ବବାନେ, ରଣେ, ହଟାଇ ନ ପାରେ ।୧୩।
ସର୍ବ ରକ୍ଷ ସଂଘେ, ପୂର୍ବ ଜନ୍ମିତ ଅଶୁରେ
ଏକ ବୀର ବାଳିସୁତ, ନାଶ କରିପାରେ ।୧୪।
ମହାତ୍ମା ବାନର ନୀଳ ଉରୁର ବେଗରେ
ମନ୍ଦର ଫାଟଇ, କିବା ରଣେ ଯେ ଅଶୁରେ ।୧୫।
ଦେବାସୁର ଯକ୍ଷେ, ଗନ୍ଧର୍ବୋରଣ ପକ୍ଷୀରେ
ମୈଳ, ଦ୍ୱିବିଦ ସଯୋଦ୍ଧା, ରଣେ କେ ନାହିଁ ରେ ।୧୬।
ଅଶ୍ୱି-ପୁତ୍ରେ ମହବେଗ, ପ୍ଲବଗ ଉତ୍ତମେ
ତାଙ୍କ ପ୍ରତି ଯୋଦ୍ଧା କେହି ନାହାଁନ୍ତି ତ ରଣେ ।୧୭।
ହତା ଦଗଧା, ଭସ୍ମୀଭୂତା କଲି ଲଙ୍କା ପୁରୀ
ସର୍ବ ରାଜମାର୍ଗେ ମୋ ନା, ଦେଇଛି ବିସ୍ତାରି ।୧୮।
ଜୟ ମହାବଳ ରାମ, ଲକ୍ଷ୍ମଣର ଜୟ
ରାଘବର ମିତ୍ର ସୁଗ୍ରୀବର ରାଜାର ଭୟ ।୧୯।
କୋଶଳ-ରାଜାର ଦାସ, ମୁଁ ପବନ ସୁତ
ହନୁମାନ ନାମ ମୋର ସର୍ବତ୍ର ନାଦିତ ।୨୦।
ଦୁରାତ୍ମା ରାବଣର ଯେ, ଅଶୋକ ବନରେ
କାରୁଣ୍ୟେ ବଂଚନ୍ତି ସାଧ୍ୱୀ, ଶିଂଶପା-ମୂଳରେ ।୨୧।

ଘେରି ଅଛନ୍ତି ରାକ୍ଷସୀ ଶୋକ ତାପେ କ୍ଷୀଣା
ମେଘରେଖା ବୃତ୍ତା ଚନ୍ଦ୍ରରେଖା ପ୍ରଭାହୀନା ।୨୨।
ବଳ ଦର୍ପିତ ରାବଣେ ନ କରନ୍ତି ଜ୍ଞାନ
ଅବରୁଦ୍ଧା, ସତୀ ସୀତା ନିତମ୍ବିନୀ ଜାଣ ।୨୩।
ରାମ ଅନୁରକ୍ତା ଦେବୀ, ଶୁଭା, ସେ ବିଚନେ
ଇନ୍ଦ୍ରେ ଶଚୀ ସମ, ଅନନ୍ୟଚିତ୍ତ ଶ୍ରୀରାମେ ।୨୪।
ଏକବସ୍ତ୍ରାବୃତ୍ତା ସୀତା ତଥା ଧୂଳିଧ୍ୱସ୍ତା
ମୁହୁର୍ମୁହୁଃ ରାକ୍ଷସୀଙ୍କ ଗହଣେ ତାଡ଼ିତା ।୨୫।
ବିରୂପା-ରାକ୍ଷସୀ ବୃତ୍ତା, ସେ ପ୍ରମଦା ବନେ
ଏକବେଣୀ ଧରା, ସ୍ୱାମୀ ଚିନ୍ତା ପରାୟଣେ ।୨୬।
ଦୀନା ଭୂଶର୍ଯ୍ୟା ବିବର୍ଣ୍ଣା ପଦ୍ମିନୀବ ହୀମେ
ରାବଣେ ବିନିବୃତ୍ତା ସେ ସଂକଳ୍ପା ମରଣେ ।୨୭।
ମୃଗ-ଶାବକାକ୍ଷୀଙ୍କର ଜନ୍ମାଇ ବିଶ୍ୱାସ
ସଂଭାଷଣ କରି, ଆସେ କରିଲି ପ୍ରକାଶ ।୨୮।
ରାମ-ସୁଗ୍ରୀବ ମିତ୍ରତା, ଶୁଣି ହେଲେ ପ୍ରୀତ
ନିୟତ ସଦାଚାରିଣୀ, ଭର୍ତ୍ତୋତ୍ତମ ଭକ୍ତ ।୨୯।
ମରିନି ରାବଣ, ସେ ମହାତ୍ମା ଦଶାନନ
ନିମିତ୍ତମାତ୍ର ହୋଇବେ, ତା ନିଧନେ ରାମ ।୩୦।
ସେ ଯେ ପ୍ରକୃତିରେ ତନ୍ୱୀ, ଭର୍ତ୍ତାବିରହ-କୀର୍ଣ୍ଣା
ପ୍ରତିପଦ୍-ପାଠଶୀଳର ବିଦ୍ୟାପରି କ୍ଷୀଣା ।୩୧।
ମହାଭାଗା ସୀତା ଏହିପରି ଶୋକ କୀର୍ଣ୍ଣା
ଏ ପ୍ରତି ଯାହା କର୍ତ୍ତବ୍ୟ କରନ୍ତୁ କଳ୍ପନା । ।୩୨।

ଅଣଷଠି ସର୍ଗ ସମାପ୍ତ

ଷାଠିଏ ସର୍ଗ

ଅଙ୍ଗଦ - ଜାମ୍ବବାନ ସମ୍ବାଦ

ତାଙ୍କର ସେ ବାକ୍ୟ ଶୁଣି ବାଳିସୁତ କହେ
ଅଶ୍ୱି ପୁତ୍ରେ ମହାବେଗ ମହାବଳ ଦୁହେଁ । ୧ ।
ପିତାମହ ବର ଯୋଗୁଁ ପରମ ଦର୍ପିତ
ଅଶ୍ୱିନୀଙ୍କ ସମାନାର୍ଥେ ଲୋକପିତା ପିତଃ । ୨ ।
ସର୍ବେ ଅବଧ୍ୟ, ଅତୁଳ, ପୁରା ଦେଲେ ବଳ
ବରେ ମତ୍ତବୀରେ, ମନ୍ଥି ମହାଦେବ ବଳ । ୩ ।
ପିଇଲେ ଦେବଙ୍କ ସୁଧା, ମହାବଳ ବୀରେ;
ଏମାନେ ରୁଷ୍ଟ ହୋଇଲେ, ରଥାଶ୍ୱ କୁଂଜରେ । ୪ ।
ଲଙ୍କା ଧ୍ୱଂସ କରିଦେବେ; ରହନ୍ତୁ ବାନରେ
ମୁଁ ଯେ ଏକାକୀ ସମର୍ଥ, ସେ ରାକ୍ଷସ ପୁରେ । ୫ ।
ଲଙ୍କା ଶୀଘ୍ର ନାଶ କରି ଦେବି, ସରାବଣ
କି ପୁଣି ବଳବାନ୍ ବିରେ, ସହ କୃତାତ୍ମନ । ୬ ।
କୃତାସ୍ତ୍ର ପ୍ଲବଗେ, ଶକ୍ତ ଜୟକାଙ୍କ୍ଷୀ ଭବାନ୍
ବାୟୁ ସୁତ ବଳେ ଲଙ୍କା ଦଗ୍ଧ, ବି, ତ ଜାଣ । ୭ ।
ଦେଖି ଦେବୀ ନ ଆଣିଲେ, ମୋର ନିବେଦନ
ଯୁକ୍ତି ଯୁକ୍ତ ନୁହେଁ, ଭାବେ, ସୁପୁରୁଷ ଜନ ! । ୮ ।
ନ କେହି ଡିଆଁରେ ଅବା କେବା ପରାକ୍ରମେ
ଅମର-ଦୈତ୍ୟେରେ ତୁଲ୍ୟ, ଲୋକେ ହର୍ଯ୍ୟୁତ୍ତମେ । ୯ ।

ଜିଣି ଲଙ୍କା ସରକ୍ଷୋଘ ରାବଣ ସମରେ
ସୀତା ଆଣି, ଯିବା ସିଦ୍ଧାର୍ଥ, ହୃଷ୍ଟ ମନରେ । ୧୦ ।
ହନୁମନ୍ତ ହତ ଅବଶିଷ୍ଟ ରାକ୍ଷସରେ ଆଉ କି କର୍ତ୍ତବ୍ୟ
ସୀତା ନେବା ଛଡ଼ା, କି କାର୍ଯ୍ୟ ବା ଥାଇପାରେ । ୧୧ ।
ରାମ ଲକ୍ଷ୍ମଣଙ୍କ ମଧ୍ୟେ, ସୀତାଙ୍କୁ ଥାପିବା
କି କାର୍ଯ୍ୟ ବାନରର୍ଷଭେ, ହରକ୍ତ କରିବା । ୧୨ ।
ଚାଲ ଯାଇ ମାରି ସେହି ରାକ୍ଷସ ପୁଙ୍ଗବେ
ରାଘବେ ଦେଖିବା ଯାଇଁ ଲକ୍ଷ୍ମଣ ସୁଗ୍ରୀବେ । ୧୩ ।
ସେ କୃତ ସଂକଳ୍ପେ, ଜାମ୍ବବାନ ହରିବୀର
ପରମ ପ୍ରୀତ, କହିଲେ, ଅର୍ଥପୂର୍ଣ୍ଣ ଗିର । ୧୪ ।
"ବୁଦ୍ଧିମାନ୍, ଏ ନୁହେଁ, ଯଥା ବିଧି, ମହାବୀର
ଦକ୍ଷିଣ-ପଥ ଖୋଜିବା, ନିର୍ଦ୍ଦେଶ ଆମ୍ଭର । ୧୫ ।
ନେବା ପାଇଁ ନୁହଁ, ସୁଗ୍ରୀବ ସୁଧୀ ରାମର ।
ଜିଣି କେଉଁ ମତେ ନେବା, ନୁହଇ ରୁଚିର । ୧୬ ।
ରାମ ନୃପ ସିଂହ ନିଜ କୁଳ ଅଭିମାନେ
ପ୍ରତିଜ୍ଞାତ ସ୍ୱୟଂ ରାଜ୍ୟ, ସୀତା ଉଦ୍ଧାରଣେ । ୧୭ ।
କପି-ମୁଖ୍ୟ ଅଗ୍ରେ; ମିଥ୍ୟା କିପରି କରିବେ ?
ମୋଘା ହେବ ଆମ୍ଭକର୍ମ୍ମ, ସେ ତୋଷ ନ ହେବେ । ୧୮ ।
ତେଣୁ ଚାଲ ଯିବା, ରାମ ଶ୍ରୀ ଲକ୍ଷ୍ମଣ ଯହିଁ
ତେଜସ୍ୱୀ ସୁଗ୍ରୀବ, କାର୍ଯ୍ୟ ନିବେଦନ ପାଇଁ । ୧୯ ।
ଏପରି ଯେ କାମ ନ କରି ପାରିବା
କହିଲେ ଯା, ରାଜପୁତ୍ର, ତୁମ୍ଭେ ଅବା;
ରାମଙ୍କର ଯାହା ନିର୍ଦ୍ଦିଷ୍ଟ ଯେ ମତ
କାର୍ଯ୍ୟସିଦ୍ଧି, ଭବାନ୍ ଦେଖନ୍ତୁ ଔଚିତ୍ୟ । ୨୦ ।

ଷାଠିଏ ସର୍ଗ ସମାପ୍ତ

ଏକଷଠି ସର୍ଗ

ମଧୁବନ ପ୍ରବେଶ

ତହୁଁ ଜାମ୍ବବାନ ବାକ୍ୟ ଗୃହିଲେ ବାନରେ
ହନୁମାନ ମହାକପି, ଅଙ୍ଗଦାଦି ବୀରେ ।୧।
ପ୍ରୀତିଚିତ୍ତେ ସର୍ବେ ବାୟୁ-ପୁତ୍ର ପୁରଃସରେ
ମହେନ୍ଦ୍ରାଗ୍ରୁ ଡେଇଁ ଡେଇଁ ଗଲେ କପି ବୀରେ ।୨।
ମେରୁ ମନ୍ଦର ସଂନିଭ ମତ୍ତହସ୍ତୀ ପରି
ଆକାଶକୁ ଛାୟି, ମହାକାୟ ମହାବଳୀ ।୩।
ଭୂତଗଣେ ପୂଜ୍ୟ, ଆତ୍ମବନ୍ତ ମହାବଳେ
ମହାବେଗ ହନୁମନ୍ତେ ବହେ କି ଦୃଷ୍ଟିରେ ।୪।
ରାଘବ କାର୍ଯ୍ୟ ସନ୍ତୋଷ, ସୁଯଶ ପରମ
କରି ସମୃଦ୍ଧାର୍ଥ, କାର୍ଯ୍ୟସିଦ୍ଧିରେ ଉନ୍ମନ ।୫।
ପ୍ରିୟବାର୍ତ୍ତାର୍ପଣେ, ସର୍ବେ ଯୁଦ୍ଧାଭିନନ୍ଦନେ
ରାମ ପ୍ରିୟ ପାଇଁ, ନିଶ୍ଚିତାର୍ଥେ, ମନସ୍ୱୀନେ ।୬।
ଡେଇଁ, ନଭେ ଅବଗାହି, ସେ କାନନଚାରୀ
ନନ୍ଦନ-କାନନ ସମ ଦ୍ରୁମରେ ଯେ ପୂରି ।୭।
ସୁଗ୍ରୀବରେ ସଂରକ୍ଷିତ, ମଧୁବନ ନାମ
ସର୍ବ ପ୍ରାଣୀ-ବାସ ସର୍ବ ପ୍ରାଣୀ ମନୋରଥ ।୮।
ଯାହାକୁ ଜଗନ୍ତି ସଦା କପି ଦଧିମୁଖ

ମହାତ୍ମା ସୁଗ୍ରୀବଙ୍କର ମାମୁଁ କପି-ମୁଖ୍ୟ ।୯।
ପହଁଚି କପାଶଙ୍କର ବନେ ମନଃକାନ୍ତ
ହୋଇଲେ ବାନରେ ତହିଁ ମହାମଦ ତୃପ୍ତ ।୧୦।
କପିଏ ଦେଖିଣ ତହିଁ ମହା ମଧୁବନ
ମାଗନ୍ତି କୁମାରେ ମଧୁ, ମଧୁ-ସମ ବର୍ଣ୍ଣ ।୧୧।
କୁମାର, ଜାମ୍ବବାନାଦି, ବୃଦ୍ଧ କପିଗଣେ
ଅନୁମତି ଦେଲେ ତହୁଁ ସେ ମଧୁ ଭକ୍ଷଣେ ।୧୨।
ପାଇ ଅନୁମତି ବାଳିପୁତ୍ରେ, ବୁଦ୍ଧିମାନ
ହରିଏ ଚଢ଼ିଲେ ଦ୍ରୁମେ ମଧୁକର-କୀର୍ଣ୍ଣ ।୧୩।
ଖାଇଣ ପ୍ରଚୁର ସୁଗନ୍ଧିତ ଫଳ ମୂଳ
ହୋଇଲେ ହରଷ ସର୍ବେ ମଦମତ୍ତଭୋଳ ।୧୪।
ଅନୁମତି ପାଇ ସର୍ବେ ସହୃଷ୍ଟ ବାନରେ
ଆନନ୍ଦେ ମାତି ନାଚିଲେ, ଏଣେ ତେଣେ ବୀରେ ।୧୫।
ଗାଆନ୍ତି କେତେକ, କେତେ ଯେ ହସନ୍ତି
ନାଚେ ପୁଣି କେତେ, କେତେ ପ୍ରଣମନ୍ତି
କେତେ ଯେ ପଢ଼ନ୍ତି, କେତେ ପ୍ରଚରନ୍ତି
ଡିଅଁନ୍ତି କେତେକ, କେତେ ପ୍ରଲପନ୍ତି ।୧୬।
ପରସ୍ପରେ କେତେ ଉପରେ ଲୋଟନ୍ତି
ପରସ୍ପରେ ପୁଣି କଥା ଯେ ହୁଅନ୍ତି
ଦ୍ରୁମରୁ ଦ୍ରୁମରେ କେତେ ଛପି ଯାନ୍ତି
ଗଛ ଅଗ୍ରୁ କେତେ ତଳେ ପଡ଼ିଯାନ୍ତି ।୧୭।
ମହୀତଳୁ କେତେ ପ୍ରବଳ ବେଗରେ
ମହାଦ୍ରୁମ ଅଗ୍ରେ ଡିଆଁ ଡେଇଁ କରେ।
ଗାୟକ କେ କିଏ, ହସି ହସି ପାଏ
କାନ୍ଦିବା ବାନରେ, ଅନ୍ୟେ କାନ୍ଦି ଯାଏ ।୧୮।
ପୀଡ଼ିବାକୁ କିଏ ଅନ୍ୟ ପୀଡ଼ା ଦିଏ

ସମାକୁଳ କପି-ସେନାନି ଯେ ହୁଏ ।
ନଥିଲା ସେଠିକେ ନ ହୋଇଣ ମତ୍ତ
ନ ଥିଲା ସେଠିକେ ନ ହୋଇଣ ଦୃପ୍ତ ।୧୯।
ତହୁଁ ସେହି ବନ ପରିଭକ୍ଷ୍ୟମାଣ
ଦ୍ରୁମେ ବିଧ୍ୱଂସିତ, ପତ୍ର-ପୁଷ୍ପ ପୂର୍ଣ୍ଣ;
ଦେଖିଣ କୋପରେ ଦଧିମୁଖ ନାମ
କପି କପିମାନ କଲ ନିବାରଣ ।୨୦।
ସେ ମତ୍ତବାନରେ ପରିଭତ୍ସ୍ୟ ହୋଇ
ବନର ରକ୍ଷକ, ବୃଦ୍ଧ-କପି ସାଇଁ ।
କରିଲା ପୁଣି ସେ ଉଗ୍ରଚେଦ ମନ
କପି-ଜାଲୁ ରକ୍ଷା କରିତେ ଯେବନ ।୨୧।
କହିଲା କାହାକୁ କର୍କଶ ବଚନ
କଲା କେ ଅସକ୍ତେ, ଚାପଡ଼ା ପ୍ରଦାନ ।
କାହା ପାଖେ ଯାଇ କଳହ କରିଲା
ଅବା ମଧୁ ବାକେ, କାହାକୁ ତୋଷିଲା ।୨୨।
ସେ ତାକୁ ମଦାନ୍ଧେ, ପ୍ରତିବୀର୍ଯ୍ୟ କଲେ
ସେ ବି ନିବାରିଲା, ତାଙ୍କୁ ରୋଷ ଭରେ ।
ପ୍ରଧର୍ଷିତ, ତ୍ୟକ୍ତଭୟ, ସମବେତ୍ୟ
ଘୋଷାରିଲେ ତାକୁ, ଦୋଷ ବିଗର୍ହିତ ।୨୩।
ନଖରେ ରାମ୍ପୁଡ଼ି, ଦାନ୍ତରେ କାମୁଡ଼ି
ଚାପଡ଼ା ପାଦରେ, ଦରମରା କରି;
ମଦୋତ୍କଟ, କପି ମିଳି ଏକାବେଳେ
ମହା ମଧୁବନ ବିନଷ୍ଟ କରିଲେ ।୨୪।

ଏକଷଠି ସର୍ଗ ସମାପ୍ତ

ବାଷଠି ସର୍ଗ

ଦଧିମୁଖଙ୍କୁ ବାଧା ଦେବା

ହନୁମାନ କପିଶ୍ରେଷ୍ଠ, କହେ କପିଷର୍ଭେ
ନିଶ୍ଚିନ୍ତରେ ମଧୁପାନ କରନ୍ତୁ ସରବେ ।୧।
ଆପଣମାନଙ୍କ ପରି-ପନ୍ଥି ନିବାରିବି
ଶୁଣି ହନୁମାନ ବାକ୍ୟ, ଅଙ୍ଗଦ ବୀରରବି ।୨।
କହିଲେ, ସନ୍ତୋଷେ, ମଧୁ କପିଏ ପିଅନ୍ତୁ
କୃତକାର୍ଯ୍ୟ ହନୁମାନ, ବାକ୍ୟକୁ ପାଳନ୍ତୁ ।୩।
ଅକାର୍ଯ୍ୟ ବି କରଣୀୟ, ଏଥିରେ ବା କ'ଣ
ଅଙ୍ଗଦଠୁ ଶୁଣି, କପି-ବୀରେ ଏ ବଚନ ।୪।
ସାଧୁ, ସାଧୁ, ହୃଷ୍ଟେ, କପି, କଲେ ଧନ୍ୟ ଧନ୍ୟ
ପୂଜିଣ ଅଙ୍ଗଦେ ସର୍ବେ, ବାନର ଉତ୍ତମ ।୫।
ନଦୀ ବେଗେ, ଦ୍ରୁମ ପରି, ଗଲେ ମଧୁବନେ
ପ୍ରବେଶିଲେ ତହିଁ ବାଧାଦେଇ, ରକ୍ଷଗଣେ ।୬।
ଅନୁମତି ପାଇ, ପଣ୍ଟୁ, ସୀତା ଦେଖା ଶୁଣି
ପିଇଲେ ସେ ମହୁ, ଖାଇ ରସାଳ ଫଳାନି ।୭।
ଡେଇଁ ତହୁଁ ସବୁ, ସମାଗତ, ବନପାଳେ
ମଧୁମତ୍ତ ମଧୁବନେ, ଆକ୍ରମଣ କଲେ । ।୮।
ଦ୍ରୋଣିମାତ୍ରା ମହୁଧରି, ବାହୁ ମାନଙ୍କରେ
ସଂଘ ସଂଘ ହୋଇ ହୃଷ୍ଟେ କପିଏ ପିଇଲେ ।୯।

ଏକତ୍ର ଭାଙ୍ଗିଲେ ଫେଣା, ଖାଇଲେ ତାପରେ
କେତେ ପିଇ ମହୁ, ମହୁବର୍ଣ୍ଣା ନଷ୍ଟ କଲେ ।୧୦।
ମଧୂତ୍‌କଟା କେତେ, ମହୁ ଅନ୍ୟାନେ ଫିଙ୍ଗିଲେ
କେତେ ବୃକ୍ଷମୂଳେ, ଶାଖାଧରିଣ ରହିଲେ ।୧୧।
ଅତି ମଦ-ଭୋଳା, ପତ୍ର ପାରି ଯେ ଶୋଇଲେ
ମତ୍ତବେଗା, କେତେ, ହୃଷ୍ଟେ, ମଧୁରେ ମାତିଲେ ।୧୨।
ଫୋପାଡ଼ି ମହୁ କେତେ ଯେ, ଖସଡ଼ି ତା ପରେ
କିଳି କିଳା ରାବ କଲେ, କେ କୁଦେ ହର୍ଷରେ ।୧୩।
ମଧୁମତ୍ତ ହୋଇ କପି, କେତେ ଶୁଏ ତଳେ
ଉପହସେ କେତେ ଧୃଷ୍ଟେ, କିଏ ବା ଇତରେ ।୧୪।
କରି ନ ମାନି କେତେ, ଯେ ବୁଝନ୍ତି ଓଲଟା
କଲେ ଦଧି ମୁଖେ, ଜଗାଳିଙ୍କୁ ହଟହଟା ।୧୫।
ବାଧାଦେଇ ତାଙ୍କୁ, ଘୋର ସେ ବାନର ଥାଟ
ଭିଡ଼ି ଜଂଘ, ଫିଙ୍ଗେ ନଭେ, କରି ବୀର ନାଟ ।୧୬।
କହିଲେ ସେ ଦଧିମୁଖେ, ଉତ୍‌କଣ୍ଠେ ପରମ
ହନୁମନାଜ୍ଞାରେ ନଷ୍ଟ ହେଲା, ମଧୁବନ
ଆମ୍ଭ ଜଂଘକୁ ଭିଡ଼ିଣ, ଫିଙ୍ଗନ୍ତି ଯେ ଶୂନ୍ୟ ।୧୭।
ମହାକ୍ରୋଧେ ତହୁଁ ଦଧିମୁଖ, ବନପାଳ
ବନ ନଷ୍ଟ ଦେଖି, ସାନ୍ତ୍ୱନିଲା, ଭୃତ୍ୟ ଦଳ ।୧୮।
"ଚାଲ ସେଠି ଫେରି, ଅତି ଦର୍ପିତ ବାନରେ
ନିବାରିବା, ମଧୁଭକ୍ଷ, ବଳ ଦୃପ୍ତ ଦଳେ ।" ।୧୯।
ଦଧିମୁଖ ବାକ୍ୟ ଶୁଣି, ସେ କପି ରକ୍ଷିଭେ
ତାଙ୍କ ସହ ଗଲେ ପୁଣି, ସେଠାରୁ ସରବେ ।୨୦।
ତାଙ୍କ ମଧ୍ୟେ, ଦଧିମୁଖ, ମହାତରୁ ଧରି
ଏକାବେଳେ ଧାଏଁ ସର୍ବେ, କପି ମହାବଳୀ ।୨୧।
ଶୀଳା, ପାଦପ, ପାଷାଣ, ଧରି ଯେ ବାନରେ

ଧାଏଁ କ୍ରୋଧେ, ଯହିଁ ଥିଲେ ସେ କପି କୁଂଜରେ । ୨୨ ।
ବଳେ ନିବାରି ଆସିଲେ ବାନରେ ବାନରେ
ଦାନ୍ତ ଓଠ, ଦଂଶି, କ୍ରୋଧେ, ଶୋଧି ବାରଂବାରେ । ୨୩ ।
ବାନର ପୁଙ୍ଗବେ ଦେଖି, ବୃଦ୍ଧ ଦଧିମୁଖ
ଧାଇଁଲେ ସେଠିକି ବେଗେ, ହନୁମତ୍ ପ୍ରମୁଖ । ୨୪ ।
ସ ବୃକ୍ଷ ସେ ମହାବାହୁ, ଡିଅଁନ୍ତି ସେ ବୀରେ
ଧରି ନେଲେ ମହାବେଗେ, ଅଙ୍ଗଦ ବାହୁରେ । ୨୫ ।
ମଦାନ୍ଧ କୃପା ନ କରି, "ଅଜା ମୋର ବୋଲି"
ନିକ୍ଷେପେକ୍ଷି, ପକାଇତଳେ, ବେଗେ ଦେଲେ ଜାଳି । ୨୬ ।
ଭଗ୍ନ ବାହୁ, ଉରୁ, ମୁଖ, ରକ୍ତକ୍ଷତ ହୋଇ
ମୋହ ଗଲେ କପିଗଦ, ମୁହୂର୍ତ୍ତକ ପାଇଁ । ୨୭ ।
ମୁକ୍ତ ହୋଇ କପିର୍ଷଭ, କେ କୌଣସି ମତେ
କହିଲେ ଏକାନ୍ତେ ଆସି, ସମବେତ ଭୃତ୍ୟେ । ୨୮ ।
ଆସ ଯିବା ଛନ୍ତି ଯହିଁ, ଆମ୍ଭ ଭର୍ତ୍ତା ହରି
ବିପୁଳଗ୍ରୀବ ସୁଗ୍ରୀବ ରାମ ସଙ୍ଗ ଧରି । ୨୯ ।
ସବୁ ଅଙ୍ଗଦାଦି ଦୋଷ, ନୃପ ଯେ ଶୁଣିବେ
ଆମ ବାକ୍ୟ କ୍ରୋଧେ ନିଶ୍ଚେ, କପି ମରାଇବେ । ୩୦ ।
ମଧୁବନ ମହାତ୍ମା ସୁଗ୍ରୀବ ଇଷ୍ଟବନ
ପିତୃପିତାମହ, ଦିବ୍ୟ ଦେବେ ସୁଦୁର୍ଗମ । ୩୧ ।
ଏ ସର୍ବ ବାନରେ, ମଧୁଲୋଭୀ ଗତପ୍ରାଣ
ଦଣ୍ଡେ ବଧିବେ ସୁଗ୍ରୀବ, ସହ ସୁହୃତ୍ ଜନ । ୩୨ ।
ନୃପାଜ୍ଞାର ପରିପନ୍ଥୀ ଦୁରତ୍ମା ଏ ବଧ
ମୋ ଧର୍ଷଣୁ ଜାତ ରୋଷ, ହେବ ଯେ ଫଳଦ । ୩୩ ।
ଏହା କହି, ଜଗାଳିଙ୍କୁ, ଦଧିମୁଖ ବୀର
ଗଲେ ସାଙ୍ଗେ ସାଙ୍ଗେ ଉଠି, ସହ-ଜଗୁଆଳ । ୩୪ ।
ନିମିଷ ମାତ୍ରେ ପାଇଲେ ସେ ଯେ ବନାଳୟ

ସହସ୍ରାଂଶୁଁ ସୁତ ସୁଧୀ ସୁଗ୍ରୀବ ଆଶ୍ରୟ ।୩୫।
ରାମଲକ୍ଷ୍ମଣଙ୍କ ସହ ସୁଗ୍ରୀବେ ଦେଖିଣ
ନଭୁଁ ସମତଳେ ଖସେ, ସହ ଭୃତ୍ୟଗଣ ।୩୬।
ସର୍ବଭୃତ୍ୟେ ପରିବୃତ୍ତ, ପଢ଼େ ମହାବୀର
ହରି ଦଧିମୁଖ, ପାଳ ସହ ପାଳେଶ୍ୱର ।୩୭।
ସେ ଦୀନ ବଦନ ହୋଇ, ଶିରେ ଦେଇ କର
ସୁଗ୍ରୀବଙ୍କ ପାଦେ, ଶିରେ, କଲେ ଯେ ଜୁହାର ।୩୮।

ବାଷଠି ସର୍ଗ ସମାପ୍ତ

ତେଷଠି ସର୍ଗ

ସୁଗ୍ରୀବ – ହର୍ଷ

ଶିର ମାଡ଼ି ପଡ଼ିଥିବା ହରି, କପୀଶ୍ୱର
ଦେଖି ଉଦ୍‌ବିଗ୍ନ ଚିତ୍ତରେ କହିଲେ ଏ ଗୀର ।୧।
"ଉଠ, ଉଠ, କାହିଁକି ମୋ ପଡୁଛ ପାଦରେ
ଅଭୟ ଦେଉଛି ସତ୍ୟ କହ ନିର୍ଭୟରେ ।୨।
ସବୁ ମଙ୍ଗଳତ, କହ, ଯାହା କହିବାର
ମଧୁବନ ସ୍ୱସ୍ତି, ଶୁଣିବାକୁ ଇଚ୍ଛା ମୋର ।୩।
ମହାତ୍ମା ସୁଗ୍ରୀବେ ହୋଇ, ମହାଆଶାନ୍ୱିତ
ଉଠି ପ୍ରାଜ୍ଞ ଦଧିମୁଖ, କହେ ଗିର ସତ୍ୟ ।୪।
ନ ରକ୍ଷ, ରାଜାରେ, ରାଜନ୍, ଭବାନ୍ ବା ବାଳିରେ
ପୂର୍ବ-ସୃଷ୍ଟ କାନନ ଯେ ବିନଷ୍ଟ ବାନରେ ।୫।
ନିବାରିଲି ଯେତେ ମୁହିଁ, ସେ ସବୁ ବାନରେ
ମୋ କଥା ନ ମାନି, ହୃଷ୍ଟେ ଖାଇଲେ, ପିଇଲେ ।୬।
ବନପାଳ ନିବାରଣେ, ତାଙ୍କୁ ଧର୍ଷଣ କରିଲେ
ମୋତେ ନ ମାନିଣ, ଦେବ, ଭକ୍ଷନ୍ତି ବାନରେ ।୭।
ଖାଇ ଅବଶିଷ୍ଟ ତହୁଁ, ଭାଙ୍ଗିଯେ ପକାନ୍ତି
ନିବାରଣ କଲେ ସର୍ବେ ଭ୍ରୁକୁଟି ଦେଖାନ୍ତି ।୮।
ଉତେବିଦ ହେଲେ, ଏ ଯେ, ତାଙ୍କୁ ଯେ ଧର୍ଷିଲେ
ସେ ବନରୁ ନିବାରନ୍ତେ, କ୍ରୋଧେ, କପି-ବୀରେ ।୯।

ବାନର ଋଷଭେ ତହୁଁ, ଏ ବୀର ବାନରେ
ରକ୍ତ-ଚକ୍ଷୁ ହୋଇ କ୍ରୋଧେ ଏହାଙ୍କୁ ପିଟିଲେ ।୧୦।
କାହାର ଭାଙ୍ଗିଛି ହାତ ଜାନୁ ଯେ କାହାର
କାହାକୁ ଘୋଷାରି, ନଭେ ଫିଙ୍ଗେ ଯଥାଚାର ।୧୧।
ତୁମ୍ଭେ ଥାଉ ଥାଉ ପ୍ରଭୁ, ଏ ଶୂରେ ଆହତ
ସାରା ମଧୁବନ, ଏବେ ସ୍ୱେଚ୍ଛାରେ, ଭକ୍ଷିତ ।୧୨।
ଏପରି କହନ୍ତେ, କପି ଋଷଭ ସୁଗ୍ରୀବେ
ପୁଛେ ତାଙ୍କୁ ଅରିଘ୍ନ, ଲକ୍ଷ୍ମଣ ମହାପ୍ରାଜ୍ଞ ।୧୩।
କି କଥା ରାଜନ, ବନ ପାଳ କହେ ଆସି
କିପା ତାର ଅଭିପ୍ରାୟ, ଦୁଃଖରେ ସେ ସଂଶି ।୧୪।
ମହାତ୍ମା ଲକ୍ଷ୍ମଣ, ଏହା କହନ୍ତେ, ସୁଗ୍ରୀବ
ପ୍ରତ୍ୟୁତ୍ତର ଦେଲେ ତାଙ୍କୁ, ସୁଗ୍ରୀବ ବାକ୍ୟଜ୍ଞ ।୧୫।
"ଆର୍ଯ୍ୟ ଲକ୍ଷ୍ମଣ, କହିଲେ, ଦଧିମୁଖ ବୀର
ଅଙ୍ଗଦ-ପ୍ରମୁଖ ମହୁ ଖାଇଲେ ବାନର ।୧୬।
ଅକୃତ କର୍ମୀଙ୍କ ନୁହେଁ ଏହି ବ୍ୟତିକ୍ରମ
ବନରେ ପ୍ରବେଶ ତାଙ୍କ, ସୂଚେ, କୃତ-କର୍ମ ।୧୭।
ବାରିଲେ ବି ଧସି, ପାଳେ ଜାନୁଭଗ୍ନ-କରି ।
ତେବେ ବି ନ ଜଣେ, ଆର୍ଯ୍ୟ, ଦଧିମୁଖ ବଳୀ ।୧୮।
ସ୍ୱୟଂ ସ୍ଥାପିତ କରିଛୁଁ, ପ୍ରଭୁ ମଧୁବନେ !
ହନୁମାନ ଦେଖିଛନ୍ତି, ଦେବୀ, ନ ଯେ ଅନ୍ୟେ ।୧୯।
ନ ଅନ୍ୟ ସାଧନ-ହେତୁ, ବିନା ହନୁମାନ
ହନୁମାନେ କାର୍ଯ୍ୟସିଦ୍ଧି, ମତି, ଧୀ, ମହାନ ।୨୦।
ଅଧ୍ୟବସାୟ, ବୀର୍ଯ୍ୟ ବି, ଜ୍ଞାନ ପ୍ରତିଷ୍ଠିତ
ଜାମ୍ବବାନ ଯହିଁ ନେତା, ଅଙ୍ଗଦ ସହିତ ।୨୧।
ହନୁମାନ ଅଧିଷ୍ଠାତା, ନୁହେଁ ଫଳ ଅନ୍ୟ,
ଅଙ୍ଗଦ ପ୍ରମୁଖ ବୀରେ, ନଷ୍ଟ ମଧୁବନ ।୨୨।

ଖୋଜି ଦକ୍ଷିଣ ଦିଗକୁ ଆସିଣ ସେ ବୀରେ
କଲେ ମହାନନ୍ଦେ ଧ୍ୱଂସ, ସେ ମଧୁବନରେ ।୨୩।
ଉତ୍କୃଷ୍ଟ ବନକୁ ଧ୍ୱଂସି, ସେ ବାନର ଦଳ
ତଳେ ଛନ୍ତି ପାଡ଼ି, ଭାଙ୍ଗି, ଦଘ, ବନ ପାଳ ।୨୪।
ଏ ମଧୁର ଅର୍ଥମୟ କହିବାକୁ ବାଣୀ
ପ୍ରାପ୍ତ ଦଧିମୁଖ କପି, ଏଠି, କପିମଣି ।୨୫।
ସୀତା ଦେଖିଛନ୍ତି ତତ୍ତ୍ୱେ, ଶୁଣ ହେ ସୌମିତ୍ରି ।
ଆସି ଯଥା ମହୁ ପିଇ, ବାନରେ ଅଛନ୍ତି ।୨୬।
ନ ଦେଖି ବୈଦେହୀ, ଖ୍ୟାତ, ହେ ପୁରୁଷର୍ଷଭ
ବର ଦତ୍ତ ଦିବ୍ୟ ବନ ଧ୍ୱଂସନ୍ତେ କି ସର୍ବ ।୨୭।
ତହୁଁ ପ୍ରହୃଷ୍ଟ ଧର୍ମ୍ମାତ୍ମା, ଲକ୍ଷଣସ ରାମ
ଶୁଣି ସୁଗ୍ରୀବଠୁଁ ବାଣୀ, କର୍ଣ୍ଣ-ରସାୟନ ।୨୮।
ମହାହର୍ଷ ହେଲେ ରାମ, ଯଶସ୍ୱୀ ଲକ୍ଷ୍ମଣ
ସୁଗ୍ରୀବ, ଦଧି-ମୁଖରୁ ଶୁଣି ଏ ବଚନ ।୨୯।
ସୁଗ୍ରୀବ କହନ୍ତି, ପୁଣି ବନଯେ ପବନ
ପ୍ରୀତ କୃତ-କର୍ମ୍ମାଏ, ଭୋଗିଲେ ସେ ବନ ।୩୦।
କୃତକର୍ମ୍ମାଙ୍କ, ଧର୍ଷଣ ଚେଷ୍ଟା କ୍ଷମାକର
ଶୀଘ୍ର ମଧୁବନ ରଖ, ଯାଇ ତହିଁ ଶୀଘ୍ର ।
ହନୁମାନ ପ୍ରମୁଖ କପିମାନଙ୍କୁ ଯେ ପ୍ରେର ।୩୧।
ଇଚ୍ଛଇ ଶୀଘ୍ର ମୁଁ ମାରୁତି ପ୍ରଧାନ,
ଶାଖା ମୃଗେ, ମୃଗରାଜ-ଦର୍ପମାଣ
ସରାଘବେ, ପୁଚ୍ଛିବାକୁ, କୃତକର୍ମ୍ମେ !
ଶୁଣିବାକୁ ଯତ୍ନ ସୀତା ଅଧିଗମେ ।୩୨।

ପ୍ରୀତି-ସ୍ମୀତ ଚକ୍ଷୁ-ପ୍ରହୃଷ୍ଟ କୁମାରେ
ଦେଖିଣ କୃତାର୍ଥ କପି-ନୃପବରେ;
ଅଙ୍ଗପୁଲକରୁ, ଜାଣି କାର୍ଯ୍ୟସିଦ୍ଧି
ବାର୍ତ୍ତାବହାସନ୍ନା ହେଲେ – ହର୍ଷ-ଋଦ୍ଧି । ୩୩ ।

ତେଷଠି ସର୍ଗ ସମାପ୍ତ

ଚଉଷଠି ସର୍ଗ

ହନୁମାନ ପ୍ରଭୃତିଙ୍କର ଆଗମନ

କହନ୍ତେ ସୁଗ୍ରୀବେ ଏହା, ହୃଷ୍ଟ ଦଧିମୁଖ
ବନ୍ଦେ ରାମ, ଲକ୍ଷ୍ମଣ, ସୁଗ୍ରୀବ-କପି ମୁଖ୍ୟ ।୧।
ସୁଗ୍ରୀବେ ପ୍ରଣମି, ରାଘବ ଯେ, ମହାବଳେ
ଶୂର ବାନର ସହିତ ଆକାଶେ ଉଡ଼ିଲେ ।୨।
ଯଥାଗତ ପୂର୍ବେ, ତଥା ତ୍ୱରିତ ସେ ଗଲେ
ଡେଇଁ ଗଗନରୁ ତଳେ, ସେ ବନେ ପଶିଲେ ।୩।
ପଶି ମଧୁବନେ ଦେଖେ, ହରି ଯୂଥପାଳେ
ଗଦ ମଦ, ଅନୁଦ୍ଧତ, ମହୁମୂତ୍ର କରେ ।୪।
ସେ ତାଙ୍କ ନିକଟେ ଯାଇ, ହୋଇ କୃତାଞ୍ଜଳି
କହିଲେ ହୃଷ୍ଟ ଅଙ୍ଗଦେ, ବଚନ ମଧୁର ।୫।
"ସୌମ୍ୟ ରୋଷକର ନାହିଁ ରକ୍ଷୀ ନିବାରଣ
ଅଜ୍ଞାନେ ରକ୍ଷୀଏ କ୍ରୋଧେ, ବାରିଲେ ଭବାନ ।୬।
ଦୂରୁ ଆସି ଶାନ୍ତ-କ୍ଳାନ୍ତ ଖାଅ ନିଜ ମହୁ
ଯୁବରାଜ, ତୁମ୍ଭେ ସ୍ୱାମୀ, ବନର-ସୁବାହୁ ।୭।
ମୂର୍ଖତାରୁ ପୂର୍ବ ରୋଷ, କ୍ଷମ ହେ ଭବାନ
ପୂର୍ବ ହରିଶ୍ୱର ତୁମ୍ଭେ ପିତାଙ୍କ ସମାନ ।୮।
ସେପରି ତୁମ୍ଭେ, ସୁଗ୍ରୀବ, ଅନ୍ୟ ନାହିଁ କେହି ।
ହେ ଅନଘ ପିତୃବ୍ୟରେ ଜଣାଇଲି ଯାଇଁ ।୯।

ବନରକ୍ଷୀ ସହ; ଏ କପିଙ୍କ ଉପାଗମ
(ଶୁଣି) ଶୁଣି ବନଚର ସହ, ତୁମ୍ଭ ଆଗମନ ।୧୦।
"ଶୀଘ୍ର ପଠାଅ ସଭିଙ୍କୁ" କହିଲେ ରାଜନ
ଦଧିମୁଖ ଠାରୁ ଶୁଣି, ଏ ମଧୁ ବଚନ ।୧୧।
ଅଙ୍ଗଦ କହିଲେ, ହରିଶ୍ରେଷ୍ଠେ । ସେ ବାକ୍ୟଙ୍କ
ଶଂକେ, ରାମ ଶୁଣିଲେଣି, ଏହା କପି ସଂଘ ।୧୨।
ହର୍ଷେ କହିବାରୁ, ସେ କାରଣୁଁ ମୁହିଁ ଜାଣେ
ଏଠି ରହିବା ଅନର୍ହ, ଆଉ କୃତ-କର୍ମେ ।୧୩।
ପିଇ ମହୁ ଯଥେଚ୍ଛା ବିଶ୍ରାମି ବନଚର
ଚାଲ ଯିବା ଏବେ, ଯହିଁ ଛନ୍ତି ସୁଗ୍ରୀବରେ ।୧୪।
ଏକାଠି ଯାହା କରିବେ, ହେ କପି ପୁଙ୍ଗବେ
ସେପରି କରିବା, ତବାଧୀନ ମୁଁ ବର୍ତ୍ତବ୍ୟେ ।୧୫।
ଯୁବରାଜ ହେଲେ ବି ମୁଁ ନ ଆଦେଶେ ଯଥାଈଶ
କୃତକର୍ମା ଭବାନ୍, ବାଧ ଅନର୍ହ, ଆଦେଶ ।୧୬।
ଅଙ୍ଗଦ କହନ୍ତେ ଏହା, ଶୁଣି ସୁବଚନ
ହୃଷ୍ଟ ମନେ ଏହି ବାକ୍ୟ କହେ କପିଗଣ ।୧୭।
'ଏପରି କହେ କହେ, ପ୍ରଭୁ ହୋଇ, ବୀର କେବେ ?
ଐଶ୍ୱର୍ଯ୍ୟ ମଦରେ ମତ୍ତ 'ସବୁ ମୁଁ' ଯେ ଭାବେ ।୧୮।
ତୁମ୍ଭ ସଦୃଶ ଏ ବାକ୍ୟ, ଅନ୍ୟ କାର ନୁହେଁ
ସଦ୍‌ମତି ତୁମ୍ଭର ଖ୍ୟାତ, ଭବିଷ୍ୟ ଶୁଭଏ ।୧୯।
ସର୍ବେ ଆମ୍ଭେ ଏଠି ଆସି ଯିବାକୁ ଉତ୍ସାହୀ
ଯହିଁ ଛନ୍ତି ସୁଗ୍ରୀବ, ଅବ୍ୟୟ କପି ସାଇଁ ।୨୦।
ତୁମ୍ଭ ଆଜ୍ଞା ବିନା କପି, କ୍ୱଚିତ୍ ଯିବେ ପାଦେ
ହରିଶ୍ରେଷ୍ଠ କହିଲୁଁ ଯେ, ସତ୍ୟ ଏହା ଭଦ୍ରେ ।୨୧।
ଏହା ଶୁଣି ଅଙ୍ଗଦ ଯେ କରିଲେ ଉତ୍ତର
"ସାଧୁ, ଚାଲ", କହି ଉଠେ, ନଭେ ମହାବଳ ।୨୨।

ଡେଇଁ ବାରୁ ଅନୁ ଡିଁଏ, ସର୍ବ ଯୂଥ ପାଳେ,
ନଭ ଯେ ନିର୍ଭର ସତେ, ଯନ୍ତ୍ରକ୍ଷିପ୍ତୋ ପଳେ ।୨୩।
ଅଙ୍ଗଦ ହନୁମାନଙ୍କୁ ଆଗରେ ଯେ ଧରି
ଆକାଶେ ସହସୀ ଉଠି ବେଗେ ଯାଏ ଉଡ଼ି ।୨୪।
ବିନୋଦନ୍ତି, ମହାନାଦେ, ବାତେ ଘନ ସମ
ଅଙ୍ଗଦ ଆସଲେ ପାଖେ, ସୁଗ୍ରୀବ ରାଜନ ।୨୫।
କହିଲେ ଶୋକ ସନ୍ତପ୍ତ ପଦ୍ମାକ୍ଷ ରାଘବେ
"ସମାଶ୍ୱସ ଭଦ୍ର, ଦେଖିଛନ୍ତି ଦେବୀ, ଧ୍ରୁବେ ।୨୬।
ଆସନ୍ତେ ନି ଏଠି କେଭେଁ, କାଳର ଅତ୍ୟୟେ
ଅଙ୍ଗଦ ହରଷୁ ଜାଣେ, ଶୁଭ ସମ୍ବାଦ ଏ ।୨୭।
ଆସନ୍ତେ ନି ମୋ ସକାଶେ, ବି ନିପାତ ପାଇଁ
ଯୁବରାଜ, ମହାବାହୁ, ଅଙ୍ଗଦ ଗୋସାଇଁ ।୨୮।
ଯଦି ଅକୃତ-କୃତ୍ୟଙ୍କ ଏହା ଉପକ୍ରମ
ଶୁଖନ୍ତା ତାହାଙ୍କ ମୁଖ, ବିଚଳିତ ମନ ।୨୯।
ପିତୃପିତାମହ ପୂର୍ବୁ, ସୁରକ୍ଷିତ ଏହି
ବନଭାଙ୍ଗି ନ ଥାନ୍ତେ ଏ, ନ ଦେଖି ବୈଦେହୀ ।୩୦।
କୌଶଲ୍ୟା ସୁମାତା, ରାମ, ଆଶ୍ୱସ, ସୁବ୍ରତ
ହନୁମନ୍ତ ଦେଖିଛନ୍ତି, ଦେବୀଙ୍କୁ ନିୟତ ।୩୧।
ହନୁମନ୍ତ ଛଡ଼ା କେହି, ଏହା ନ ସାଧିବ
ହନୁମାନେ ହିଁ ଏ ସିଦ୍ଧି, ଗତି ମତି ଶୁଦ୍ଧ ।୩୨।
ଉଦ୍ୟମ, ଶୌର୍ଯ୍ୟ ଯେ ଶ୍ରୁତ ତାଙ୍କ ଠାରେ ଠୁଳ;
ଜାମ୍ବବାନ ନେତା, ଅଙ୍ଗଦ ଯେ ହରିଶ୍ୱର ।୩୩।
ହନୁମାନ ଅଧିଷ୍ଠାତା, ନ ଅନ୍ୟଥା ଫଳ
ଚିନ୍ତିତ ନ ହୁଅ, ଏବେ ବିକ୍ରମ ଅତୁଳ ।୩୪।
ଦର୍ପିତ ଉଦ୍ଦାମ ସମାଗତ ବନଚର
ମୋଘାଙ୍କର କାଣ୍ଡ ଏ ଯେ ନୁହେ, ମୋ ବିଚାର ।୩୫।

ବନ ବିଭଞ୍ଜନେ, ଜାଣେ, ମହୁର ଭକ୍ଷଣେ
କିଳିକିଳା ଶବ୍ଦ ତହୁଁ ଆକାଶରୁ ଶୁଣେ ।୩୬।
ହନୁମାନ କାର୍ଯ୍ୟେ ହୃଷ୍ଟ, ବନବାସୀ ନାଦ
କିଷ୍କିନ୍ଧା-ପ୍ରବେଶେ ସତେ, ସୂଚେ ସିଦ୍ଧିବାଦ ।୩୭।
ତହୁଁ ଶୁଣି କପିଙ୍କର ନାଦ କପି ଶ୍ରେଷ୍ଠ
ଲମ୍ବ ଊର୍ଦ୍ଧ୍ୱାଙ୍ଗୁଳ ହେଲେ, କରି ମନ ହୃଷ୍ଟ ।୩୮।
ଆସିଲେ ବାନରେ ରାମ ଦର୍ଶନ ଆକାଂକ୍ଷୀ
ଅଙ୍ଗଦ ହନୁମାନଙ୍କୁ ଆଗରେ ଯେ ରଖି ।୩୯।
ଅଙ୍ଗଦ ପ୍ରମୁଖ ବୀରେ, ହୃଷ୍ଟ ମଦାନ୍ୱୀତ
ହରିରାଜ-ରାମ ପାଖେ, ହେଲେ ନିପତିତ ।୪୦।
ହନୁମାନ ମହାବାହୁ, ମସ୍ତକେ ପ୍ରଣମି
ନିୟତା, ଅକ୍ଷତା, ଦେବୀ, ରାମ ପାଖେ ଭଣି ।୪୧।
"ଦେବୀଙ୍କି ଦେଖିଛି" ହନୁ ମୁଖୁ ସୁଧା ସମ
ଶୁଣି ବାଣୀ, ରାମ ହର୍ଷ ହେଲେ ସଲକ୍ଷ୍ମଣ ।୪୨।
ଜାଣି ସୁଗ୍ରୀବଙ୍କ, ଦୃଢ଼ ଆସ୍ଥା, ବାୟୁସୁତେ
ବହୁମାନ୍ୟେ ଦେଖିଲେ ଲକ୍ଷ୍ମଣ, ତାଙ୍କୁ ପ୍ରୀତେ ।୪୩।
ପରମ ପ୍ରୀତି ପାଇଣ ଶତୃଘ୍ନ ରାଘବ
ଚାହିଁ ବହୁମାନ୍ୟେ ହନୁମାନେ ମହାଭବ ।୪୪।

ଚଉଷଠି ସର୍ଗ ସମାପ୍ତ

ପଞ୍ଚଷଠି ସର୍ଗ

ଚୂଡ଼ାମଣି ପ୍ରଦାନ

ତହୁଁ ଚିତ୍ର ପ୍ରସ୍ରବଣ ଶୈଳରେ ସେମାନେ
ଶିରେ ନମି, ରାମ ମହାବଳ ଶ୍ରୀ ଲକ୍ଷ୍ମଣେ ।୧।
ଯୁବରାଜ, ଆଗକରି ବନ୍ଦିଣ ସୁଗ୍ରୀବ
ସୀତାଙ୍କ ବୃତ୍ତାନ୍ତ ତହୁଁ କରନ୍ତି ଆରମ୍ଭ ।୨।
ରାବଣାନ୍ତପୁରେ ବନ୍ଦୀ, ରାକ୍ଷସୀ ତର୍ଜ୍ଜନ
ରାମେ ସମ-ଅନୁରାଗ, ସୀତାଙ୍କ ନିୟମ ।୩।
ଏ ସର୍ବ କହେ ବାନରେ ଶ୍ରୀରାମ ପାଖରେ
ବୈଦେହୀ ଅକ୍ଷତା ଶୁଣି, ଶ୍ରୀରାମ ପଚାରେ ।୪।
କେଉଁଠି ଅଛନ୍ତି ଦେବୀ, ମୋ ପ୍ରତି କିପରି
ଏ ସବୁ କହ ବାନରେ ସବୁ ଭଲ କରି ।୫।
ରାମଙ୍କର ବାକ୍ୟେ, ପାଖେ ଥିଲେ ଯେ ବାନରେ
ଉତ୍ସାହନ୍ତି ହନୁ, ସୀତା-ବୃତ୍ତାନ୍ତ-ଜ୍ଞାନୀରେ ।୬।
ତାଙ୍କ କଥା ଶୁଣି, ବାୟୁସୁତ ହନୁମାନ
ସୀତାଙ୍କୁ ଶିରେ ପ୍ରଣମି, ଦିଗେ ଯେ ଦକ୍ଷିଣ ।୭।
କହିଲେ ବାକ୍ୟଞ୍ଜ; ଯଥା ସୀତ ଦରଶନ
ସ୍ୱତେଜରେ ଦୀପ୍ତ ଦିବ୍ୟ, ସେ ମଣି-କାଂଚନ ।୮।
ଦେଇଣ ଶ୍ରୀରାମେ ହନୁ, କହେ ଯୋଡ଼ି କର
ସମୁଦ୍ର ଲଘିଂଣ ଶତ ଯୋଜନ ବିସ୍ତାର ।୯।

ଗମିଲି ଜାନକୀ ଖୋଜି, ତାଙ୍କ ଦରଶନେ
ଦୁରାତ୍ମା ରାବଣ ପୁରୀ ଅଛି ଲଙ୍କା ନାମେ ।୧୦।
ଦକ୍ଷିଣ ସମୁଦ୍ର-ତୀରେ ସ୍ଥିତ ଦକ୍ଷିଣରେ;
ତହିଁ ସୀତା ଖୋଜେ, ସତୀ ରାବଣାନ୍ତ ପୁରେ ।୧୧।
ଲୟ ରଖି ତୁମ୍ଭଠାରେ, ରାମା, ରାମ ବଂଚେ
ରାକ୍ଷସୀଏ ଘେରି ତାଙ୍କୁ ମୁହୁର୍ମୁହୁ ଖେଂଚେ ।୧୨।
ବିରୂପୀ ରାକ୍ଷସୀ ଜଗେ ପ୍ରମୋଦ-କାନନେ
ସୁଖାଭ୍ୟସ୍ତା, ବୀର ଦେବୀ, ମହାଦୁଃଖାପନ୍ନେ ।୧୩।
ରାବଣାନ୍ତଃପୁରେ ରୁଦ୍ଧା, ରାକ୍ଷସୀ ରକ୍ଷିତା
ଏକବେଣୀ ଧରା ଦୀନା, ତବଚିନ୍ତାନ୍ୱିତ ।୧୪।
ଭୂଶଯ୍ୟାବିବର୍ଣ୍ଣା ପଦ୍ମନୀବ ହୀମାଗମେ
ରାବଣଠୁଁ ବିନିବୃତ୍ତା, ସଂକଳ୍ପା ମରଣେ ।୧୫।
ତନ୍ମନା ଦେବୀଙ୍କୁ, କୌଣସି ମତେ ପାଇଲି
ଇକ୍ଷ୍ୱାକୁ ବଂଶର କୀର୍ତ୍ତି, ସୁଧୀରେ ଗାଇଲି ।୧୬।
କ୍ରମଶଃ ସେ ଦେବୀ ମୋଠି ବିଶ୍ୱାସ ଥାପିଲେ
ତହୁଁ ମୋଠୁ ସବୁକଥା ସବୁ ସେ ଜାଣିଲେ ।୧୭।
ଶୁଣି ରାମ ସୁଗ୍ରୀବଙ୍କ ସଖ୍ୟ ହର୍ଷ ହେଲେ ।
ନିୟତ ସଂଯତା ଭକ୍ତି-ଦୃତା ତବଠାରେ । ।୧୮।
ଏପରି ହେ ମହାଭାଗ ଜନକ-ନନ୍ଦିନୀ
ତବ ଭକ୍ତିଗତ-ପ୍ରାଣେ, ଉଗ୍ରତପା ଧନୀ ।୧୯।
ଅଭିଜ୍ଞାନ ଦେଇ ଯଥା ଘଟିଲା ନିଭୃତେ
ଚିତ୍ରକୂଟେ ବାୟସ-ବୃତ୍ତାନ୍ତ କହେ ମୋତେ ।୨୦।
କହି ଏହା ରାମେ ପୁଣି, ଆହେ ବାୟୁ ସୁତ
ପୂର୍ଣ୍ଣ ଭାବେ ଯା ଦେଖିଲି, କହିବ ଯଥାର୍ଥେ ।୨୧।
ଏହାକୁ ଦେବ ଯତ୍ନରେ, ସୁପରିରକ୍ଷିତ
ଶୁଣାଇ ସୁଗ୍ରୀବେ, ଏହା କହେ ଜଗତ୍‌ମାତ ।୨୨।

"ଏହି ଚୂଡ଼ାମଣି, ତବ ରଖିଛି ଯତ୍ନରେ
ମନଃଶୀଳା ତିଳକୁ ସ୍ମର" ସେ କହିଲେ ।୨୩।
ଫେରାଉଛି, ଶ୍ରମନ୍, ତବ ଏ ବାରି-ସମ୍ଭୂତ
ତୁମ୍ଭ ସମ ଦେଖି, ଦୁଃଖେ ହେଉଥିଲି ପ୍ରୀତ ।୨୪।
ଜୀବନ ଧରିବି ମାସେ, ଦଶରଥ ସୁତ
ମାସ ଉର୍ଦ୍ଧ୍ୱେ ନ ବଂଚିବି ରାକ୍ଷସୀ ଆବୃତ୍ତ ।୨୫।
ଏହା କହିଲେ ଯେ ସୀତା, କୃଶା, ଧର୍ମ୍ମ-ବ୍ରତା
ରାବଣାନ୍ତଃପୁରେ, ମୃଗୀ ପରି ଫୁଲ୍ଲନେତ୍ରା ।୨୬।
କହିଲି ସବୁ ରାଘବ, ଯଥାଯଥ କଥା
ସାଗର ଲଙ୍ଘନ ଏବେ କରନ୍ତୁ ବ୍ୟବସ୍ଥା ।୨୭।
ଜନ୍ମିବାରୁ ଆସ୍ଥା, ଦୁଇ ରାଜ ପୁତ୍ରେ
ଅଭିଜ୍ଞାନ ଦେଲେ ରାଘବଙ୍କ ହସ୍ତେ
ଆନୁପୂର୍ବି ସର୍ବ ଦେବୀଙ୍କ ଆଖ୍ୟାନ
ପୂରା ବର୍ଣ୍ଣିଲେ ସେ, ବାୟୁଙ୍କ ନନ୍ଦନ ।୨୮।

ପଞ୍ଚଷଠି ସର୍ଗ ସମାପ୍ତ

ଛଅଷଠି ସର୍ଗ

ସୀତା ଭକ୍ତି ବିଷୟରେ ରାମଙ୍କ ପ୍ରଶ୍ନ

ଏପରି କହନ୍ତେ ହନୁମନ୍ତ ଦାଶରଥି
ହୃଦେ ଧରି ମଣି ଲକ୍ଷ୍ମଣ ସହ ରୋଦନ୍ତି । ।୧।
ଦେଖି ମଣି ଶ୍ରେଷ୍ଠ ରାମ ଶୋକେ ଗଦଗଦ
ଶୋକପୂର୍ଣ୍ଣାକ୍ଷେ, ସୁଗ୍ରୀବେ କହେ କରି ଖେଦ ।୨।
"ବସ୍ତ-ବସ୍ତଳା ଧେନୁରୁ ସ୍ନେହୁ ଯଥା ସ୍ରବେ
ତଥା ଶ୍ରେଷ୍ଠ ମଣି ଦେଖି ହୃଦ ମୋର ଦ୍ରବେ ।୩।
ବୈଦେହୀଙ୍କୁ ଦେଇଥିଲେ, ଶଶୁର ଏ ମଣି
ବଧୂ କାଳୁ ଲାଭଥିଲା ସୀମନ୍ତେ ଯ ଧନୀ ।୪।
ଅମ୍ବୁଜ-ମଣି ଏ ଶ୍ରେଷ୍ଠ-ସୁଜନେ ପୂଜିତ
ଯଜ୍ଞେ ମହା ତୋଷେ ଇନ୍ଦ୍ର କରିଥିଲେ ଦତ୍ତ ।୫।
ଏ ମଣିକି ଦେଖି, ସତେ ଦେଖଇ ଜନକ
ଆଜି ମନେ ପଡ଼େ, ସୌମ୍ୟ, ଜାନକୀ-ଜନକ ।୬।
ମୋ ପ୍ରିୟା ମସ୍ତକେ ଏହି ମଣି ଶୋଭୁଥିଲା
ଦେଖି ଏହା ପାଇଲି କି, ମୋ ଶୋକ-ପାଶୋରା ।୭।
ସୀତା କି କହିଲେ, ସୌମ୍ୟ, କହ ପୁନଃ ପୁନଃ
ସିଞ୍ଚ ବାକ୍ୟ-ବାରି ଯଥା, ତୋୟେ ଅଚେତନ ।୮।
ଏଥିରୁ କି ଦୁଃଖତର କହ ବାରିଜାତ
ମଣିକୁ ଦେଖେ ସୌମିତ୍ର, ବୈଦେହୀ ନାହିଁ ତ ନାଗତ ! ।୯।

ମାସେ ବଂଚିଲେ ବୈଦେହୀ ବଂଚିଲେ ବହୁତ
କୃଷ୍ଣନେତ୍ରୀ ବିନା, ନ ବଂଚିବି, ଲବେ ମାତ୍ର । ୧୦ ।
ନିଅ ମୋତେ ସେ ଦେଶକୁ ମୋର ପ୍ରିୟା ନାହିଁ
କ୍ଷଣେ ତିଷ୍ଠି ନ ପାରଇ, ତା ଖବର ପାଇ । ୧୧ ।
କିପରି ସୁଶ୍ରୋଣୀ ମୋର, ସାଧ୍ୱୀ ଭୀରୁଭୀରୁ
ଛନ୍ତି ଘୋର ଭୟଙ୍କର ରକ୍ଷ ମଧ୍ୟେ, ଚାରୁ ? । ୧୨ ।
ଅମାମୁକ୍ତ ଶରତ୍‌ଚନ୍ଦ୍ର ମେଘେଢଙ୍କା ପରି !
ନ ବିରାଜେ କି ମୋ ସୀତା ବଦନ-ଚାତୁରୀ ? । ୧୩ ।
କି କହିଲେ ସୀତା, ତତ୍ତ୍ୱେ କହ ହନୁମାନ
ଏଥିରେ ବା ବଂଚେ, ଔଷଧରେ ରୋଗୀ ସମ । ୧୪ ।
ମଧୁରା ମଧୁ-ଆଳାପୀ, କି କହିଛ ଧନୀ
କହ, ହନୁମାନ, ମୋ ବିରହେ, ନିତମ୍ବିନୀ !
ଦୁଃଖୁ, ଦୁଃଖତରେ, କିପରି ବଂଚିଛି ଧନୀ । ୧୫ ।

ଛଅଷଠି ସର୍ଗ ସମାପ୍ତ

ସତଷଠି ସର୍ଗ

ସୀତାଙ୍କ ଭକ୍ତି ବର୍ଣ୍ଣନା

ମହାତ୍ମା ରାଘବ, ଏହା କହନ୍ତେ ମାରୁତି
ସୀତା କହିଥିବା ସବୁ ଶ୍ରୀରାମେ ବର୍ଣ୍ଣନ୍ତି । ୧ ।
ଚିତ୍ରକୂଟ ଇତିବୃତ୍ତ, ଅଭିଜ୍ଞାନ ପାଇ
କହିଲେ ପୁରୁଷର୍ଷଭ, ସୀତା ମହାମାୟୀ । ୨ ।
ସୁଖେ ଶୋଇ, ତୁମ ସହ, ଆଗୁଁ ଉଠିଥିଲେ
କାକ ଏକ ଆସି ବିଦାରିଲା ସ୍ତନାନ୍ତରେ । ୩ ।
ଦେବୀ କୋଡ଼େ, ପାଳିକରି, ଶୋଇଥିଲ ରାମ
ଫେରି ଆସି, ପକ୍ଷୀ ବ୍ୟଥା ଜନ୍ମାଇଲା ପୁଣ । ୪ ।
ଖୁଣ୍ଟି ବିଦାରିଲା ତୀବ୍ରେ ଦେଇଣ କଷଣ
ସେ ରକତେ ଅନୁଲିପ୍ତ ଉଠିଲେ ଆପଣ । ୫ ।
ବାଧା ଦେଲେ ସୁଦ୍ଧା, କାଉ ହାଣେ ବାରମ୍ବାର
ସେ ଉଠନ୍ତେ ସୁଖ-ସୁପ୍ତ ଶତ୍ରୁହର । ୬ ।
ଦେଖି ତାଙ୍କୁ, ମହାବାହୁ, ସ୍ତନାନ୍ତରେ ଜୀର୍ଣ୍ଣ
ସର୍ପ ପରି କ୍ରୋଧେ ବାକ୍ୟ କହିଲେ ଆପଣ । ୭ ।
"ନଖାଗ୍ରେ କେ ଭୀରୁ, ହାଣି ତବ ସ୍ତନାନ୍ତର
ରୁଷ୍ଟ ପଞ୍ଚମୁଖ ସର୍ପସ, ଖେଳିଲା ଖେଳ । ୮ ।
ଚାହିଁ ଏଣେ ତେଣେ କାକ, ସହସା ଦେଖିଲେ
ରୁଧିରାକ୍ତ ତୀକ୍ଷ୍ଣ-ନଖା, ଚାହେଁ ଦେବୀ ଆଡ଼େ । ୯ ।

ଇନ୍ଦ୍ରସୁତ ସେ ବୟସ ପକ୍ଷୀଙ୍କର ବର
ପାତାଳେ ପଶିଲା ଶୀଘ୍ରେ, ବାୟୁଗଣଶ୍ୱର । ୧୦ ।
ତହୁଁ ମହାବାହୁ, କୋପ-ଘୂର୍ଣ୍ଣିତ ଇକ୍ଷଣେ
ବାୟସେ ବିନ୍ଧିଲେ, କ୍ରୂର-ମତି, ମତିମାନ । ୧୧ ।
କୁଶାସନୁ କୁଶେ ନେଇ ବ୍ରହ୍ମାସ୍ତ୍ରେ ଯୋଚିଣ
କାଳାଗ୍ନି-ପ୍ରଜ୍ୱଳି, ଖଗମୁଖେ ଗଲା ବାଣ । ୧୨ ।
ପ୍ରଦୀପ୍ତ ଦର୍ଭ ପେଷିଲେ ସେ ବାୟସ ପ୍ରତି
ସେ ବ୍ରହ୍ମାସ୍ତ୍ର, ଦର୍ଭ ଗଲା, କାକ ପଛେ ମାତି । ୧୩ ।
ଭୀତେ ପରିତ୍ୟକ୍ତ, ସର୍ବ ସୁରେ ସେ ଯେ କାକ,
ଶରଣ ନ ପାଇ, ବୁଲି ବୁଲି, ତିନି ଲୋକ । ୧୪ ।
ପୁଣି ଆସିଲା ଯେ, ତବ ପାଶେ ଅରିନ୍ଦମ
ଭୂତଳେ ପଡ଼ିଣ ମାଗେ, ତୁମ୍ଭର ଶରଣ । ୧୫ ।
ବଧାର୍ହ ହେଲେ ବି, କୃପା, କଲେ ହେକାକୁସ୍ଥ
ରାଘବ ଅକ୍ଷମ କରିବାକୁ ମୋଘା ଅସ୍ତ୍ର । ୧୬ ।
ଫୁଟାଇଲେ ଦକ୍ଷ ଆଖି, ତେଣୁ ସେ କାକର
କାକ ନମି ଭବାନ୍, ଦଶରଥ ନୃପବର । ୧୭ ।
ପୁଚ୍ଛି ତୁମ୍ଭଙ୍କୁ ଯେ କାକ ଗଲା ନିଜପୁର
ଏପରି ଅସ୍ତ୍ରବିତ୍ ଶ୍ରେଷ୍ଠ ମହା ସତ୍ତ୍ୱଶୀଳ । ୧୮ ।
କାହିଁକି ଅସ୍ତ୍ର ନ ଛାଡ଼େ, ରାକ୍ଷସେ ଯେ ରାମ
ନ ଦୈତ୍ୟେ ଗନ୍ଧର୍ବେ ଦେବେ ଅବା ମରୁତ୍‌ଗଣ । ୧୯ ।
ତମ ସମ ନୁହେ ରଣେ, ପ୍ରତିଦ୍ୱନ୍ଦେ କ୍ଷମ
ଅଛି କେ କି ବୀର୍ଯ୍ୟବାନ, ଅଛି ଯେବେ ମାନ । ୨୦ ।
କ୍ଷିପ୍ରେ ମନ୍ତ୍ରାସ୍ତ୍ରେ ରାବଣ କର ରଣେ ହତ
ଭ୍ରତୃଙ୍କାରେ ଲକ୍ଷ୍ମଣ ବା, ତୁମ୍ଭେ ସ୍ୱୟଂ ନାଥ । ୨୧ ।
ନୃ ବର ରାମ କାହିଁକି ରକ୍ଷା ନ କରନ୍ତି ?
ନର ବ୍ୟାଘ୍ର ଦୁହେଁ, ବାୟୁ ଅଗ୍ନିସମ ଜ୍ୟୋତି । ୨୨ ।

ସୁରପରି ଦୁର୍ଧର୍ଷ କାହିଁକି ଉପେକ୍ଷନ୍ତି
କିଛି ମୋର ପାପ ଅଛି, ସଂଶୟ ମୋ ନାସ୍ତି । ୨୩ ।
ସମର୍ଥ ବି ମୋତେ, ଯେଣୁ ନ ରଖେ ଶତ୍ରୁଘ୍ନ !
ସୀତା, ସାଧୁ ବାଣୀ ଶୁଣି କରୁଣ ବଚନ । ୨୪ ।
ପୁଣି ଆର୍ଯ୍ୟେ କହିଲି ଯେ ଏପରି, ବଚନ
ଶପଥେ କହୁଛି, ତବ ଶୋକାତୁର ରାମ । ୨୫ ।
ଶୋକାତୁର ଦେଖି ରାମ, ଲକ୍ଷ୍ମଣ ତପତି
ଦୈବେ ଦେଖିଲି, ମୁଁ ଦେବୀ, ଶୋଚ ନାହିଁ ଏଥି । ୨୬ ।
ଏ ମୁହୂର୍ତ୍ତେ ଦୁଃଖ ଅନ୍ତ, ଦେଖେ ମହାମାୟୀ
ସେ ଦୁହେଁ ନୃବ୍ୟାଘ୍ରେ ନୃପୁତ୍ରେ ଯେ ପରଂଜୟୀ । ୨୭ ।
ତବ ଦର୍ଶନେ, ଉତ୍ସାହୀ ଲଙ୍କା ପୋଡ଼ିକରି
ସରାବଣ ଇନ୍ଦ୍ର ରାବଣକୁ ରଣେ ମାରି । ୨୮ ।
ରାଘବ ତୁମ୍ଭଙ୍କୁ ଧନୀ ନିଶ୍ଚେ ନେବେ ପୁରୀ
ନିଦର୍ଶନ ଦିଅ ରାମ, ଜାଣିବେ ଯେପରି । ୨୯ ।
ତାଙ୍କ ପ୍ରୀତି ସଂଜୟନ, ଦେବାକୁ ଯେ କ୍ଷମ
ସବୁ ଆଡ଼େ ଚାହିଁ ଖୋଲେ ସୁବେଣୀ ବନ୍ଧନ । ୩୦ ।
ବସ୍ତ୍ର ଖୋଲି ଦେଲେ ମୋତେ, ଏହା, ମହାବଳ
ମଣି ନେଲି ଦିହାତେ, ତୋ ପାଇଁ ରଘୁବର । ୩୧ ।
ଆଗମନାତୁର ତାଙ୍କୁ, ଶିରରେ ପ୍ରଣମି
କୃତୋତ୍ସାହେ, ଆସେ ଦେଖି ସେ ବରବର୍ଣ୍ଣିନୀ । ୩୨ ।
ବଢ଼ିବାରୁ କହେ ମୋତେ, ଜନକନନ୍ଦିନୀ
ଅଶ୍ରୁପୂର୍ଣ୍ଣ, ଦୀନା, ବାଷ୍ପଗଦ୍‌ଗଦ୍ ଭାଷିଣୀ । ୩୩ ।
ମୋ ଉର୍ଦ୍ଧ୍ୱପତନୋଦ୍‌ବେଗା ଶୋକସମାହିତା
କହିଲେ, ସୌଭାଗ୍ୟବାନ୍, ହୁଅ, କପି ! ସୀତା । ୩୪ ।
ଦେଖିବ ଯେ ମହାବାହୁ, ରାମ ପଦ୍ମନେତ୍ର
ଦିଅର ଲକ୍ଷ୍ମଣ, ମହାବାହୁ ସଉମିତ୍ର । ୩୫ ।

ଏହା କହନ୍ତେ ମୈଥିଳୀ, କହିଲି ସେ କ୍ଷଣେ
'ମୋ ପୃଷ୍ଠ ଆରୋହ, ଦେବୀ, କ୍ଷିପ୍ରେ ସୁଲକ୍ଷଣେ ।୩୬।
ଦେଖାଇବି ଭଦ୍ରେ ଆଜି, ସୁଗ୍ରୀବ ଲକ୍ଷ୍ମଣ
ମହାଭାଗ ସ୍ୱାମୀ ରାଘବଙ୍କୁ କୃଷ୍ଣେକ୍ଷଣ ।୩୭।
କହେ ତହୁଁ ଦେବ, ନୁହେଁ, ଏ ଧର୍ମ୍ମ ହେ ବୀର
ସ୍ୱଇଚ୍ଛାରେ ଯିବା, ତବ ପୃଷ୍ଠେ ହରିବୀର ।୩୮।
ପୁରା ଯା ମୁଁ ରକ୍ଷ-ଗାତ୍ର ପରଶିଲି ବୀର
କି କରିବି, ତହିଁ ମୋତେ ପୀଡ଼ା ଦେଲା କାଳ ।୩୯।
ଯାଅ ତହିଁ କପି ବ୍ୟାଘ୍ର ଯହିଁ ନୃପ ସୁତେ
ଏହା କହି ମୋତେ ଦେଲେ ସନ୍ଦେଶ ଯେ ମୋତେ ।୪୦।
ହନୁମନ୍, ରାମ ଲକ୍ଷ୍ମଣ ସେ ସିଂହ ସଂକାଶେ
ସୁଗ୍ରୀବେ, ମହାଅମାତ୍ୟେ, ଶୁଭ ମୁଁ ମନାସେ ।୪୧।
ଯଥା ମହାବାହୁ ରାମ ମୋତେ ଯେ ତାରନ୍ତି
ଏ ଦୁଃଖ-ସଂରୋଧୁ, କହିବ ହେ କପି ପତି ।୪୨।
ଏହି ମୋର ମହା-ଆକର ଆବେଗ
ରକ୍ଷୀଙ୍କର ଏହି ଭର୍ତ୍ସନା ଅମୋଘ;
ରାମଙ୍କ ସମୀପେ କରିବ ବର୍ଣ୍ଣନ
ଶିବ ହେଉ ବୀର, ତୁମ୍ଭର ଅଧ୍ୱନ ।୪୩।
ସେ ଆର୍ଯ୍ୟା ହେ ନୃପ, ସଂଯତା ହୋଇଣ
ତୁମ ପାଇଁ କହିଛନ୍ତି ବିଷାଦେଣ;
ଯେପରି ଏ କଥା, ବୁଝି ବିଶ୍ୱାସିବ
ସୀତା ଅଛନ୍ତି ହେ କୁଶଳେ ରାଘବ ।୪୪।

ସତଷଠି ସର୍ଗ ସମାପ୍ତ

ଅଠଷଠି ସର୍ଗ

ହନୁମାନଙ୍କର ଆଶ୍ୱାସନା

ମୋ ଉତ୍ତର ପରେ ଦେବୀ କହେ ସସଂଭ୍ରମେ
ତବ ସ୍ନେହୁ, ନରବ୍ୟାଘ୍ର, ସୌହାର୍ଦ୍ଦୁ ସମ୍ମାନେ ।୧।
ବହୁବିଧ କଥା ରାମେ, ଦଶରଥ ସୁତେ
ପାଇବେ ମାରି ରାବଣ ଯୁଦ୍ଧେ, ଶୀଘ୍ର ମୋତେ ।୨।
ଯଦି ମନେ କର ବୀର ରହ ଅରିନ୍ଦମ
ନିଭୃତେ କେଉଁଠି, କାଲି କରିବ ଗମନ ।୩।
'ଏ ମନ୍ଦ-ଭାଗିନୀ ପାଖେ ରହିଲେ ବାନର
ମୁହୂର୍ତ୍ତେ ବି, ହେଲେ ଦୁଃଖୁ ହୋଇବି ମୁଁ ପାର ।୪।
ପୁଣି ଆସିବାର ପାଇଁ ଗଲେ ହେ ବିକ୍ରମ
ସଂଶୟନି, ସନ୍ଦେହ ମୋ, ଏ ପ୍ରାଣ ଧାରଣ ।୫।
ତୁମ୍ଭ ଅଦର୍ଶନେ ଭୟ, ମୋତେ ଦହି ଦେବ
ଦୁଃଖ ପରେ, ଦୁଃଖିନୀ ଯେ, ଦୁଃଖଭାଗୀ ହେବ ।୬।
ହେ ବୀର, ଏ ସଂଦେହ ଯେ, ମୋ ଆଗେ ରହିଛି
ତୁମ୍ଭ ସହାୟ ବାନର ଲକ୍ଷରେ ଯେ ଅଛି ।୭।
କିପରି ଦୁଷ୍ପବାର ମହୋଦଧୀ ସେ ତରିବେ
କପି ସେନା ସହ, ନୃବର ସୁତ-ରାଘବେ ।୮।
ପ୍ରାଣୀ ମଧ୍ୟେ, ତିନି ଲଙ୍ଘିଂ ପାରନ୍ତି ସାଗର
ବୈନତେୟ, ପବନ ଯେ, ତୁମ୍ଭେ ଆହେ ବୀର ।୯।

ଏ କାର୍ଯ୍ୟ-ନିୟୋଗେ, ଏ ଦୁରତିକ୍ରମେ, ବୀରେ
ସମାଧାନ କି କରିବେ, ବାକ୍ୟବିଦ-ବରେ ? ।୧୦।
ଏ କାର୍ଯ୍ୟରେ ତୁମ୍ଭେ ଏକ, କାର୍ଯ୍ୟ-ସାଧନେ
ଯଶସ୍ୱୀ ବୀର୍ଯ୍ୟେ ପର୍ଯ୍ୟାପ୍ତ ହେ ପରବୀରଘ୍ନେ ।୧୧।
ବଳେ, ସସୈନ୍ୟେ ରାବଣ, ମାରି ମୋତେ ନେବେ
ରଣେ ନିଜପୁରେ ରାମ, ଯଶସ୍କର ହେବେ ।୧୨।
ଛଳରେ ବୀରଠୁ ହେଲା, ମୋର ଯେ ହରଣ
ରାମର ଅନର୍ହ ତଥା, ନେବା ମୋତେ ଜାଣ ।୧୩।
ବଳେ ଘେରାଇଣ ଲଙ୍କା, ପରବଳାର୍ଦ୍ଦନ
ନେଲେ ମତେ ରାମ, ହେବ, ତା ତାଙ୍କ ସମାନ ।୧୪।
ସେ ମହାତ୍ମା ଅନୁରୂପ ବିକ୍ରମ ଯେ ହେବ
ସେ ଶୂରଙ୍କ ରଣ ଯଥା ହେବ, ତା କରିବ ।୧୫।
ସେ ଅର୍ଥ-ଗର୍ଭ ଯେ ବାକ୍ୟ, ହେତୁ ଆମୋଦିତ
ଶୁଣି ଶେଷୋତ୍ତର ବାକ୍ୟ, କଲି ନିବେଦିତ ।୧୬।
"ଦେବି, କପିସେନାଈଶ, ବାନରଙ୍କ ବର
ସତ୍ୱ-ସମ୍ପନ୍ନ ସୁଗ୍ରୀବ, ତୋ ଉଦ୍ଧାରେ ସ୍ଥିର ।୧୭।
ତାଙ୍କ ସୁବିକ୍ରମ ସତ୍ୱବନ୍ତ, କପିବଳ
ମନର ସଂକଳ୍ପ ସମ, ତାଙ୍କ ତଳେ ଠୁଳ ।୧୮।
ଉର୍ଦ୍ଧ୍ୱେ, ଅଧଃ, ବାଙ୍କେ, ତାଙ୍କ ନାହିଁ ଗତି ରୁଦ୍ଧ
ମହାକର୍ମ୍ମେ ନ ସୀଜନ୍ତି ଅମାପବୀର୍ଯ୍ୟଧ ।୧୯।
ମହାବଳୀ ମହାଭାଗ, କପି ମହାବୀରେ
ଭୂ-ପ୍ରଦକ୍ଷିଣ କରନ୍ତି, ପବନ-ମାର୍ଗରେ ।୨୦।
ମୋଠୁ ବେଶୀ, ମୋହ ତୁଲ୍ୟ ଅଛନ୍ତି ବାନରେ
ମୋଠୁ ନିକୃଷ୍ଟ କେ ନାହିଁ, ସୁଗ୍ରୀବ ସେନାରେ ।୨୧।
ଏଠି ଆସିପାରେ ମୁହିଁ, ସେ ବା ମହାବଳେ
ପେଷନ୍ତି ନି ଉତ୍‌କୃଷ୍ଟଙ୍କୁ, ପେଷନ୍ତି ଇତରେ ।୨୨।

ଛାଡ଼ ମନୁ ଦୁଃଖ, ଦେବୀ, ବୃଥା ପରିତାପେ
ଏକ ଡିଆଁରେ ଆସିବେ, ଲଙ୍କାକୁ ଯୂଥପେ ।୨୩।
ମୋ ପୃଷ୍ଠେ, ଉଦିତ, ଚନ୍ଦ୍ର, ସୂର୍ଯ୍ୟ ସମ ନୁହେଁ
ତୁମ୍ଭ ପାଇଁ ମହାଭାଗେ ଆସିବେ, ନୃସିଂହେ ।୨୪।
ଅରିଘ୍ନ, ସିଂହାର, ରାମ ଦେଖିବେ ନୃବ୍ୟାଘ୍ରେ
ଧନୁଷ୍‌ବନ୍ତ ଲକ୍ଷ୍ମଣଙ୍କୁ ଲଙ୍କାଦ୍ୱାରେ ଶୀଘ୍ରେ ।୨୫।
ନଖ ଦଂଷ୍ଟ୍ରାୟୁଧା, ସିଂହ-ଶାର୍ଦ୍ଦୁଳ ବିକ୍ରମେ
ବାନରେ, ବରଣେନ୍ଦ୍ରାଭ, ଦେଖିବେ ଗହଣେ ।୨୬।
ଶୈଳାମ୍ବୁଦ-ପ୍ରଭ, ଲଙ୍କା ମଳୟ ସାନୁରେ ।
ଶୁଣିବ ଗର୍ଜନ କପି ମୁଖ୍ୟଙ୍କ ଅଚିରେ । ।୨୭।
ଫେରି ବନବାସୁ, ଦେବୀ ସହ ଅରିନ୍ଦମ୍
ଅଯୋଧାଭିଷିକ୍ତ, ଶୀଘ୍ର ଦେଖିବ ଶ୍ରୀରାମ । ।୨୮।
ତହୁଁ ମୋର ବାକ୍ୟେ, ମଧୁର-ଭାଷିଣୀ
ଶୁଭ ଇଷ୍ଟ ବାକ୍ୟେ, ହୋଇ ପ୍ରସାଦିନୀ,
ପାଇଲେ ସେ ଶାନ୍ତି, ଜନକ ଦୁହିତା
ତଥା ତବ ଶୋକେ, ଥିଲେ ବି ପୀଡ଼ିତା ।୨୯।

ଅଠଷଠି ସର୍ଗ ସମାପ୍ତ

ଶ୍ରୀମଦ୍ ବାଲ୍ମୀକି-ରାମାୟଣେ ସୁନ୍ଦରକାଣ୍ଡ ସମ୍ପୂର୍ଣ୍ଣ

ଓଁ – ଶ୍ରୀରାମ

୧୭-୧୨-୧୯୮୩

ପରିଶିଷ୍ଟ

ବ୍ରହ୍ମର୍ଷି ବିଶିଷ୍ଟ ଦତ୍ତ ସୂର୍ଯ୍ୟ ବଂଶାବଳୀ

ଅବ୍ୟକ୍ତରୁ ପ୍ରଭବ ବ୍ରହ୍ମା ଅବ୍ୟୟ ଶାଶ୍ୱତ
ନିତ୍ୟ; ତହୁଁ ମରୀଚି ଯେ କଶ୍ୟପ ତା ସୁତ।

କଶ୍ୟପ	ସୁସଂଧି	ଶଂଖଣ
ବିବସ୍ୱାନ	୧ ଧ୍ରୁବସନ୍ଧି ୨ ପ୍ରଶେନ୍‌ଜିତ୍‌	ସୁଦର୍ଶନ
ମନୁ ବୈବସ୍ୱତ (ପ୍ରଥମ ପ୍ରଜାପତି)	ଧ୍ରୁବସଂଧି	ଅଗ୍ନିବର୍ଣ୍ଣ
ଇକ୍ଷ୍ୱାକୁ (ପ୍ରଥମ ଅଯୋଧାପତି)	ଭାରତ	ଶୀଘ୍ରଗ
କୁକ୍ଷି	ଅସିତ	ମରୁ
ବିକୁକ୍ଷି	ସଗର	ପ୍ରଶୁଶ୍ରୁକ
ବାଣ	ଅସମଞ୍ଜ	ଅମ୍ବରୀଷ
ଅନରଣ୍ୟ	ଅଂଶୁମାନ	ନହୁଷ
ପୃଥୁ	ଦିଲୀପ	ଜଜାତି
ତ୍ରିଶଙ୍କୁ	ଭଗୀରଥ	ନାଭାଗ
ଧୁନ୍ଧୁମାର	କକୁସ୍ଥ	ଅଜ
ଯୁବନାଶ୍ୱ	ରଘୁ	ଦଶରଥ
ମାନ୍ଧାତା	ପ୍ରବୃଦ୍ଧ	ରାମ, ଭରତ, ଲକ୍ଷ୍ମଣ, ଶତ୍ରୁଘ୍ନ
ସୁସଂଧି	ଶଂଖଣ	

BLACK EAGLE BOOKS

www.blackeaglebooks.org
info@blackeaglebooks.org

Black Eagle Books, an independent publisher, was founded as a nonprofit organization in April, 2019. It is our mission to connect and engage the Indian diaspora and the world at large with the best of works of world literature published on a collaborative platform, with special emphasis on foregrounding Contemporary Classics and New Writing.

www.ingramcontent.com/pod-product-compliance
Lightning Source LLC
Chambersburg PA
CBHW022220090526
44585CB00013BB/516
9781645603917